복음은 삶을 단순하게 한다

**복음은 삶을
단순하게 한다**

2018년 6월 27일 1판 1쇄 발행
2018년 7월 05일 1판 2쇄 발행

지은이 | 이선일
펴낸이 | 이병일
펴낸곳 | 더메이커
전 화 | 031-973-8302
팩 스 | 0504-178-8302
이메일 | tmakerpub@hanmail.net
등 록 | 제 2015-000148호(2015년 7월 15일)

ISBN | 979-11-87809-22-7 (03230)

이 도서의 국립중앙도서관 출판예정도서목록(CIP)은 서지정보유통지원시스템 홈페이지(http://seoji.
nl.go.kr)와 국가자료공동목록시스템(http://www.nl.go.kr/kolisnet)에서 이용하실 수 있습니다. (CIP제어
번호 : CIP2018017081)

괴짜 의사
Dr. Araw의
성경 강의

τὸ εὐαγγέλιον τῆς χάριτος τοῦ Θεοῦ

복음은 삶을 ─── 단순하게 한다

이선일 지음

더메이커

이 책을 쓰게 하신 성령님께 찬양을 드린다. 영육간 안력이 부족함에도 일천한 지식을 들어 사용해주신 성삼위 하나님께 영광을 올린다.

이 책은 저자가 성경 교사로서 성경을 가르치고 복음을 전했던 지난 삶의 기록이다. 더불어 지난 30년 동안 성경의 핵심을 고민하고 궁금해하며 이 땅의 청년들과 나눴던 것이기도 하다. 나는 정형외과 의사다. 의사가 성경을 어찌 가르칠 수 있으랴? 행여 근심할지도 모를 독자를 위해 먼저 나에 대해 조금 밝히고자 한다.

4대째 기독교 집안에서 태어난 나는 총신대학교 출신에 합동측 신학 교수이자 목사였던 아버지로부터 성경과 교리를 배웠다. 어린 시절부터 숱한 성경 구절을 암송해왔는데, 이것이 훗날 성경 공부의 귀중한 밑거름이 되었다. 진료 활동의 분망함 속에서도 두 차례 신학 대학원에 적을 두고 말씀의 본의를 제대로 알기 위해 히브리어와 헬라어를 익혔다. 각종 세미나에 부지런히 참석해 신학 지식을 향한 열망도 채워나갔다. 특히 성경 연구에 앞서가는 귀한 분들과 교제를 나누며 그 폭과 깊이를 더하였다.

나는 신학대학원에서 누구보다 열심히 공부하였다고 자부하나 신학자는 아니다. 오랫동안 교회에서 설교를 하였으나 안수를 받은 목회자도 아니다. 분명한 것은 성경 교사와 청년 사역자로 하나님의 부르심을 받았다는 사실이다. 그리고 그 부르심을 따라 청년들에게 '오직 말씀'만을 가르치려 노력해왔다.

그러다 보니 '괴짜'라는 별명이 하나 붙었다. 소위 의사인듯 목사인듯 그 정체가 모호하다는 것이다. 어느 때는 병원에 있다가 어느 때는 교회에서 설교하고 있는 나의 모습을 보게 된 지인들, 특히 목사 친구들이 붙여준 별명이었다. 그리하여 '괴짜 의사'라는 기괴한 사람이 되었다.

지난 30년의 세월 동안 소그룹 성경 공부로 시작하여 캠퍼스 사역으로 청년들과 함께 말씀의 바른 뜻을 헤아리기 위해 달려왔다. 학기 초에 공개 강의를 들었던 학생들 중에서 7~10명을 선발해 1년간 집중 양육한 후 지역 교회로 파송하곤 하였다. 1998년부터는 영성과 전문성의 균형과 조화를 통한 영향력 있는 지도자를 양육하고자 HRC라는 공동체를 만들었다. 2013년에는 청년부부 사역자 모임을 결성해 직접 사역 현장에서 뛰는 대신 이들을 사역 현장으로 파송하였다. 2015년부터는 전문인을 상대로 일대일 사역을 담당하고 있다.

　청년 사역을 하면서 절실하게 느낀 점이 있다면 청년들이 의외로 성경과 교리에 관해 잘 모른다는 것이었다. 심지어 복음의 핵심이 무엇인지조차 제대로 알지 못하는 경우도 있었다. 모태신앙인이든 아니든 청년들 대부분은 성경 지식이 얕고, 말씀 안에서의 감동도 부족했다. 스스로 충실히 성경 공부를 해봤다는 청년들조차 말씀의 핵심 진리를 분명하게 짚어내지 못했다. 안타깝고 답답하고 서글픈 현실이었다.

　나는 성경 교사이자 청년 사역자로서 통절한 책임감을 느끼며 청년들에게 성경과 복음을 다시 전해야겠다는 부담감을 갖게 되었다. 함께 공부했던 청년들 역시 성경의 핵심과 맥락을 재정립할 기회를 원했다. 의외로 수많은 청년들이 성경과 교리를 잘 가르치는 메신저나 성경 교사 만나기를 기대했다. 그들의 갈급함에 힘입어 강의노트를 정리하기 시작했고 이를 기반으로 이 책이 나오게 되었다.

　청년들이 반드시 알아야 하거나 질문했던 것들을 중심으로 내용을 정리했지만 나 스스로 성경과 교리에 대해 부족함을 실감하고 의문점이 생길 때마다 학자들의 글을 읽으며 생각을 확장하고 정립하였다. 또한 성경신학과 조직신학에 기초하여 기술하였으나, 깊이가 있는 학문적인 책은 아니다. 기독교를 처음 접한 청년들, 혹은 미처 말씀의 핵심을 꿰뚫지 못한 젊은 벗들이 성경과 복음에 다가서기 쉽도록 정리한 글이다. 팁을 드린다면, 차례를 면밀히 살핀 후 처음부터 끝까지 통독하기보다는 관심이 가는 부분의 강의를 먼저 읽을 것을 권한다.

이 책은 구약과 신약성경 66권 전체를 숲으로 연결하여 볼 수 있도록 구성하였다. 먼저 성경 전체의 흐름을 파악해 성경을 요약 정리할 수 있는 안목과 능력이 길러지길 원했다. 또한 성경을 여덟 개의 키워드로 정리하면서 성경의 맥을 잡을 수 있도록 하였다.

구약을 요약한 두 단어는 하나님의 성품인 '사랑'과 '공의'이다. 하나님의 사랑과 공의로 인하여 예수님은 인간으로(성육신, self-abasement, 자기비하) 이 땅에 오셨다. 그리고 십자가 보혈로 우리를 구속(救贖)하셨다. 엄청난 대가를 지불하심으로 우리를 구원하신 것이다. 결국 죄로 인해 영원히 죽을 수밖에 없었던 인간을 하나님이 지독하게 '사랑'하셔서 대가 지불이라는 십자가 보혈(공의)을 기꺼이 감당하셨던 것이다.

신약을 요약한 여섯 단어는 '복음', '십자가', '믿음', '구원', '은혜', 그리고 '하나님 나라'이다. '복음'의 역사적 사건이자 실재적 사건인 '십자가 보혈'을 '믿음'으로써 우리는 '구원'을 얻었다. 십자가 보혈이라는 구속의 결과 구원이 주어진 것이다. 믿음은 '객관적 믿음'과 '주관적 믿음'이라는 두 가지로 구분된다(롬 1:17). 객관적 믿음은 성령님께서 허락하신 것으로 이 믿음으로 구원을 얻은 것은 전적인 하나님의 은혜이다. 구원을 얻은 우리 안에는 성령님이 계시기에 이미 '현재형 하나님 나라'(통치. 주권. 질서. 지배 개념)를 누리며 살아가는 것이다. 또한 예수님께서 재림하시면 우리를 '미래형 하나님 나라'(장소 개념)로 데리고 가실 것이다. 그곳에서 삼위 하나님을 찬양하며 경배하면서 영생을 누리게 되는 것이다.

본문을 기술하면서 종종 히브리어와 헬라어를 인용하였다. 구약의 히브리어는 Heinrich Friedrich Wilhelm Gesenius의 《히브리어 사전》(생명의 말씀사)을 참고했고, 신약의 헬라어는 Koine Interlinear New Testament의 《스트롱코드 헬라어 사전》(로고스)을 인용하였다. 그러나 성경 원어를 언급할 때 그 지독한 어미 변화나 품사 같은 것은 아예 고려하지 않았다. 어설프게라도 원어를 쓴 까닭은 나와 청년의 무지를 일깨우며, 성경 본의에 대한 이해를 돕고, 나아가 성경 공부에 도전할 열정의 기회로 삼고자 함이었다. 청년들은 헬라어나 히브리어를 반드시 암기하거나 이해하려고 애쓸 필요 없이 그저 원어가 그렇다는 정도로 읽었으면 한다.

이 책의 많은 부분은 나의 독창적인 생각이 아니다. 수많은 학자들과 목회자, 그리고 앞서간 신앙 선배들의 가르침에서 나온 것이다.

문제는 일일이 각주를 달지 못한 것이다. 그 이유는 내가 이 책의 내용을 오랜 세월 청년 강의를 하면서 정리해온 탓에 언제 어느 책에서 읽어 깨닫고 이해한 것인지 기억하기 어려웠기 때문이다. 또한 책에서 언급한 역사적 배경이나 문화적 배경, 연도 등에 관해선 충분히 이견이 있을 수 있다고 생각한다. 이점 또한 나의 한계로 이해해주길 바란다. 간혹 신학적인 내용과 신앙적인 내용이 혼재되어 마치 두 종류의 책을 읽는 느낌이 들지도 모르겠으나 이점 역시 나의 부족함으로 널리 포용해주길 기대한다.

이 책에 매달린 지 어언 2년의 세월이 흘렀다. 쓰다 지우고 다시 쓰기를 거듭하였다. 일천한 지식 탓도 있지만 환자를 진료하면서 자투리 시간에 틈틈이 기록했기 때문이다. 피곤한 몸으로 몽롱한 상태에서 매달리다 보니 앞뒤 연결이 매끄럽지 못할 뿐더러 반복된 부분도 있을 것이다. 그러나 신앙생활에 진지한 모든 청년들이 말씀인 복음(벧전 1:25)을 더 깊이 이해하고, 더 정확하게 알아가는 데 도움이 되길 바라는 마음으로 집필을 계속할 수 있었다. 부족한 글을 통해 청년들이 복음의 맛을 진하게 느끼고, 복음에 감동되어 오롯이 복음을 전하는 일에 기꺼이 '올인'하기를 바란다.

집필 기간 동안 가까이, 혹은 멀리서 따뜻한 눈으로 지켜봐준 분들이 많다. 책 쓰기를 포기하려는 순간마다 격려와 응원으로 용기를 일깨워준 분들도 잊을 수 없다. 더러는 따끔한 질책으로 자신을 돌아보게 만든 경우도 있다. 모두 다 나의 소중한 멘티이자 아우, 친구, 신앙 선배, 그리고 멘토이다. 현실에서는 실제로 뵙지 못했으나 책을 통해 마음과 상상으로 대면했던 분들, 모든 학자들과 교수들과 목사들과 신앙의 선후배에게 감사와 존경을 표한다.

편집에서 출판에 이르기까지 수고한 《가시고기》의 저자 조창인 작가, 더메이커 이병일 대표, 멘티라는 이유로 무지막지한 고생을 감수하며 본문의 삽화를 그려준 일러스트 작가 가혜숙 님에게 감사하고 싶다.

바쁜 중에도 저자의 원고를 일일이 읽고 의견을 더하여 추천사까지 써주신 분들(트리니티신대원 총동창회장 구자영 대표, 시드니순복음교회 김범석 목사, 만나교회 김병삼 목사, 가정사역자 박수웅 전문의, 하이패밀리 대표 송길원 목사, 퍼스순복음교회 신관식 목사, 낮은울타리 대표 신상언 문화선교사, 가나안교회 윤상갑 목사, 호주 멜번 레디언츠교회 이루다 목사, (사)민족통일에스라운동협의회 Global Blessing 대표 이민교 선교사, 미얀마 이연원 선교사, 캔버라대학 이정일 교수, 벨국제학교 교장 이홍남 목사, 안양중부감리교회 정성철 목사, 법무법인 정담 대표이자 밝은교회 담임 주명수 목사, 현대종교 대표 탁지원 소장, 한국 다림줄연구소 소장 허스데반 선교사, 나로도중앙교회 허임복 목사)에게도 마음 다한 감사를 전한다.

원고에 대한 평과 함께 자신들의 마음을 가감 없이 나누어준 소중한 멘티 정준호, 양창모, 최영태(밴쿠버), 김범석(밴쿠버), 전정호, 양하준, 홍수영, 이성균(캘거리), 신재성과 이진나(부부, 워싱턴DC), 김성택(LA),

김선민(방어진제일교회 목사), 박경대와 나윤미(부부, 인천)에게도 진심으로 감사의 마음을 전하고 싶다. 특별히 마지막 수정과 함께 문맥을 잡아준 이선호, 문지훈, 김성경 실장(밴쿠버기독교세계관 대학원)에게 깊은 감사를 전한다.

끝으로 지난 30여 년간 동역자로, 청년 사역자로, 소중한 아내로서 저자의 곁을 묵묵히 지켜준 김정미 선교사에게 진심으로 사랑한다고 말하고 싶다. 큰딸 성혜, 큰아들 성진, 막내 성준에게도 아빠의 그윽한 사랑과 깊은 감사를 전한다. 모든 것을 섭리하시고 인도하셨던 하나님께만 영광! Soli Deo Gloria!

산업도시 울산의 소망정형외과 진료실에서

Dr. Araw 이선일

차례 ————————————————————————————————

1부

전체 숲을 보듯 성경을 보자

1강

성경은 무엇이며 무엇을 말하는가?

성경은 언제 어떻게 정경이 되었는가?

하나님의 말씀인 성경(The Bible)은 구약과 신약으로 나뉘어 있으며, 구약은 39권, 929장, 23,214절, 신약은 27권, 260장, 7,959절로 각각 구성되어 있다. 성경은 총 66권, 1,189장, 31,173절로 이루어진 정경이다. 정경(Canon)이란 초기 교회사에서 두 차례의 회의를 통해 성경으로 인정된 것을 말한다. 구약 39권은 AD 90년 얌니아 랍비 회의에서, 신약 27권은 AD 397년 카르타고 회의에서 정경으로 채택되었다. 이것을 정경화 작업이라고 말한다. 우리는 정경만을 하나님의 유일무이한 말씀으로 믿는다.

성경의 6대 속성

정경 66권만이 하나님의 말씀으로서 성경의 6대 속성인 '무오류성', '완전성', '충분성', '명료성', '권위성', '최종성'을 갖는다.

첫째, '무오류성'(inerrancy)이란 '성경 내용에 오류나 잘못이 없는' 정경 66권만이 온전한 하나님의 말씀이라는 것이다. 물론 구약정경이나 신약정경으로 채택되지 않은 사본도 귀하다. 그러나 66권 정경만이 무오한(오류가 없는) 하나님의 말씀인 것이다.

둘째, '완전성'(integrity)이란 '필요한 요소를 모두 갖추어 부족함이나 결함이 없는 상태'로, 정경 66권만으로도 완전한 하나님의 말씀이라는 것이다.

셋째, '충분성'(sufficiency)이란 '조건에 맞게 모자람이 없이 넉넉한 성질'을 가리키며, 정경 66권이야말로 하나님의 말씀으로 충분하다는 의미이다.

넷째, '명료성'(clarity)이란 '뚜렷하고 분명하며 선명한 성질'로, 66권 정경이 말하는 예수님만이 그리스도요 메시아이시며, 온전한 하나님이시고, 신인양성(神人兩性)의 하나님으로서 유일한 구원자이심이 명쾌하고도 선명하다는 의미이다.

다섯째, '권위성'(authority)이란 오로지 66권 정경에만 '하나님의 말씀'이라는 권위를 부여할 수 있다는 것이다. 정경에서 밀려난 외경과 위경은 참고자료로서 정경을 해석하는 데 도움을 줄 수는 있지만, 정경과 동일한 권위를 부여할 수 없다는 것이다.

여섯째, '최종성'(finality)이란 많은 사본 가운데 정경화 작업을 거친 66권만이 최종적인 하나님의 말씀이라는 것이다.

이와 같은 여섯 가지 속성은, 4세기 이후 온전한 정경으로 인정되어 현재 우리가 읽고 묵상하는 성경의 속성이다.

성경은 누가 어떻게 기록했는가?

성경은 모세5경의 기록자인 모세(BC 1500년)로부터 요한계시록의 기록자인 사도 요한(AD 90~95년 즉 100년)에 이르기까지, 약 1,600여 년에 걸쳐 40여 명의 기록자를 통해 무려 3,000여 명의 인물을(2,930명의 인물) 등장시켜 완벽한 저자이신 하나님의 '영감[1]'(성령님의 감동)으로 쓰였다(딤후 3:16). '영감'(靈感)이란 말 그대로 성령님의 감동으로 쓰였다는 뜻이다. 저자는 '완전영감'(plenary inspiration), '축자영감'(verbal inspiration), '유기영감'(organic inspiration)만을 인정한다.

첫째, '완전영감'이란 정경 66권 전부가 성령의 감동으로 기록되

---

1) 영감(inspiration)이란 성령님의 감동이라는 의미이다. 《그랜드 종합주석》의 총론편을 참고하라. 저자는 기계적영감(mechanical inspiration)이나 동력적영감(dynamic inspiration)은 받아들이지 않는다. 동시에 사상영감이나 부분영감도 받아들이지 않는다.

었다는 것이다. 디모데후서 3장 16-17절은 "모든 성경은 하나님의 감동으로" 되었다고 분명하게 말씀하셨다. 하나님의 감동으로 된 성경은 요한복음 10장 35절에는 절대 "폐하지 못하며" 더 나아가 고린도전서 2장 13절에는 "오직 성령께서 가르치신 것"이라고 말씀해주셨다. 성령님께서 가르쳐주신, 결단코 폐할 수 없는 영감된 정경 66권만이 완전한 하나님의 말씀이다.

둘째, '축자영감'은 성경의 일점[2] 일획[3]까지도 성령의 감동에 의해 인간 기록자의 모든 것이 조절되어 기록되었다는 것이다. 누가복음 16장 17절과 마태복음 5장 18절에는 "진실로 너희에게 이르노니 천지가 없어지기 전에는 율법의 일점일획도 결코 없어지지 아니하고 다 이루리라"고 말씀하셨다. 여기서 일점이란 히브리어의 '요오드'(')와 헬라어의 '이오타'(ι)를 말한다. 또한 '일획'이란 히브리어 '레스'(ר)와 '달레트'(ד)에서 '레스'에 획이 그어지면 '달레트'가 되어 획의 유무에 따라 뜻이 달라진다는 것에서 유래되었다. 이처럼 점이나 획의 유무에 따라 서로 다른 글자 다른 의미가 되기 때문에 축자영감은 '일점일획'이라도 더하거나 빠지게 되면 하나님의 말씀이 왜곡된다는 의미를 담고 있다.

셋째, '유기영감'이란 하나님께서 인간 기록자의 성품과 기질, 재

---

2) 일점이란 알파벳이 점처럼 보이는 히브리어 요오드 Yod(')와 헬라어 이오타 Iota(ι)를 일컫는 것으로 점이 더하여지거나 **빠지면** 다른 단어 다른 의미가 되어버린다.

3) 일획이란 히브리어의 두 알파벳 한 획의 유무에 따라 다른 단어 다른 의미가 되어버리는 것에서 나온 말이다. 히브리어 레스 Res(ר)에서 획이 있으면 달렛 Dalet(ד)이 된다. 역으로 달렛에서 획이 없으면 레스가 된다.

능 등을 활용하시되 성령의 감동으로 죄의 영향을 제거하셔서 하나님의 뜻이 오류 없이 기록되게 하셨다는 것이다. 그러므로 66권 정경의 여러 기록들은 기록자의 문체적 특성이나 신학적 강조점이 다를 뿐 성령의 감동으로 기록된 것이 틀림없다. 결국 정경은 성령께서 인간 기록자에게 영적 감동을 주심으로써 그의 감정과 성격, 시대적, 역사적, 문화적 배경, 그리고 교육과 지식 등을 모두 활용하여 쓰셨다.

성경 66권은 무엇을 말하고 있는가?

성경은 아담에서 아브라함까지 인류의 원역사(原歷史)를, 아브라함에서 그리스도까지 선민의 역사를, 그리스도에서 오늘날 우리에 이르기까지 교회의 역사를 보여준다. 성경 전체를 숲으로 이해하려할 때 구약의 주요 인물이나 신약의 주요 인물들[4]을 공부하면 상당히 도움이 된다. 또한 구약이나 신약의 배경이 되는 장소 및 사건들을 살펴보면 66권 성경이 한 눈에 들어오게 된다. 특히 지명에 따른 지도를 온전히 숙지하면 더욱 큰 도움이 된다. 신약의 경우 지중해를 중심으로 에게 해, 아드리아 해, 이오니아 해가 중요하고 아시아, 동부유럽, 중부유럽, 서부유럽을 머리로 그리는 것이 중요하다. 또한 지중해에 있는 구브로 섬(키프로스), 그레데 섬(크레타 섬), 멜리데 섬(몰타), 밧모 섬

---

4) 구약의 인물 40인과 신약의 18인을 살펴보라. 또한 구약의 열두 장소를 자세히 주의하여 보라. 아울러 성경의 큰 사건들을 순서적으로 보면 성경 이해에 도움이 될 것이다. 《성경의 파노라마》, 헨리에타 미어즈, 생명의말씀사, 1983.

등 네 개의 섬을 알아야 한다. 가나안땅으로 와서는 갈릴리 호수와 사해, 그리고 이 둘을 연결하는 요단 강을 알면 성경 전반을 이해하는 데 도움이 된다.

성경 전체의 핵심을 한 마디로 요약하기는 어렵지만 두 단어로 요약한다면 '복음'과 '생명'이라고 할 수 있다. 이것을 다시 세 단어로 요약한다면 '예수-그리스도-생명'이라고 할 수 있고, 네 단어로 펼친다면 성경적 세계관의 네 가지 기둥인 '창조-타락-구속-완성'이라고 할 수 있다.

성경 전체를 이해하는 또 다른 방법 중 하나는 성경을 여섯 가지 언약으로 요약해 보는 것이다. 성경이 말하는 언약(言約, My Covenant, 베리트)은 우리가 일반적으로 이해하는 쌍방 간의 합의 하에 이루어지는 약속이 아니다. 성경의 언약이란 하나님께서 사람에게 약속하시고 당신께서 신실하게 그 약속을 이행해가시는 것으로, 전적인 은혜이자 일방적인 언약이다. 성경에 나오는 하나님의 언약 여섯 가지는 '아담 언약-노아 언약-아브라함 언약-모세 언약-다윗 언약', 그리고 '예수 그리스도의 새 언약'이라고 할 수 있다. 언약에 관하여는 2부 5강에서 자세히 다룰 것이다

히브리 정경과 신약 정경사

AD 4세기 이후 정경이 된 신구약 66권으로 된 말씀은, 구약은 히브리인들의 분류법이 성경을 이해하는 데 도움이 되며 신약은 개신교의 분류가 도움이 된다.

히브리인의 구약 분류법

구약성경을 더 잘 이해하려면 히브리인들의 구약(정경) 분류가 도움이 된다. 그들은 구약을 히브리 정경(Tanak) 24권으로 분류한다. 이것은 크게 '토라'(Torah, 모세5경, 5권), '네비임'(Nebiim, 전후 선지서 각 4권으로 총 8권), '케투빔'(Ketubiim, 성문서 11권)의 세 부분으로 나뉜다(도표 참조).

토라, 모세5경

'토라'는 모세5경으로서, 창세기(베레쉬트), 출애굽기(쉬모트), 레위기(바이크라), 민수기(바미드바르), 신명기(데바림) 등 5권으로 구성된다.

네비임과 케투빔

'네비임'은 선지서로서 총 8권이다. 역사서인 전(前)선지서 4권과 예언서인 후(後)선지서 4권으로 구성되어 있다. 역사서인 전선지서는 여호수아(예호쉬아), 사사기(쇼프림), 사무엘상하(쉬무엘), 열왕기상하(멜라킴)이다. 예언서인 후선지서는 이사야(예쉬아흐), 예레미야(이르미야흐), 에스겔(예헤쯔켈), 그리고 하나로 묶은 12권의 소선지서이다. 여기서 하나로 묶은 12소선지서는 개신교의 정경인 구약성경의 12권과 동일한 호세아(호쉐아), 요엘(요엘), 아모스(아모스), 오바댜(오바뒤아), 요나(요나흐), 미가(미카흐), 나훔(나쿰), 하박국(하바쿠크), 스바냐(쩨파냐흐), 학개(학가이), 스가랴(쩨카뤼야흐), 말라기(말라키)이다(도표 참조).

    역사의 주관자이신 하나님은 당신의 때에 정확한 섭리와 경륜으로 역사를 이끌어가시며 선지자들을 통해 자신의 뜻을 알리셨다. 그

토라(5)	네비임(8)		케투빔(11)	
창세기 출애굽기 레위기 민수기 신명기	전선지서 (역사서)	여호수아 사사기 사무엘상하 열왕기상하	시가서	시편
				욥기
				잠언
			메길롯 (5축)	룻기(칠칠절/오순절)
				아가서(유월절)
	후선지서 (예언서)	이사야 예레미야 에스겔 12소선지서		전도서(장막절)
				애가(예루살렘 성전 파괴기억 아빕월 9일)
				에스더(부림절)
			역사서	다니엘
				에스라/느헤미야
				역대상하

히브리 정경 24권

래서 네비임 안에 역사서와 예언서가 들어있다.

'케투빔'은 성문서(聖文書, hagiographa)로서 크게 세 부분인 메길롯과 역사서, 그리고 시가서로 나뉘며 모두 11권으로 되어 있다.

메길롯은 5축으로서 다섯 개 두루마리에 쓰였다는 데서 유래한 말이다. 특별히 유대인들이 각 절기 때마다 모든 연령대(all generation)가 회당에 함께 모여 랍비가 낭독하는 메길롯을 들었다. 두루마리에 쓰여 있는 것을 낭독할 때 집중하여 들음으로써 그날의 의미를 기념하며 잊지 않겠다는 다짐을 했던 것이다.

도표에서 보듯 칠칠절 혹은 오순절에는 룻기(룻)를 낭독하며 그날을 기억하고 기념했다. 또한 부림절에는 에스더서를, 장막절에는 전도서(코헬레트)를, 유월절에는 아가서(쉬르하쉬림)를, 성전 파괴일을 기억하는 아빕월(Tisha B'Av)에는 예레미야애가(에이카흐)를 낭독하였다. 그들이 절기마다 메길롯을 읽은 것은, 하나님의 사랑과 구원을 되새길 뿐 아니라 두 번 다시 성전 파괴나 포로 생활의 아픔 등을 겪지 않으려는 몸부림이었다.

성문서의 역사서는 3권으로 구성되는데, 에스라(에즈라)-느헤미야(네흐미야), 다니엘(다니엘), 역대상하서(디브레이 하 얌밈)이다. 시가서 역시 3권으로, 욥기(이요브), 시편(테힐림), 잠언(미쉘레이)이다.

네비임과 케투빔에는 내용이 거의 동일한 역사서[5]가 각각 있다. 사무엘상하와 열왕기상하인 네비임의 역사서와 역대기상하인 케투빔의 역사서이다. 네비임이 바벨론 포로 전에 기록된 것이라면 케투빔은 바벨론 포로 후에 쓰였다는 차이가 있다. 사무엘하와 역대상이 짝이고 열왕기상하와 역대하가 짝이다. 사무엘하와 역대상은 동시대인 다윗왕의 생애에 초점을 맞추었고 단지 포로 전후라는 시기적 차이가 있다. 네비임의 사무엘하는 다윗왕의 업적을 강조하였으나 족보에 대한 언급은 없다. 반면에 케투빔의 역대상은 사무엘하의 주석이라고 불리는데 족보 언급과 함께 다윗왕의 성전 건축 준비에 초점을 맞추고 있다.

한편 네비임의 열왕기상하는 남 왕국과 북 왕국을 모두 포함하여 역사적으로 서술했다면 케투빔의 역대하는 남유다 왕국만의 특정 사건을 중요하게 다루었다. 왜냐하면 케투빔의 역사서는 바벨론에서의 포로 귀환 후(BC 517~)에 기록되어 남 왕국 유다로 이어진 이스라

---

5) 《성경 파노라마》, 테리 홀, 배응준 옮김, 규장, 2008.

엘 백성들이 하나님과의 관계를 회복할 것에 초점을 맞추었기 때문이다. 더하여 왕이신 하나님을 열망하며 향후 신정체제에로의 회복을 바랐기 때문이었다.

결국 역사서는 비록 하나님의 백성이라 할지라도 율법을 떠났을 때는 포로생활과 같은 고난과 훈련의 과정을 겪게 된다는 교훈을 담고 있다. 그렇기에 포로생활이라는 징계의 기간은 반드시 일시적이라는 것이다. 결국 바벨론에서의 포로생활은 하나님의 징계였지 징벌이 아니라는 것이다. 징계는 회복을 전제한 하나님의 훈련이다. 그렇기에 징계에는 회복에 대한 약속과 함께 소망을 전달하고 있음을 알아야 한다.

외경과 위경[6]

구약 39권은 AD 90년에 얌니아 랍비회의에서 정경으로 받아들여졌다. 정경으로 선택되지 못한 문서들을 외경(아포크립파, Apocrypha, 숨겨진)이라고 한다. 원래는 헬라어 구약성경인 '70인역[7]'에는 포함되나 히브리어 정경에 포함되지 않은 것으로 BC 2세기부터 AD 1세기 사이

---

6) 《성경 파노라마》, 테리 홀, 배응준 옮김, 규장, 2008.와 두산백과(네이버 지식백과)를 참고하라.
7) Septuaginta로서 LXX라고도 표기되며 로마숫자로 70에 해당한다. BC 250년경 이집트의 알렉산드리아에서 편찬되었다고 한다. 《성경 파노라마》, 테리 홀, 배응준 옮김, 규장, 2008.

에 쓰인 14권 혹은 15권의 책을 통칭한다. 마틴 루터는 이런 외경을 "정경은 아니나 읽어서 유익하고 좋은 책" 정도로 말하고 있는데 저자는 그 견해에 동의하고 있다.

AD 397년에는 카르타고 회의에서 27권을 신약의 정경으로 받아들였다. 한편 정경으로 채택되지 못한 외경 외에도 위경이 있는데 그 숫자는 헤아릴 수 없이 많다고 한다. 외경과 달리 위경은 성경 기자와 저작 연대가 허위로 되어있기에 믿을 수 없고 허풍과 과장이 많다고 한다. 그렇기에 위경은 '거짓된 책'(슈도에피그라파, Pseudepigrapha)이라고 한다.

신약 정경 형성사

저자는 신약을 크게 세 부분으로 나눈다. 5권의 역사서(사복음서와 사도행전)와 21권의 서신서[8], 그리고 예언서로 나눌 수 있다. 다시 역사서는 둘로 나뉘는데 사복음서가 예수 그리스도의 역사라면 사도행전은 교회의 역사이다. 서신서는 13권 혹은 14권의 바울서신과 7권 혹은 8권의 일반서신으로 나뉜다. 예언서로는 요한계시록이 있다.

신약의 정경 가운데 가장 먼저 쓰인 복음서는 마가복음인데, 이

---

8) 저자는 히브리서를 바울서신에 포함시켜 14권(롬-히)으로 나눈다. 바울서신이라 함은 바울로부터 수신자에 따라 이름이 붙여진 것이다. 일반서신은 기록자의 이름에 따라 붙여진 것으로 야고보서, 베드로전후서, 요한 1-3서, 유다서이다.

는 바나바의 조카였던 마가라 하는 요한이 성령님의 조명을 받아 AD 60년경에 썼다. 성령님이 원 저자이고 요한이 기록자이다. 뒤이어 사도인 마태가 마태복음을 기록하였다. AD 65년이 되자 의사이자 바울의 평생 동역자였던 누가가 누가복음과 사도행전을 연이어 기록하였다. 제2의 누가복음이라고도 불리는 사도행전을 기점으로, 성령님에 의하여 예수님의 십자가 보혈 위에서 비로소 교회가 시작된다.

오순절 성령 강림으로 시작된 초대교회는 성령의 능력과 은혜로 든든히 세워져 나갔다. 그로 인해 복음이 땅 끝까지 전해지게 되었다. 그런데 전혀 상상 밖의 인물이 역사의 전면으로 등장하여 복음을 전하게 된다. 그가 바로 처음에는 복음을 그렇게나 박해했던 사울이다. 사울은 다메섹으로 가는 길에서 부활하신 예수님을 직접 목격하고, 예수님의 부르심을 따라 이방인의 사도로 파송되었다. 바울로 개명한 그는 4차에 걸친 전도여행[9]을 통해 아시아와 유럽에까지 복음을 전하게 된다. 바울은 성령의 감동으로 서신(書信)서를 쓰게 되는데, 갈라디아서를 시작으로 데살로니가전후서, 고린도전후서, 로마서, 에베소서, 골로새서, 빌레몬서, 빌립보서, 디도서, 디모데전후서를 기록하였다고 전해진다. 논란이 많은 히브리서는 많은 학자가 바

---

9) 바울의 4차 여행의 순서는 영어 단어 PACER를 이용해 외우면 좋다. pacemaker와 동의어로서, 선두주자라는 뜻도 있다. 바울이야 말로 복음을 전파하는 일에 선두주자였다는 것이다. PACER는 바울(Paul)이 복음 전파의 선두주자로서 복음을 전한 여정을 주요 도시별로 열거하여 기억을 돕도록 어느 앞서가는 신앙 선배가 착안한 것이다. 수리아 안디옥(Antioch of syria), 고린도(Corinth), 에베소(Ephesus), 로마(Rome) 순이다. 그래서 바울의 P로 시작해 각 대표도시 영어 철자의 첫 글자를 모은 것이 PACER이다.

울이 기록하였을 것으로 추정했지만, 사실 정확히 누가 기록했는지는 알 수가 없다. 바울이 쓴 것인지가 명확하지 않다는 것이다. 오리겐은 이에 대해 "주님만이 아신다"라고 했는데 저자는 그 말에 동의하지만 그래도 바울서신으로 분류하고 싶다.

유대인의 사도로 활동한 베드로는 베드로전후서를 기록하였다. 특별히 베드로전서는 로마대화재 사건(AD 64년 7월 19일)이 일어나기 전에 쓰인(대략 AD 63~64) 것으로 다가올 환난의 때를 대비하라는 것이었다. 특히 고난 중에 산 소망이신 예수 그리스도를 바라보며 잘 견뎌나갈 것을 촉구하였다. 그렇기에 베드로전서 4장 12~13절은 "사랑하는 자들아 너희를 시련하려고 오는 불시험을 이상한 일 당하는 것 같이 이상히 여기지 말고 오직 너희가 그리스도의 고난에 참예하는 것으로 즐거워하라 이는 그의 영광을 나타내실 때에 너희로 즐거워하고 기뻐하게 하려 함이라"고 하셨던 것이다. 베드로후서는 약 3년 뒤인 AD 67년경에 쓰였다. 특별히 거짓 교사를 추방하라고 외쳤다. 결국 이 베드로전서와 후서는 말세에 힘써 서로 사랑하며 하나님의 말씀을 붙들어 견고하며 흔들리지 말 것을 촉구하는 것이었다.

예수님의 동생인 야고보와 유다가 각각 야고보서와 유다서를 기록했다. AD 90-95년경이 되자 영지주의(Gnosticism)가 극성을 부리면서 기형적이고 극단적인 금욕주의와 아울러 방탕을 야기하는 쾌락주의를 양산해 초대교회를 크게 어지럽혔다. 나아가 예수님이 육체로 오신 것을 부인하거나 예수님을 하나님의 아들로 인정하지 않으려는 무리들이 생겨 그 폐해가 심각해졌다. 이런 배경 속에서 사도 요한은 요한 1, 2, 3서와 복음과 교리를 총망라하는 요한복음을 기록했다. 사도 요한은 11대 로마 황제인 도미티아누스 때에 로마에서 순교의 제물이 될 뻔했던 인물이다. 전승에 의하면 그는 끓는 기름가마에서 살아났다고 전해진다. 그후 에게 해의 밧모 섬으로 유배되었는데, 그곳에서 요한계시록을 기록하였다. 요한계시록을 마지막으로 성령님은 신약의 정경을 닫으셨다(AD 397년).

하나님의 말씀을 바로 배우자

모든 성경은 하나님의 감동(영감)으로 된 것으로 완벽하신 하나님의 말씀이다. 그러므로 정경의 저자는 하나님이시다. 앞서 언급한 모든 성경이란 정경 66권을 말한다. 성경 말씀은 세 가지로 세분한다. 로고스는 영원히 살아있는 하나님의 말씀이다. 케리그마는 최고의 가치이자 권위의 하나님 말씀이다. 레마는 진리의 영이신 성령님께서 베풀어주시는 하나님의 말씀이다. 베드로후서 1장 20-21절 말씀과 요한계시록 22장 18-19절 말씀을 깊이 되새기며 올바른 교리를 통하여 바르게 말씀을 배워나갈 수 있기를 바란다.

> "먼저 알 것은 경의 모든 예언은 사사로이 풀 것이 아니니 예언은 언제든지 사람의 뜻으로 낸 것이 아니요 오직 성령의 감동하심을 입은 사람들이 하나님께 받아 말한 것임이니라"_벧후 1:20-21

> "내가 이 책의 예언의 말씀을 듣는 각인에게 증거하노니 만일 누구든

지 이것들 외에 더하면 하나님이 이 책에 기록된 재앙들을 그에게 더하실 터이요 만일 누구든지 이 책의 예언의 말씀에서 제하여 버리면 하나님이 이 책에 기록된 생명나무와 및 거룩한 성에 참예함을 제하여 버리시리라"_계 22:18-19

2강 시대별로 성경의 맥과 흐름을 보자

성경의 맥과 흐름을 놓치지 않는 법

성경에 대한 파편화(fragmentation)된 지식은 짜깁기식 성경 해석을 낳는다. 이것은 왜곡된 이단들의 교리에 더하여져 나쁜 열매들(bad or toilsome fruits, πονηροὺς καρπούς)을 양산하게 된다. 반면에 성경의 전체적인 흐름과 아울러 각론에 집중해 성경 말씀을 이해하면 하나님께서 그렇게 말씀하시는 의도를 읽을 수 있다. 그것은 마치 전체 숲을 보면서 동시에 나무 하나하나를 놓치지 않는 것과 같다. 그럴 때 말씀의 맛을 깊이 음미할 수 있고 동시에 풍성한 열매들을 발견할 수 있다.

성경의 맥과 흐름을 놓치지 않고 잘 읽으려면 성

경 전체를 굵직굵직한 시대별로 분류해보는 것이 도움이 된다. 그렇다고 하여 성경의 모든 내용이 역사적, 시간적 순서로 되어 있다는 것은 아니다. 그럼에도 불구하고 시대별로 나누어 읽게 되면 역사적, 문화적 배경과 함께 전체 흐름도 놓치지 않게 된다. 동시에 올바른 성경적 관점으로 말씀을 해석할 수 있게 된다.

성경을 14시대로 나누기

성경을 시대별로 구분하는 일에 있어 많은 분들이 구약만을 10시대로 따로 떼어 나누지만, 저자는 성경이 말씀하는 바와 그 시대의 특성과 흐름을 고려하여 신구약 성경 전체를 14시대로 분류하였다.

첫 번째 '창조 시대'이다. 삼위 하나님의 창조를 설명하되 전체를 주관하시는 전능하신 창조주 엘로힘과 언약을 신실하게 이행하시며 구체적인 사건을 주관하시는 야훼 하나님에 대해 설명할 것이다.

두 번째 '하나님의 재수 시대'(재창조 시대)[10]이다. 노아를 들어쓰셔서 첫 창조를 회복하시고자 했던 하나님의 마음에 대하여 설명하고자 한다.

---

10) 여기서 말하는 재창조는 신천지에서 말하는 "창조와 재창조의 노정순리"와는 다르다. 신천지의 재창조는 새 목자를 통해 배도한 선민은 심판하고 구원된 선민으로 새나라를 창조하는 것을 말하며 창조된 새 선민과 새 언약을 하는 것을 말한다. 저자가 말하는 재창조는 에덴을 다시 회복하시고자 노아의 방주를 통한 구원을 이룬 8명으로부터 다시 시작하고자 기대하였던 하나님의 역사를 의미한다. 혼란을 피하기 위해 '하나님의 재수 시대'라고 표현했으나 하나님의 불완전하심을 의미하지 않는다.

세 번째는 비록 하나님의 눈에는 부족하였던 아브람이었으나 은혜로 부르셔서 훈련의 과정을 거치게 하시고 그 결과 믿음의 조상이 되게 하신 '하나님의 3수(열심) 시대'를 다룰 것이다.

네 번째는 '홍해도하(渡河) 시대'이다.

다섯 번째는 '광야훈련 시대'이다. 언약에 신실하신 하나님은 430년간 애굽의 압제 하에 있었던 이스라엘 백성에게 지도자 모세를 보냄으로 이루신 역사이다.

여섯 번째는 '요단강도하(渡河) 시대'이다. 모세가 죽은 후 하나님께서 요단 강 동편 모압 지방에서 지도자 이양을 통해 여호수아를 필두로 열어 가신 시대이다. 홍해를 건넌 사건은 광야 1세대가 집단 세례를 받은 상징적인 의미를 갖는다. 동일한 맥락에서 광야 2세대 역시 요단 강을 건너며 집단 세례를 받게 하신 후 약속의 땅 가나안에 들어가게 하셨다. 세례란 나는 죽고 예수로 살겠다는 연합의 결단이다. 홍해를 건너(세례 후) 광야(세상)에서 살았던 광야 1세대처럼, 그리고 요단 강을 건너(세례 후) 가나안(세상)에서 살았던 광야 2세대처럼, 오늘날의 우리 역시 세례 받은 후 세상 속에서의 삶을 치열하게 살아가야 한다. 예수를 믿고 세례 후 광야를 살아가는 저들과 우리의 모습을 비교하며 얼마나 구별되게 살아가고 있는지를 살펴보아야 할 것이다.

일곱 번째는 '땀과 눈물의 시대'이다. 요단 강을 건너자 곧바로 약속의 땅이 준비되어 있었던 것은 아니었다. 가나안 정복이라는 땀과 눈물이 요구되는 또 다른 광야가 있었다. 그들은 가나안에서 많은 전쟁을 치르며 때로는 땀과 눈물을 넘어 피를 흘리면서까지 하나님을 확인하며 붙잡아야만 했다. 결국 바란 광야도, 가나안도, 현재 우리가 살아가는 세상도 모두가 다 땀과 눈물이 요구되는 시대임을 알아야 할 것이다. 그러나 땅 분배가 완료되고 안정감을 갖게 되자 다시 죄악된 습성을 따라 살아가게 된다.

그리하여 여덟 번째는 사사 시대를 관통하는 '매너리즘의 시대'로 들어간다. 이 시대는 당시의 사람들이 얼마나 하나님으로부터 멀리 떠난 삶을 살았는지를 보여준다(삿 21:25). 매너리즘에 빠져 습관적인 생활을 반복하던 그들은 점차로 왕이신 하나님을 잊어갔다. 동시에 진정한 왕이신 하나님을 저버리고 인간 왕을 구하게 된다. 신명기 17장 14-20절에서는 이렇게 할 것을 미리 아셨던 하나님은 인간 왕이 지켜야 할 것과 경고 및 주의할 점을 말씀해주셨다.

결국 인간 왕을 구하며 왕국 시대로 들어간다. 그리하여 세워진 사울 왕국은 세상 나라를 예표하며, 반면에 다윗 왕국은 하나님 나라를 예표하고 있다. 이것이 아홉 번째인 '두 왕국 시대'이다. 역사의 주관자이신 하나님의 세미하신 경륜은 말씀을 따르는 자를 사용하여 역사를 이끌어가셨다. 세월이 흘러 통일 왕국이던 이스라엘은 남북 왕국으로 나눠지고, 북 왕조와 남 왕조 모두 하나님을 거역하는 길을 걸어갔다. 그 결과 북이스라엘은 BC 722년 앗수르에 의해 망했고, 앗수르는 BC 612년 통일 바벨론에게 망했으며, 남유다는 BC 586년에 역시 바벨론에 의해 망하고 말았다. 결국 이스라엘 백성을 징계하기 위한 막대기로 하나님은 바벨론을 쓰셨던 것이다. 회복을 바라시는 아버지 하나님의 아픈 마음을 열 번째 '징계[11] 시대'라고 한다.

---

11) 징계(잠3:11-12, 히12장)란 단순한 심판이나 징벌을 의미하지 않는다. 회복을 전제한

이후 70년이 지나자 성경에서 예언한 그대로 페르시아(바사)를 통해 세 차례에 걸쳐 포로 귀환이 이루어지는데, 이때 학개의 리모델링에 힘입어 스룹바벨 성전이 회복된다. 이를 열한 번째 '회복 시대'라고 한다.

이후 BC 400년이 되기까지 하나님은 많은 선지자들을 보내셔서 이스라엘이 돌아오기만을 기다리신다. 그런 하나님의 마음과는 달리 점점 더 악한 길을 가던 이스라엘 백성에게 하나님은 깊은 침묵으로 반응하시는데, 이 시기를 열두 번째 '하나님의 침묵 시대와 독립유대 시대'라고 한다.

열세 번째는 '언약의 성취 시대'로서 새 언약이신 메시아요 그리스도이신 예수님이 인간으로 이 땅에 오신다. 그 예수님은 공생애(公生涯) 후 우리를 위해 십자가를 대신 지셨고 부활승천하셨다. 이후 예수의 영인 보혜사 성령님을 보내주셨다. 우리는 다시 오실 예수님을 기다리며 성령님을 주인으로 모시고 현재형 하나님 나라를 이루며 살아가고 있다.

마지막 열네 번째는 '언약의 완성 시대'로서 초림주가 아닌 재림주로서 예수님은 승리의 주, 만왕의 주로 오신다. 그분은 우리를 미래형 하나님 나라로 데려가실 것이다.

이제 14시대들을 하나씩 살펴보도록 하자.

훈련이다. 징계는 헬라어로 파이데이아스(the discipline, παιδείας, מוּסָר)라고 한다. 이는 파이듀오(chasten, παιδεύω, יָסַר)라는 동사에서 파생되었다. 파이데이아스는 '어린자녀(παῖς)를 양육 혹은 훈련하다'라는 의미이다. 결국 바벨론에 의한 하나님의 징계는 회복을 전제한 그 아들 이스라엘 백성들을 잘 훈련시켜 양육하는 것이었다.

첫 번째, 창조 시대

성경은 인류의 원역사인(original history) '삼위일체 하나님의 창조 시대'
를 시작으로 창조(창 1:1-2:25)와 인간의 타락(창 3:1-14), 그리고 예수
그리스도의 구속과 완성을 말씀하고 있다.

대부분 창세기 1장 1절부터 창세기 11장 32절까지를 창조 시대
로 분류한다. 그러나 성경을 세분하면 창세기 1장 1절에서 2장 25절
까지는 창조를, 3장 1절에서 14절까지는 인간의 타락 이야기를 다룬
다. 구속 이야기는 창세기 3장 15절에서 시작하여 적그리스도를 예
표하는 요한계시록 17-18장의 큰 음녀와 큰 성 바벨론에 대한 심판
을 지나 백마 타고 오시는 예수님이 등장하는 요한계시록 19장까지
로 구분한다. 그러나 저자는 요한계시록 20장의 천년왕국까지를 구
속 카테고리에 포함시킨다. 그 이유는 저자가 '무천년설[12]'을 지지하
기 때문이다. 2000년 전 유대 땅에 완전한 인간으로 오셨던 예수님은
십자가 위에서 모든 것을 이루셨고 삼일 만에 부활하셔서 승천하셨
다. 이후 그 예수님을 '나의 구주, 나의 하나님'으로 입으로 시인하고
마음으로 믿으면 성전된 우리 안에 성령님이 내주하게 된다. 그 성령
님을 주인으로 모시고 살아가는 그리스도인 개개인을 가리켜 '현재
형 하나님 나라' 혹은 '천년왕국'이 그 안에 임하였다고 한다. 예수님
께서 재림하시면 그런 우리를 미래형 하나님 나라인 거룩한 성, 새

---

12) 무천년설(A-Millennialism)이란 천년을 문자적으로 존재한다고 보지 않고 완전한 기
   간, 즉 그리스도의 초림부터 재림까지의 전체 기간을 상징한다고 보는 견해이다. 이
   기간을 종말 시대라고 한다. 결국 종말이란 예수님의 초림에서 재림 전까지를 말하며
   그 기간을 상징적 천년이라고 보는 것이다.

예루살렘으로 데려가실 것인데, 이것이 요한계시록 21-22장에 나오는 새 하늘과 새 땅이다.

창세기 1장에서 11장까지의 창조 시대를 저자는 두 시대로 세분하고자 한다. 창세기 1장에서 5장까지는 창조 시대이고 6장에서 11장까지는 재창조 시대이다. 청년들이 이해하기 쉽도록 창조 시대란 곧장 대학 들어간 것에 첫 창조를 빗대었고, 재창조 시대란 회복을 기대하신 하나님의 재수를 의미하였다.

창조 시대는 삼위 하나님이 '좋았더라'고 하신 천지와 사람의 창조에[13] 관해 설명한다. 특별히 우주를 창조하신 유일한 전능자 엘로힘과 언약을 신실하게 이행하시며 구체적인 창조사역을 이어가시는 야훼 하나님을 주목할 필요가 있다. 창세기 1장 1절에는 엘로힘 하나님께서 예수님을 통해[14] 하늘과 땅을 창조하셨고 뒤이어 2절에는 그것을 성령님께서 운행하셨다고 하였다. 창세기 1장 2절의 '운행하다'와 창세기 2장 7절의 '불어넣으시다'라는 히브리어는 같은 의미[15]이

---

13) 좋다(good)라는 의미의 히브리어는 토브(טוב)이며, 그 반대인 좋지 못하다는 히브리어는 로 토브(לא־טוב)이다. 창조하다(created)의 히브리어는 바라(ברא)이다.

14) '태초'의 히브리어는 베레쉬트(בראשית)라고 한다. '베'는 '~를 통하여' 혹은 '~로 말미암아'라는 의미이다. 레쉬트는 첫 것 혹은 첫 열매라는 뜻이다. 고전 15:20에 의하면 예수님은 잠자는 자들의 첫 열매라고 하셨다. 골 1:18에는 만물의 으뜸, 근본, 머리가 예수님이라고 하셨다. 결국 레쉬트는 예수님을 의미한다. 따라서 베레쉬트는 '예수님으로 말미암아, 예수님으로 인하여, 예수님을 통해'라고 해석할 수 있다. 레 23:10, 고전 15:20, 골 1:18을 참고하라.

15) 또한 창 1:2절의 성령님이 운행하시다(was moving)의 히브리어는 라헤페트(רחפת)인데 이는 창 2:7절의 생기를 그 코에 불어넣으시니(and breathed)라는 나파흐(נפח, blow)와 동일한 의미로 쓰였다.

다. 그리하여 '다른 하나님이시자 한 분 하나님'이신 삼위일체 하나님은 완벽한 창조와 함께 구체적으로 역사를 이어가신다.

　삼위 하나님은 천지창조의 틀[16]을 먼저 세우시고 그 안에 내용을 채우신 후 동방의 에덴에 동산을 창설하셨다. 그리고 그곳에 당신의 형상을 따라 지은 보시기에 심히 좋은 사람을 두시고, 하나님과의 올바른 관계 속에서 진정한 샬롬으로 살아가게 하셨다. 그러나 첫 사람 아담은 '하나님과 같이' 되려다가 결국 에덴동산에서 쫓겨난다. 이후 창세기 4장으로 이어지는데, 아담은 아내 하와와 동침하여 가인과 그 아우 아벨을 낳는다.

　에덴에서 쫓겨나자 죄인 된 인간은 죄를 지을 수밖에 없었다. 그들 중에 인류의 첫 살인자인 가인이 등장했다. 그러나 하나님께서는 가인에게 표를 주셔서 죽음과 해를 면하게 해주셨다. 그럼에도 불구하고 가인은 역사의 주관자이자 보호자 되신 하나님을 신뢰하지 못하고 '환희와 기쁨'이라는 의미인 '에덴'의 동편 놋 땅에 거하게 된다. 놋은 '노드'라는 히브리어로 '유리함 혹은 방황'이라는 뜻이다. 그곳에서 아들 에녹을 낳은 후 그 성을 아들의 이름을 따서 '에녹 성'이라 짓는다. 이는 하나님의 보호하심보다는 '내 운명은 내가 지킨다'는 의미로 한 발짝 더 멀리 나가버린 것이다. 이후 하나님을 떠난 후손들이 얼마나 악하게 살아가는지는 창세기 4장 16-24절에 나오는 가인

---

16) 혼돈(was formless)을 히브리어로 토후(תֹהוּ)라고 하며, 첫째 날에서 셋째 날까지 구조(structure) 혹은 틀(form)을 창조하심으로 혼돈을 잡으셨다. 한편 공허(emptiness)의 히브리어는 보후(בֹהוּ, void)이며, 넷째 날에서 여섯째 날까지 내용물(contents)을 채우셔서 공허를 보시기에 좋게 채우셨다.

의 족보를 통한 후손들 이름의 뜻을 보면 적나라하게 알 수 있다. 하나님의 창조 시대를 통하여 우리는 인간에 대한 삼위 하나님의 기대와 실망 그리고 회복을 이루시고야 말겠다는 아버지의 마음을 읽을 수 있다.

5장에 들어가기 전 창세기 4장 25-26절에는 하나님께서 아벨을 대신하여 셋을 주셨다는 것이 기록되어있다. 이로 인하여 아담 자손의 계보가 주어진다. 주목할 것은 창세기 5장에서는 창세기 4장에 등장하는 가인의 자손과 대비하여 셋의 자손이라 하지 않고 다시 아담의 자손이라고 언급되어 있다는 점이다. 결국 가인은 아담의 족보에서 밀려나버린 것이다.

아담의 자손 중 7대손과 10대손에 주목해보면 흥미로운 점을 발견하게 된다. 일반적으로 유대인의 숫자에는 특별한 의미가 주어져 있는데, 7은 '약속, 맹세, 언약'을 의미[17]하며 10은 완전수(完全數) 혹은 만수(滿數)를 뜻한다[18]. 아담의 7대손을 보자. 죽음을 보지 않고 하늘

---

17) 요한계시록(58회)과 레위기는 숫자 '7'에 관한 언급이 많다. 레위기는 매 7일은 안식일, 매 7년은 안식년, 7에 7을 곱한 다음해는 희년이다. 오순절은 유월절로부터 7주일 후였으며 일곱째 달에는 나팔절, 장막절, 속죄일이 있다. 오순절, 유월절은 7일간 지속되었다. 《성경 파노라마》, 헨리에타 미어즈, 생명의말씀사. 1983.
18) 7과 10이라는 숫자의 실례는 유다에게서도 볼 수 있다. 예수님은 유다의 계보로 오셨다. 유다는 하마터면 약속의 후손(씨)을 단절시킬 뻔하였다. 우여곡절 끝에 며느리 다말을 통해 쌍둥이를 얻었다. 그 쌍둥이 중 베레스의 계보를 통해 예수님이 오셨다. 그 베레스의 7대손과 10대손이 주목할 인물이다. 베레스의 7대손이 보아스(살몬+라합, 마 1:5)인데 그는 모압 여인 룻과 결혼한다. 그리고 베레스의 10대손이 바로 다윗(룻 4:22)이다. 그리하여 예수 그리스도의 새 언약이 이루어진다. 베레스는 성경의 흐름을 잇는 차자주제로 이어지는 인물이다.

로 올라간 에녹(창 5:22,24; 히 11:5)이 나온다. 에녹이 '승천'할 수 있었던 것은 하나님과의 '동행' 때문이었다고 기록되어있다. 여기서 '동행'과 '승천'의 연결에 유의할 필요가 있다. 왜냐하면 우리가 그동안 동행의 의미를 피상적으로 알고 있었기 때문이다. 동행의 히브리어는 '테할렉크(ꘖꘗꘘ)'인데 이는 '하나님께서 등 뒤에서 떠밀고 가신다'는 의미이다. 모든 것의 주체가 하나님이라는 것이다. 다시 말하면 에녹은 한 번 인생을 살아가며 전적으로 하나님의 주권에 순종했다는 것을 의미한다. 그렇기에 약속을 따라 미래형 하나님 나라로 곧장 들어간 것이다. 약속의 수 '7'을 가리키는 아담의 7대손 에녹이 말이다. 이는 하나님의 주권에 순종하였던 에녹을 완전한 에덴의 회복인 미래형 하나님 나라에 데려가심으로 하나님이 기대하셨던 재창조의 밑그림을 살짝 보여주신 것이다.

10대손은 하나님의 은혜로 재창조의 역사에 본격적으로 쓰임 받은 노아이다. 특히 노아의 방주 이야기는 홍수를 통한 심판 후 여덟 명을 통하여 에덴 회복의 역사를 쓰시려는 하나님의 재창조 의지를 엿볼 수 있다.

두 번째, 재창조 시대(하나님의 재수(再修) 시대)

삼위 하나님의 '창조 시대'를 뒤이어 창세기 6장-11장까지에는 '재창조 시대'가 이어진다. 앞서 언급한 첫째 창조 시대에는 인간에 대한 하나님의 기대(창조, 에덴동산, 창 1:1-2:25)와 실망(타락, 창 3:1-14) 그리고 회복을 향한 하나님의 마음(원시복음, 창 3:15)이 나온다.

창세기 6-11장까지의 두 번째 재창조 시대에는 하나님의 창조에 대한 기대가 무너져 실망을 지나 절망으로 아버지의 탄식[19] 소리로 시작된다. 그럼에도 불구하고 다시 회복시키고자 하시는 부성애적 하나님의 마음은 노아를 부르셔서 재창조를 계획하신다. 아버지의 애끓는 마음을 외면하고 다른 아버지를 찾듯 '네피림'[20]을 선택한 세상을 구원하고자 하나님께서는 방주를 준비하신 것이다.

창세기 6장에 들어서면 인류는 땅에서 번성하는데, 문제는 점점 더 하나님의 뜻에서 멀어져간 것이다. 하나님께서 사람들의 죄악이 세상에 가득한 것과 그 마음의 모든 생각과 계획이 항상 악할 뿐임을

---

19) 여기서 '탄식', '한탄'이란 후회를 말하는 것이 아니다. 왜냐하면 하나님은 후회가 없으시기 때문이다(민 23:19). 하나님의 '탄식'은 곁길로 가는 자녀를 바라보는 아비의 속 타는 심정을 의미한다.

20) 네피림(נְפִלִים)이란 거인종족(giants)으로 나팔(נָפַל, fall, 떨어지다)에서 유래하였다. 창 6:4절의 네피림 사상은, 하나님이 아닌 초월적 존재를 기리는 영웅숭배 사상으로 초인 사상이라고도 한다.

보시고 땅에 사람 만드신 것을 한탄하셨다는 대목이 나온다. 그리하여 하나님은 에덴의 회복을 위해 물 심판을 결단하시게 되었다. 이것은 단순히 징벌을 통한 심판이 아니라 회복을 통한 재창조의 기대였다. 이런 와중에 노아는 자신의 상태와 무관하게 오로지 하나님의 은혜로 마치 '제2의 아담[21]'처럼 선택되었던 것이다(창 6:8).

여기서 잠시 노아를 언급할 때 우리가 쉽게 빠질 수 있는 오해 한 가지를 짚어보려고 한다. 창세기 6장 9절을 보면 "노아의 사적은 이러하니라 노아는 의인이요 당세에 완전한 자라 그가 하나님과 동행하였으며"라는 대목이 있다. 흔히 이 부분 때문에 당시 악한 세상에서도 '노아는 의인이었고 완전한 자였으며 하나님과 동행하였기에 선택받은 것이다'라고 이해한다. 그러나 그렇게 해석하면 하나님의 은혜가 설 자리가 없어진다. 그것은 우리로 하여금 '노아가 구별되게 살았기에 쓰임을 받았구나'라고 오해하게 만든다. 그렇기에 '우리도 이 악한 세상에서 의롭게 살면 하나님께서 택하여주실 것이다'라는 잘못된 결론으로 이어지게 된다. 이것은 하나님의 은혜보다 자기 의를 드러내는 율법주의에 가깝다. 그리스도인은 성경을 이해할 때 이런 차이에 민감해야 하나님의 마음을 바르게 읽을 수 있고, 전적인 은혜에 그저 감사하게 된다. 오늘 우리가 주목해야 하는 구절은 창세기 6장 8절의 말씀이다.

---

21) 제2의 아담이라는 말에 대해 첫째, 제2의 아담이라고 하면 예수님을 일컫는 말이다. 둘째, 노아 당시의 세태를 한탄하신 하나님께서는 재창조를 위해 구원의 방주를 노아에게 명하시고 노아로 하여금 제2의 아담이신 예수님과 같은 역할을 담당하게 하셨다.

"그러나 노아는 여호와께 은혜를 입었더라"_창 6:8

이 구절이 전달하는 의미는 노아도 당시 살아가던 주변 사람들과 큰 차이가 없었으나 하나님의 무조건적인 은혜로 택함을 받았다는 것이다. 다만 노아는 의인이요 완전한 자로 여기심을 받았을 뿐이었다. 하나님의 택하심은 언제나 그분의 전적인 은혜에 의한 것이다. 우리의 조건이 하나님의 택하심을 유발하지 않는다. 그러므로 그리스도인은 항상 하나님의 주권과 은혜로운 택하심에 감사하는 자세를 잃지 말아야 할 것이다.

결국 노아는 비록 당대의 의인으로 여겨지기에 부족하였지만 은혜로 하나님의 부르심을 받았던 것이다. 그는 방주를 지으라는 소명에 응답한 후 묵묵히 순종한다. 생각해보면 처음 그 명령을 들었을 때 노아도 제법 황당했을 것이다. 저자에게 다가오는 감동은, 오히려 이런 명령에 '예스'로 답했던 노아의 태도이다. 오늘날에도 하나님은 이런 '또 다른 노아들'을 눈여겨보실 것이다. 게다가 노아가 방주를 만든 세월이 무려 120년이었다(창 6:3). 그 숱한 세월 동안 노아가 겪었을 비난, 조롱, 멸시, 천대와 같은 외부적인 어려움은 차치하고라도 내적인 고민과 갈등, 회의의 순간들이 얼마나 많았을까? 노아의 인내에 저절로 고개가 숙여진다. 노아로부터 배울 수 있는 세 가지가 있다.

먼저는 하나님의 부르심에 대한 민감함과 즉시 반응하기.
둘째는 한결같은 우직함과 충성스런 자세 보이기.
셋째는 하나님에 대한 신뢰와 허락하신 은혜에 감사하기.

방주가 완성되자 하나님은 혈육 있는 모든 생물들을 불러모으셨다. 물론 홍수심판을 전하던 노아를 비웃던 사람들은 제외되었다. 노아 가족 여덟 명이 방주에 타자 문을 닫으셨다(창 7:16). 여기서 '닫으심'이란 방주 안에서 보면 구원이요 방주 밖은 심판을 의미한다. 그로부터 일주일 후에 비가 내렸다(창 7:9-10). 이때 노아의 나이는 600세였다.

그런데 이 부분을 읽을 때마다 매번 궁금함이 있었다. 왜 방주에 들어간 후 일주일 뒤에야 비가 내렸을까? 120년이라는 긴 세월 동안 방주를 지었는데, 들어가자마자 보란듯이 장대 같은 비가 내렸다면 얼마나 좋았을까? 방주를 짓는 동안 비웃던 사람들에게도 근사하게 폼 나는 일이었을 텐데.

이상하게도 하나님은 방주 안에서 일주일을 기다리게 하셨다. 왜 그러셨을까? 한정된 공간인 방주 안에서 온갖 종류의 생물들과 함께 거하면서 이제나저제나 비가 내리기를 기다리며 조마조마했을 노아를 생각해보라. 저자는 하나님이 곧 바로 비를 내리지 않은 이유가 정말 궁금했다. 당시 노아는 불안해서 위로 나 있는(창 6:16) 조그마한 창문을 틈만 나면 쳐다보았을 것 같다. 기도하며 그분의 마음에 집중하는 중 결국 오랫동안 해결되지 않던 궁금증을 풀게 되었다. 그동안 무심히 지나쳤던 하나님의 세미한 마음을 발견하게 되었던 것이다.

마지막 일주일은 노아를 향한 특별훈련 기간이었다. 하나님은 자신이 택한 사람 노아를 끝까지 단단하게 다지고 싶으셨다. 120년이 부족해서 단순히 7일을 더한 것은 아니었다. 방주 안에서 하염없이 보내야만 했던 불안하고 지루한 7일이 노아에게는 최고의 고통이었을 것이다. 이것을 쉽게 이해하려면 등산을 생각해보라. 산을 오를 때 8부 능선까지는 잘 올라간다. 문제는 다 왔다고 생각하며 긴장을 풀 때 등정에 실패하는 경우가 많다.

결국 7일은 하나님에 대한 온전한 신뢰를 위해 더 필요한 훈련 기간이었던 것이다. 처음이요 마지막인 알파와 오메가의 하나님은 7이라는 언약의 수, 맹세[22]의 수를 통해 다시 한 번 노아를 하나님만 온전히 신뢰하는 사람으로 훈련하신 것이다. 이런 훈련은 홍수가 시작된 후 직면하게 될 무서운 일들 앞에서 흔들림이 없도록 하기 위한 하나님의 섭리였다. 아니 노아를 향한 배려였다. 여기서 우리는 한 번 인생을 살아가며 내게 아프게 다가오는 많은 것들이 변장된 하나님의 배려임을 알아야 할 것이다.

드디어 홍수가 시작되었다. 그것은 정말 단순한 폭우가 아니었다. 큰 깊음의 샘들과 동시에 하늘의 창들이 열리며 40일간 주야로 비가 쏟아졌다. 방주는 점차 물 위로 떠올랐고 천하의 높은 산도 물에 덮였다. 이 무서운 홍수로 인해 코로 호흡하는 지면의 모든 생물들이 다 죽어 창세기 6장 7절의 말씀이 그대로 이루어졌다.

"이르시되 내가 창조한 사람을 내가 지면에서 쓸어버리되 사람으로부터 가축과 기는 것과 공중의 새까지 그리하리니 이는 내가 그것들

---

22) 일곱이라는 의미의 히브리어는 세바(seven, שֶׁבַע)이다. 이는 맹세라는 의미의 쇄바(to swear, אֶשָּׁבַע)에서 파생되었다.

물은 150일 동안이나 땅에 창일(漲溢)하였다. 노아는 이 5개월 동안 정신이 혼미해질 정도의 공포와 불안을 경험하면서 비로소 '120년 +7일' 훈련의 의미를 깨달았을 것이다.

창세기 8장에 들어서자 하나님의 '권념'하심은 가장 먼저 물을 말리기 위해 바람을 동원하는 것으로 나타난다.[23] 개역한글판에서 사용한 '권념'이란 단어는 아버지 하나님의 우리를 향한 사랑의 의지이다. 히브리어로는 '제코르'[24]라고 하는데, '마음판에 깊이 새기고 늘 생각하고 기억하다'라는 뜻이다. 다시 말해 마음속으로 하려고 작정했던 계획을 잊지 않고 반드시 기억한다는 의미이다. 하나님은 방주 속의 노아를 한시도 잊지 않고 눈동자처럼 지키시며 '권념'하셨다는 뜻이다. 이런 하나님의 권념은 노아가 방주 속에서 무려 1년 17일 동안 하나님만 신뢰하며 견딜 수 있게 한 것이었다.

방주에서 나온 노아는 가장 먼저 단을 쌓아 번제를 드렸다(창 8:19-20). 그러자 하나님은 그 향기를 흠향하시고 다시는 사람으로 인하여 땅을 저주하지 않겠다고 약속하신다. 그만큼 '재창조'에 대한 기대가 크지 않았을까 생각된다. 이 대목에선 마치 에덴의 추억을 회상하시는 하나님의 표정을 보는 것만 같다.

---

23) 바람으로 물을 말리는 장면은 훗날 출애굽기 14장 21절의 홍해 사건과 연결되기도 한다. 두 장면은 모두 다 하나님의 '권념'(창 8:1, 19:29, 30:22)을 잘 나타내주고 있다.

24) 창 8:1절에는 권념이라는 단어가 나온다. 이는 '마음속에 깊이 새기고 늘 기억하다'(remember)라는 의미로 히브리어로는 제코르(זכר)라고 한다.

9장으로 넘어가면 '아담 언약을 갱신하시며 노아에게 생육하고 번성하며 땅에 충만하라'는 노아 언약의 복을 주셨다(창9:1-7). 더하여 무지개 언약까지 허락하셨다. 그러나 19-20절에 이르면 육체(육신. 창 6:3) 상태인 노아는 홍수 전의 '그 포도주'를 잊지 못하고 실수를 해버린다. 9장 21절 문장의 첫머리에는 한글로 번역할 때 빠진 히브리어가 있다. 정관사(the)로 쓰이는 '헤(ה)'이다. 그 포도주는 히브리어로는 '헤 아인(היין)[25]인데, 홍수 전부터 노아가 마셔왔던, 홍수 이전에 노아에게 익숙했던 바로 그 포도주였던 것이다. 이 구절을 통해 홍수 전 노아의 생활방식을 살짝 엿볼 수 있다. 앞서 언급한 것처럼 노아 역시 홍수 전 당대의 세상 사람들과 크게 다르지 않았던 것이다.

육체의 습관을 버리지 못한 인간 노아는 자식을 양육하는 데도 부족한 점이 많았다. 그 아들이었던 함도 그러했지만 함의 자손 구스를 통하여는 니므롯이라는 영악한 인물이 나왔기 때문이다. 바로 그가 바벨탑을 쌓는 일을 주도한 인물이다. 요엘서 1장 3절의 말씀이 무겁게 다가온다.

> "너희는 이 일을 너희 자녀에게 고하고 너희 자녀는 자기 자녀에게 고하고 그 자녀는 후시대에 고할 것이니라"_욜 1:3

더하여 호세아 4장 6절에는 "내 백성이 지식이 없으므로 망하는

---

25) 창 9:21절에는 "포도주를 마시고 취하여~"라는 말이 나온다. 이때 포도주(יין, wine)라는 한글 번역 앞부분에 빠진 히브리어가 정관사 헤(ה, the)인데, 즉 그 포도주로서 이는 노아가 홍수 전에 마셔왔던 익숙한 포도주를 다시 마셨다는 의미이다.

도다 네가 지식을 버렸으니 나도 너를 버려 내 제사장이 되지 못하게 할 것이요 네가 네 하나님의 율법을 잊었으니 나도 네 자녀들을 잊어버리리라"고 하시며 자녀교육의 중요성을 강조하셨다. 사사기 2장 10-11절로 가면 자녀교육 부재로 인한 더 무서운 역사적 사실을 보여주신다.

> "그 세대 사람도 다 그 열조에게로 돌아갔고 그 후에 일어난 다른 세대는 여호와를 알지 못하며 여호와께서 이스라엘을 위하여 행하신 일도 알지 못하였더라 이스라엘 자손이 여호와의 목전에 악을 행하여 바알들을 섬기며"_삿 2:10-11

10장의 노아 아들들의 족보 기록을 지나면 11장에 바벨탑 이야기가 나온다. 이 부분에는 역사의 시간이 혼재되어 있다.[26] 아무튼 바벨탑으로 인해 하나님께서는 온 세상의 언어를 혼잡하게 하셨을 뿐 아니라 그들을 사방으로 흩어버리셨다. 그들을 가만히 지켜보셨을 아버지 하나님의 마음은 홍수 이전보다 더 아팠을 것이다. 그러나 "내가 전에 행한 것같이"(창 8:21) 모든 생물을 멸하지 않겠다고 약속하신 하나님은 장차 예수 그리스도를 통한 구원 계획을 밝히셨다. 신

---

26) 창 10:5, 10:21-25절, 11:8-9절을 보면 하나님께서 사람을 지면에 흩으시는 것이 나온다. 족보를 통하여 셈의 아들 아르박삿의 손자 에벨(Hebrew, 건너온 자, עָבַר, alienate)은 두 아들을 낳는다. 하나가 벨렉(나눔, divided, פֶּלֶג)이요 나머지가 욕단이다. 바로 10장 벨렉의 때에 바벨탑 사건(11장)으로 세상이 나눠지고 사람들이 흩어지게 된다. 그러므로 창세기 10장과 11장은 시간 순서가 아니고 의미 순서인 듯 보인다.

실하신 하나님은 그 언약을 기억하시고 홍수와는 다른 심판 방법(예수를 믿으면 구원이요 아니면 심판)을 선택하신 것이다. 그리하여 인류를 구원하시기 위한 하나님의 계획은 종국적으로 예수 그리스도로 나타나게 된 것이다.

세 번째, 하나님의 3수(3修, 열심) 시대

하나님은 '재창조'에 대한 기대를 여지없이 무너뜨린 육체들[27]의 언어를 혼잡케 하신 후 그들을 온 땅으로 흩으셨다. 그렇지만 아담과 노아에게 하셨던 언약을 기억하시고, 갈대아 우르에서 세상과 타협하며 살고 있던 아브람을 은혜로 택하시고 부르셨다. 이후 초급에서 고급 과정에 이르기까지 아브람을 조금씩 훈련시켜 믿음의 조상 아브라함이 되게 하심으로 인간의 원역사를 이어갈 '하나님의 3수(열심) 시대'를 여셨다. 노아 대신에 이번에는 아브람에 대한 기대였던 것이다.

　　창세기 11장 31절과 사도행전 7장 2-4절에 의하면 하나님은 우르에 살고 있던 아브람에게 처음으로 나타나셨다. '불'이라는 의미를 지닌 이방 땅 '우르'(אוּר)에서, 아마도 불을 상징하는 우상을 만들어 의식주를 해결하며 적당히 살았을 이방인 아브람을 부르신 것이다. 그리고는 익숙하고 정든 고향을 떠나 약속의 땅 가나안으로 가게 하셨다.

　　창세기 12장 4절에 "여호와의 말씀에 이끌리어(좇아) 갔다"는 표현이 나오는 것을 보면 아브람이 가나안까지 자발적으로 간 것은 아니었던 것 같다. 역사를 주관하시는 '하나님의 열심'을 볼 수 있는 구

---

27) 고전 6:16, 갈 5:16,17,19,24, 삼상 15:18을 읽어보라.

절이다. 결국 아브람은 우르를 떠나 하란으로 갔다가 거기서 아버지 데라가 죽자 다시 하나님의 열심에 이끌려 유프라테스 강을 건너 가나안으로 들어간 것이다.

아브람의 생각에는 약속의 땅 가나안은 젖과 꿀이 흐를 것으로 기대했을 것이다. 그러나 현실은 참담하게도 심한 기근이었다. 그러자 아브람은 망설임 없이 애굽으로 내려갔고[28] 그곳에서 아내를 빼앗기는 부끄러운 일을 당하게 된다. 하나님의 열심으로 인한 적극적 개입으로 아내를 되찾고 재물까지 챙긴 아브람은 다시 가나안으로 올라간다. 이 구절에서 사용된 단어들이 우리에게 시사하는 바는 상당히 크다. 인생을 살면서 하나님 나라를 향하고 하나님만 바라보며 '올라가는' 삶을 사는 것이 그리스도인의 삶이다. 반면에 지옥을 상징하는 깊은 구덩이로 '내려가는' 삶을 살아서는 안 된다는 것을 얘기해주고 있음을 알아야 한다.

아브람은 애굽에서 다시 가나안으로 돌아왔다. 문제가 생겼다. 그동안 아브람과 롯은 딴 주머니를 차고 있었는데 각각의 재산이 너무 많아지자 더 이상은 한 곳에서 같이 머물 수가 없게 되었던 것이다. 결국 롯은 소돔 땅을 선택해 가고 아브람은 가나안에 남게 된다. 아브람은 어른답게 선택의 우선권을 조카에게 양보했는데 세상의 기준으로 보면 악수를 둔 것처럼 보이나 결과적으로는 약속의 땅을 얻게 되었다.

---

28) 히브리어로 내려가다(went down)라는 뜻이 야레드(וַיֵּרֶד)이다(창 12:10을 참고하라). 반면에 올라가다(to go up)라는 의미의 히브리어 단어는 야알(וַיַּעַל)이다(창13:1을 참고하라). 우리는 한 번 인생을 살며 올라가는 삶을 살아야 한다.

창세기 14장에 이르자 나라 사이에 전쟁이 일어난다. 메소포타미아 북방 4개국 동맹과 사해 연안 5개국 동맹 간의 싸움이었다. 결과는 북방 4개국의 일방적 승리로 끝났는데, 이로 인하여 소돔에 거하던 조카 롯과 그의 가솔들이 사로잡혀 가고 재물까지 전부 노략을 당한다. 이 소식을 접한 아브람은 자기 집에서 기르고 훈련한 사람들을 이끌고 단까지 쫓아간다. 그리고 야습(夜襲)을 감행해 빼앗겼던 모두를 되찾아온다.

승전보를 접한 두 왕이 아브람을 맞으러 나오는데, 한 명은 살렘 왕 멜기세덱이고 다른 한 명은 소돔 왕이었다. 창세기 14장 19-20절을 보면, 살렘 왕은 아브람의 승리가 천지의 주재이신 하나님의 승리였음을 일깨워준다. 이로써 아브람은 하나님의 크심을 다시 한 번 경험하게 된다.

이때 아브람은 예수 그리스도를 예표하는 멜기세덱에게 그가 얻은 재물의 전부를 대표하는 십분의 일, 즉 십일조를 드렸다. 십일조의 '조'는 가지 조(條)자다. 그러므로 전체 나무를 대표할 수 있는 온전한 최고의 '가지로서의 전부'라는 의미가 된다. 그렇기에 십일조는 단순히 10%가 아니라 전부를 의미한다. 멜기세덱은 아브람을 축복하며 전쟁의 승리를 허락하신 하나님께 감사할 것과 하나님만 찬양하고 자랑할 것을 가르쳐주었다(창 14:20).

이후 아브람은 멜기세덱이 가르쳐준 대로 소돔 왕을 향해 천지의 주재이신 지극히 높으신 하나님을 고백하며 그 하나님을 찬양하였다(창 14:22-24). 하나님의 열심은 역사를 움직여서라도 아브람을 하나하나 훈련시켜가고 있음을 보여주셨다.

창세기 15장에 들어서면 영적 침체기의 아브람을 볼 수 있다. 전쟁에서 승리는 했으나 혹시라도 북방 4개국 동맹이 전열을 가다듬어 자기에게 복수하러 올지도 모른다는 인간적인 생각을 하며 두려움에 휩싸이게 된 것이다.[29] 이때 하나님은 아브람에게 환상 가운데 나타나신다. 이것 또한 하나님의 열심이다. 그러고는 "나는 너의 방패요 너의 지극히 큰 상급이다"라는 말씀으로 위로해주셨다. 그럼에도 불구하고 아브람은 여전히 믿음이 없었다. 그런 아브람을 친히 밖으로 데려가 하늘의 별들을 보여주시며 약속하자 그제야 겨우 여호와를 믿었다는 구절이 나온다.

"아브람이 여호와를 믿으니 여호와께서 이를 그의 의로 여기시고"
_창 15:6

이 구절에서 '여겨주셨다'는 말씀이 아브람의 이야기에서 가장 주목할 부분이라고 생각한다.

히브리어 '하솨브'(חשׁב)와 헬라어 '로기조마이'(λογίζομαι, 롬 6:11)는 변함없는 한결같은 신뢰를 뜻하는 단어로 '여기다'(reckon)라는 의미를 갖는다. '충분한 정도는 아니지만 그럼에도 불구하고 인정하며 여겨주고 간주한다'라는 뜻이다. 긍휼이 풍성하신 하나님은 아브람의 적

---

29) 15장 1절에 "아브람아 두려워 말라 나는 너의 방패요"라는 말이 나온다. 여기서 방패는 전쟁용어로 14장의 북방 4개국 동맹을 야습으로 물리친 후 승리는 하였으나 이후 인간적으로 생각해보니 '저들이 복수를 하러오면 어떡하나?'라는 걱정과 두려움이 생긴 것이다.

은 믿음조차 의로 여겨주신 것이다. 이것이 창세기 15장 후반부의 횃불 언약을 생각하며 기억해야 할 부분이다. 횃불 언약(창 15:17-18)을 통해 땅과 자손에 대하여도 약속해주셨다. 이때 묵상해야 하는 부분은 언약을 체결함에 있어 아브람과 비교되는 하나님의 행동이다. 당시 아브람은 쪼개진 짐승 사이를 지나가지 않았고 하나님의 현현인 횃불만 쪼개진 짐승 사이로 지나갔다. 이는 언약의 일방성, 다시 말해 아브람의 조건이나 상태와 상관없이 하나님은 반드시 약속을 지킬 것이라는 하나님의 인자하심과 신실하심을 보여주신 것이다.

세월이 흘러 10년이 훌쩍 지났다. 자손에 대한 약속에도 불구하고 자식 하나 없던 아브람과 사래는 불안과 초조함으로 결국 인간적인 방법을 동원한다. 아내인 사래의 여종 하갈을 씨받이로 하여 이스마엘을 얻은 것이다. 복 있는 사람은 악인의 꾀를 따르지 않는다고 말씀하셨건만, 이들 부부는 복된 길을 저버린 것이다. 게다가 이스라엘 자손에게는 두고두고 눈엣가시가 되는 존재를 만들어버린 것이다.

이스마엘을 낳았을 때 아브람의 나이는 86세였다. 이후 13년간 하나님께서는 침묵하셨다. 가슴에 묵직한 뭔가가 걸린 듯한 아버지 하나님의 속상함이 읽혀진다. 당황스러운 것은, 아브람이 그런 하나님의 침묵을 아쉬워하거나 안달하지 않았다는 것이다. 타성에 젖은 신앙인의 모습을 적나라하게 보여주고 있다.

창세기 17장은 아브람의 그런 모습에도 불구하고 다시 나타나셔서 새 언약을 세우시는 하나님의 열심으로 시작된다. 이때 아브람의 나이는 99세였다. 좋으신 하나님은 아브람에게 먼저 할례를 명하셨다. 그러고는 아브람에게 아브라함을, 사래에게 사라라는 이름을 주시며 열국의 아비와 어미로 만드실 것을 약속하셨다. 또한 아들을 약속하시며 궁극적으로는 예수 그리스도를 통한 모든 믿는 자의 조상이 될 것이라고 하셨다. 일 년 뒤에 아들을 얻게 될 것(창 17:21)이라는 말씀에 여전히 믿음의 수준이 낮았던 아브라함과 사라는 불신하며 실소하다가 들켜버린다.[30] 그러나 신실하신 하나님은 비웃음을 바꾸어 창세기 21장 5절에서는 환희(기쁨)라는 뜻의 진정한 웃음인, 이삭을 주셨다.

'하나님의 열심'은 소돔과 고모라 사건(창 18-19장), 그랄 왕 아비멜렉의 아브라함 아내 강탈 사건, 아브라함과 아비멜렉 왕 간의 브엘세바 우물 사건(창 20-21장), 이삭의 모리아 사건(창 22장) 등을 통해 아브라함을 점점 더 믿음의 조상으로 단련시켜 가신다.

한편 이삭은 장성하여 리브가와 결혼하여 쌍둥이 아들을 낳게 된다. 형 에서는 하나님으로부터 멀어진 자가 되나 동생 야곱은 아버지 이삭을 뒤이어 언약백성의 바통을 이어가게 된다. 하나님의 열심은 인간적으로나 세속적으로 부족한 야곱을 이스라엘로 바꾸어 당신의 역사를 이루어가셨다. 결국 하나님의 열심은 야곱의 인생을 역전시켜서 그를 사용하셨던 것이다. 성경은 여러 곳[31]에서 반복적으로

---

30) 히브리어 이쯔하크(창 17:17, to laugh, יִצְחָק)는 비웃음, 경멸의 웃음을 의미한다. 창 18:12, 13, 15절의 웃음(וַתִּצְחָק)도 동일한 의미이다. 반면에 창 21:6절의 웃음(laughter, צְחֹק, 쩨호크)은 기쁨, 환희의 웃음을 의미한다.
31) 열왕기하 19장 31절과 이사야 9장 7절, 37장 32절을 읽어보라.

"여호와의 열심이 이 일을 이루리라"고 말씀하셨다.

그런 야곱은 4명의 아내로부터 12명의 아들을 낳았다. 그중 가장 사랑하던 아들 요셉[32]이 형들의 미움을 사 이집트에 노예로 팔려가게 된다. 하나님의 열심은 노예였던 그 요셉을 이집트의 총리(창 41:43)가 되게 하신다. 뒤이어 가나안을 포함하여 온 땅에 기근(창 42:5)이 들게 하신다. 결국 식량으로 인해 야곱은 죽은 줄 알았던 요셉을 다시 만나게 되고, 70명의 식구들을 데리고 애굽으로 내려가 고센 지역(창 47:1)에 정착하게 된다. 하나님의 열심은 한 개인에서부터 공동체와 당대의 최강대국까지도 들어쓰셔서 당신의 경륜을 진행해 가심을 볼 수 있다.

네 번째, 홍해도하 시대

세월이 흘러 야곱(창 49:33)도 죽었고 요셉도 죽었다(창 50:26). 그의 모든 형제와 그 시대 사람들도 다 죽었다(출 1:6). 후에 나타난 애굽의 새 왕은 총리였던 요셉을 알지 못하는 사람이었다. 그런 가운데 이스라엘 자손들이 점점 더 번창하자 종국적으로는 그들을 견제하다가 핍박하며 노예로 삼았다.

요셉이 처음에 총리가 될 수 있었던 것은 우연이 아니었다. 그것은 역사를 움직이신 하나님의 열심이었다. 원래 애굽은 함족의 후예(창 10:6, 미스라임)가 세운 나라였다. 요셉이 보디발의 감옥에 있는 동

---

32) 야곱이 가장 사랑했던 아내 라헬의 첫 소생이며 야곱의 열한 번째 아들로 야곱의 장자권을 계승한다.
33) 기원전 17세기 힉소스인들이 전차를 끌고 이집트 중왕국을 침입해 100년간(BC 1680-

안 애굽에 정변이[33] 일어났다. 그리하여 셈족인 힉소스 왕조가 파라오가 되었다. 바로 왕의 꿈을 해석했던 요셉이 당시 총리가 될 수 있었던 것은 애굽의 바로가 요셉과 같은 셈족이었기 때문이었다. 만약 파라오가 여전히 함족이었다면 요셉은 총리가 아니라 잘해야 파라오 곁에서 박사나 술객이 되었을 것이다. 이것은 역사를 움직이셔서 당신의 경륜을 이어가신 하나님의 열심을 볼 수 있는 또 하나의 선명한 사례이다.

그렇게 되어 요셉 사후 400여 년이라는 장구한 세월 속에서 이스라엘 백성의 지위는 점차 노예로 전락해갔다. 애굽의 학대로 이스라엘 백성은 더욱 고단하고 힘든 삶을 살게 되었다. 그들이 고난의 일상을 버틸 수 있었던 힘은 아마도 조상 때부터 전해 내려온 그들을 향한 하나님의 '언약'이었을 것이다. 그들의 고된 삶은 침묵하시는 하나님께 목 놓아 부르짖는 이유가 되었다. 마침내 '때'(καιρός)가 되매 신실하신 하나님은 모세를 들어쓰셨다. 하나님은 그 언약을 기억하시고(출 2:25) '권념'하셨던 것이다.

이스라엘 백성의 지속적인 부르짖음의 결과, 레위 족속의 부부에게서 모세가 태어난다(출 2:1-2). 당시는 애굽 왕이 히브리 남아가 태어나면 모조리 죽이라는 명령을 내렸던 살벌한 때였다. 부모는 그 아이를 갈대상자[34]에 태워 나일 강에 띄워보낸다. 그러나 하나님의

1580) 지배하였다. 그러다가 이집트인들은 힉소스를 몰아내고 신왕국(BC 1580-1090)을 건립하였다. 《실크로드 사전》(정수일, 창비, 2013.)과 《파라오의 역사》(피터 A.클레이턴)를 참고하라.
34) 출 2:3절에 나오는 갈대상자(basket)와 창 6:14,18절에 나오는 노아의 방주(ark)는 히브리어로 동일하게 테바(תֵּבָה)라고 쓴다. 이는 둘 다 구원을 의미한다.

섭리로 때마침 강가에서 목욕하던 바로의 딸에 의해 아이는 구출되어 훌륭하게 양육된다. 이 아이가 바로 모세이다. 모세는 장성하며 애굽의 모든 학문을 배우고 바로의 공주의 아들로 세속적인 부귀와 영화를 누릴 수 있는 자리에 있었다. 그러나 그 모든 기회와 권한을 포기하고 하나님의 백성과 함께 고난받는 길을 선택한다(히 11:24-26).

나는 모세의 일생을 세 가지 영어 단어로 설명하곤 한다. '괜찮은 사람'(something or somebody)이라고 생각하던 왕국에서의 첫 40년, 아무 것도 아닌 보잘것없는 사람(nothing or nobody)임을 알게 된 광야에서의 둘째 40년, 마지막으로 80세가 되어 하나님의 부르심에 응답하여 파송을 받아 사명을 감당하던 사역자로서 최고의 인생(everything in God) 40년으로 나눈다.

하나님의 섭리 속에서 자라난 모세는 본인만 권력에 잘 타협하면 애굽의 파라오도 될 수 있었다. 그러나 모세는 애굽의 부귀영화나 명예, 권력을 뒤로 한 채 40세가 되던 해에 동족을 돌아볼 마음이 생겼다. 어느 날인가 때마침 애굽 관리가 자신의 동족인 히브리인을 핍박하는 상황을 목격하게 되자 모세는 한순간의 머뭇거림도 없이 자랑스럽게 동족의 편을 들어 애굽 사람을 쳐 죽였다. 그 당시 모세의 마음에는 우쭐함과 흡족함으로 "참으로 잘한 일이었어! 이제 후로는 저들이 나를 달리 볼 거야!"라고 자평하며 흐뭇한 미소를 지었을 수도 있겠다. 이때야말로 자신은 제법 괜찮은 사람(something)이라고 여겼을 것이다. 그러나 예상은 보기 좋게 빗나갔다. 결국 광야로 피신하는 도망자 신세가 되어버렸다.

점점 더 왕자의 모습은 사라졌다. 나날이 피로가 겹치며 힘은

출 2:3절에 나오는 갈대상자(basket)와 창 6:14,18절에 나오는 노아의 방주(ark)는 히브리어로 동일하게 테바라고 쓴다. 이는 둘 다 구원을 의미한다.

완전히 빠지고 몸은 지칠 대로 지쳐버린 어느 날, 하나님의 산, 호렙에 이르매 80세가 된 모세 앞에 홀연히 하나님께서 나타나셨다. 그리고 전혀 뜻밖의 말씀을 주셨다. 그리하여 모세는 하나님의 손에 붙잡혀 사명을 감당하게 된 전무후무한 지도자가 될 수 있었다(everything in God's hand).

> "이제 내가 너(nothing)를 바로에게 보내어 너(everything)로 내 백성 이스라엘 자손을 애굽에서 인도하여 내게 하리라" _출 3:10

하나님은 보잘것없는(nothing) 사람처럼 되어버린 모세를 호렙 산으로 부르셔서 사명을 주시고는 당신의 능력으로 그것을 감당하게 하셨다. 그리하여 모세는 이스라엘 백성을 출애굽시키는 데 하나님의 도구(everything)가 되었던 것이다. 하나님께서 부르실 때 양을 치던 모세는 기가 차서 한동안 아무 말도 못했을 것이다. 실소를 지으며 원망조로 이렇게 하나님께 내뱉었을지도 모르겠다.

> "하나님, 너무 늦으셨습니다. 40년 전에 나(something)를 부르셨어야죠! 이제 나(nothing)는 못합니다."

그런 모세를 보시는 하나님께서는 고개를 끄덕이며 수긍하셨으나 당신의 주장을 굽히지는 않으셨을 것 같다. 그리고는 "네가 그 일에 쓰임을 받는 것과 내가 그 일을 하는 것은 다르다"고 말씀하셨다. 계속하여 "내가 누구이며, 장차 네게 기이한 일들을 보여주어 이스라엘 백성을 출애굽시킬 것"을 하나하나 가르쳐주셨다. 그리하여 출애굽을 통한 가나안의 여정이 시작되었던 것이다. 이것은 하나님의 열심이다.

아무튼 계속 주저하며 의심하는 모세에게 하나님은 모세 자신과 백성들이 믿을 수 있는 표적(출 4:3,6)을 보여주셨을 뿐 아니라, 바로 앞에서 행해진 열 가지 재앙을 통해 자신의 역사를 확고하게 이어가신다. 특별히 열 번째 재앙은 집 문 좌우 설주와 인방(引枋)에 어린 양의 피35)를 바르지 않은 경우 그 집에서 처음으로 태어난 모든 것들이 죽는 재앙으로, 이 재앙으로 인해 애굽 왕의 장자까지 죽게 된다(출 11:5). 그 결과 이스라엘 민족은 애굽의 압제에서 해방되어 광야로 나갈 수 있는 자유를 얻게 된다.

이스라엘 백성이 애굽을 떠날 때 20세 이상의 장정이 60만 가량이었고 수많은 잡족과 심히 많은 양과 소 등 가축들도 함께 라암셋을 떠났다고 기록되어있다(출 12:37~38). 430년 만에 가나안을 향해 가며 맛보는 자유는 정말 대단했을 것이다. 열 가지 하늘의 기적을 경험하고 그 열매로 얻은 자유였기에 더욱 환희에 찼을 것이며 새로운 희망으로 그들의 걸음이 경쾌하고 밝았을 것이라 상상할 수 있다. 사막을 지나는 그들의 여정에는 구름기둥이 함께 움직이며 뜨거운 한낮의 폭염을 식혀주었다. 칠흑같이 어두운 밤에는 냉기 가득한 추위에 떨

---

35) 당시 희생 제물로 쓰였던 어린 양의 피는 바로 유월절 어린 양 되신 예수 그리스도의 피를 예표하는 것이다. 죄인 된 우리가 바로 이 피로 인해 깨끗함을 입었고 죄로 인해 죽을 수밖에 없었던 우리가 그 피로 살아난 것이다.

어야 했음에도 그들과 함께하던 불기둥이 따스함을 제공해주었고 길마저 환하게 밝혀주었다. 모든 것이 하나님의 은혜였다.

그러나 그 기쁨도 잠시였다. 그들은 바알스본 맞은편 바닷가에 도착했다. 바다를 건너야 하는 난감한 상황에 처한 것이다. 설상가상으로 애굽의 왕이 전차와 군대를 이끌고 바로 뒤까지 쫓아왔다는 소식이 들렸다. 이스라엘 백성은 대혼란에 빠졌고 지도자인 모세를 향해 원망하며 고함치는 사람들로 아수라장(阿修羅場)이 되었다. 그러나 모세는 모든 상황에도 불구하고 당당하였다. 하나님은 호렙 산에서 출애굽을 명하시며 표적을 보여주셨고, 애굽 왕 앞에 설 때도 함께하셨다. 모세는 열 가지 우주적 재앙을 통해 역사하셨던 하나님을 믿었기 때문이었다. 모든 순간에 함께하셨던 하나님이셨다. 모세는 우왕좌왕하는 이스라엘 백성을 향하여 분연히 외쳤다.

"모세가 백성에게 이르되 너희는 두려워하지 말고 가만히 서서 여호와께서 오늘 너희를 위하여 행하시는 구원을 보라 너희가 오늘 본 애굽 사람을 영원히 다시 보지 아니하리라 여호와께서 너희를 위하여 싸우시리니 너희는 가만히 있을지니라"_출 14:13-14

애굽의 군대가 더 이상 다가오지 못하도록 여호와의 사자가 이스라엘 진(陣) 뒤로 옮겨가고 구름기둥도 앞에서 뒤로 옮겨가 애굽의 군대가 있는 저편에는 구름과 흑암이 있고 이스라엘 백성이 있는 이편은 밤조차 광명하여 밤새도록 한쪽이 다른 쪽에 가까이 하지 못하게 했다(출 14:19-20).

동풍은 동쪽에서 서쪽으로 부는 바람이다. 모세가 서 있던 곳은 서쪽이었다.
하나님은 손을 내민 모세의 반대편인, 동쪽에서 바람을 일으켜 홍해를 가르
셨다.

모세가 바다 위로 손을 내밀었을 때 여호와께서는 모세가 서 있던 서쪽 편으로 부는 큰 동풍을 이용하여 밤새도록 바닷물이 나누어지게 하시며 동쪽에서 시작하여 서쪽으로 홍해 물이 갈라지게 하셨다. 바닷물은 백성들 좌우에 벽이 되었고(출 14:21-22), 갈라진 홍해의 바닥은 마른 땅이 되어 백성들은 바다 가운데를 육지처럼 건널 수 있었다. 할렐루야!

다섯 번째, 광야훈련 시대

홍해도하 사건은 이스라엘 백성에게는 엄청난 충격이었고 평생 잊을 수 없는 최고의 경험이었을 것이다. 홍해를 건넌 모세와 이스라엘 자손, 그리고 미리암과 모든 여인들은 감동적이고 뜨거운 노래를 불렀다(출 15장). 이들의 감격은 결코 사라지지 않을 것처럼 보였다.

그러나 그것도 잠시, 홍해를 건너 수르 광야로 들어간(출 15:22) 백성은 사흘이 지나도록 물을 얻지 못했다. 겨우 발견한 물은 '마라'36)였는데, 그것은 써서 마실 수 없는 물이었다(출 15:23). 그러자 불과 며칠 전에 기적을 맛본 후 찬양하였던 그 입에서 원망이 터져나왔다. 이때 '하늘을 우러러 기도하며 하나님께 여쭤보기라도 했더라면 얼마나 좋았을까'라는 아쉬움이 남는다. 인간의 감탄고토(甘呑苦吐)37)를 다시 절절이 느껴본다. 그럼에도 불구하고 좋으신 하나님께서는

---

36) 히브리어로 마라(bitter, 룻 1:20, מָרָא)는 '괴로움'(a bitter spring in the Sinai peninsula)을 의미한다.
37) '달면(달 감) 삼키고(삼킬 탄) 쓰면(쓸 고) 뱉는다(토할 토)'라는 의미의 사자성어.

그 마라를 단물로 바꾸어주신다.

애굽을 출발한 지 한 달 15일째 되던 날에 엘림과 시내 산 사이의 신 광야에 도착했다(출 16:1). 이때 백성들은 떡과 고기가 먹고 싶다며 또 모세와 아론을 원망했다. 그러나 이번에도 하나님께서는 '만나'[38]와 메추라기로 응답하신다.

다시 신 광야를 떠나 르비딤에 이르렀을 때(출 17:1), 백성들은 또 다시 "우리와 우리 자식들과 가축들을 목말라 죽게 하시렵니까?"라면서 억지를 부리며 모세를 원망했다(출17:3). 모세는 하나님의 명령을 따라 지팡이로 바위를 쳐서 물이 나오게 했으며, 그곳의 이름을 맛사[39] 또는 므리바라고 불렀다(출 17:6-7, 시 95:8).

이번에는 에서의 후손(창 36:15-16) 아말렉이 쳐들어왔다. 모세는 여호수아에게 나가서 싸우라고 한 후, 아론과 훌을 데리고 산에 올라가 자신은 손을 높이 들었다. 모세가 손을 들면 이스라엘이 이기고 손을 내리면 아말렉이 이겼다. 손을 든다는 것은 하나님만을 전적으로 의지하며 하나님께 기도 드린다는 의미이다. 모세가 피곤하여 손을 내리자 아론과 훌이 양쪽에서 손을 붙들어 올려주었다. 왜냐하면 아말렉과의 싸움에서의 승리는 칼과 창에 있지 않았고 하나님께 있음을 분명히 보았기 때문이었다. 동역의 중요성과 합심기도의 능력을 볼 수 있는 선명한 장면이다. 이스라엘 백성은 이 전쟁으로 인하여 '이김은 하나님께 있구나'라는 여호와 닛시를 경험하게 된다(출 17:15).

---

38) 히브리어로 만나(מָן)는 '이것이 무엇이냐'라는 의미이다. (출 16:15, 31)
39) 히브리어로 맛사(מַסָּה)는 '시험'이라는 의미이며 므리바(מְרִיבָה)는 '다툼'이라는 뜻이다.

우리는 광야 같은 인생을 살아가며 끊임없이 죄인 아말렉과의 영적 싸움을 하게 된다. 이때 아론과 훌같이 힘들고 어려울 때 팔을 들어 올려주는 사람이 있는가 하면 팔에 매달리는 사람도 있다. 아예 팔을 끌어내리는 사람도 있을 것이다. 잠시 책을 내려놓고 눈을 감아 보라. '내 주위에는 어떤 사람들이 있는가? 나는 누구와 함께 살아가고 있는가?'를 살펴보길 바란다. 더 나아가 적극적으로 예수님 안에서 한 몸이 된 지체들에게 아론과 훌 같은 사람이 되길 권한다.

모세와 백성은 두 달 후 시내 광야에 도착했고(출 19:1), 하나님은 모세를 시내 산으로 불러 십계명과 율법을 주셨다(출 20장). 모세가 산에서 내려와 진에 가까이 이르러 보니 백성들이 송아지 모양의 우상을 만들고는 마치 그것이 자신들을 애굽에서 인도하여 낸 신인 양 그 앞에 제단을 쌓고 축제를 벌이고 있었다. 이것을 본 모세는 크게 노하여 하나님이 친히 써주신(출 31:18) 첫 번째 십계명 두 돌판을 산 아래로 던져 깨뜨려버렸다(출 32:19). 또한 끝까지 여호와의 편에 서지 않았던 백성 3,000명가량은 모세의 명을 따른 레위 자손에 의하여 죽임을 당하고 말았다(출 32:28).

이후 하나님은 모세에게 돌판 둘을 처음 것과 같이 깎아 만들어 다시 시내 산으로 가지고 오라고 부르셨다. 그리고 거기서 언약의 말씀, 곧 십계명을 그 판에 기록해주셨다. 모세는 그것을 가지고 시내 산에서 내려왔다. 또한 하나님께서 직접 가르쳐주신 양식대로 성막을 만들기 위한 준비를 했다. 시간이 흘러 성막이 완성되자 감격적인 봉헌을 할 수 있었다(출 40장).

다시 시내 산을 떠난 백성은 바란 광야의 가데스에 도착했고(민

13장), 12지파 가운데 한 사람씩 열두 명을 뽑아 40일 동안 가나안 땅을 탐지하도록 보냈다(민 13장). 그런데 돌아온 정탐꾼들의 보고가 서로 엇갈렸다. 열두 명의 정탐꾼 중 두 명은 "그들은 우리의 밥이라 그들의 보호자는 그들에게서 떠났고 여호와는 우리와 함께 하시느니라 그들을 두려워 말라"(민 14:9)고 하였다. 반면에 나머지 열 명은 "우리는 스스로 보기에도 메뚜기 같으니 그들의 보기에도 그와 같았을 것이니라"(민 13:33)고 하며 그 탐지한 땅을 악평하였다.

다수의 주장이 대세가 되자 온 회중은 소리를 높여 부르짖으며 밤새도록 곡하였다(민 14:1). 상식적으로 보자면 열 명의 주장이 맞을 수도 있다. 그렇기에 백성들이 암담한 소식 앞에서 밤새 울며 원망하고 불평했던 일은 지극히 당연할 수도 있다. 그러나 신앙의 관점에서 볼 때 백성은 하나님이 역사의 주관자임과 하나님의 약속에 대한 믿음이 없었다.

하나님은 밤새도록 원망하는 백성의 소리를 고스란히 들으셨다(민 14:27-28). 그러고는 "너희 말이 내 귀에 들린 대로 내가 너희에게 행하리니"라고 말씀하시며 이스라엘 백성을 다시 바란 광야로 되돌려 보내 38년 3개월 10일 동안 광야[40] 훈련을 더 받게 하신다. 또한 광야 1세대 중 두 명의 정탐꾼인 여호수아와 갈렙만 가나안에 들어가게 하셨다(민 14:30).

---

40) 광야를 히브리어로 미드바르(wilderness, מִדְבָּר)라고 하는데 여기에서 파생된 동사 다바르(명사 데바림. word, דְּבָרִים)가 '말씀하다'라는 의미이다. 광야를 지나는 동안 기준과 원칙은 '오직 말씀'(Sola Scriptura)이라는 의미이다.

민수기 16장 3절에는 모세와 아론의 지도력에 반기를 드는 무리가 나타난다. 그들은 레위의 증손 고라와 르우벤의 자손 다단과 아비람과 벨렛의 아들 온을 정점으로 한 250명의 족장들이었다. 하나님은 땅을 갈라 이들을 삼켜버리게 하셨고, 이 악한 무리에 동조하는 회중들에게 염병을 내려 그중 14,700명이 죽게 되었다(민 16:49). 그 후 모세와 아론의 지도력은 강화되었고 아론의 싹 난 지팡이 표징을 통하여 그들의 지도력은 한층 더 안정되었다(민 17:1-11).

민수기 20장에 이르자 르비딤에서처럼(출17: 6-7), 므리바 물로 인하여 또 다시 다툼이 생겼다(민 20:11-13). 또한 사해 남쪽 에돔 땅을 지나가는 일이 거절되자 요단 동편까지 둘러가게 되었는데, 그 일로 인하여 백성의 마음이 상하였다. 그러자 다시금 백성들 가운데서 원망이 터져나왔고 이에 여호와께서는 불뱀을 보내어 원망하는 백성들을 물게 하셨다. 동시에 하나님께서 말씀하신대로 놋뱀을 만들어 장대 위에 매달았다. 그리고 말씀하신대로 불뱀에 물렸을지라도 놋뱀을 쳐다본 자는 다 살아났다(민 21:4-9).

이 사건을 묵상하다 보니 마음에 안심과 감사가 더욱 풍성하게 생겨났다. 우리 역시 길지도 않은 한 번뿐인 인생을 살아가며 늘 원망과 불평으로 일관하곤 한다. 이미 주신 것이나, 허락하신 것에 대한 감사가 거의 없다. 반면에 가지지 못하였거나 누리지 못하는 것들로 인하여는 불평불만이 가득하다. 광야를 지나는 이스라엘 백성의 모습과 똑같다. 그런 우리 또한 불뱀에게 물리게 됨을 알아야 한다. 모두 다 죽어야 마땅한 존재들이다. 감사하게도 그런 우리를 살려주시기 위해 하나님은 또 다시 놋뱀을 준비하셨다. 십자가 위에 달리신 예수님이 바로 장대 위에 매달린 놋뱀의 예표인 것이다. 이제 우리는 그 예수님을 믿고 바라보기만 하면 다시 살아나게 되는 것이다. 할렐루야!

마침내 여리고 맞은편 요단의 동쪽 모압 지역에 다다랐다. 그곳에는 당시 철기 문명의 강력한 군대를 자랑하던 아모리 왕 시혼이 있었고 북쪽에는 거인족의 후손 바산 왕 옥이 있었다(신 3:11). 겨우 청동기 문명을 갖고 있던 모세와 이스라엘이었지만 만군의 여호와 하나님은 이들을 물리치고 그 땅을 점령하게 하셨다. 그것은 하나님의 개입이셨다.

그러나 당시 모압 중 정복하지 못한 일부 지역이 남아 있었는데 그중 하나가 모압 왕 십볼의 아들 발락이 다스리던 지역이었다. 그 발락을 통해 발람을 등장시켜 하나님은 당신의 역사를 진행하셨다.(민 22:4). 당시 발락은 이스라엘이 아모리인들에게 행한 모든 일을 보았으므로 두려워하며 번민하고 있었다. 이때 동원되었던 거짓 선지자가 바로 나귀에게 야단맞았던(민 22:28-29) 발람이다. 이는 여호와께서 강권적으로 역사에 개입하심을 보여준 또 하나의 사건이다. 그런 발람은 성경의 여러 곳에서 나쁜 예로 인용돼 악명으로 유명해진 인물이다.

베드로후서 2장 15절에는 재물이나 불의의 삶을 위해 바른 길을 떠나 불법을 행하는 것을 '발람의 길'이라 하였고, 유다서 1장 11절에서는 하나님의 뜻을 거스를 뿐 아니라 하나님의 거룩한 백성을 저주한 것을 '발람의 어그러진 길'이라 하였다. 요한계시록 2장 14절에서는 하나님의 백성 앞에 올무를 놓아 우상의 제물을 먹게 하였고 또

행음하게 하였는데, 이를 '발람의 교훈'이라고 하였다.

　이렇듯 거짓 선지자 발람은 탐욕에 눈이 멀어졌을 뿐 아니라 하나님께 대항하며 자기의 고집을 끝까지 굽히지 않았다. 이스라엘 백성을 부추겨 모압 여인들과 음행하도록 만들었고 그로 인해 촉발된 하나님의 분노는 염병으로 나타나 24,000명[41]이 죽고 나서야 그치게 되었다. 그 염병 후 하나님은 모세와 아론의 뒤를 이은 그의 아들 엘르아살에게 인구조사를 시키셨다(민 26장).

　민수기 31장에 이르러 예언한대로 결국 거짓 선지자 발람도 죽임을 당하고 미디안의 다섯 왕도(민31:8) 함께 죽임을 당하였다. 이후 요단 강 동편의 땅은 갓 자손과 르우벤 자손, 그리고 요셉의 아들 므낫세 반 지파에게 분배되었다(민 32:33). 여기서 모세는 요단을 건너지 못하고 죽게 될 것이라는 말씀을 듣게 된다(민 31:1-2, 신 3:27). 또한 하나님은 이스라엘 백성이 요단을 건너 약속의 땅 가나안에 들어가서 취한 땅은 조상의 지파를 따라 분배하여 그들의 소유로 삼으라고 말씀하신다(민33: 50-56).

　모세는 가나안에 들어가기 전 모압 땅에서 이스라엘 백성에게 하나님이 주신 십계명과 규례와 법도와 명령(신 4-5장)을 다시 한 번 강조하였다. 그러고는 그것을 삶의 기준과 원칙으로 삼으라고 하였다. 또한 신명기 6장 4-9절의 '쉐마'[42]를 주었다. 결국 광야 같은 인생을 살아갈 때나 가나안에 들어가 일상의 삶을 살아갈 때 유일한 기준

---

41) 고린도전서 10장 8절에는 23,000명으로 기록됨.
42) 히브리어로 쉐마(hear, שְׁמַע)는 '들으라'는 의미이다.

은 '데바림' 즉 '오직 말씀'이라는 것이다.

여섯 번째, 요단강도하 시대

신명기 3장 27절의 말씀대로 모세가 요단 강 동편에서 죽자(수 1:1) 하나님께서는 모세의 후계자 여호수아를 백성의 지도자로 삼고 '요단 강도하 시대'를 여셨다. 홍해를 건넌 것이 광야 1세대가 받은 집단 세례를 상징한다면 요단 강은 광야 2세대에게 집단 세례를 베푸신 것이다. 이후 약속의 땅 가나안에 들어가게 하셨다. 처음 지도자가 된 여호수아는 막중한 사명감과 책임감으로 두려웠을 것이다. 그러나 곧 "내가 모세와 함께 있던 것같이 너와 함께 있을 것"이라는 하나님의 말씀으로 힘을 얻게 된다(수 1:1-9).

> "너의 평생에 너를 능히 당할 자 없으리니 내가 모세와 함께 있던 것같이 너와 함께 있을 것임이라 내가 너를 떠나지 아니하며 버리지 아니하리니 … 내가 네게 명한 것이 아니냐 마음을 강하게 하고 담대히 하라 두려워 말며 놀라지 말라 네가 어디로 가든지 네 하나님 여호와가 너와 함께하느니라"_수1:5,9

이에 여호수아는 먼저 두 정탐을 은밀히 보내(수 2:1) 요단 강 건너편의 첫 성인 여리고와 그 땅을 엿보게 하였다. 돌아온 정탐들로부터 그들이 살핀 내용을 자세히 들은 여호수아는 다음날 아침 일찍 일어나 백성에게 요단 강을 건너기 전에 먼저 스스로 정결하게 할 것을 명한다(수 3:5). 그런 후에 제사장들에게 백성들보다 앞서 언약궤를 메고 요단 강에 들어갈 것을 명령하였다. 강둑까지 차올라온 강물에 먼저 들어간다는 것은 두려움이요 죽음 그 자체였다.

우리는 이 장면에서 무엇을 시작할 때 어떤 순서로 임해야 하는지를 잘 배울 수가 있다. 첫째, 하나님께 무릎을 꿇고 기도하며 정직한 마음으로 여쭤보아야 한다. 둘째, 자신을 점검하며 죄는 철저히 회개하여야 한다. 셋째, 하나님의 말씀을 붙잡고 나아가되 항상 말씀보다 앞서지 않도록 주의해야 한다. 넷째, 지도자나 공동체의 리더는 다른 사람보다 앞장서서 행동하며 '죽으면 죽으리라'는 솔선수범으로 진정 하나님을 신뢰하는 모습을 보여주어야 한다. 마지막으로, 함께하셨던 하나님의 능력으로 그 일이 성취되면 오직 하나님의 은혜였음을 찬양하고 감사하며 하나님께만 영광을 돌려야 한다.

당시 요단 강을 건너야 했던 때는 보리를 추수하는 시기여서 강물이 강둑에 넘칠 정도로 물살이 거칠고 유속이 빨랐다고 여호수아 3장 15절은 말해주고 있다. 40년 전 홍해를 바라보던 광야 1세대도 그랬겠지만, 지금 요단 강을 건너야 하는 광야 2세대도 정신이 아득하고 막막했을 것이다. 그러나 신실하신 하나님께서는 홍해 때와 마찬가지로 요단 강도 마른 땅으로 건너게 하셨다. 할렐루야!

요단 강을 기적으로 건넌 이 사건은 단순히 이스라엘 백성에게 이적을 체험하게 해주시려고 의도하신 것만은 아니었다. 이 사건은 요단 서편의 아모리 왕과 가나안 사람의 모든 왕들이 이 기적을 듣고 공포에 사로잡히게 함으로써(수 5:1, 9:24), 앞으로 있게 될 전쟁의 기선을 제압하는 준비 작업이었던 것이다.

일곱 번째, 땀과 눈물의 시대

감격스런 기적 속에서 요단 강을 건넜으나 곧바로 안정된 땅이 기다리고 있었던 것은 아니었다. 이제부터는 본격적으로 발로 밟고(수 1:3) 뛰어야만 하는 '땀과 눈물'이 필요한 정복기가 시작되었다. 바야흐로 '땀과 눈물의 시대'가 시작된 것이다. 여호수아와 이스라엘 백성은 서른한 번(수 12:24)의 전쟁을 치러야만 했다. 그러다 보니 수많은 땀과 눈물의 시간을 통해 하나님을 더 의지하고 확신하게 되었다. 때로는 아이 성의 사건처럼 하나님이 하신 일을 잊어버리고 마치 자신의 능력으로 좋은 결과를 얻은 것처럼 착각하는 경우도 있었다. 그러나 이 또한 하나님의 역사하심을 배우는 소중한 경험이었다.

요단을 건너온 백성은 아침에 일찍 일어나서 여호와의 궤를 앞세운 일곱 제사장을 따라 철옹성 같은 여리고 성을 돌며 행진하였다. 6일 동안 하루에 한 번씩 돌았고 7일째 되는 날에는 일곱 번을 돌았다(수 6:4). 여기서 '일곱'[43]이라는 숫자가 계속 반복되는데, 이는 숫자의 의미를 통해 하나님의 뜻과 의도를 읽어보라는 메시지라고 생각한다. 히브리 사람들에게 '7'은 약속의 수이며 맹세의 수이다. 그리하여 여리고 성을 주시겠다는 약속대로 7일째 일곱 제사장과 이스라엘 백성이 일곱 번 성을 돌자 여리고 성이 무너졌던 것이다.

여리고 성을 멋지게 정복한 후 이스라엘 백성은 마치 자신들이 해낸 양 갑자기 어깨에 힘이 들어가버렸다. 그러면서 그 다음 아이

---

43) 일곱이라는 의미의 히브리어는 세바(seven, שֶׁבַע)이다. 이는 맹세라는 의미의 솨바(to swear, אָשְׁבַּע)에서 파생되었다.

성은 아주 가볍게 생각했다. 마치 자신이 엄청 대단하다는 듯이. 그들에게는 이미 여리고 성을 칠 때의 긴장감도 없었고 하나님을 의지하는 간절한 기도도 부실했다. 반면에 교만한 마음과 힘이 잔뜩 들어간 거만함은 아이 성을 치기도 전에 이미 정복한 듯 얕잡아 보았다(수 7:3). 여호수아조차도 긴장이 풀렸던 듯하다. 당연히 대패하였다. 즉시로 여호수아는 옷을 찢으며 납작 엎드렸다. 하나님은 패배의 원인으로 아간의 범죄를 지적하셨다. 동시에 아무리 작은 일이라도 하나님을 철저히 의지해야 함을 가르쳐주셨다. 그런 다음 아이 성은 쉽게 정복되었다(수 8:26,28).

이후 아모리 다섯 왕을 기점으로 디르사 왕에 이르기까지 모두 쳐서 멸하였고 여호와께서 주시겠다고 약속하신 모든 땅을 다 얻은 후에야 비로소 전쟁이 끝났다(수 21:43-44). 그러나 블레셋을 포함한 2% 정도의 미미한 일부 땅은 하나님의 명령에 불순종하며 남기고 말았다(수13:1-6). 마치 하나님에 대한 순종은 98%로 족하다는 듯이. 순종은 100%임을 알아야 한다. 그 2%로 인하여 이어지는 역사 속에서 그것은 두고두고 이스라엘의 걸림돌이 되어버렸다. 반면에 하나님을 찾는 훈련의 도구로 사용되기도 하였다. 세월이 흘러 여호수아도 늙어 모든 사람이 가는 길을 따라가게 되었을 때 마지막 고별 설교로 백성들에게 메시지를 남긴다(수 24장).

"그러므로 이제는 여호와를 경외하며 온전함과 진실함으로 그를 섬기라 너희의 조상들이 강 저쪽과 애굽에서 섬기던 신들을 치워버리고 여호와만 섬기라 만일 여호와를 섬기는 것이 너희에게 좋지 않게

보이거든 너희 조상들이 강 저쪽에서 섬기던 신들이든지 또는 너희
가 거주하는 땅에 있는 아모리 족속의 신들이든지 너희가 섬길 자를
오늘 택하라 오직 나와 내 집은 여호와를 섬기겠노라 하니"_수 24:14-
15

한편 여호수아는 세겜에서 백성과 함께 '세겜 언약'을 세우고 그
들을 위하여 율례와 법도를 베풀었다.

여덟 번째, 매너리즘의 시대

땅의 분배가 끝나자 백성들의 생활은 점차 안정되어 갔다. 당연히 하
나님께 감사해야 함에도 불구하고 인간의 죄성에서 비롯된 못된 옛
습성을 또 다시 드러냈다. 결국 백성들은 사사 시대를 거치면서 다람
쥐 쳇바퀴 돌 듯 타성에 젖은 신앙인 '매너리즘의 시대'로 들어가게
된다. 여호수아가 행했던 고별 설교의 큰 울림이 채 가시기도 전에
이스라엘 백성은 자신의 소견에 옳은 대로 행하고야 말았다. 자기중
심으로 살아가고 자기 마음대로 행하였던 것이다. 그리하여 이스라
엘 역사상 가장 어두운 약 300여 년[44]에 걸친 암흑기로 들어가게 된
다. 이를 기록한 책이 사사기와 룻기이다.

사사들이 통치하던 이 시대의 특징은 판에 박힌 듯 죄로 얼룩진
생활과 회개의 반복이었다. 죄를 지어 매를 맞으면 회개를 하였다.
회개 후 회복시켜 주시면 언제 그랬냐는 듯이 또 죄를 범했다. 지겹

---

44) 혹은 350여 년.

도록 회개와 죄를 반복하는 삶이었다. "이스라엘 자손이 또 여호와의 목전에 악을 행하매"라는 말씀은 사사기에서 가장 흔한 문장 중 하나이다.

왕들이 통치하는 시대로 넘어가기 전까지 엘리와 사무엘 외에 이 시대에는 총 열네 명의 사사가 있었다. 그들이 치리(治理)하던 시대에 역사의 주관자이신 하나님은 이스라엘 왕국을 위한 계획을 차곡 차곡 진행하고 계셨다. 그중 한 사건이 유대 땅의 흉년 이야기이다(룻 1:1). 마치 아무 것도 아닌 사건처럼 시작된 이 이야기는 이전과 이후 시대를 잇는 주요한 연결고리이다.

당시 유대 땅 베들레헴에는 엘리멜렉이라는 사람이 두 아들과 아내 나오미와 함께 살고 있었다. 유대 땅에 흉년이 들자 엘리멜렉은 가족을 이끌고 요단 강 동편 모압 지방으로 가게 된다. 그곳에 정착한 지 10년쯤 되었을 때 나오미는 두 아들과 남편을 다 잃게 되었다. '희락(נעמי)'이라는 이름의 의미와 정반대로 '마라'[45]가 된 나오미는 이방 땅 모압을 뒤로 하고, 자신의 피붙이가 있는 고향 땅으로 돌아갈 생각을 한다. 그리하여 나오미는 모압 여인인 두 며느리를 불러놓고 자신의 생각을 알린다. 여호와의 선대하심을 바라며 두 며느리를 축복한 후 그들을 친정으로 돌려보낸다. 그러나 오르바와 달리 룻은 시어머니와 끝까지 동행하겠다며 자신의 뜻을 꺾지 않았다.

마침내 나오미는 하나 남은 며느리 룻과 함께 빈털터리로 베들

---

45) 히브리어로 마라(bitter, מרא,룻 1:20)는 '괴로움'(a bitter spring in the Sinai peninsula)을 의미한다.

레헴[46]에 돌아오게 된다. 당시 이들 두 여인에게 희망이 있기는 하였을까? 그러나 역사의 주관자이신 좋으신 하나님은 엄청난 반전을 예비하고 계셨다. 일말의 희망도 없을 때, 밑바닥을 치는 극한 고난 가운데서 우리가 할 수 있는 최선은 하나님을 신뢰하는 것뿐이다. 비록 한치 앞을 볼 수 없을지라도.

한편 물설고 낯선 땅에서 시어머니를 모시며 살게 된 모압 여인 룻은 때마침 보리 추수기를 맞아 부자들의 밭에서 이삭을 주우며 생계를 이어갔다. 당시 나그네 환대법이라는 히브리인들의 율법은 어려운 이웃을 위해 추수 때가 되면 떨어진 이삭을 줍게 하였다. 그렇게 함으로써 공동체는 더불어 살아갈 수 있었다. 그리하여 이삭을 주워 시어머니를 봉양하던 룻은 시아버지인 엘리멜렉의 친척 보아스의 밭에 가게 된다. 그것은 우연인 것 같으나 필연인 하나님의 경륜이었다. 그동안 과부인 룻이 그 시어미 나오미에게 한 일들에 대한 소문은 이미 그 동네에 파다하게 퍼져있었다. 당연히 호감을 갖고 있던 노총각 보아스는 안팎으로 예쁜 룻을 세심하게 배려하게 된다.

말하자면 하나님의 경륜이 룻으로 하여금 그곳의 유력자인 보아스를 만나게 하셨던 것이다. 이리하여 보아스는 룻으로부터 죽은 남편의 이름으로 기업을 무르는 사람[47]이 되어 달라는 요청을 받게 된

---

46) 베들레헴은 '떡집'이라는 뜻으로, 집(a house)이라는 의미의 베이트(בַיִת)와 빵 혹은 떡(place of bread)이라는 의미의 라헴(לֶחֶם)의 합성어이다.

47) '기업을 무르는 자'란 히브리어로 '고엘'(to redeem, הַגֹּאֵל)이라고 하는데 '구속자'라는 뜻도 있다. 고대 이스라엘에는 어떤 가문에서 자손을 보지 못하고 큰아들이 죽으면 둘째가 형을 대신하여 자식을 낳아주는 계대혼인법이 있었다. 그 집안의 아들이 몽땅

다. 보아스는 기꺼이 그 책임을 맡는다. 이들 두 사람의 만남[48]은 우연이 아니었다. 하나님의 멋진 중매였던 것이다(룻 3-4장).

　　이 두 사람이 낳은 아들이 오벳인데 바로 다윗의 할아버지이다(룻 4:22). 다윗의 족보에서 예수님이 오시는데 이 계보 속에 이방 여인 룻이 있다는 사실은 참으로 의미심장한 일이다. 사실 마태복음 1장에 나오는 족보를 보면 이방 여인 룻만이 '깜놀'[49]은 아니었다. 룻의 남편인 보아스의 어머니가 바로 여리고 성의 기생 라합이며 그 아버지가 살몬(마1:5)이다. 살몬의 선조는 유다가 며느리 다말에게서 얻은 베레스였다. 이런 이해불가 복잡다단한 사실로부터 우리는 예수님을 통한 구원의 복은 언약의 성취임을 알 수 있다. 이렇듯 하나님의 경륜은 유대인뿐 아니라 이방인들에게도 차별 없이 주어졌다. 동시에 예수님은 모든 민족과 열방을 향한 복의 근원이 되신다는 사실에 그저 감사하고 기뻐하지 않을 수 없다.

아홉 번째, 두 왕국 시대

마지막 사사이자 선지자였던 사무엘은 레위지파로서, 에브라임 산지 라마다임소빔 사람이었다. 그의 아버지는 엘가나요 어머니는 자식이

죽어 더 이상 자손을 이을 수 없으면 가장 가까운 친척이 자기 재산을 포기하거나 떼어주면서 그 집안의 여인과 결혼하여 자손을 이어주는 풍습이 있었다. 재산을 희생할 뿐 아니라 낳은 자식도 자신의 혈통이 안 되기에 기업 무를 자의 책임을 지며 결혼하기란 결코 쉽지 않았다.

48) 전승에 의하면 이때 룻은 25세 전후였고 보아스는 50세 정도의 노총각이었다고 한다.
49) '깜놀'은 21세기 아이들의 은어로서 '깜짝 놀랐다'는 뜻이다. 신화의 신혜성이 만들었다고 한다.

없어 가슴에 한이 맺혔던 기도의 사람 한나이다. 특별히 엘가나는 레위 가문 사람이요 제사장이었으며 찬양의 직분을 가진 신앙의 로열 패밀리였다(대상 6장). 그럼에도 불구하고 하나님이 정하신 일부일처제를 예사롭게 어겼는데 그것은 당시의 영적 상태를 적나라하게 말해 주는 것이다. 그렇기에 사무엘기의 시대적 배경이 영적으로 암흑기였던 사사 시대라고 주석가들은 말한다.

대제사장이었던 엘리[50] 또한 영적으로 민감하지 못했을 뿐 아니라 자녀들의 신앙 교육에도 별 관심이 없었던 듯하다. 왜냐하면 성경은 "엘리의 아들들은 여호와를 알지도 못할 뿐더러 불량자"였다고 기록하고 있기 때문이다(삼상 2:12). 게다가 그 아들들은 회막문에서 일하는 여자들과 동침하는 등(삼상 2:22) 하나님 앞에서 악행을 일삼았고 여호와의 제사를 멸시하기까지 하였다고 한다(삼상 2:17).

그리하여 하나님은 엘리와 그 가족에 대하여 사무엘을 통해 준엄한 경고를 하셨다(삼상 2:22-36). 그 후 블레셋과의 싸움에서 엘리의 두 아들은 하나님의 언약궤인 법궤를 적들에게 빼앗겼을 뿐 아니라 둘 다 한꺼번에 죽임을 당하였다. 그 소식을 들은 엘리 또한 의자에서 거꾸러져 목이 부러진 채 죽었다. 이로써 엘리 가문에 대한 하나님의 경고가 그대로 이루어졌다.[51]

---

50) 엘리는 이다말의 후손이었다. 원래대로라면 아론의 셋째 아들(민 3:2)인 엘르아살의 후손이 대제사장이어야 했다(민 20:28). 그러나 언제부터 어떻게 바뀌게 되었는지는 정확하게 알 수 없으나, 아론의 넷째 아들이었던 이다말의 후손 엘리가 당시 대제사장으로 있었다. 그는 자녀교육을 등한시하여 그 대가를 받았던 인물이다. 삿 2:10,11,13과 호4:6, 욜1:3을 읽어보라.

51) 열왕기상 1장 7-8절에 의하면 아론의 아들 중 넷째 이다말의 후손 아비아달은 다윗의

사무엘이 늙어갈 무렵 이스라엘 백성과 장로들은 왕이신 하나님을 도외시하고 주변 나라들처럼 인간 왕을 구하게 된다(삼상 8:19-20). 그것은 하나님이 결코 원하시는 것이 아니었다(호 13:10-11). 사무엘의 경고와 만류에도 불구하고 고집불통 백성은 요지부동이었다. 설상가상으로 사무엘조차 자식 교육을 제대로 하지 못했던 모양이다. 사무엘상 8장 3절과 5절에 의하면, 사무엘의 아들들은 "그 아버지의 행위를 따르지 아니하고 이득을 따라 뇌물을 받고 옳지 않은 판결을 내렸다"고 기록되어 있다. 참으로 안타까운 일이다. 왜 그랬을까? 추측컨대 사무엘이 어려서부터 엘리 대제사장 밑에서 일하면서 엘리로부터 자녀양육과 관련해 잘못된 영향을 받은 것은 아닐까라는 생각이 든다. 사람은 "흉보면서 닮는다"고 하지 않던가.

이스라엘 백성이 인간 왕을 강하게 구하자 하나님은 이를 허용하신다. 승낙한 것은 아니었다. 그럼에도 불구하고 구원을 향한 하나님의 계획은 변함이 없고 신실하신 섭리는 그대로 이어지게 된다.

이스라엘의 초대 왕으로 사울이 기름 부음을 받게 된다(삼상 10:1). 비록 하나님은 기뻐하지 않으셨으나 인간들의 소원을 따라 초대 왕 사울을 허락하셨다. 그러나 사울은 하나님의 '분노적 허용'[52]을

아들 중에 아도니야를 추종한다. 반면 아론의 셋째 아들이었던 엘르아살의 후손 사독은 솔로몬을 추종한다. 정확하신 하나님의 경륜은 솔로몬으로 하여금 이스라엘의 3대 왕이 되게 하신다. 왕이 된 솔로몬은 아비아달을 내쫓고 대제사장 직분을 파면(왕상 2:27)한다. 그 대신 제사장 사독으로 아비아달을 대신하게 한다(왕상 2:35). 이로 인해 다시 아론의 넷째 아들 이다말에서 셋째 아들인 엘르아살의 후손으로 대제사장의 직분이 제자리를 찾게 되고 엘리에 대한 경고도 그대로 이루어진다.

52) 호 13:11절에 '분노적 허용'이라고 하였다.

보여주는 용두사미(龍頭蛇尾)의 모델이었을 뿐이었다. '분노적 허용'이
란 본질적으로는 하나님이 기뻐하시는 뜻은 아니기에 승낙은 아니지
만 허용한 것이라는 의미이다. 인간의 집요한 요청에 의해 들어주시
기는 하지만 기뻐하시는 뜻은 아니란 얘기이다. 세상의 아버지들도
지독스럽게 고집 피우는 자식의 요청에 마지못해 허용하는 일을 생
각하면 쉽게 이해될 수 있을 것이다. 그러나 결국 사울은 자결로 생
을 마쳤고 하나님의 마음에 합한 왕이라는 평가를 받는 다윗이 이스
라엘의 2대 왕이 된다. 그리고 다윗의 뒤를 이어 3대 왕인 솔로몬까
지 단일(통일) 왕국이 이어진다.

열 번째, 하나님의 징계 시대

역사의 주관자이신 하나님의 세미한 경륜은 하나님의 말씀을 신실하
게 따르는 자를 들어쓰셔서 역사를 이끌어가신다. 통일 왕국이 된 이
스라엘은 불과 4대째 만에 분열 왕국으로 나뉘어져버렸다. 설상가상
으로 북 왕조나 남 왕조 둘 다 하나님의 바람과는 달리 곁길로 가기
에 바빴다. 그 결과 북이스라엘은 BC 722년 앗수르에 망했고, 앗수르
는 BC 612년 통일바벨론에 망하였다. 남유다는 BC 586년 바벨론에
망하고 말았다. 역사의 주관자이신 하나님은 이스라엘 백성의 회복
을 위해 징계를 결정하셨고 그 징계의 막대기로 바벨론을 들어쓰셨
던 것이다. 바벨론에 의한 포로와 그 전후의 시대를 '징계 시대'[53]라
고 한다. 여기서 하나님의 징계는 벌을 주기 위한 것이 결코 아니다.

---

53) 징계(chasten)라는 단어는 히브리어로는 '므싸르'(the chastisement, מוּסָר)이며 헬라어

오히려 회복을 위한 훈련의 과정이라는 것이 성경 전체의 가르침이다. 그렇기에 신명기 8장 5절은 "사람이 그 아들을 징계함같이 네 하나님 여호와께서 너를 징계"하신다고 하셨다. 욥기 5장 17절에는 "하나님께 징계받는 자는 복"이 있다고까지 하였다. 또한 아버지 하나님은 아들을 사랑하기에 책망하고 징계(correct, 바르게 하다)한다고 잠언 3장 12절과 요한계시록 3장 19절은 반복하여 말씀해주고 있다. 동일하게 히브리서에서도 징계(히 12:6, disciplines)를 훈련으로 말씀하셨다.

솔로몬에 이어 이스라엘의 4대 왕이 된 르호보암은 아쉽게도 하나님의 말씀을 순전하게 청종(聽從)하지 않았다. 더 나아가 아버지 솔로몬보다 더 심하게 권위주의를 드러내려 했다. 설상가상으로 르호보암의 주변에 포진한 젊은 신하들은 더 어리석고 미련한 자들이었다. 아버지인 솔로몬의 가정교육은 아예 말하기도 힘들다.

그런 르호보암은 왕이 되자마자 고역과 세금 삭감 문제에 직면하게 되는데, 이때 그는 두 방향의 조언을 듣게 된다. 하나는 아버지 솔로몬이 살아있을 때 왕을 섬겼던 지혜로운 원로들의 조언이었고, 다른 하나는 자신을 섬기고 있던 함께 자란 소년들의 조언이었다. 불행하게도 르호보암은 원로들의 조언을 무시했다. 그 결과 백성의 마음이 왕을 떠나게 된다. 이 일로 인해 단일 왕국이었던 이스라엘이

로는 '파이데이아스'(discipline, παιδείας, 동사 '파이듀오'에서 파생됨)이다. 징벌이나 체벌의 의미로도 쓰이지만 실제로는 '훈련시키다, 바르게 하다'라는 의미로 '아이(파이스)를 훈련시켜 잘 양육하다'라는 뜻에 가깝다. 그렇다면 당시의 이스라엘 백성이나 오늘날의 우리나, 때때로 내리시는 하나님의 돌발적 징계에 대하여 다시 한 번 깊이 생각해볼 필요가 있다.

남쪽과 북쪽이라는 두 개의 분열 왕국으로 나뉘어져버렸다(왕상 12장).
르호보암은 두 지파로 구성된 남유다를 이어가고, 북쪽은 여로보암
이 왕이 되어 10지파를 다스린다. 그 이후의 이야기가 열왕기상하,
역대하, 이사야, 예레미야, 호세아, 요엘, 아모스, 오바댜, 요나, 미가,
나훔, 하박국, 스바냐 등에 기록되었다.

　　르호보암과 여로보암으로 시작된 분열왕국 시대를 살펴보자. 먼
저 남쪽 유다는 하나님 앞에서 몸부림치며 회개하고 회복을 위해 노
력하는 왕이 더러 있었다. 총 스무 명 중 여덟 명이 비교적 선한 왕이
었고, 그중 네 명은 종교개혁을 일으키기도 하였다. 반면에 북쪽 이
스라엘에는 총 열아홉 명 중 하나님 앞에서 올바른 길을 선택한 왕이
하나도 없었다. 결국 BC 722년 앗수르에 망하고 그 앗수르와 남유다
는 각각 BC 612년과 BC 586년에 바벨론에 망하였다. 이처럼 남북 이
스라엘에 대한 하나님이 선택하신 최종적인 징계의 막대기는 바벨론
이었다.

　　바벨론에 의한 1차 포로는 18대 왕 여호야김 때부터 시작된다.
이때 그 유명한 다니엘과 세 친구[54]가 붙잡혀가게 된다. 2차 포로는
19대 왕 여호야긴 때 시작되었고 이때 에스겔이 포로로 붙잡혀간다.
마지막 3차는 BC 586년 20대 왕 시드기야 때로 마침내 남유다가 완
전히 망하였다. 이후 70년의 바벨론 포로 시대가 시작된다(에스겔. 다니
엘). 하나님은 포로 생활 70년(BC 609-538, 렘25:11-12, 29:10)이 차면 해

---

54) 세 친구는 사드락, 메삭, 아벳느고(하나냐, 미사엘, 아사랴, 단 1:7)이다.

방시켜 주시겠다고 약속하셨다. 또한 성전이 철저하게 파괴된 BC 586년으로부터 70년 후(BC 516)에는 성전이 재건될 것이라는 약속(스 6:15, 단9:2)도 주셨다.

이처럼 하나님의 징계는 단순한 징벌도 멸망도 아닌 회복을 전제한 훈련임을 알아야 한다. 그러나 바벨론에 포로로 끌려간 이스라엘 백성과 남아 있던 백성은 이와 같은 하나님의 목적과 마음을 모두가 이해하진 못했던 것 같다. 그럼에도 불구하는 하나님은 선지자들의 입을 통해 계속하여 말씀하셨다. 자녀를 향한 포기할 수 없는 아버지의 깊고도 아픈 마음이 느껴진다.

열한 번째, 회복 시대

70년이 지나자 BC 537년부터 신실하신 역사의 주관자 하나님은 바사(Persia)를 통해 세 차례에 걸쳐 포로 귀환을 시작하셨다. 1차 포로 귀환의 지도자는 스룹바벨과 예수아로, 그들은 솔로몬 성전이 파괴된 BC 586년으로부터 70년 후 BC 516년에 학개와 스가랴를 통하여[55] 하나님의 섭리로 성전을 재건하였다. 그들이 처음 70년 만에 돌아와 보니 예루살렘은 모든 것이 파괴되어 황량한 폐허가 되어있었다. 그러나 포로 생활로부터 돌아온 그들은 산산이 부서졌던 성전을 다시 세우는 감격스런 일을 해냈다. 그것은 오로지 하나님의 동행하심에 대한 믿음과 회복에 대한 약속을 신뢰하였기 때문에 가능한 일이었

---

55) 학개와 스가랴는 동시대의 선지자이다. 차이가 있다면 학개는 백성들의 마음에 불을 지르며 성전(하드웨어) 재건을 격려한 노 선지자(학 2:3, 약 80세)이다. 반면에 스가랴는 백성들의 삶(소프트웨어)을 재건하여 거룩함으로 살아가야 할 것을 격려하였다.

다.

BC 458년에 시작된 2차 포로 귀환의 지도자는 학사 에스라였다. 에스라는 하나님의 말씀인 율법을 가르침으로써 백성들의 믿음을 바로 세우고 영적 각성을 이끌었다. 그는 바벨론에서 돌아온 유대인들이 하나님 임재의 상징인 성전과 하나님께서 허락하신 율법을 삶의 기준과 원칙으로 붙들기를 원했다.

1차 귀환 당시 페르시아에 그대로 남았던 인물 중에 우리가 잘 아는 에스더와 모르드개가 있다. 에스더는 아하수에로⁵⁶⁾ 왕의 왕비가 되었다. 당시 제국의 2인자는 아말렉족⁵⁷⁾의 후예인 하만(에3:10)이었다. 그는 유대인들을 몰살시키려 했다. 풍전등화의 위기 속에 하나님은 에스더와 모르드개를 사용하여 유대 민족을 구원하신다. 이를 기념하여 부림절을 지키게 되는데(에 9:20-32), 부림이란 이스라엘 백성의 제비 뽑는 도구인 부르(pur)의 이름을 좇아 부림⁵⁸⁾이라고 부른 것이고 하만이 이 부르를 이용하여 유대인을 죽일 날짜를 정했던 것에서 유래한다.

---

56) 이는 히브리식 이름으로 헬라식 이름은 크세르크세스이다. 영화 〈300〉에 등장해 그리스와 전쟁을 치렀던 페르시아 왕이 바로 에스더의 남편인 아하수에로(에 2:16-18)이다.

57) 이렇듯 아말렉은 역사(신 25:17)를 통하여 이스라엘 백성들을 두고두고 괴롭혔다. 그렇기에 삼상 15:18절에는 아말렉이라는 단어 앞에 '죄인'을 첨가하여 하나님을 떠난 모든 상태를 말하기도 하였다. 이는 옛 사람의 희미한 그림자이며 구원 이후 우리가 대대로 싸워야(출 17:14,16) 할 대상이기도 하다.

58) '푸림'(Purim, a lot, a jewish feast, פּוּרִים, 에 9:26)은 제비뽑기나 주사위를 의미하는 아람어 '푸르(pur)'에서 온 말이다. 이날은 유대인들의 기쁨의 축일이다. 페르시아의 총리 하만의 음모에서 벗어난 것을 기념하는 축제이다.

3차 귀환의 지도자는 느헤미야인데 그는 52일 만에 성벽을 건축한다(BC 444~). 이 또한 하나님의 은혜였다. 왜냐하면 호론 사람 산발랏과 암몬 사람 도비야와 아라비아 사람 게셈의 방해공작이 집요한 가운데 이루어졌기 때문이다(느 2:10, 6:1). 이스라엘 백성은 자신들을 회복시켜주신 하나님의 신실하심을 믿었고, 이 모든 악조건 속에서도 느헤미야를 중심으로 흔들림 없이 성벽을 중수해나갔던 것이다.

다시 세월이 흘러 바벨론 포로기의 고통스럽고 암울한 시대를 살았던 귀환 첫 세대가 그 열조에게로 돌아갔다. 그러자 그 후손들은 포로기의 교훈을 까마득히 잊어버렸다. 이스라엘 백성들은 조금씩 조금씩 부패하고 타락한 모습을 보이기 시작했다. 제사장들은 하나님보다 재물을 더 사랑하여 하나님께 드리는 제사를 더럽혔고, 백성들은 이방인과 결혼하고 제멋대로 이혼을 일삼았다. 게다가 하나님에 대하여는 회의적이다 못해 냉소적이었으며 율법마저 가볍게 치부해 버렸다.

말라기서는 이와 같은 제사장들과 이스라엘 백성의 죄악된 모습을 적나라하게 고발한다.

"내 이름을 멸시하는 제사장들아 나 만군의 여호와가 너희에게 이르기를 아들은 그 아비를, 종은 그 주인을 공경하나니 내가 아비일찐대 나를 공경함이 어디 있느냐 내가 주인일찐대 나를 두려워함이 어디 있느냐 하나 너희는 이르기를 우리가 어떻게 주의 이름을 멸시하였나이까 하는도다 너희가 더러운 떡을 나의 단에 드리고도 말하기를 우리가 어떻게 주를 더럽게 하였나이까 하는도다 이는 너희가 주의

상은 경멸히 여길 것이라 말함을 인함이니라"_말 1:6-7

"만군의 여호와가 이르노라 너희가 내 단 위에 헛되이 불사르지 못하
게 하기 위하여 너희 중에 성전 문을 닫을 자가 있었으면 좋겠도다 내
가 너희를 기뻐하지 아니하며 너희 손으로 드리는 것을 받지도 아니
하리라"_말 1:10

"만군의 여호와가 이르노라 너희가 또 말하기를 이 일이 얼마나 번폐
스러운고 하며 코웃음하고 토색한 물건과 저는 것, 병든 것을 가져왔
느니라 너희가 이같이 헌물을 가져오니 내가 그것을 너희 손에서 받
겠느냐 여호와의 말이니라"_말 1:13

"그러면서 너희는 오히려, '무슨 까닭으로 이러십니까?' 하고 묻는다.
그 까닭은, 네가 젊은 날에 만나서 결혼한 너의 아내를 배신하였기 때
문이며, 주님께서 이 일에 증인이시기 때문이다. 그 여자는 너의 동
반자이며, 네가 성실하게 살겠다고 언약을 맺고 맞아들인 아내인데
도, 네가 아내를 배신하였다."_말 2:14(새 번역)

이렇듯 백성들은 죄를 범하면서도 자신들이 무엇을 잘못했는지
조차 알지 못했다. 오히려 "우리가 어떻게 여호와를 괴롭게 해드렸습
니까?", "공의롭게 재판하시는 하나님은 어디에 계십니까?"(말 2:17)
라면서 조목조목 대꾸하곤 하였다. 심지어 "하나님을 섬기는 것이 헛
되며 하나님의 명령을 지키는 것이 유익이 없다"(말3:14)고 대들기도

하였다. 또한 "교만한 자가 복을 받고 악을 행하는 사람이 번성하며 하나님께 도전하는 사람들이 화를 입지 않는다."(말3:15)고 언성을 높이며 비아냥거리기도 하였다. 그들의 태도는 하나님을 노골적으로 불신하고 대적하는 것이었다. 그러나 하나님은 말라기 선지자를 통해 회개 후 지도자들과 백성들이 하나님께 진정으로 돌아오기만을 구했다. 더 나아가 올바른 예배로 나아올 것을 간절히 원하셨다.

그러면서 하나님은 메시아와 그의 길을 예비할 사자를 보내주시겠다고 약속하셨다(말 3:1). 그럼에도 불구하고 고집스런 그들은 갈 데까지 가버리고 말았다. 결국 이스라엘 백성에게 실망하신 하나님은 말라기 4장 6절의 말씀을 끝으로 깊은 침묵에 들어가신다.

> "그가 아비의 마음을 자녀에게로 돌이키게 하고 자녀들의 마음을 그
> 들의 아비에게로 돌이키게 하리라 돌이키지 아니하면 두렵건대 내가
> 와서 저주로 그 땅을 칠까 하노라 하시니라"_말 4:6

말라기 이후 400년 동안 하나님은 어떤 선지자도 보내시지 않으셨다. 이를 신구약 중간기라고 한다. 노하기를 더디 하시는 하나님은 BC 537년 1차 포로 귀환부터 BC 400년에 이르기까지 줄곧 당신의 백성이 올바른 관계와 교제 가운데로 돌아오기를 기대하고 기다렸다. 그러나 그들은 끝까지 독하게 버텼다. 그들을 안타깝게 바라보시며 말을 잃어버리신 애끓는 아버지 하나님을 상상해보라.

열두 번째, 침묵 시대와 독립유대 시대[59)]

성경을 보면 구약의 마지막이 말라기로 끝나기 때문에 말라기 선지자를 구약의 마지막 선지자로 생각하는 경향이 있다. 그러나 구약의 마지막 선지자는 세례 요한이다. 이후 예수님이 오셨기 때문이다. 하나님은 말라기가 활동하던 때로부터 세례 요한까지 약 400년 동안 어떤 선지자도 보내시지 않았던 것이다. 아무 말씀도 없으셨다. 그렇다고 하나님이 주무셨던 것은 결코 아니다. 침묵기 동안 하나님은 다른 방법으로 역사에 개입하셔서 말라기 3장 1절을 통해 약속하신 '언약의 사자', 곧 메시아가 오실 길을 탄탄하게 준비하고 계셨다.

느헤미야와 말라기서의 시대적 배경은 약 200년을 존속했던 페르시아이다. 당대의 최강자로 군림하던 나라가 헬라(Greece)의 알렉산더에 의하여[60)] 역사에서 자취도 없이 사라지고 만다. 이 시기를 즈음하여 두로가 범털을 건드렸다가 알렉산더로부터 처절한 응징을 받게 되는데, 성경의 여러 곳[61)]에서 경고한 그대로 이루어졌다.

한편 페르시아를 무너뜨린 알렉산더는 그동안 흠모하였던 헬라 사상과 문화를 페르시아의 문화와 혼합시켜 헬레니즘[62)]을 퍼뜨렸다. 또한 혼인을 통하여 동서양의 혼합을 꾀했고 헬라어라는 국제 공용

---

59) 《신구약 중간사》, 조병호, 통독원, 2012. (발췌 및 정리)
60) 《그리스 전쟁》, 필립 드 수자, 발데마르 헤켈, 로이드 루엘린-존스, 오태경 옮김, 플래닛미디어, 2009.
61) 아모스 1:9-10, 이사야 23장, 에스겔 26-28장을 보라.
62) 헬레니즘(Hellenism)이란 '그리스인처럼 행동하다, 말하다'라는 뜻으로 그리스어 hellenizein에서 유래됨. 이는 그리스 문화와 오리엔트 문화를 융합한 것으로 세계주의(cosmopolitanism)적인 예술, 사상, 문화, 정신을 특징으로 한다.

어를 사용하게 하여 세계시민주의 혹은 사해(四海)동포주의를 실현하려고 했다. 사해동포주의란 인류를 세계 시민으로 보는 입장이다. 더 나아가 알렉산더는 이집트를 치기 위해 예루살렘을 통과하여 결국 이집트를 점령 후 자신의 이름을 따서 알렉산드리아라는 도시를 세웠다. 수많은 알렉산드리아 중 이집트에 세운 도시가 당시 인구 100만의 대도시로 가장 유명하다.

승승장구하던 알렉산더는 33세라는 젊은 나이에 요절하고 만다. 이후 부하 장군들이 각축전을 벌인다. 특히 이집트를 중심으로 한 프톨레미(Ptolemies) 왕조와 시리아를 중심으로 한 셀류커스(Seleucids) 왕조가 마지막까지 다툼을 벌인다. 그중 프톨레미 왕조는 약 100여 년간 유대를 지배[63]하며 대제사장들의 입지를 인정해주었다. 당시 헬레니즘 세계의 언어는 그리스어의 아타카 방언인 '코이네'(Koine)였다. 이 왕조에서 히브리어 구약성경의 헬라어 번역인 '70인역'(Septuagint, 라틴어 칭호, LXX)을 남겼다. 이로 인하여 헬라제국을 통해 성경이 전 세계로 퍼져나가는 발판이 되었다.

BC 2세기경 예의 두 왕조가 다시 갈등을 시작하였다. BC 223년 셀류커스 3세가 살해되자 그 형제 안티오쿠스 3세가 등극하여 나라를 넓혀갔다. 이때 대세를 파악한 유대가 안티오쿠스 3세[64]를 도와 유대에서 프톨레미 군대를 몰아냈다. 한편 그 대가로 유대에 많은 약속을 하였던 안티오쿠스 3세는 BC 190년 로마에 패한 후 약속을 어

63) 《신구약중간사》, 조병호, 통독원, 2012. (발췌 및 정리)
64) 《신구약중간사》, 마틴 헹엘, 임진수 옮김, 살림출판사, 2009.

겼고 예루살렘 성전까지 압류하려 하였다가 결국 암살당하고 만다. 다시 셀류커스 4세가 왕이 되었으나 역시 암살당한 후 BC 175년 그 동생 안티오쿠스 4세가 왕이 된다. 그런데 이 왕이 아주 걸작이다. 그는 스스로를 '신의 현현'이라며 에피파네스(Epiphanes)라고 하였다. 또한 그는 돈을 받고 '야손'이라는 인물을 대제사장으로 임명하기도 하였다. 원래 대제사장은 아론의 후손만 할 수 있었다. 이후 성직 매매가 계속되었다.

한편 안티오쿠스는 프톨레미 왕조가 다스리던 애굽을 빼앗고자 하였으나 로마의 힘을 빌린 프톨레미에 밀려 철수하다가 그 분풀이로 BC 169년 유대를 공격하게 된다. 그러다가 BC 167년이 되자 핍박은 절정에 이르렀다. 심지어는 예루살렘 성전 안에 제우스 신상을 들여놓고 제단에 돼지를 희생 제물로 올려놓게 된다. 그러자 엄청난 반대에 부딪히게 된다. 그때 반대하던 수많은 경건한 자들이 있었다. 이들을 하시딤(Hasidim)이라 한다. 하시딤들은 한 자리에서 1000여 명까지 죽기도 하였다. 결국 하시딤들은 하스몬 가의 연로한 제사장 마타디아스(Mattathias, BC 167-166)와 그의 다섯 아들과 함께 연합하여 혁명을 일으킨다. BC 166년 힘겨운 1년 항쟁 속에 마타디아스는 죽는다. 이후 파르티아와의 전쟁에서 안티오쿠스 4세마저 죽어 BC 167-BC 164년까지의 그토록 지독하던 박해가 끝이 났다. 이로 인하여 예루살렘 성전은 회복된다. 이를 기념하여 '수전절'(요10:22, the Feast of the Dedication, 혹은 봉헌절)을 지내게 되었고 유대인들은 '하누카'(Hanukkah)라는 빛의 축제를 지내게 되었다.

이후 마카비(Maccabeus)라는 별명을 가진 셋째 아들이 왕위를 계승한다. 한편 하시딤은 마카비 가문과 뜻을 달리하면서 떨어져나갔고 세 부류로 나뉘어졌다. 귀족층과 돈 많은 상인, 정부관리, 제사장 계급의 사두개파(Sadducees)와 중간계층의 바리새파(Pharisees), 그리고 에세네파(Essenes)이다.

사두개파는 헬레니즘을 받아들이고 하스몬 왕가, 로마와 결탁하였다. 그들은 예언서를 거부하고 오직 모세5경만 인정했다. 로마가 유대를 공식 합병하였을 때의 대제사장은 바로 이 사두개인들이었다. AD 70년 예루살렘 성전이 파괴되며 사두개파는 종말을 고하게 된다.

바리새파는 구약성경의 대부분을 받아들였고 정치권력은 미미한 경건한 평신도들이었다. 그들은 율법 준수에 철저하다 보니 스스로 오만함의 함정에 빠져버렸다. 찰스파이퍼에 의하면, 오늘날의 유대교의 근원은 바리새파라고 한다.

존 스토트는 바리새인들은 하나님의 말씀에 무엇을 더하려는 반면, 사두개인들은 성경에서 무엇인가를 빼려는 사람이라고 정의하였다.

에세네파는 수도원적인 공동체 생활을 하였다. 그들의 일부는 폭력적이었고 일부는 평화를 고수했던 독특한 사람들이다. 우리가 잘 알고 있는 세례 요한은 이 에세네 출신이다.

한편 마카비 왕조에 이어 하스몬 왕가는 다시 아리스토블루스 1세(Aristobulus, BC 104–103)로 시작된다. 그런데 1년 후 병사하자 그의 아내가 아리스토블루스의 세 동생 중 가장 나이 많은 알렉산데스 야나이우스(BC 103–76)와 결혼하게 된다. 이후 31년간 왕의 자리에 있다가

BC 76년에 죽게 된다. 다시 아리스토블루스 2세가 등극하여 왕과 대제사장직을 겸한다.

이후 로마의 전쟁 영웅 폼페이우스(Pompeius, BC 106-48)가 유대를 점령하였고 그 장군은 아리스토블루스 2세 대신에 당시 힐카누스 2세의 팔을 들어주었다. 당시 눈여겨보아야 할 인물이 하나 있는데, 헤롯가문의 원조인 안티파터이다. 그는 이두매인으로 유대교로 개종한 사람이었다. 그는 힐카누스 2세의 오른팔이었다. 한편 폼페이우스는 안티파터와 그의 두 아들 파사엘루스와 헤롯을 유대 땅 전체의 총독으로 임명하였다.

역사의 시간이 흐르는 동안 온갖 잔머리를 굴리며 여기 붙었다 저기 붙었다를 반복하던 안티파터는 열정적인 유대인에게 암살당하고 만다. 이에 두 아들은 도망하였다. 그들은 안토니우스의 도움으로 재기하였으나 여의치 않자 형은 동생을 위해 장렬한 최후를 맞는다. 동생 헤롯을 죽음으로부터 방어해주었던 형 파사엘루스는 돌에 머리를 박아 자결하였던 것이다.

그렇게 구사일생으로 살아난 헤롯은 아리스토블루스 2세의 아들인 안티고누스를 안토니우스에 의해 참수당하게 함으로 하스몬 왕조는 126년 만에 끝이 났다. 이후 유대의 권력은 온전히 이두매(에돔 사람을 뜻하는 헬라어) 사람 헤롯의 손에 넘어가고 말았다.

한편 헬라가 역사적으로 막을 내리며 로마는 120년 동안 3차에 걸친 카르타고와의 포에니 전쟁에서 승리하게 된다. 그러므로 로마는 BC 2세기 중반이 되어 제국으로의 길이 열리게 되었다. 또한 율리우스 카이사르의 양자였던 옥타비아누스가 로마의 초대 황제가 되었는데, 이때 원로원 체제가 제정으로 바뀌었다. 총독제도도 생겼다. 로마는 특히 유대의 경우 분봉 왕과 함께 총독을 보내어 정치와 군사를 맡게 하고 종교는 유대의 대제사장에게 맡기는 방법을 썼다. 그리하여 헤롯을 유대의 분봉 왕으로 보냈는데 그는 총독과도 대제사장과도 무리 없이 잘 지냈다. 그는 BC 40년에 분봉 왕으로 올라 BC 8년까지 다스렸다.

헤롯의 정치적 감각은 짐승만큼이나 본능적으로 뛰어났다. 악티움 해전을 치를 때 위험을 감수하고 그동안 줄을 탔던 안토니우스에서 옥타비아누스로 갈아탔다. 그 예상은 적중했다. 그 후 헤롯은 자신의 아들들에게 분봉 왕의 자리를 세습하였다. 당시 분봉 왕은 유대 종교 지도자들과 유대의 민중들과 로마에서 파견한 총독의 마음에 모두 들어야만 했다. 그렇기에 마냥 좋은 자리는 아니었다. 성경에 나오는 익숙한 로마의 총독을 들자면 다음과 같다. 로마의 두 번째 황제 티베리우스가 파견한 총독이 폰티우스 필라투스(Pontius Pilate, 본디오 빌라도)이며, 사도행전에 바울과 함께 등장하는 총독이 펠릭스(Felix, 벨릭스)와 베스도(Festus)이다.

한편 유대인들은 이런 상황 속에서 안정을 누릴 수 없었고 동시에 너무 고달팠다. 쓸데없이 많은 지도자인 로마 황제, 분봉 왕, 총독, 그리고 유대의 대제사장들에게 폭정을 당해야만 했다. 세금에다가 고역이 더하여져 힘든 나날을 보냈다. 결국 그들은 안정을 갈구하게 되고 진정한 왕이 다스리는 나라를 꿈꾸게 되었다. 그러다 보니 메시아를 더욱 대망하게 되었던 것이다. 그런 그들에게 세례 요한을 통하여(눅3:1-2) 메시아의 도래가 선포되어졌다. 그리고 BC 4년에 예수님은 인간으로 이 땅에 오시게 된다.

열세 번째, 언약의 성취 시대 - 예수 그리스도 그리고 성령님

언약이란 '말에 대한 약속'으로 성경의 언약은 하나님께서 일방적으로 베풀어주신 약속이다. 6대 언약으로 이루어진 성경은 종국적으로 초림인 예수 그리스도의 구속사역과 다시 오실 재림에 초점이 맞추어져 있는데, 이를 예수 그리스도의 새 언약이라고 한다.

'하나님과 같이 되려 했던' 아담의 타락으로 전 인류와 피조계는 함께 저주(영적 죽음)를 받게 되었다. 역사의 유일한 의인이신 예수님께서 십자가에서 대신 죽으심으로 우리는 죄사함[65]을(롬 5:12-19) 얻어 언약의 성취가 이루어졌다.

구약성경에는 세 가지의 언약 형태가 있다. 첫째, 양쪽이 동등하게 맺는 언약(삼상 18:3-4), 둘째, 유력한 쪽의 일방적인 언약(겔 17:13-14), 셋째, 하나님께서 일방적으로 행하신 언약이다. 이중 하나님과 사람 간의 언약은 당신만이 신실하게 행하실 것을 약속하셨기에 은혜 언약[66](the covenant of grace, 恩惠 言約)이라 한다.

은혜 언약이란 전적인 은혜(엡 2:8)란 의미가 축약된 것으로 하나님의 일방적 언약 혹은 편무 언약(片務 言約)이라고 한다(히 6:17). 인간

---

65) 인류의 대표 아담이 죄를 지을 때 우리는 그의 허리에 있었다. 그러므로 우리도 죄를 지었다. 역사상 유일한 의인이신 예수님이 십자가에 못 박히실 때 우리도 함께 죽었다. 그리고 부활하심으로 승리하셨다. 우리도 살아났고 예수님 안에서 승리의 삶을 살게 되었다. 이를 연합의 원리 혹은 대표의 원리라고 한다.
66) 《교회용어사전: 교리 및 신앙》, 생명의말씀사, 2013.

의 노력은 필요 없다는 것이다. 구속의 계획, 성취 및 인치심은 삼위 하나님의 사역이며(기능론적 종속성. 엡 1:3-5, 요 16:7-8, 19:30), 택한 사람을 향한 하나님의 구원은 영원한(삼하 23:5, 창 17:9) 것이기에 폐기되지 않는다. 그 하나님이 바로 우리의 주인 되시고 우리는 그의 백성이 되었다(렘 31:31-34, 창 17:7). 할렐루야!

특히 예레미야 31장 31-34절에서의 새 언약은 하나님께서 이스라엘의 집을 세울 것을 말씀하신 것이다. 그 새 언약이 AD 30년경 고린도전서 11장 25절에서 말씀하신 예수 그리스도의 피로 세운 새 언약이다. 그렇기에 유월절 어린 양 되신 예수님은 십자가에 달리시기 전 마지막 만찬에서 "이 잔은 내 피로 세우는 새 언약이니 곧 너희를 위하여 붓는 것이라"(눅 22:20)고 하셨다. 그 언약은 돌판이 아니라 마음판에 새기는 것이다.

새 언약은 예수님을 통하여 이루실 하나님과 그의 백성들이 맺은 언약이었다. 이제 새 언약의 성취자이신 예수님을 믿는 자마다 죄 사함을 받고(행 10:43, 롬 11:27) 구원을 얻게 된다(사 43:25, 요 5:24, 요일 1:9).

그 예수님은 모든 것을 이루시고 죽으셨다. 다시 부활하시고 승천하신 후 예수의 영인 보혜사 성령님(요 14:16-17, 26, 15:26, 16:13, 욜 2:28)을 보내주셨다. 그렇기에 언약의 성취는 예수 그리스도와 예수의 영인 보혜사 성령님으로 나타났다고도 말한다.

은혜 언약 외에 행위 언약[67](the Covenant of Works, 行爲 言約)도 있다.

---

67)《교회용어사전 : 교회 일상》, 생명의말씀사, 2013.

대표적으로 아담 언약인데 선악과 언약 혹은 율법 언약이라고도 한다. 그것은 하나님의 명령에 대한 순종과 불순종에 따른 영생과 죽음을 두셨다는 것이다.

열네 번째, 언약의 완성 시대 - 미래형 하나님 나라

요한계시록[68]은 22장, 404구절로 구성된 책으로, 계시 혹은 묵시적 성격과 예언적 성격으로 나누어 해석할 수 있다. 적절한 균형점을 찾되 개혁주의적 관점에서 묵시적으로 해석하는 것이 바람직하다고 저자는 생각한다. 우리가 살아가는 이 시대가 바로 묵시적 시대(apocalyptic age)이기 때문이다.

　　요한계시록은 단순히 예수님의 재림 전후에 일어날 일을 기록한 것이 아니다. 재림에 맞춘 시간의 순서는 더더욱 아니다. 종말에 일어날 일을 다각도로 보여주신 것이다. 다시 말하면 예수님의 초림에서 재림 전까지의 일을 여러 면에서 반복하여 보여주신 것이다.

　　우리는 하나님이 주인 되시는 어느 곳에서든지 '하나님의 소망'

---

68) 계시 혹은 묵시(계 1:1, The Revelation, Ἀποκάλυψις)는 조직신학적 용어로 종말에 일어날 일의 궁극적인 면을 말하였다. 다시 말하면 종말을 여러 각도에서 본 것이다. 그러므로 묵시 문학의 형태는 함축적인 그림으로 잘 보여준다. 반면에 예언(계 1:3, The Prophetic, προφητείας)은 하나님의 계획이 선지자를 통해 역사적 시간 속에서 점진적(순차적)으로 주어졌다고 보는 것으로, 연대기적이며 미래에 일어날 일을 먼저 보여주셨다. prophecy는 선지자적 예언이고 prediction은 단순한 미래에 대한 예견이다. 그러나 실제적 '예언'이란 단지 미래에 대한 사건을 미리 말하는 것이 아니라 하나님의 말씀을 대언하는 것이다. 그것은 미래에 관한 것일 수도 있고 현재의 죄를 지적하고 회개를 촉구하는 것일 수도 있다. 《요한계시록 신학》, 리차드 보쿰, 이필찬 옮김, 한들출판사, 2000.

에 적극적으로 동참하여야 한다. 단순히 우리가 품고 있는 소망을 하나님께 구하는 것은 아니다. 오히려 하나님께서 우리에게 주신 소망을 붙잡으라는 것이다.

오늘날 물질주의에 의한 청년들의 위기는 모든 청년들의 관심사로 잘 드러난다. 대부분의 청년들은 한 번 인생을 먹기 위해 사는 듯하다. 그들 삶의 최고 목표는 직장인 것처럼 보인다. 번듯한 직장을 구하기 위해 거의 인생 절반을 땀 흘리며 공부하며 지낸다. 그리하여 돈을 벌어 편안한 삶을 누리고자 한다. 오로지 돈이다. 그러다 보니 크리스천 청년들도 돈을 잘 벌고 성공하기 위해 하나님을 믿는 듯하며 그렇게 조르듯이 기도하고 있다. 바야흐로 물질주의로 인해 기독교가 위기를 맞고 있다. 천민자본주의가 오늘날의 기독교를 만신창이로 만들었다. 그것은 우리로 하여금 복음을 자랑하지 못하게 하며 예수님을 향한 헌신과 사랑마저 앗아가버렸다.

그렇다면 지금 우리는 어떻게 살아야 할 것인가? 육신적 연약함이 상존하기에 세상을 온전히 외면할 수는 없다. 그렇다고 세상과 타협할 수도 없다. 명확한 정답은 없으나 선명한 기준은 있다. 그것은 미래형 하나님 나라를 꿈꾸며 확신하며 말씀만을 붙잡는 것이다. 더 나아가 매일 매 순간 다가오는 영적 싸움을 피해 도망 다니지 말아야 한다. 하나님께서 주셨던 언약의 완성, 현재형 하나님 나라를 확장하며 미래형 하나님 나라를 향하여 성령님을 의지하며 날마다 한걸음씩 전진하자.

종국적으로 언약의 완성 미래형 하나님 나라에서 예수님 안의 모든 지체가 다 만나게 될 그날까지.

연대기로
성경의 핵심을 보자

2강에서는 시대별로 성경, 특히 성경의 맥과 흐름을 살펴보았다. 이번 3강에서는 역사의 시간, 즉 연대기(chronicle, 年代記)로 성경의 흐름과 함께 핵심을 짚어가겠다. 시간순이기에 연대를 머릿속에 두고 성경을 이해하도록 하자. 숫자를 따라가다 보면 숲을 보듯 성경 전체를 보는 데 도움이 될 것이다. 천지창조로부터 초대교회를 거쳐 현대에 이르기까지 연대별로 살펴보자.

BC 4000년: 인간 역사의 시작[69]

---

69) 요한복음 1장 1절의 태초는 아르케(ἀρχῆ)로서 역사가 시작되기

성경을 문자적으로 해석하는 입장에서는 창조의 시점을 BC 4000년으로 생각한다.[70] 물론 인류의 시작 연도에 대하여 기독교 내에 다양한 입장이 있지만, 일치하는 한 가지는 역사의 주인이신 하나님께서 친히 역사를 시작하셨다는 것이다. 지독하게 어리석을 뿐 아니라 탐욕으로 가득 찬 인간은 하나님과의 관계를 본질적으로 훼손하는 행위인 '하나님으로부터의 독립'을 꾀하려다 에덴동산에서 쫓겨나며 영적으로 죽게 된다. 그 결과 아담 이후 태어난 모든 인간은 '영적 죽음' 상태가 된다. 그러나 하나님은 이런 인간에게조차 기회를 주셔서 창세기 3장 15절에서 아담 언약[71]을 허락하신다. 아담 언약은 사람을 구원하고자 주신 언약이며, 우리는 앞에서 이 부분을 원시복음이라고 배웠다.

> "내가 너로 여자와 원수가 되게 하고 너의 후손도 여자의 후손과 원수가 되게 하리니 여자의 후손은 네 머리를 상하게 할 것이요 너는 그의 발꿈치를 상하게 할 것이니라 하시고"_창 3:15

전, 다시 말하면 시간과 공간이 창조되기 전을 말한다. 그것은 우리의 논리를 뛰어넘는 태초인 반면에 창세기 1장 1절의 베레쉬트(בְּרֵאשִׁית)는 시간이나 우주공간이 시작된 이 세상의 시작점을 말한다. 즉, 요한복음의 태초는 누가 처음에 이 세상에 존재했느냐에 초점이 있다면, 창세기는 태초에 무슨 일이 일어났느냐에 방점이 있다.

70) 사실 인간의 역사가 언제 시작되었는지에 대해서는 복음주의 안에서도 다양한 관점이 존재한다. 그러나 이는 이 책의 초점이 아닐 뿐더러 인류 기원에 대한 여러 논쟁의 실익이 주 논제가 아니기에 한국 기독교에서 많이 수용하고 있는 입장인 문자적 해석을 따라 기술했다.

71) 성경은 6대 언약으로 이루어졌다. 아담 언약으로 시작하여 예수 그리스도 새 언약에 이르기까지 모두가 다 하나님의 일방적인 언약으로, 편무 언약이라고도 한다. 그렇기에 성경의 언약은 모두가 다 은혜 언약이기도 하다.

창세기 3장 1절에서 14절까지는 '하나님과 같이' 되려고 하다가 죽게 된 인간의 타락 이야기가 나온다. 여기서 영적으로 죽은 사람을 육신 혹은 육체라고 하며 히브리어로 아담(אָדָם)이라고 한다. 흙의 히브리어가 아다마/아담이다. 아담은 하나님이 금하셨던 선악과를 먹는 죄를 범했다. 그로 인해 죽음이 세상에 들어오게 되자 하나님은 인간을 만드셨던 흙으로 아담을 되돌아가게 하신 것이다. 그렇기에 창세기 6장 3절에서는 "여호와께서 이르시되 나의 영이 영원히 사람과 함께하지 아니하리니 이는 그들이 육신이 됨이라"라고 말씀하셨다.

육신은 육체라고도 하는데 하나님을 떠난 모든 상태 혹은 하나님을 대적하는 모든 총체를 말한다. 그 육체의 소욕은 하나님과 반대되는 가치관으로 성령을 거스르게(갈 5:17) 된다. 로마서 7장 14절에 보면 "나는 육신에 속하여 죄 아래 팔렸도다"라고 말씀하신 부분이 나온다. 여기서 사용된 육신이 창세기 6장 3절과 동일한 뜻이다. 그 육신은 실패한 첫 사람 아담을 의미한다. 이는 수사학적 표현으로 육체는 살아있지만 성령이 없는 상태인 영적으로 죽은 사람을 말한다. 그렇기에 로마서 7장 18-19절에는 내 육신에 선한 것이 거하지 않아 원하는 선보다 원치 않는 악을 행한다고 하였던 것이다. 그런 자신을 사망의 몸을 가진 곤고한 사람이라고 로마서 7장 24절은 말씀하고 계신다. 반면에 예수님을 믿고 성령님을 모신 사람은 '네페쉬 하야'(생령, נֶפֶשׁ חַיָּה)로서 영적으로 부활된 사람이다(창 2:7).

노아가 600세 되던 해의 홍수 심판과 그 이후

에덴동산에서 쫓겨난 아담과 하와는 동침하여 아이를 낳고, 그 10대 손인 노아에 이르면 홍수 전후로 노아 언약(창 6:8, 9:8–17)이 주어진 다. 창세기 5장부터 홍수 전인 창세기 6장까지에는 사람들의 수명이 수백 년이었다고 기록되어있다. 그들은 현대인들이 상상조차 힘든 수(壽, life span)를 누리며 부지런히 후손을 낳으며 생육하고 번성하였 다. 언뜻 이해되기 어렵지만 홍수 이전의 자연환경이 지금과 많이 달 랐을 것으로 추정하는 학자들이 많다. 분명한 점은 사람들이 땅 위에 서 번성하였다는 것이다.[72]

> "사람이 땅 위에 번성하기 시작할 때에 그들에게서 딸들이 나니" _창 6:1

노아 시대의 사람들은 수적으로는 늘었지만 하나님을 경외하고 찬양하는 대신 언제부터인지 슬그머니 대세로 굳어진 네피림 사상[73] 으로 하나님을 격노케 하였다. 뿐만 아니라 사람들의 죄악은 하나님

---

[72] 통계학자들은 노아 시대에 약 20억 명 정도의 인구가 있었을 것으로 추정하고 있다 (World Population Since Creation, by Lambert Dolphin). 이 통계는 추정일 뿐 정확하 다고 볼 순 없으니 그저 많았다는 의미 정도로 이해하자. 어쩌면 이보다 훨씬 많았을 수도 있다. 여러 상황과 변수를 고려하더라도 당시 지구상의 인구는 제법 많았음이 틀림없다.

[73] '네피림 사상'이란 당시 육신인 사람이 전능하신 하나님 대신 눈에 보이는 영웅을 숭 배하였다는 의미로 저자가 붙인 '영웅숭배 사상'을 말한다. 네피림 사상은 앞서 육신

의 탄식을 자아내기에 이르렀다. 창세기 6장 5-7절은 당시 상황을 이렇게 설명한다.

> "여호와께서 사람의 죄악이 세상에 관영함과 그 마음의 생각의 모든 계획이 항상 악할 뿐임을 보시고 땅 위에 사람 지으셨음을 한탄하사 마음에 근심하시고 가라사대 나의 창조한 사람을 내가 지면에서 쓸어버리되 사람으로부터 육축과 기는 것과 공중의 새까지 그리하리니 이는 내가 그것을 지었음을 한탄[74]함이니라 하시니라"_창 6:5-7

그리하여 하나님은 홍수를 통해 당대의 사람들을 심판하시고(창 7, 8장), 심판 이후 노아와 그 가족에게 "복을 주시며 그들에게 이르시되 생육하고 번성하여 땅에 충만하라 땅의 모든 짐승과 공중의 모든 새와 땅에 기는 모든 것과 바다의 모든 고기가 너희를 두려워하며 너희를 무서워하리니 이들은 너희의 손에 붙였음이니라 무릇 산 동물은 너희의 먹을 것이 될지라 채소같이 내가 이것을 다 너희에게 주노

을 설명할 때 언급하였듯이 세상적 가치관을 의미하는데, 크기(거인 혹은 네피림), 강함(용사), 명성(유명한 사람)을 추구하던 것을 말한다. 《라이프성경사전》, 가스펠서브, 생명의말씀사, 2006.)

74) 여기서 '한탄'의 히브리어는 니하메티(נֶחָמְתִי)이며, 나함(נחם)에서 유래되었다. 후회라는 뜻도 있으나 "하나님은 후회가 없으시다"고 민수기 23장 19절은 말씀하셨다. NASB Lexicon을 보면 오히려 console oneself라는 의미로 훨씬 많이 사용되었음을 알 수 있다. 그러므로 하나님의 한탄(후회)이란 부성애적 표현으로 못난 자식을 바라보는 아버지의 마음을 스스로 달래셨다는 의미이다. 그렇기에 홍수 심판은 용서와 사랑을 내포한 회복을 원하신 아버지 하나님의 바람이었던 것이다. 1부 2강에서 잠깐 설명하였다.

라"(창 9:1-3)는 말씀으로 복을 주신다.

하나님은 거듭하여 "너희는 생육하고 번성하여 땅에 가득하여 그중에서 번성하라"(창 9:7)라고 말씀하시는데, 이는 창세기 1장 28절에서 "하나님이 그들에게 복을 주시며 그들에게 이르시되 생육하고 번성하여 땅에 충만하라 땅을 정복하라 바다의 고기와 공중의 새와 땅에 움직이는 모든 생물을 다스리라"라고 말씀하신 명령과 동일한 것으로 이를 문화적 위임명령(cultural mandate)이라고 한다. 동일한 명령을 재천명하셨다는 점에서 노아에게 한 이 명령은 창세기 1장의 인간 창조에 대한 '재창조'라고 말할 수 있을 것이다. 이로써 인간 편에서 볼 때 하나님께 순종할 수 있는 또 한 번의 기회가 주어졌다고 할 수 있겠다.[75] 첫 창조의 회복을 기대하는 하나님의 마음을 홍수 이후의 노아에게 주신 이 말씀을 통해 알게 된다.

그런데 창세기 11장에 오면 인간의 교만은 다시 바벨탑으로 나타난다. 이를 저자는 '바벨탑 사상'이라고 한다. 그들은 성과 대를 쌓아 대 꼭대기를 하늘에 닿게 하여 자신의 이름을 내고 온 지면에 흩어짐을 면하려고 했다. 여호와께서는 이런 그들을 보시고 다시 개입하신다(창 11:4-5).

여기서 "성과 대를 쌓았다"는 것은 우상숭배를 의미한다. "대 꼭대기를 하늘에까지 닿게 했다"는 것은 인간의 힘으로 하늘에 갈 수 있다는 지독한 교만을 말한다. 바벨탑을 쌓은 인간의 행위를 조금 더

---

75) 나는 이 부분을 오늘날의 입시 상황을 빗대어 하나님의 편에서 볼 때 '하나님의 재수 시대'라고 하였다.

깊이 살펴보자.

창세기 28장 12절을 보면 비슷한 이미지인 하늘과 땅 사이의 사다리 이야기가 나온다. 이는 벧엘에서의 야곱의 꿈 이야기이다. 어쩔 수 없이 아버지 이삭의 집을 떠나게 된 야곱은 하란으로 가던 중 지쳐서 잠을 자게 된다. 그러다가 꿈에 하늘로부터 자신에게로 내려온 사다리를 본 것이다. 거기에는 하나님의 사자가 오르락내리락 하고 있었다고 기록되어있다. 이는 하늘의 하나님께서 땅의 인간 야곱을 찾아오시는 사다리인데, 예수님을 의미[76]한다. 그 사다리는 하나님과 인간 사이의 영적 가교인 예수님이다. 그분은 하늘로부터 우리를 찾아오신 것이다.

이에 반하여 바벨탑은 인간이 건축하여 하늘에까지 올리는 것이다. 그것은 오실 예수님을 기다리며 갈망하기보다는 인간의 힘으로 하늘에 갈 수 있다는 전형적인 우상숭배요 교만의 발로이다. 더하여 예수님 없이도 하늘나라에 갈 수 있다는 착각이다. 그러므로 바벨탑 사상은 하나님께 정면 도전한 또 하나의 "하나님과 같이되려고"한 창세기 3장 5절의 반복이요, 영웅숭배 사상을 나타내 하나님의 속을 썩게 만들었던 창세기 6장 4절의 '네피림 사상'이다. 그렇기에 하나님은 강림하셔서 인간의 역사에 개입하셨던 것이다.

---

76) 창 28장 12절과 거의 비슷한 이미지가 요한복음 1장 51절에 나온다. 차이가 있다면 신약에는 사다리가 없다. 그것은 이미 초림의 예수님이 오셨기에 하나님의 사자가 구약의 사다리 대신에 인자(예수님) 위에서 오르락내리락한 것이다. 창세기에서는 예수님을 예표한 사다리를 통해, 요한복음에서는 초림의 예수님을 통하여 하늘의 하나님께로 나아갈 수 있게 되었다는 의미이다. 길이요 진리요 생명이신 예수님을 다시 확인하게 된다.

또한 자신들의 이름을 내고 온 지면에 흩어짐을 면하자고 한 것
은 하나님의 창조 원리에 정면 도전한 것이다. 창세기 1장 28절과 9
장 1절에 의하면, "생육하고 번성하여 땅에 충만하라"는 말씀이 나온
다. 이는 온 땅에 흩어지라는 하나님의 명령이었다. 그러나 못된 인
간은 그 명령을 보기 좋게 거절해버렸던 것이다. 하나님은 인간들의
언어를 혼잡하게 하셔서 서로 소통하지 못하게 했을 뿐만 아니라 그
들을 온 지면에 흩어버리셨다. 하나님의 '흩어버리심'은 당시에는 이
해가 안 되었을 수 있다. 나 또한 마찬가지였다. 더 나아가 엄청난 징
벌로 보였다.

　역사의 시간은 흘러 신약에 들어서니 그 '흩어짐'에 대한 하나님
의 놀라운 경륜이 선명하게 드러났다. 그것은 "땅 끝까지 이르러 내
증인이 되라"는 '하나님의 선교적 명령'이었다. 동시에 복음이 전 세
계에로 편만하게 되길 원하시는 하나님의 마음이었던 것이다.

BC 2000년: 아브라함과 족장의 등장

역사의 주관자이신 하나님께서는 바벨탑 사건으로 인해 인간들에게
실망이 크셨지만, 자신의 언약을 잊지 않으시고 갈대아 우르라는 이
방 땅에서 우상을 섬기며 살아가던 아브람을 택하시고 부르신다. 이
때 아브람의 나이는 약 50세였을 것으로 추정한다. 아브람은 그 아버
지 데라와 고향 땅 우르를 떠나기는 하였으나, 티그리스 강과 유프라
테스 강 사이에 발달했던 인류의 4대 문명 중 하나인 메소포타미아

문명이 절정을 이뤘던 도시 하란에서 25년간 슬그머니 머물게 된다. 그곳에서 아버지 데라를 하나님께서 데려가신다. 아브람의 나이 75세가 되자 가나안에 들어간다. 그것도 "여호와의 말씀을 좇아갔다"는 창세기 12장 4절 말씀을 보면, 그가 순종했다기보다 강권적인 하나님의 인도하심 하에 간 것으로 보인다.

BC 2000년경 창세기 12장과 15장, 17장을 통해 하나님께서는 아브라함에게 일방적인 언약을 주시고, 창세기 21장에 이르러서는 마침내 약속의 후손 이삭을 허락하신다. 이삭에게는 쌍둥이 아들인 형 에서와 동생 야곱을 주셨는데, 하나님의 경륜에 의해 동생 야곱은 선택되고 형인 에서는 '유기'(遺棄)된다(창 25:23, 롬 9:10-18).

얼핏 생각할 때 선택과 유기 교리는 제법 불편하다. 이로 인한 너무나 많은 소모적 논쟁들이 있기도 하다. 하나님의 공의와 사랑이 공격받기도 한다. 이해하기 어려운 부분임에는 틀림없다.

버려짐(유기)이라는 말은 사랑의 하나님과 연결하기 어렵고 보편적인 인간 정서와 상식의 측면에서도 받아들이기 쉽지 않은 것이 사실이다. 그동안 나는 청년 사역을 하며 선택과 유기에 대해 '아니, 하나님이 다 정해놓으신 것이냐'며 당황해하고 불쾌함을 숨기지 않는 많은 청년들을 만났다. 자신이 선택된 것은 그렇다고 치더라도 "도대체 저 사람은 왜?"라는 질문을 격앙된 목소리로 대들 듯이 물어왔다. 나 또한 당황하여 "미안하다"라고 어물거리기(hesitate) 일쑤였다. 그러다가 하나님이 주신 지혜로 "내가 안 그랬다!"라며 웃어넘겼다.

선택과 유기 교리를 이해할 수 있는 범위 내에서 최선을 다해 설명해보겠다. 먼저 이 교리로 타인에게 적용하며 하나님을 비난하는 것은 넌센스임을 알아야 한다. 선택 교리에 대하여는, 아무 조건 없이 더 나아가 전혀 의롭지 않은 나를 택하셔서 지금의 이 자리에 있게 하신 하나님의 은혜를 되새기며 감사하는 것이 올바른 자세이다. 또한 선택 교리를 통해 택함 받은 자신은 더 큰 책임, 다시 말해 아직 돌아오지 못한 사람들을 하나님께로 인도해야 할 막중한 '화목하게 할 직책'(고후 5:18-19)이 부여된 것임을 알아야 한다. 이것을 오해하여 마치 '난 선택되었으니 그만이다'라거나 '아직 선택되지 않은 자들은 영원히 버린 것이란 말이냐'라고 속단하며 입에 거품 물 일은 아니다.

청년들과 대화하며 그동안 관찰한 것이 있다. 대부분 선택 교리에 열을 내는 청년들은 마치 하나님은 불공평하고 자신은 하나님보다 더 공평한 듯이 말하고 있다는 점이다. 저자는 이런 청년들을 볼 때마다 교리의 이해는 차치하고라도 정말 헷갈렸다.

선택과 유기는 하나님의 주권 영역이다. 우리는 하나님의 뜻을 모두 다 이해할 수 없다. 간혹 하나님의 뜻이 이해 안 될 때가 있더라도 그저 하나님을 신뢰함으로 그냥 나아가는 것이 필요하다. 우리가 할 일은 복음과 십자가 자랑뿐이다. 자라게 하시고 열매 맺게 하시는 분은 하나님이기 때문이다. 죽을 수밖에 없었던 나를 택해주신 그 은혜와 그 사랑에 빚진 자로 살아가면 된다.

결국 야곱을 언약 가문의 장자권을 이어갈 사람으로 택하신 것은 야곱만을 구원하시려는 것이 아니라 야곱 가문을 통해 열방을 구원하고자 하신 당신의 경륜임을 알아야 한다.

유기 교리는 더 난해할 뿐더러, 이 교리에 속상해하는 청년들이 훨씬 더 많았다. 에서가 구속사의 주역으로 선택받지 못한 이유를 하나님의 주권이라는 측면만 들이대면 결정론(determinism)[77]으로 흐르기 쉽다. 그러면 공의와 사랑이라는 하나님의 성품이 오해될 소지가 많게 된다. 그럼에도 불구하고 억지 해석하여 하나님을 대변해주려는 좋은 마음보다는 하나님의 주권을 조심스럽게 견지하는 것이 바람직하다고 나는 생각한다. 그래도 청년들이 불편해 할 것 같아 성경 글줄 사이를 통해 유기 교리를 변명해보자.

창세기 25장 31-34절에 의하면 에서는 야곱에게 떡과 팥죽을 받고 장자의 명분을 팔았는데, 성경은 "에서가 장자의 명분을 경홀히 여김이었더라"고 말씀하셨다. 당시 장자의 명분은 하나님의 언약의 상징이었다. 그러나 에서는 그것을 경홀히 여긴 것이다. 다시 말하면 보이는 팥죽을 보이지 않는 하나님의 언약보다 귀하게 여겼다는 것이다. 명분보다 실리가 먼저였다는 것이다.

여기서 '경홀'이라는 단어를 좀 더 깊게 살펴보자. 히브리어로 바자(בָּזָה, despised)라고 하는데 '망령되다'라는 의미이다. 출애굽기 20장 7절은 망령된 것을 죄라고 하며 "하나님 여호와의 이름을 망령되이 일컫는 자를 죄 없다 하지 아니하리라"고 하셨다. 히브리서 12장 16절은 한 그릇 식물을 위하여 장자의 명분을 판 에서를 역시 '망령되다'라고 하였는데 헬라어로는 베벨로스(βέβηλος, godless person)라고 표현

---

77) 인간의 행위를 포함하여 이 세상에서 일어나는 모든 일은 우연도 선택도 아니라 인과관계의 법칙으로 결정된다는 것으로 앞서 일어난 원인에 의해 결정된다는 것이다. http://www.doopedia.co.kr

하였다. 이는 하나님을 아무렇지 않게 생각하되 마치 문지방을 밟고 지나다니듯 하나님을 취급하였기에, 이런 에서를 가리켜 망령된 사람이라고 하였던 것이다.

이런 에서의 경우, 명분을 버리고 실리를 선택한 그 책임에서 자유로울 수 없는 것이다. 결국 에서에 대한 하나님의 유기는 타당하다는 것을 변호하기 위해 이렇게 장황하게 설명하였다. 이런 우리의 노력을 보며 우리의 마음 깊은 곳까지도 감찰하시는 하나님의 웃는 인자한 표정이 상상된다. 문제는 매사 이러다 보면 죄인 된 인간은 하나님의 주권 앞에서 마음에 안 들거나 불만이 있으면 계속적으로 또 다른 뭔가를 요구하게 될 수도 있음을 알아야 한다. 결론적으로 하나님의 주권은 우리가 무엇을 선택하였기에 그런 결과를 주시고 선택 안하였기에 다른 결과를 주시는 것이 아니다. 이 부분을 다음의 문장으로 요약하겠다. 미묘한 차이점을 깊이 묵상해보길 바란다.

하나님은 항상 옳은 일을 하시는 것이 아니다.
하나님의 하시는 일은 다 옳다.

선택과 유기 교리뿐 아니라 하나님의 경륜은 많은 경우 인간의 이해의 범주를 훨씬 넘어선다는 사실을 알아야 한다. 그렇기에 하나님의 주권과 경륜 앞에서는 그저 순복함이 마땅하다. '그래도~'라는 인간적인 이론과 학문적 업적에서 나오는 얄팍한 모든 생각을 사로잡아 그리스도에게 복종하자(고후 10:5).

이제 야곱을 조금 물어뜯어보기로 하자. 인간적으로 보기에 고

개를 갸우뚱거리게 만드는 야곱을 하나님은 선택하셨다. 왜 그러셨을까? 정확히 알 수 없다. 그렇게 답하는 것이 정직한 것이다. 그러나 확실한 것은 하나님의 하시는 모든 일은 다 옳다. 문제는 하나님의 택함을 받았다고 하여 모두가 다 탄탄대로의 인생을 보장받는 것은 아니다. 이는 야곱의 인생을 통해 확실히 볼 수 있다. 성경을 자세히 보면 야곱이야말로 그 누구보다 인생의 쓰디쓴 맛을 경험하며 험한 삶을 살았던 사람이다. 그중에서 가장 깊은 인생 골짜기는 아마도 자신이 가장 사랑했던 아내 라헬로부터 얻은 아들 요셉을 잃었던 일이 아닐까 생각한다. 우리가 인생에서 일어나는 일들을 모두 다 이해할 수 없듯이 야곱 역시 당시에는 자신에게 왜 그와 같은 시련이 찾아왔는지 몰랐을 것이다. 그러나 훗날 애굽에서 총리가 된 요셉을 만나고 나서야 그 모든 일들이 하나님의 경륜이었음을 알게 되었을 것이다.

요셉 역시 자신의 삶을 이해할 수 없었을 것이다. 한창 부모의 사랑을 받을 17세에 형들의 미움을 사 억울하게 이집트로 끌려간 요셉에게 매일 매일의 순간은 절망과 한숨이었을 것이다. 끊임없이 밀려오는 많은 일들의 육체적 고됨은 차치하고라도 정신적인 향수병이나 부모, 그리고 동생 베냐민에 대한 그리움은 살을 후벼 파는 통증으로 다가왔을 것이다. 굳이 사별이 아니더라도 어쩔 수 없는 헤어짐으로 겪어야 했던 사무치는 그리움은 말로 표현하기 힘들었을 것이다. 아무튼 이 모든 처절한 상황과 환경에도 불구하고 요셉의 인생에서 중요한 점이 있다면 하나님께서 언제나 요셉과 함께하셨다는 것이다. 다시 말하면 요셉은 일관되게 면전의식(Coram Deo)으로 살았음을 알 수 있다.

그가 처음 시위 대장 보디발의 집에 갔을 때 보스였던 대장의 아내가 유혹했다. 일반적으로 피가 펄펄 끓는 청년이 여인의 유혹을 물리친다는 것은 쉽지 않다. 게다가 누이 좋고 매부 좋은 경우가 될 수도 있었다. 그러나 요셉은 지속적으로 잘 피해 다녔다. 정말 요셉은 누가 보더라도 예수님을 모형하는 사람인 것은 틀림없다. 그러나 요셉 이야기를 여기에서 그친다면 하나님의 동행하심과 은혜는 묻히게 된다. 성경은 인간을 드러내어서는 안 된다. 오로지 하나님만 드러내야 한다.

요셉 이야기에서 중요한 점은 요셉의 태도나 자격이 어떠했는지가 아니다. 오히려 변함없는 하나님의 함께하심(אֵת)과 동행하심(הָלַךְ)이었다. 또한 그런 요셉을 주변의 사람들이 단박에 알아보았다는 점이다(창 39장). 종국적으로 하나님의 경륜은 택한 백성의 삶에서 고난을 제거해버리는 데 있지 않다는 것을 알아야 한다. 또한 성경에 나오는 형통함(창 39:2-3,23)이라는 단어의 두 가지 의미를 알면 하나님의 경륜에 따른 돌발 상황을 보다 더 잘 이해하게 되리라 생각한다.

형통함이란 히브리어는 두 단어가 있는데 극명하게 의미가 다르다. 그것은 세상적 형통과 하나님의 형통이다. 전자를 셀라우(욥12:6)라고 한다면 후자는 첼리하(창 24:42, 창 39:2,3,23)이다. 세상적 형통이란 번영과 풍요, 승승장구함, 소위 잘 나감을 말한다. 반면에 하나님의 형통이란 하나님의 계획이 나(me)를 통하여 진행(~ing)되고 완성되는 것이다. 그러다 보니 하나님의 형통은 그 과정이 아플 수도 있다. 그렇기에 삶을 살아가며 혹시 돌발 상황이 생기더라도 너무 당황하지 않아도 된다. 그 돌발 상황조차도 형통의 과정일 수 있기 때문이다. 그러므로 고난이나 심지어 인간적으로 볼 때 실패처럼 보인다 할지라도 하나님의 형통이라면 틀림없이 아름다운 결과로 인도하실 것이다.

BC 1500년: 요셉 그리고 모세

이처럼 요셉은 하나님의 함께하심과 동행하심으로 때가 되매 이집트의 총리에 오르게 된다. 과정의 아픔은 더 이상 언급하지 않겠다. 그의 나이 30세에 당대 최강국인 이집트의 총리가 된 것이다. 노예로 팔려왔던 가련한 소년이었던 점을 생각할 때 그야말로 극적인 대반전이다. 바로의 꿈에 대한 요셉의 해석대로 기근은 이집트를 포함해 팔레스타인 땅을 뒤덮었고, 이로 인해 야곱의 가족은 이집트로 이주하게 된다. 이 과정에서 야곱은 죽은 줄로만 알았던 요셉을 만나게 되고 또한 형들과 요셉의 화해도 이루어진다.

이후 야곱의 후손들은 이집트의 고센 지역 라암셋에서 살며 자손을 낳고 또 낳았다. 그렇게 430년이 흘렀다. 인구가 많이 불어나게 되자 애굽인들에게 이들은 매우 부담스러운 존재가 되었다. 점점 더 이스라엘 백성의 힘이 커질 것을 우려한 애굽인들은 그들을 학대하고 감독들을 세워 노예로 부려먹기 시작했다.

이와 같은 배경 속에서 모세가 등장한다. 그러나 등장의 순간부터 순탄하지만은 않았다. 왜냐하면 이때 위기가 찾아왔기 때문이다. 가만히 보면 하나님의 경륜은 반드시 이루어지나 그를 둘러싸고 있는 인간 세상의 상황과 환경은 만만치 않은 경우가 흔한 듯하다.

출애굽기 2장 15-16, 22절에 의하면 당시 애굽 왕 바로는 히브리 남아가 출생하면 모조리 죽이라는 명령을 내렸던 것이다. 그것은 지도자를 주시마 약속하였던 언약이 사라지는 것과 다름없었다. 그러나 하나님의 섭리는 역사의 모든 것들을 사용하여 당신의 계획을 이루시고야 만다.

특히 출애굽기 3장은 하나님의 산 호렙에서 모세를 만나주시는 장면이 나온다. 저자의 기억에 오래 남아 있는 것 중 하나이다. 당시 80세 된 모세를 산으로 부르셨는데 여호와의 사자가 떨기나무 불꽃 가운데 나타났다. 불꽃은 점점 더 심해지는데도 불구하고 그 나무는 전혀 타지 않았다. "모세야 모세야"라시며 두 번 연거푸 부르셨고 발에서 신을 벗으라고도 하셨다. 모세의 편에서는 어질어질할 정도의 상황이었고 평생 잊지 못할 광경이었을 것이다. 이 모든 것은 무엇을 의미할까?

탁탁 튀며 맹렬하게 불이 타들어가는 소리, 금방이라도 나무는 새까맣게 재로 변할 것만 같고 불꽃은 곧 스러지고 말듯 보였으나 전혀 사라지지 않았던 것이다.

잠시 저자의 묵상을 나누어볼까 한다. 여기서 떨기나무는 노예된 이스라엘 백성의 모습을 의미한다. 오늘날로 치면 별 볼일 없는 나의 모습이기도 하다.

불이 타는 것은 당시 애굽 압제 하에서 신음하는 그들의 고통이자 목마름이다. 불꽃이 사라지지 않았다는 것은 나무가 타면서 낸 불꽃이 아니라 하나님이 하신 것임을 보여준다. 신을 벗으라는 것은 죄에 대한 철저한 회개와 아울러 이제 너는 나의 종이라는 것을 깨우쳐 주는 것이다. 이것은 여호와 하나님과 모세의 관계 설정을 재확인하는 작업이다. 신을 벗는 것에 대한 동일한 의미를 여호수아 5장 15절에서도 확인시켜주셨다.

모세를 두 번 연거푸 부르신 것은 이제부터 하시고자 하는 계획에 대한 하나님의 마음을 나타낸다. 가만히 보면 하나님은 역사의 중요한 고비마다 사람을 사용하셨다. 그러고는 그때마다 두 번씩 연거푸 부르시며 당신 마음의 굳은 작정과 속 타는 급함을 보여주셨다.

창세기 22장의 모리아 산에서 "아브라함아 아브라함아" 하시며 다급하게 부르신 긴박하였던 장면은 잊을 수 없다. 창세기 46장에는 야곱이 가족을 이끌고 애굽으로 내려가다가 밤에 이상 중에 나타나셨다. 그러고는 "야곱아 야곱아" 하시며 "나는 네 하나님이다. 너와 함께 나도 애굽으로 내려갈 것이다. 애굽으로 내려가기를 두려워 말라. 훗날 큰 민족을 이루어 다시 올라올 것이다."라고 말씀해주셨다. 사무엘상 3장에는 "사무엘아 사무엘아"라고 두 번 부르셔서 당시 대제사장이던 엘리 집안의 죄악을 통탄하시며 영영히 심판하겠다고 하셨다. 사도행전 9장 4절에는 다메섹으로 예수 믿는 자들을 처단하러 가던 중 근처에 가까이 이르매 "사울아 사울아"라며 두 번 부르시는 말씀이 기록되어있다. 그러고는 사울에게 당신의 부활을 보여주셨다. 하나님의 전능하심은 그동안의 잘못된 복음에 대하여 비록 짧은 시간이지만 사울을 올바로 가르쳐주셨다. 물론 하나님의 편에서는 시간의 길고 짧음은 의미가 없다. 그러고는 복음의 일꾼으로 사용하셨고 바울이 된 사울 또한 즉시로 복음을 힘 있게 전하게 된다.

이 모든 것을 이어보면 역사의 시간 속에서 정확하게 행하시는 하나님의 경륜을 보게 된다. 상황이야 어떠하든 간에 이스라엘 백성은 그들의 조상들에게 하셨던 그 약속을 믿고 하나님께 부르짖었던 것이다. 결국 모세는 이스라엘의 구원자로 부름받고 하나님께 쓰임을 받았다. 출애굽 사건은 구원사의 놀라운 장면이자 바로 하나님의 열심을 보여주신 것이다.

BC 1000년: 가나안의 사사 시대와 단일 왕국 가교 시대

모세를 필두로 출애굽한 이스라엘 백성은 40년이라는 혹독하고도 긴 광야의 훈련을 거친 후 약속의 땅 가나안으로 들어간다. 그러나 그 땅에는 이미 다른 족속들이 살고 있었다. 그들은 창세기 9장 25-27절에서 노아의 족장 선언을 통하여 형제들의 종이 될 것이라고 말씀하셨던 가나안 족속들이었다(행 13:19). 형제들의 종이 된 가나안족들은 실제로 그 땅에 먼저 들어가 있었다. 그러고는 종의 역할에 맞게 그 척박한 땅을 개간하였던 것이다. 이는 정확하게 노아의 족장 선언이 이루어진 것이다. 노아의 족장 선언에 의하면, 가나안은 그의 형제 셈 및 야벳 족속의 종이 되리라는 것이었다. 그리하여 훗날 가나안에 들어가게 될 셈과 야벳 족속은 그들이 이미 개간한 땅을 주인처럼 사용할 수 있었던 것이다.

모세가 죽자 여호수아를 지도자로 한 이스라엘 백성은 요단 강을 건너 약속의 땅 가나안으로 들어갔다. 가사, 가드, 아스돗을 제외하고 약속받은 땅을 거의 모두 취하게 된다(수 11:21-23). 문제는 극히 일부분이지만 가나안 땅을 약간은 정복하지 않고 남겨둔 것이다. 이것은 하나님의 명령을 순전하게 복종한 것이 아니었다. 결국 남겨둔 그 땅이 역사를 내려오며 두고두고 이스라엘 백성의 눈엣가시로 작용했다. 세월이 흘러 여호수아가 죽었다. 그리고 뒤이어 사사들이 나와 약 300여 년간 이스라엘을 이끌어간다. 흔히 영적 암흑기로 묘사되는 사사 시대를 한마디로 표현하면 사사기 21장 25절의 "그때에 이스라엘에 왕이 없으므로 사람이 각각 그 소견에 옳은 대로 행하였더라"이다. 다시 말해 하나님을 무시하고 자기 마음대로(왕이신 하나님의 주권을 무시하고) 살며 자기만을 위하여(이기적으로) 살았던 시대였다.

그러다 보니 하나님께서는 이미 이스라엘 백성이 가나안에 들어가게 되면 그 주변국들처럼 왕을 요구할 것[78]을 아셨다. 그리하여 신명기 17장 15절에는 미리 왕이 될 자의 조건을 말씀하셨고 뒤이어 17장 16-19절에서는 왕이 금해야 할 것들과 해야 할 일들을 말씀하셨다. 이것은 1부 2강에서 언급한대로 하나님의 승낙이 아니라 '분노적 허용'(호 13장 10-11절)이었음을 기억하여야 할 것이다.

사사 시대와 단일 왕국을 잇는 구약성경이 바로 룻기와 사무엘상이다. 특히 사무엘상은 사사 시대를 배경으로 쓰인 것으로 엘리에서부터 사무엘 그리고 이스라엘의 초대 왕 사울의 죽음까지를 담고 있다. 사울 왕국과 다윗 왕국에 대한 하나님의 마음은 사도행전 13장

---

78) 사무엘상 8장 5절, 19-22절, 신명기 17장 14-20절을 살펴보라.

17-22절의 "그 사울을 폐하시고 당신의 마음에 합한 다윗을 왕으로 세우시며 당신의 뜻을 다 이루게 하리라"고 하신 말씀을 통해 잘 알 수 있다.

롯기는 마라(괴로움)가 될 뻔하였던 나오미와 그의 며느리인 이방 여인 롯과 훗날 그녀의 남편이 되었던 보아스를 통해 계승되는 단일 왕국의 2대왕 다윗의 족보(롯 4:18-22)를 잘 보여주고 있다.

BC 900년: 단일 왕국의 종말

하나님의 시야에서 밀려난 사울 왕은 논외로 두고 BC 1000년경에 시작된 하나님의 마음에 합한 다윗 왕국은 단일 왕국이자 통일 왕국이었다. 사무엘하 1장에서 24장까지가 다윗 왕국의 다사다난한 이야기이다. 극악무도한 죄를 지었으나 철저한 회개를 통하여 용서받았던 다윗은 하나님 앞에서 오히려 의인으로 인정받았다.

열왕기상 1장에 이르자 다윗은 늙어 이불을 덮어도 따뜻하지 않았다는 말씀이 나온다. 2장에는 결국 다윗도 죽어 열조에게로 돌아가게 된다. 다윗과 마찬가지로 그의 뒤를 이은 솔로몬도 40년 동안 이스라엘을 다스렸다. 분열 왕국의 단초를 제공한 3대 왕 솔로몬은 우리가 흔히 알고 있던 지혜의 왕은 아니었던 듯하다. 이를 조금 디테일하게 이야기해보기로 하자.

열왕기상 2장에는 죽음이 임박하게 된 다윗의 유언 이야기가 나온다. 그리고 왕이 된 솔로몬은 표면적으로 보기에 잔인해보이는 숙청 작업을 하나씩 마무리해 나간다. 그 후 2장 46절은 "이에 솔로몬의 나라가 견고하여지니라"고 하였다.

　3장이 되자 가장 먼저 당대 최강국이었던 애굽 왕 바로의 딸과 정략결혼을 한다. 당시의 결혼풍습을 볼 때 이는 이집트의 통치제도나 그들의 신을 받아들이는 행위와 다를 바 없었다. 지혜롭다는 솔로몬의 명성이 약간 헷갈리는 부분이다. 하나님의 지혜는 잔꾀나 잔머리가 아니다. 열왕기상 3장 9절은 그 지혜를 잘 듣는 마음이라고 하였다. 결국 지혜란 자신의 명석함이 아니다. 하나님의 음성을 잘 듣고 순종하는 것이 지혜이다. 그러므로 하나님이 주신 지혜는 히브리어로 레브 쇼메아(לֵב שֹׁמֵעַ, 잘 듣는 마음, an understanding heart)라고 한다.

　아무튼 솔로몬은 일천 번 제를(왕상 3:4) 드린다. 일천 마리의 희생 제물을(대하1:6) 드렸다는 것이다. 이후 솔로몬의 지혜는 창기 두 계집의 아들 판결사건에서 처음으로 나타나는 듯 보였다. 당시 친모는 아들이 바뀌어졌을 때 가슴이 철렁 내려앉아 한 번 죽음을 경험하였던 터였다. 지혜의 왕이라는 솔로몬에게 갔더니 칼을 가져와 반으로 공평하게 나누라는 소리를 들었다. 정신이 아득해진 친모는 그 아이를 진정 사랑함으로 양보하여야만 했을 때 또 다시 죽음을 맛보았다. 그러므로 하나님의 지혜가 아닌 사람의 지혜는 사람으로 하여금 죽음을 맛보게 한다. 그러나 하나님의 지혜는 사람을 살린다. 그렇기에 그리스도는 우리를 살리고 자신을 죽이셨다. 그 하나님의 지혜가 바로 그리스도라고 고린도전서 1장 24절은 말씀하셨던 것이다.

　한편 하나님의 지혜인 듯한 솔로몬의 지혜는 살아있는 아이를 칼로 죽여 나누라는 것이었다. 이는 당시 이집트 신화에 나오는 진리와 지혜의 신인 마아트(Maat)의 세상적 지혜였다. 결국 솔로몬은 세상적 지혜를 가지고 있었던 듯하다. 논란이 되는 구절이 열왕기상 3장 28절에 있다. "이는 하나님의 지혜가 저의 속에 있어 판결함을 봄이더라"고 기록되어있다. 이는 사실(fact)이라기보다는 문예적 표현이자 희화화한 것이라 생각한다.

4장에 이르면 왕국의 조직이 점점 더 모습을 갖추어 간다. 그런데 거의 모든 체계가 당대의 애굽을 흉내내고 있다. 결국 하나님의 방식으로부터 멀어져 감을 보여주고 있는 것이다. 게다가 흥청망청 낭비하듯 사용하는 식물과 사치품들을 보면 적어도 하나님의 마음은 아닌 듯하다. 8장에 이르면 하나님보다는 자기중심적 사고방식에 갇힌 언어와 행동들이 자주 등장한다. 그리하여 "나~ 혹은 내가~"라는 단어가 눈에 자주 보인다. 더하여 숫자나 크기, 규모 등에 관한 디테일이 상당히 많은 것을 볼 수 있다(3:4, 4:22-26, 8:5, 63-65 등등).

영왕기상 11장에 이르면 결정적으로 신명기적 율법과는 반대로 가버린다. 그것은 왕 된 자는 병마를 많이 두지 말고, 아내를 많이 두지 말고, 재물을 많이 쌓지 말라는 것이었다. 10장 26-27절과 11장 3절을 보면 정확하게 신명기 17장 14-17절의 말씀을 거역한 것이다.

상기의 사실로 보아 솔로몬은 하나님의 마음에 합하지 않았던 것처럼 보인다. 더구나 그 지혜는 하나님의 지혜도 아니었던 듯하다. 우리가 흔히 알고 있던 솔로몬의 말년만이 '곁길'이 아닌 듯하다. 오히려 처음부터 솔로몬은 문제가 있었던 것처럼 보인다. 그 이름에서 유래된 샬롬도 솔로몬 통치 하의 백성들에게는 거의 없었다(왕상12:4). 그 결과 솔로몬의 아들 대에서 통일 왕국이 둘로 갈라진 것으로 생각한다. 이런 사실을 보면 솔로몬의 지혜라는 명성에 고개가 더욱 갸웃 거려진다.

결국 BC 931년경 그 아들 르호보암 대에 이르러는 통일 왕국이 둘로 나뉘고 말았다. 이때를 대략 BC 900년경으로 알아두자.

BC 722년: 북이스라엘의 멸망과 남유다의 망조

12지파 중 10지파로 구성된 북쪽의 이스라엘은 여로보암을 왕으로 시작하여 처음에는 잘 나가는 듯 보였다. 그러나 BC 722년이 되자 앗수르에 의해 망하였고 열아홉 명의 왕이 모두 악하였다. 반면에 2지파인 남쪽 유다는 르호보암을 시작으로 스무 명의 왕이 있었고, 이중 여덟 명은 선한 왕이었고 네 명은 종교개혁을 감행하기도 하였다. 성경의 흐름을 알기 위해 이들 중 두 명의 왕, 13대 히스기야와 16대 요시야를 기억하는 것이 도움이 된다.

13대 히스기야는 살아생전에 여러모로 하나님의 은혜를 많이 경험하였고 나름대로 하나님 앞에서 바르게 살아보려고 무던히 노력한 왕이었다. 그럼에도 불구하고 이해할 수 없는 사실 중 하나는 사무엘의 경우처럼 자식 농사에 실패한 것이다. 그를 이어 왕이 된 14대 왕 므낫세는 자그마치 55년 동안 유다를 통치하는데, 악하기로는 둘째 가라면 서러울 정도였다. 그것도 북이스라엘이 아닌 남유다 왕으로서 말이다.

이런 일들을 볼 때마다 자식 교육이야말로 부모들이 하나님 앞에 드리는 '거룩한 산 예배'라는 사실을 더욱 강하게 느끼게 된다. 사실 성경은 자녀들을 말씀으로 양육하는 일의 중요성을 반복해서 가르치고 있다. 그중 한 구절이 요엘서 1장 3절이다.

> "너희는 이 일을 너희 자녀에게 고하고 너희 자녀는 자기 자녀에게 고하고 그 자녀는 후시대에 고할 것이니라"_욜 1:3

이는 하나님의 진리의 말씀을 자녀들에게 힘써 전하고 가르치며, 대를 이어 후대에까지 지속적으로 신앙 교육을 철저하게 하라는 명령이다. 그리고 이 명령을 따르지 않았을 때 어떤 결과가 초래될 수 있는지를 경고함으로써 신앙 교육의 중요성을 강조하고 있다. 호세아서 4장 6절은 더 무서운 결과를 말씀하신다.

> "내 백성이 지식이 없으므로 망하는도다 네가 지식을 버렸으니 나도 너를 버려 내 제사장이 되지 못하게 할 것이요 네가 네 하나님의 율법을 잊었으니 나도 네 자녀들을 잊어버리리라"_호 4:6

만약 그리스도인 부모들이 이러한 부르심에 헌신하지 않는다면 자녀들은 세상의 흐름과 대세에 밀려 거짓 복음, 가짜 진리라는 큰 강물에 휩쓸려 하나님을 떠나는 세대가 될 수 있다. 사사기 2장 7절과 10-14절의 말씀은 이 사실을 분명하게 말해주고 있다.

> "백성이 여호수아의 사는 날 동안과 여호수아 뒤에 생존한 장로들 곧

여호와께서 이스라엘을 위하여 행하신 모든 큰일을 본 자의 사는 날 동안에 여호와를 섬겼더라" _삿 2:7

"그 세대 사람도 다 그 열조에게로 돌아갔고 그 후에 일어난 다른 세대는 여호와를 알지 못하며 여호와께서 이스라엘을 위하여 행하신 일도 알지 못하였더라 이스라엘 자손이 여호와의 목전에 악을 행하여 바알들을 섬기며 ⋯ 여호와를 진노하시게 하였으되 곧 그들이 여호와를 버리고 바알과 아스다롯을 섬겼으므로 여호와께서 이스라엘에게 진노하사" _삿 2:10-14

므낫세와 같은 예들을 통해 성경은 오늘도 우리에게 큰 경종을 울려주고 있다.

포로 생활 시작과 남유다 왕조의 말로

므낫세에 이어 15대 왕이 된 아몬은 역사의 주관자이신 하나님의 준엄한 섭리를 할아버지와 아버지를 통해 보며 자랐다. 그러나 아몬은 "흉보면서 닮는다"는 말처럼 그 아비의 악한 행실을 그대로 답습하고야 말았다. 타산지석을 무시한 채 살아가던 아몬은 결국 즉위 2년 만에 심복들에게 독살당하게 된다. 이후 요시야는 여덟 살이라는 어린 나이에 유다의 16대 왕이 되었다. 다행히도 요시야 곁에는 대제사장 힐기야와 서기관 사반 등 귀한 동역자들이 있었다. 그는 31년을 치리하며 여호와 보시기에 정직히 행하였고 다윗의 모범을 따라 좌우로 치우치지 않았다고 성경은 기록하고 있다(왕하 22:2).

요시야에게는 세 아들이 있었다. 17대 왕으로는 요시야의 둘째 아들이자 친 애굽파인 여호아하스가 나라를 다스렸는데, 겨우 석 달을 치리하였다. 18대 왕이 된 요시야의 첫째 아들 여호야김[79]은 11년 동안 나라를 다스렸다. 정확한 이유는 알 수 없으나 요시야 왕의 사후, 왕위 순서가 뒤바뀐 사실을 알게 된 애굽 왕이 둘째 아들 여호아하스(17대 왕)를 폐하고 첫째 아들 엘리야김을 18대 왕으로 삼았던 것이다. 그러나 유다 왕의 친 애굽 정책에 불만을 품은 바벨론 왕 느부갓네살이 쳐들어와 백성을 포로로 잡아가게 되는데, 이때 다니엘과 그의 세 친구가 포로로 잡혀가며 1차 포로 생활(BC 609년)이 시작되었던 것이다.

19대 왕으로는 여호야김의 아들인 여호야긴이 뒤를 이었는데 그 또한 겨우 석 달을 치리하였다. 역시 바벨론이 쳐들어와 2차 포로로 용사들과 함께 유능한 기술자들을 끌고 가면서(왕하 24:14) 에스겔도 잡아간다. 바벨론 왕은 여호야긴을 포로로 데려가는 대신 그의 삼촌인 맛다니야를 시드기야로 개명하여 20대 왕으로 세웠다. 그는 11년을 치리하게 한다.[80]

---

79) 여호야김은 애굽의 바로느고에 의해 개명당한 엘리야김이다.
80) 이스라엘 왕조의 역사를 가만히 보면 동일하게 반복된 숫자에 대한 역사가 흥미롭다. 17대와 19대 왕은 여호와 보시기에 악을 행하여 겨우 3개월을 치리하였는가 하면 18대와 20대 왕은 시원찮았으나 여호와의 진노하심이 이를 때까지 11년을 치리하였다. 또한 3차에 걸쳐 포로 생활이 시작되었고 3차에 걸쳐 포로 귀환이 있었다. 반복된 숫자가 흥미롭다는 이야기이다.

BC 586년: 유다의 멸망

시드기야를 끝으로 남유다는 BC 586년에 바벨론에 의해 완전히 망하게 된다. 이때 솔로몬 성전 또한 처절하게 파괴되는 수모를 겪었다. 돌 위에 돌 하나도 남지 않게 되었기 때문이다. 당시 솔로몬 성전은 벽을 쌓을 때 돌과 돌 사이에 금을 넣었다고 한다. 이 금을 얻기 위해 갈대아인들이 돌 위에 돌 하나도 남기지 않고 허물어버렸다고 전해진다.

한편 바벨론은 남유다가 완전히 망한 BC 586년 이후 유대 땅에 남게 된 백성을 서기관 사반의 손자 아히감의 아들이었던 그달리야로 하여금 관할하게 하였다. 그러나 그는 곧 암몬 왕의 사주를 받은 왕족 이스마엘의 손에 죽음을 맞게 된다(왕하 25:25). 그 후 이스마엘은 자기의 행위에 대한 바벨론 왕의 보복이 두려워 자기를 따랐던 사람들과 함께 애굽으로 도망가게 되고, 예루살렘은 남겨진 유대인들에 의해 겨우 겨우 명맥을 유지하게 된다.

BC 609-538년: 바벨론 포로 생활과 귀환

바벨론 포로 생활(렘 26:11, 29:10)은 생각보다 힘들고 길었다. 일제강점기 35년[81]을 생각해보면 얼마나 끔찍한 세월이었을지 짐작할 수

---

81) 1910년 8월 29일 경술국치일 이후 1945년 8월 15일 광복까지 총 34년 11개월 18일.

있다. 지배국의 나라에서 포로로 살아간다는 것은 아무리 잘 적응한다 할지라도 고단한 삶이었을 것이다. 그렇게 고달픈 세월이 하루하루 쌓여가자 이스라엘 백성은 점점 더 자신들의 정체성(original design or who they are)을 잊어버렸다. 심지어 바벨론에 부역하여 이득을 보려는 무리들도 있었다. 이런 상황이 뒤엉키자 더욱더 자기 정체성을 놓아버렸을지도 모른다.

세월이 흘러 하나님의 약속의 시간이 다가오자 역사의 주관자이신 하나님은 바사(Persia) 왕 고레스를 들어 쓰셨다(대하 36:22). 고레스는 이미 그 당시로부터 150여 년 전 이사야를 통해서 미리 이스라엘의 포로 귀환을 위해 사용되리라 예언되었던 왕이다(사 45:1). 하나님께서는 포로 생활(BC 609년) 70년이 지나면 바벨론으로부터 포로가 귀환되고, 성전 파괴(BC 586년) 70년이 지나면 성전 재건 및 회복이 있을 것이라는 약속을 주신 바 있다. 결국 고레스 왕 원년(BC 537년)을 기점으로 3차례에 걸쳐 포로 귀환을 실행시키셨다.

그렇게 시작된 포로 귀환에서 1차로 돌아왔던 대표적 인물이 바로 성전 건축을 재개한 정치지도자 스룹바벨과 종교지도자 예수아이다. 이들이 예루살렘에 돌아와서 가장 먼저 한 일은 성전을 재건한 것이었다. BC 516년에 당시 나이 80세 정도였던 노 선지자 학개의 도움으로 완성된 스룹바벨 성전(스 6:15, 단 9:2)은 솔로몬 성전과 비교해 규모가 훨씬 작고 초라했다. 그러나 하나님의 임재와 현현을 상징하는 성전에 대한 백성들의 마음을 상상해보면 정말 감격스러웠을 것이다. 그들은 완공된 성전에 임하시는 하나님을 확신했기에 바벨론에서 돌아온 백성의 마음은 흡족했을 것이다.

1차 귀환 때 바사에서 미처 돌아오지 못하였으나 이스라엘의 구원 역사에 귀하게 쓰임 받았던 하나님의 사람이 바로 크세르크세스의 왕비였던 에스더와 그의 삼촌 모르드개다.

2차 포로 귀환은 훨씬 뒤인 BC 458년에 있었는데, 그때 학사 에스라가 돌아왔다. 그는 예루살렘에 돌아와 하나님의 율법과 말씀을 가르쳐 세움으로 백성이 말씀을 삶의 기준과 원칙으로 삼도록 가르쳤다. 3차 귀환은 BC 444년에 이루어졌으며, 이때 정치지도자 느헤미야가 돌아와 성벽을 재건하게 된다.

징계의 막대기로 바벨론을 사용하신 역사의 주관자 하나님께서 이스라엘 백성을 3차에 걸쳐 포로로 잡혀가게 하시더니, 다시 3차에 걸쳐 귀환이 이루어지게 하셨다. 이 모든 것이 하나님의 개입이며 경륜 안에서 이루어진 것임을 대조하여 보여주는 이야기라고 생각한다. 성경을 통해 이런 부분을 만날 때마다 하나님의 오묘하심이 절절히 느껴진다. 역사의 변곡점마다 숨겨진 하나님의 섭리를 발견하며 무한한 행복감을 느끼게 된다.

BC 400-4년: 역사적 침묵기

바벨론 포로 이후 선지자들은 하나님의 뜻을 여러 방법과 여러 모양(히 1:1)으로 이스라엘 백성에게 전하며, 하나님을 떠난 그들이 다시 하나님께로 돌아와야 할 것을 줄기차게 외쳤다. 하지만 그들은 끝끝내 하나님의 시선으로부터 고개를 돌려버렸다.

BC 400-4년 사이의 역사를 신구약 중간기인 하나님의 역사적 침묵기라고 한다. 하나님께서는 선지자 말라기를 통해 이스라엘 백성에게 찬찬히 그들의 패역함을 설명하셨다. 그럼에도 불구하고 그들은 고집불통에 요지부동이었다. 심지어 하나님께 대들기도 하였다. 이런 상황 속에서 말라기 3장 16절에 남은 자(remnant)에 대한 언급이 등장한다. 이는 소위 '하시딤'이라는 구별된 무리들을 말하는데, 하시딤은 하시드의 복수로 헤세드에서 파생된 단어이다.

> "그때에 여호와를 경외하는 자들이 피차에 말하매 여호와께서 그것을 분명히 들으시고 여호와를 경외하는 자와 그 이름을 존중히 생각하는 자를 위하여 여호와 앞에 있는 기념 책에 기록하셨느니라"
> _말 3:16

이 말씀에서 여호와를 경외하는 자와 여호와의 이름을 존중히 여기는 자를 가리켜 구별된 무리인 '성도'라고 한다. 이를 히브리어로 하시드[82]라고 하며 그 복수가 하시딤, 곧 거룩한 무리들이다. 신실하신 하나님께서는 침묵기에 들어가기 전, 택한 자들을 남은 자(remnant)로 두셨던 것이다.

하시딤은 침묵기 시대의 다사다난했던 그리스(헬라)의 지배를 끝

---

82) 히브리어 헤세드(חסד)는 하나님의 사랑, 긍휼, 인애, 자비를 말한다. 헤세드에서 파생한 단어가 하시드인데 구별(set apart)된 무리, 성도를 가리킨다. 그 하시드의 복수가 하시딤이다.

까지 견뎌냈고 이어진 프톨레미 왕조와 셀류커스 왕조의 모진 박해를 잘 버텨냈다. 특히 셀류커스 왕조의 안티오쿠스 에피파네스 4세는 BC 167년 예루살렘을 정복하였는데, 그는 이전의 단순한 핍박과 달리 엄청난 신앙적 모욕과 함께 많은 하시딤을 죽이기까지 하였다. 이런 가운데 당시 대제사장이었던 마타디아스는 자기의 다섯 아들과 함께 목숨을 걸고 성전 탈환을 위한 싸움을 시작했다. 여기에 하시딤이 동참하였다. 그리고 그의 셋째 아들 유다 마카비에 의해 BC 164년에 성전을 탈환하게 되었는데 이를 기념한 것이 하누카 혹은 수전절(요 10:22)이다. 이렇게 해서 침묵기 동안 유대인의 짧은 독립 시대인 마카비 왕조가 태어났고 이는 하스몬 왕조로 이어진다.

신구약 중간기 동안에 유대의 여러 분파들이 등장하는데, 사두개인, 바리새인, 에세네인, 열심당원, 서기관, 헤롯당이 바로 그들이다.

이중에서 바리새인과 사두개인은 복음서에 많이 등장하는데, 이들은 종교지도자로 기득권을 누리면서 점차 첫 마음을 잃어버리고 자신의 지위를 이용하여 온갖 불의를 저질렀다. 이런 이유로 신약 시대에 이르러 바리새인과 사두개인은 세례 요한과 예수님으로부터 많은 질타를 받게 되었던 것이다.

역사는 죄인인 인간에게 권력과 돈이 주어지면 언제나 탐욕으로 인해 타락해버림을 보여준다. 권력과 돈이 주어지더라도 그것을 하나님의 나라 확장에 사용한다면 얼마나 아름다울까? 자세히 살펴야 할 것은 돈이 일만 악의 뿌리가 아니라 돈을 하나님보다 더 사랑함이 일만 악의 뿌리라는 것이다. 착하고 충성된 청지기로서 그리스도인은 말씀 앞에서 수시로 자신을 점검하고 재물과 권력에 대해서도 착하고 충성된 청지기로 살아가야 한다.

여기에 더하여 그리스도인은 코람데오(Coram Deo), 즉 하나님 앞에서 다음 세 가지를 조심해야 한다. 첫째, 그리스도인으로 살아가면서도 하나님 앞에서 너무 쉽게 그리고 습관적으로 죄를 짓는 것은 곤란하다. 둘째, 원치 않은 죄를 지었다면 그 죄를 진정으로 회개하여야 한다. 우리는 죄와 맞닥뜨릴 때마다 피 흘리기까지 싸워야 한다. 그러고도 무너지면 다시 회개하고 또 죄와 싸워야 한다. 문제는 죄 짓는 것에 무감각하게 되어버리는 것이다. 우리는 이것을 경계해야 한다. 셋째는 죄에 대한 무감각이 합리화를 거듭하며 이상한 명분을 세우는 방향으로 흘러서는 안 된다. 왜냐하면 죄에 대한 합리화는 신앙과 결합하여 괴물 그리스도인을 만들기 때문이다. 그러다 보면 우리 모두는 누구라고 할 것도 없이 다 정체성을 잃은 또 하나의 사두개인과 바리새인이 될 수 있음을 알아야 한다.

BC 4년: 세례 요한의 등장과 예수님의 공생애

BC 4년이 되자 세례 요한이 출생한다. 그 6개월 후에 동정녀 마리아에게서 약속하신 말씀을 따라 예수님께서 탄생하셨다. 성령님에 의해 여인의 후손으로 오셨기에 구속주로서 완전하고 충분할 수 있었다. 초림의 예수님은 역사상 유일한 의인이시다.

AD 26년이 되자 예수님은 공생애를 시작하셨다. 이때는 헤롯 성전이 막 완공되던 해였다(BC 20년-AD 26년). 예수님은 AD 30년 중반에 우리를 위하여 십자가에서 대속[83]하시기까지 3년여의 공생애를 보내시며 제자들을 양육하셨다. 유대 땅을 다니시면서 천국복음을 전파하시고 하나님의 말씀을 가르치셨다. 동시에 병고침과 죽은 자를 살리는 이적을 통해 자신이 구약에서 약속한[84] 바로 그 메시아이며 구세주임을 증거하셨다. 또한 십자가에서 죽은 지 3일 만에 부활하셨고, 40일간 이 땅에 계시다가 500여 성도들이 보는 앞에서 하늘로 승천하셨다.

AD 33-35년: 사도 바울의 등장

예수님 승천 후 그리스도인을 핍박하고 죽이려던 사람들 가운데 구약학자이자 가말리엘의 수제자인 사울이 있다. 사울은 AD 5년에 태어났다. 그는 그리스도인 순교자 스데반의 죽음과 관련이 있는 사람으로 당시 그리스도인들을 핍박하던 무리들 가운데 가장 열심인 사람이었다. 그는 유대와 사마리아로 피해 간 그리스도인들까지 쫓아가 박해했고 먼 이방 땅 다메섹까지 박해의 여정을 떠나기도 했다. 사울이 다메섹에서 예수님을 만났던 때가 대략 AD 35년으로 그의

---

83) 대속 혹은 구속의 히브리어는 가알(גאל, redeemed)이며 헬라어는 아포뤼트로시스
   (redemption, ἀπολύτρωσις)이다.
84) 마 11:5, 눅 7:22, 사 29:18, 35:5, 42:7, 61:1-3을 참고하라.

나이 30세 때였다.

열정적인 사울의 성향은 그의 배경을 보면 이해할 수가 있다. 당시 바리새파 주류에는 두 분파가 있었다. 하나는 보수를 지향하던 샴마이 학파였고 다른 하나는 진보개혁을 표방하던 힐렐 학파였다. 사울은 힐렐 학파에 속하였다. 그 학파를 창설한 랍비 힐렐은 대단히 강한 사람이었는데, 사울의 스승인 가말리엘이 힐렐의 손자였던 것이다. 어느 시대나 진보개혁을 주장하는 사람들의 열정은 대단하다. 당시 열정 하나로 똘똘 뭉친 사울이 그리스도인들을 박해하기 위해 다메섹으로 가던 중 예수님이 그에게 나타나셨다. 이 놀라운 사건으로 인해 사울은 예수님께서 진정한 하나님이심을 알게 되고 예수님을 따르는 제자이며 사도[85]가 되어 순교하는 순간까지(대략 AD 68년경) 하나님의 은혜의 복음을 전하며 모든 그리스도인들의 모델이 되었다.

예수를 핍박하던 자리에서 완전히 돌아서서 충성스런 종이 된 사울, 곧 바울은 이방인에게 복음을 전파하는 자신의 사명에 끝까지 충성하면서 아시아에서 시작하여 유럽에 이르기까지 하나님 나라를 확장하는데 일생을 바쳤다. 이런 바울이 이방인에게 보내진 자라고 한다면 당시 유대인에게는 베드로, 야고보, 유다를 비롯한 사도들을 통해 복음이 전해졌다.

---

85) 사도는 초대교회에 한시적으로 두신 직분이다. 하나님께서는 사도들을 통해 성경을 기록하게 하셨고 아울러 교회를 시작하게 하셨다. 수리아 안디옥에서 사역을 시작한 시기는 대략 AD 45년인 40세 때로 추정한다. 즉 전도사로 갓 시작한 때가 40이라는 늦은 나이였다.

하나님의 침묵기, 기독교의 공인, 이스라엘 국가 설립까지

지금까지 성경에 의한 역사의 시간을 따라 성경의 줄거리를 살펴보았다. 이제 교회 역사를 조금 더 이해하기 위해 신구약 중간기[86]의 역사적 사건들을 또 다시 시간의 흐름을 유영하며 살펴보자.

예루살렘의 수난

예루살렘은 평화의 도시라는 이름과 달리 역사적으로 많은 피를 묻혀가며 주인이 바뀌어왔다. 바벨론을 이어 해가 지지 않을 것 같이 기고만장하던 페르시아(BC 539–331)가 약 200년의 시간이 흐르자 헬라의 알렉산더에 의해 역사의 뒤안길로 사라졌다.

헬라(BC 331–143)는 20세에 왕으로 등극했던 알렉산더가 33세라는 젊은 나이에 병사하자(BC 323) 그 휘하의 장군들에 의하여 다시 분할 통치되었고, 끝까지 남은 두 장군에 의하여 시리아를 중심으로 한 셀류커스 왕조(Seleucus, BC 198–167)와 이집트를 중심으로 한 프톨레미 왕조(Ptolemy, BC 301–198)로 양분되었다. 후에 프톨레미 왕조는 BC 30년 안토니우스와 클레오파트라가 연합하여 로마의 옥타비아누스와 싸우다 전쟁에서 진 후 역사의 주무대에서 사라지게 된다.

한편 셀류커스 왕조는 안티오쿠스 에피파네스 4세 때(BC 167) 예루살렘을 정복하여 성전에 제우스 신상을 세울 뿐 아니라 돼지고기를 재단에 올리고 돼지 피를 성전에 뿌리는 만행을 저지르게 된다.

---

86) 《신구약 중간사》, 조병호, 통독원, 2012.

이에 대하여 3년간 싸움을 벌여 성전을 탈환하였던 마카비(BC 166–143)가 왕위에 오르고 이어 하스몬 왕조(BC 142–63)가 이어지게 된다.

스룹바벨 성전 파괴와 헤롯 성전 건축

BC 63년에는 로마의 폼페이 장군이 예루살렘을 점령하며 스룹바벨 성전이 파괴되어 버린다. BC 44년에는 브루투스에 의한 카이사르의 암살이 일어나고 BC 40년쯤에는 이두매(Idumea, 에돔) 출신이었던 헤롯 가문의 유대 지배가 시작된다. 헤롯은 자신을 은근히 무시하던 유대인들의 환심을 사고자 헤롯 성전을 건축한다.(BC 20–AD 26, AD 63년 완공)

우리가 성경을 쉽게 이해하려면 여섯 명의 로마 황제[87]를 아는 것이 도움이 된다. 1대에서 5대까지의 황제와 11대 황제[88]이다.

로마의 5대 황제 네로가 AD 54년에 등극하는데, 이 황제는 기독교 역사에서 가장 못된 짓을 했던 인물이다. AD 64년에는 그 악랄한 '로마 대화재 사건'(7월 19일)을 일으키고, 로마 시민들의 분노가 끓어오르자 기독교인에게 누명을 씌워 엄청난 박해를 가했다. 당연히 말로가 좋지 못했다. 베드로전서가 바로 로마 대화재 1년 전에 쓰인 것으로 고난에 대비할 것과 산 소망이신 예수 그리스도를 통하여 주어질 영광과 즐거움으로 고난과 핍박을 이겨나가라고 말씀하셨다.

---

87) 아우구스투스(Augustus, 위엄 있는, 존귀한)는 황제들의 칭호이다. 율리우스 카이사르의 성을 5대 황제까지 세습하였다. 그래서 황제를 부를 때 카이사르(Kaesar)라고도 했다. 그러므로 아우구스투스와 카이사르라는 호칭이 결합되어야 진정한 황제이다.
88) 1대-아우구스투스(옥타비아누스), 2대-티베리우스, 3대-칼리굴라, 4대-클라우디우스, 5대-네로, 11대-도미티아누스

AD 66-73년(74년)에는 부패한 로마와(총독과 점령군) 유대인들 간에 1차 유대전쟁이 일어나게 되는데, 그것은 로마의 잔혹한 범죄행위였다. AD 70년에는 디도 장군에 의해 예루살렘이 함락되었고, AD 73년에는 마지막으로 남아 있던 '맛사다'[89]마저 완전히 점령되어 1차 유대전쟁은 막을 내리게 된다.

AD 81년에는 11대 황제 도미티아누스가 즉위하였는데, 이 황제가 사도 요한을 밧모 섬으로 유배시켰던 인물이다. 논란은 있으나, 대략 AD 130년부터는 전 유대인들에게 강제추방 명령이 내려져 로마제국 말기까지 계속되었다고 한다. AD 180년에 이르자 비록 기독교는 박해하였으나 세상에서는 현자라고 일컬어졌던 마르쿠스 아우렐리우스가 사망한다.

기독교의 공인, 니케아 공의회, 현대의 유대국가 건설

AD 313년이 되자 드디어 콘스탄티누스 황제에 의해 기독교가 공인되었다. 그동안의 핍박으로 지쳐 있던 기독교인들에게는 한줄기 빛이었다. 그러나 다른 한편으로는 기독교가 박해를 벗어나자 순수함을 잃어버리고 타락의 길로 접어드는 첫 발자국이 되기도 하였다. AD 325년에는 1차 니케아 공의회가 열렸는데, 부활절과 삼위일체 등이 논의되었다. 니케아 신경을 통해 삼위일체 교리가 채택되었으

---

89) 시카리(sicari)파가 마지막까지 맛사다에서 버티다가 전멸되었는데, 그들은 성격이 강하기로 유명하였다. 시카리란 '자객들'이라는 뜻으로 옷 속에 단검을 품고 다녔던 자들이다. 그들은 에세네파 4개 분파 중 하나로 열심당(the zealots)이라고 하는데, 셀롯(눅 6:15, 행 1:13) 혹은 가나안인(막 3:18)으로도 불렸다.

나 교리 논쟁은 더욱 격화되었다. AD 787년에는 2차 니케아 공의회가 열렸는데 성화 공경은 우상 숭배가 아니라는 성상 숭배의 전통이 복원되었다.

AD 395년 데오도시우스 황제 1세가 사망하자 그 두 아들에 의해 각각 동서 로마로 분리되었다. 서로마는 AD 476년에 망하고 동로마(비잔틴 제국)는 콘스탄티노플을 수도로 삼고 AD 1453년까지 버티다가 오스만투르크에 망하고 말았다.한편 AD 1096-1291년까지는 십자군 전쟁이 있었고(11-14C) 14-16C까지 그 유명한 르네상스 운동(문예부흥)이 있었다. AD 1517년 마틴 루터의 종교개혁이 있었다.

AD 1912-1913년에는 발칸 전쟁이 일어난다. 이 전쟁으로 인하여 오스만투르크 제국(1299-1922)은 유럽에서 축출되고, 이어 1922년에 오스만 제국이 멸망하면서 근대 터키가 건립된다.

한편 AD 1917년에 영국의 벨푸어에 의해 유대 국가 건설이 지지되고 AD 1918년에는 영국에 의해 팔레스타인이 점령되었다. AD 1922년이 되자 영국은 국제연맹으로부터의 위임 통치를 승인받게 된다. 그리고 1948년 5월 14일에 이스라엘의 독립이 이루어지게 되었다.

2-3세기 초대교회에 끼어든 영지주의

영은 거룩하고 육은 더럽다고 보는 영지주의(Gnosticism)가 2-3세기 어간에 극성을 떨었다. 그들은 예수님의 인성은 부인하고 신성만을 인정하면서(요일 4:2-3) 많은 그리스도인을 미혹시켰다. 영지주의는 극단적 금욕주의(stoicism or asceticism)와 방탕을 일삼는 쾌락주의(hedonism or epicureanism)라는 두 극단으로 나타났다. 이것은 오늘날까지도 영향을 끼치고 있다. 반면에 예수님의 신성은 부정하고 인성만을 인정하며 도덕주의자요 고귀한 윤리적 선생님으로 추앙하는 사람도 있다. 그러나 예수님은 완전한 의인이요 동시에 하나님이시며, 그리스도요, 메시아, 곧 우리의 구원자(Savior)이시요 주인(Lordship)이시다.

중세의 수도원주의와 스콜라주의, 다시 신비주의

3-10세기에는 금욕적인 수도원 생활을 통한 개인의 체험이나 자신의 내면을 중시하는 수도원주의(monasticism)가 나타났다. 뒤이어 11-14세기에는 스콜라주의(scholasticism)를 중심으로 지성의 강세가 계속되면서 열정적이고 뜨거운 신앙보다는 신앙의 이성적인 부분을 강조하였다. 그러다가 다시 14-15세기에 오면 개인의 체험을 중시하는 신비주의 운동(mysticism)이 대두되는데, 가만히 보면 역사 속에서 균형의 추가 부지런히 양쪽을 오가는 것을 보게 된다. 결국 역사는 계속 반복하여 되풀이되는 것을 볼 수 있다. 그러므로 지나간 역사를 잘 살펴 장점을 키워가고 약점을 보완하여야 한다. 그렇지 않으면 되풀이되는 실수를 반복할 수밖에 없고 계속하여 동일한 고통을 겪어야만 한다는 사실을 깊이 새겨야 한다.

11세기 삼위일체 논쟁과 기독교의 분리

예수 그리스도의 십자가 보혈 아래 초대교회는 성령님의 인도하심과 사도들의 순종으로 약 1,000년간 잘 유지되었다. 더 나아가 AD 4세기 이후에는 성령님께서 허락하신 정확 무오한 66권의 말씀이 정경으로 자리잡자 '오직 말씀'이 가능하게 되었다. 정경은 오류가 없는 명료하고도 충분한 권위를 지닌 하나님 말씀이다. 문제는 기독교가 그 말씀을 해석하는 바른 잣대인 교리에 무지한 것이다.

11세기가 되자 삼위일체 논쟁이 일어났다. 그로 인하여 예수님을 믿는 종교인 기독교는 크게 둘로 나뉘어졌다. 삼위를 강조하는 동방교회와 일체를 강조하는 서방교회로 갈라져버린 것이다.

동방교회는 삼위를 지나치게 강조하다 보니 삼신론90)(tritheism)으로 빠져들었고 종국적으로는 다신론으로 들어갔다. 대표적으로 아리우스(Arius)의 삼신론이 있다. 삼신론은 세 분 하나님이며 같은 하나님으로 생각한다. 더 나아가 다른 두 신이 한 신에 비해 본질과 등급에 있어 열등하다고 본다. 성부는 영원하나 성자는 그 다음이며 성령은 그보다 더 열등하다고 하였다. 당연히 서로의 사역에 있어 충돌이 있다. 또한 삼위 하나님이 동시에 존재하지 않았던 때가 있었을 뿐 아니라 성부 외 두 신이 존재하지 않았던 때가 있었다고 주장하기도 하였다. 결국 니케아 종교회의에서 이단으로 정죄되었다. 동방교회에서 나온 기독교가 정교회91)(Orthodox Church)와 콥트교회92)(Coptic Church)이다.

---

90) 아리우스의 삼신론이 대표적이다. 《교회용어사전 : 교리 및 신앙》, 가스펠서브, 생명의말씀사.
91) 그리스도교회의 총칭으로 그리스 정교회 혹은 동방 정교회라고 한다. 헬라어 orthos(진리 혹은 올바름)와 doxa(믿음)이 합쳐져 만들어졌다.
92) 그리스도 단성설(Monophysitism) 혹은 단성론을 신봉하는 교회로 알렉산드리아 총주교 관할인 이집트 그리스도교의 일파이다. 단성설이란 그리스도가 신인양성이 완전결합 혹은 융합하여 단일의 성을 이룬다고 하는 기독론의 학설이다. 칼케돈 공회의(AD 451)에서 신인양성 일인격이라는 양성설을 채택하였다.

이에 반하여 서방교회는 일체를 강조하였다. 그러나 지나치다 보니 단일신론에 빠져들어 버렸다. 성부 하나님만이 유일한 신이라는 것이다. 단일신론은 다시 양자론 혹은 역동적 단일신론[93](Dynamic Monarchianism)과 사벨리우스주의 혹은 양태론적 단일신론[94](Modalistic Monarchianism)으로 나뉘어졌다. 이는 유일신론적 배경에서 같은 하나님이 세 가지 모습(양식 혹은 양태)으로 나타난 것이라고 하였다. 그렇기에 양태론은 삼위 하나님이 환경에 따라서 다른 방식으로 자신을 표현한다고 하였다. 다시 말하면 한 하나님의 세 가지 나타남이라고 하였다. 이런 서방교회에서 나온 기독교가 로마가톨릭교회[95](Roman Catholic Church, RCC)과 프로테스탄트교회[96](Protestant)이다.

삼위일체는 유일신론으로 다른 하나님이자 동시에 한 분 하나님으로 표현한다. 다시 말하면 '한 신적 본체'(One Substance) 안에 세 인격(Three Persons)을 말한다. 즉 삼위 하나님은 절대 독립성을 가진 다른 하나님이면서 절대 구분되지 않는 한 분 하나님이다. 기능론적 종속

---

93) 양자론이라고도 한다. 오늘날 유니테리언파의 신념이기도 하다.

94) 양태론(Modalism)은 삼위 양식론으로서 사벨리우스(Sabellius)가 주장하였다. 성자종속설에 이의를 제기하며 성부와 성자는 동일한 분의 다른 이름으로 같은 하나님이라는 것이다. 《교회용어사전 : 교리 및 신앙》, 가스펠서브, 생명의말씀사.

95) 사도 베드로의 후계자로서 교황을 세계교회 최고 지도자로 받들고 있는 그 휘하의 그리스도교의 교파이다. 단순히 가톨릭이라고 할 때에는 동방정교회를 포함한다. 이들은 최고 지위가 로마 교황이라고 하기에 RCC라고 하는 것이다.

96) 16세기 종교개혁 이후 서방교회에서 RCC와 분리된 신교도를 말한다. 종교개혁 운동은 독일의 마르틴 루터(Martin Luther), 스위스의 울리히 츠빙글리(Huldrych Zwingli), 프랑스의 장 칼뱅(Jean Calvin) 등에 의해 강력하게 추진되었다. 프로테스탄티즘은 많은 국가로 퍼져나가 성결파, 침례파, 회중파, 퀘이커, 루터파, 메소디스트파, 장로파, 청교도, 개혁파교회, 유니테리언 학파 등 다양한 종파를 낳았다.

성과 존재론적 동질성을 말한다. 그렇기에 삼위는 신적인 능력이나 영광, 본질에서 동등하다. 사역에 있어서 완벽할 뿐더러 충돌이 없다 (페리코레시스). 당연히 태초부터 삼위는 함께 계셨고 지금도 함께 계시고 앞으로도 그럴 것이다.

16세기 종교개혁 운동

반복되는 롤러코스터 같은 역사의 소용돌이 가운데, 때가 되매 하나님의 경륜은 인간의 탐욕으로 얼룩진 기독교에 한줄기 빛을 허락하셨다. 그것은 "다시 말씀으로 돌아가자"는 슬로건 아래 일어난 1517년 10월 31일의 종교개혁 운동(the Reformation)이었다.

이는 95개조의 의견서[97]로서 원래는 면죄부 판매에 대한 항의서였다. 라틴어로 쓰인 이 반박문은 비텐베르크 성의 교회 문에 붙여졌다. 교회 문은 당시 게시판 역할을 하였다. 루터는 면죄부를 비판하며 죄는 금전으로 소멸되는 것이 아니라 회개함으로써 사하여진다고 하였다. 그런 루터의 반박문은 이신칭의(以信稱義)를 바탕으로 쓰였으며 파렴치한 신성모독에 대한 항의가 주목적이었다. 애초에 종교개혁이 의도가 아니었다. 그러나 하나님의 경륜은 당신의 뜻을 따라 이루어져 갔다. 작은 불씨가 불길로 변하도록 하나님은 개입하셨던 것이다.

종교개혁에 대한 저자의 단견(短見)을 나누고자 한다. 종교개혁이

---

97) 《Basic 고교생을 위한 세계사 용어사전》, 강상원, 신원문화사

란 예수님만을 그리스도요 메시아로 믿던 기독교가 복음의 본질을 외면하고 비본질적이고 세속적인 가치에 입각한 윤리적이고 도덕적인 행위로 나아가게 되자, 그것에 제동을 건 것이다. 그리고 다시 복음과 십자가로 되돌아가자는 운동이다. 그러므로 새로운 것을 내세운 것이 아니다. 본질에서 벗어난 부분을 버리고 본질로 되돌아가자는 것이라는 말이다. 정기적으로 본질적인 부분을 점검함이 필요하다는 것이다. 그렇기에 복음의 본질에서 멀어져 가는 증후가 나타나면 언제든지 제2, 제3의 종교개혁의 불이 당겨져야 한다.

기독교란 예수님을 믿는 종교이다. 복음을 진리로 믿는 종교이다. 하나님의 전적인 은혜에 의하여 성령님께서 허락하신 믿음으로 우리가 예수님을 믿어 값없이 구원을 얻게 된 생명 종교이다. 그러나 언제부터인가 믿음만으로는 조금 부족하다는 생각을 하게 된 듯하다. 거기에다가 인간의 탐욕이 더해지면서 행위를 슬쩍 추가해버렸다. 행위나 자기 의를 드러내는 것은 율법신앙일 뿐이다. 이러한 것들은 겉으로 보기에는 '깔쌈한' 것이다. 그러나 실상은 쓰레기임을 알아야 한다.

아무튼 당시의 루터가 종교개혁을 의도했든 안했든 그것은 중요하지 않다. 아닌 것은 아니라고 했던 그의 태도가 중요하며, 우리 또한 현 상황에 대하여 아닌 것은 아니라고 해야 한다. 조그마한 개혁부터 시작하다 보면 그것이 파장을 일으킬 수도 있다. 작은 것 하나하나가 모여 큰 것이 될 수 있음을 알아야 한다. 바로 나를 통해서 그 작은 일을 진행하실 성령님을 기대하며 지금 작은 것부터 시작하도록 하자.

17-18세기 경건주의[98] 운동

이는 독일의 프로테스탄트 교회에서 일어난 강력한 신앙 운동으로 살아 있는 신앙 운동이었다. 특별히 주관적인 종교적 체험을 귀하게 여겼다. 또한 살아 있는 신앙이 되려면 윤리적인 결실이 필요하다고 했다. 한편 금욕적 색채도 드러났다.

경건주의 운동은 기존의 교파나 제도적 교회를 인정하였기에 집회나 교회 내 소그룹 활동은 가능하였다. 이런 경건주의 운동은 오늘날의 에큐메니즘 운동을 촉발하였다. 한편 정교분리를 촉진하기도 했다. 주관적 경험을 존중하였고 시대정신과 결합되어 교육을 중시하였다. 계몽주의[99](the Enlightenment)에 대한 교량 역할도 하였다.

19-20세기 자유주의[100] 운동

19-20세기에는 복음과 말씀보다 윤리적이고 도덕적인 삶을 누려보자는 인본적인 자유주의 운동(liberalism)이 활발하게 나타났다. 각 개개인은 고유한 가치를 지니고 있기에 각자의 자유로운 표현과 함께 개개인의 다양한 생각을 중시하자는 운동이었다. 그 자유를 누리기 위해 저항도 하였다. 그러나 인간은 죄인이기에 기준 없이 자유를 누리다 보면 죄의 길로 치달을 뿐이다. 이후 자유주의와 함께 계몽사상은 완전한 인간, 죄인 됨의 부정 등 점점 더 신본적인 관념을 벗어나 결

---

98) 《종교학대사전》, 편집부, 한국사전연구사.
99) 이성 및 자연의 빛을 다방면에 미치도록 하는 것으로, 구습을 타파하고자 18세기 후반 유럽 전역에 일어난 혁신적 사상운동이다.
100) 《개념어사전(통합논술)》, 한림학사, 청서.

길로 나가기 시작했다.

물론 당연히 하나님의 형상으로 지음 받은 개인은 소중하다. 그렇기에 개개인의 인권 및 자유로운 표현과 생각 또한 귀하다. 그러나 기준이 없으면 울타리 밖으로 나가게 되어 있다. "진리를 알지니 진리가 너희를 자유롭게 하리라"(요 8:32)고 말씀하셨다. 오로지 "주의 영이 계신 곳에 자유함"(고후 3:17)이 있는 것이다. 기준 없이 자유를 표방하는 인간은 자신의 그릇된 결정으로 인해 죄의 구렁텅이로 빠져들 수밖에 없다. 그렇기에 개인의 자유를 대변하는 자유주의 사조로 인해 개개인들은 신앙으로부터 더 멀리 벗어나버렸다. 거기에다가 인본주의 교육은 아예 불에 기름을 부었다. 그들은 신앙의 기준을 굴레라고 우기며 복음을 배격하였다. 그러다 보니 이 시기는 복음주의를 많이 위축시켜 버리게 된다.

사실 자유주의란 너무 복합적이어서 한마디로 개념을 설정하기가 어렵다. 그럼에도 불구하고 앞서 언급한 것은 복음적인 측면에서만 고려하여 설명한 것이다. 암튼 자유주의를 요약하면 다음과 같다. 인권은 보편적인 권리로서 개개인의 개성과 다양성을 존중해야 한다. 문제는 자신의 생각이나 권리가 하나님보다 앞서 버린다는 것이다.

종교 다원주의와 복음주의

21세기에는 종교 다원주의(religious pluralism)로 인하여 복음은 더욱 더 위기를 맞게 되었다. 다원주의 역시 한마디로 정의하기 어렵다. 그러나 개개인의 가치관, 이념, 추구하는 목표 등이 서로 다를 수 있다는 것을 인정하자는 것이다. 그러다 보니 특히 개인주의가 두드러진다.

그래서 최고의 가치를 개인의 이익이나 행복에 둔다. 당연히 개인의 가치를 제어하는 모든 것은 부정된다.

이것이 신앙의 영역으로 뻗치게 되면 절대 진리가 공격을 받게 된다. 그렇기에 종교 다원주의는 21세기 기독교의 최대 적이기도 하다. 그것은 절대적인 진리인 복음을 공격한다. 여러 가지 구원에의 길을 제시함으로써 진리를 상대화시킬 우려를 안고 있다.

종교 다원주의는 모든 종교를 아우르려 한다. 그러다 보니 특히 기독교를 배타적이라며 공격한다. 또한 종교 다원주의는 신앙의 문제를 문화로 이해하려고 한다. 게다가 다종교 사회에서 일어날 수 있는 종교 분쟁을 막을 수 있다고 항변한다. 동시에 서로를 인정함으로 종교간 화목도 가져올 수 있다고 한다.

한편 복음주의(Evangelicalism)는 '예수는 그리스도요 메시아이시다' 에 중점을 둔다. 그렇지만 복음주의 안에도 복잡하게 여러 갈래가 나뉘어져 있다. 이신칭의, 이신득의를 중시하는 부류가 있는가 하면 성육신과 십자가 및 부활만을 중시하는 입장도 있다. 미래형 하나님의 나라를 도외시하는 경우도 있고 성경 말씀 자체에만 치우쳐 연구하는 부류도 있다. 성령 체험을 지독하게 강조하는 입장도 있다. 성경의 신학적 탐구보다 실제적인 삶에 관심을 두는 경우도 있다.

저자는 구원다원주의 시대를 살아가는 청년들에게 이렇게 권하고 싶다. 유월절 어린 양 되신 예수 그리스도의 구원자(Savior) 되심과 예수님을 통하여 장차 들어가게 될 미래형 하나님 나라를 소망하며, 그 예수님의 주(Lordship) 되심을 인정하며 현재를 살아갈 것을 강조한다.

오늘날의 한국교회, 그 처절한 복음의 실태

잠시 책의 주제에서 벗어나려고 한다. 조국 대한민국의 기독교를 살펴보기로 하자. 어느 때부터인가, 특히 교회학교에는 말씀이 희미해지고 복음에 대한 감동이 사라져 버린 듯하다. 그 빈 공간에는 매력적인 세상 문화가 들어와 있다. 그러다 보니 주일 학생들을 끌기 위해 점점 더 센 문화 이벤트가 들어오고 있다. 이런 생각은 나의 착각이고 노파심일 수도 있다.

환갑인 나에게는 2018년에 중 2가 된 늦둥이 막내아들이 있다. 아들에게 교회학교의 상황을 자주 물어 본다.

"교역자에게 무엇을 질문하였느냐?", "어떤 말씀을 들었으며, 궁금한 점은 없더냐?", "복음이 무엇이니?", "십자가는 너와 어떤 관계가 있니?"

자주 절망스러운 대답을 듣고 있다. 그래서 교회학교의 일정, 예배 모습과 내용, 주로 교회에서 하는 활동 등등을 자주 세심하게 살피곤 한다. 대부분의 경우 복음과 말씀은 빈약하기 그지없고 문화 활동을 빼면 거의 아무 것도 없는 듯하다.

나는 전국의 교회에 강의를 갈 때마다 언제나 일찍 도착한다. 방문하는 교회의 주일학교를 둘러보기 위함이다. 그 예배에도 참석할 때가 많다. 전체적인 분위기와 주보를 보고 교역자가 전하는 말씀을 듣는다. 교회학교를 위해 간절한 기도를 드린다.

여전히 말씀을 듣는 아이들이 있다는 사실에 행복하다. 아쉬움이 있다면 말씀 시간이 너무 짧다는 것이다. 횟수도, 내용도, 시간도 턱없이 부족해 보인다.

여름과 겨울에는 특히 청년과 청소년의 연합수련회에 자주 간다. 청년들은 찬양과 율동을 많이 한다. 너무 좋다. 그들의 찬양에는 힘이 있다. 그들의 몸 찬양에는 열정이 흘러넘친다. 찬양하는 것은 참으로 귀한 일이다. 그렇기에 이사야 43장 21절은 "이 백성은 내가 나를 위하여 지었나니 나를 찬송하게 하려 함이니라"라고 말씀하시며, 인간을 만드신 당신의 목적이 찬양받으시려는 것임을 선명하게 밝히셨다. 그리스도인이라면 당연히 그분만 경배하고 그분께만 찬양 드려야 한다. 성삼위 하나님께서 나를 위해 베푸신 은혜에 감동하고 눈물 흘리고, 사랑을 고백하며 감격의 찬송으로 화답해야 한다. 그렇기에 찬양을 하는 것은 아무리 강조해도 지나치지 않다.

이 모든 것에도 불구하고 찬양을 하는 젊은이들을 바라보는 나의 마음은 무거울 때가 있다. 가끔은 왠지 모를 고통이 몰려온다. 허전함이 있다. 그것은 나의 괜한 염려 때문이다.

찬양에 대해 내가 느끼는 문제를 솔직하게 말해 보겠다. 많은 경우 청년이나 청소년이 찬양을 할 때 일반 대중가요처럼 부르는 것 같다. 머리와 마음속으로는 다른 생각을 하며 건성으로 부르는 듯하다. 간혹 자기감정에 몰입해 부르는 것처럼 보인다. 더욱 안타까운 것은 찬양을 할 때 단순히 세상 문화를 흉내 내려고 애쓰는 모습이 보인다는 것이다.

찬양하는 청소년이나 청년들도 그렇지만, 앞에서 인도하는 찬양단원들도 그렇다. 한술 더 떠서 찬양 인도자는 마치 자신이 무슨 스타라도 된 것처럼 텔레비전에서 익히 보았던 장면을 어설프게 연출하려 한다. 항상 그런 것은 아니지만, 그들에게서 복음과 십자가가 보이지 않는다. 눈물은 흘리고 있으나 감동이 전해오지 않는다. 그들의 목소리와 동작과 표정에서 진정성이 느껴지지 않는다. 그럴 때마다 마음이 너무 아프다. 물론 이런 느낌은 저자의 착각일 수도 있다.

또 한 가지 지적하고픈 것이 있다. 거의 모든 수련회마다 '네 끼를 살려봐'라는 유의 프로그램이 너무 많은 것이다. 그것은 마치 단순하게 세상 문화를 누가 누가 더 잘, 더 비슷하게 흉내 내는지 경쟁하는 것처럼 보인다. 우리 아이들의 숨은 끼를 살려 주어 그 길을 걸어가 복음을 전하게 하자는 취지를 모르는 바는 아니지만.

허락하신 '끼'란 은사요 달란트(탤런트)다. 은사는 하나님께 영광 돌리고 지체들을 잘 섬기라고 주신 특별한 그분의 선물이다. 그러므로 끼를 가진 아이들을 발굴하여 격려함으로써 복음에 합당한 삶을 살도록 하는 것은 너무나 중요한 일이다. 그래서 나 또한 그런 아이들을 말씀과 복음으로 잘 세우기 위해 J–Ireh(창 22:14. 여호와 이레. יְהוָה יִרְאֶה)라는 연예기획사를 직접 운영하고 있다. 내가 아이들의 문화를 이해하지 못하는 것은 적어도 아니라는 것이다.

그런 프로그램에 대한 나의 우려는 수련회에 참여한 아이들의 관심이 온통 그곳에 가 있다는 것이다. 말씀이나 복음에는 아예 관심이 없다. 오로지 세상의 문화를 흉내 내는 일에만 집중되어 있는 듯하다. 더한 것은, 그런 쪽으로 앞서가는 몇몇 아이들의 영향력이 너무 크다는 것이다. 그러다 보니 마치 그런 유의 '끼'에 애정과 관심을 갖지 않으면 루저(loser)로 낙인 찍혀 버린다. 아울러 '끼'가 없는 학생을 '범생이'라며 비하하기도 한다. 결국 믿음 있는 범생이는 덜떨어진 사람으로 취급되고, 끼 있는 아이들은 마치 스타라도 되듯 박수갈채 받는 것은 정말 문제가 있어 보인다. '끼' 있는 사람이 '인기 짱'이라는 잣대가 마음을 아프게 한다. 세상 문화에 뒤쳐지지 않게 흉내 내는 것이 최고의 가치요 우선순위가 되어 버린 듯하다. 그러다 보니 몇몇 아이들은 밤을 새워가며 장기자랑 준비에만 몰두하느라 막상 수련회의 핵심인 말씀이나 다른 프로그램에는 거의 흡수되지 못한다. 더 속상한 것은 수련회를 주관하는 리더들조차 그런 흐름을 읽지 못하거나 알면서도 방임하는 것이다.

나는 청년들의 성경 교사로서, 동시에 그들보다 앞서 살아온 신앙 선배로서 이런 점을 수년간 보아오며 애를 태우고 있는 중이다. 적어도 수련회에 참석한 아이들의 가슴에는 열정이 있다. 그래서 청년 사역자들에게 간절히 호소한다. 저들의 뜨거움을 복음을 향한 열정으로 바꾸어 주는 것이 청년 사역자의 특권이라고. 그리스도의 복음의 비밀을 맡은 자[101]로서 복음과 십자가를 전하고 말씀을 가르치는 일에 목숨을 걸자.

고린도전서 3장 5절과 4장 1-2절을 보면 그리스도의 복음의 비밀을 맡은 자가 바로 그리스도의 일꾼이요 노예이며 종이다. 여기서 '일꾼'이라는 헬라어가 '휘페레타스'(ὑπηρέτας)이다. 이는 '휘페르'(ὑπηρ)와 '레타스'(ρέτας)의 합성어다. 휘페르는 '아래'(under)라는 뜻이며 레타스는 '북소리를 듣고 노를 젓는 사람'이라는 뜻이다.

---

101) 그리스도의 일꾼은 세 가지로 구분한다. 헬라어로 노예(a slave, 휘페레타스, ὑπηρέτας, 고전 4:1-2), 종(a servant, 디아코노스, διάκονος, 고전 3:5), 청지기(a steward, 오이코노모스, οἰκονόμος, 고전 4:1-2)이다.

결국 그리스도의 일꾼이란 (선장이신 예수 그리스도의) 노예선을 타고 배 밑창에서(현장에서) 북소리에 맞추어(말씀과 복음으로) 노를 젓는(사명을 감당하는) 사람이라는 것이다. 이런 노 젓는 장면은 영화 〈벤허〉에서 보았을 것이다.

이제 성도들의 교회생활을 잠시 살펴보자. 최근 대부분의 교회에는 예쁜 카페가 있다. 그곳은 많은 교인들로 북적거린다. 문제는 대화의 내용이다. 말씀을 나누는 소리가 들리지 않는다. 그나마 찬양이 흘러나와 알게 모르게 우리의 심령을 평안으로 인도하는 것은 퍽 다행이다. 그러나 그것뿐이다. 세상의 카페와 별 차이가 없다. 그런데다가 저렴하고도 깔끔한 교회의 카페 때문에 주변 카페는 거의 장사가 안 된다. 그러다 보니 그들이 교회를 바라볼 때마다 울화가 치밀게 만들어버렸다. 이것은 전도 전략 면에서도 큰 실패 중 하나이다.

또한 오늘날 웬만한 교회들은 예쁜 식당과 함께 정말 맛있는 교회 밥을 제공한다. 마찬가지 이유로 주변 식당들은 장사가 안 된다. 이것 또한 전도 전략의 실패라고 생각한다.

저자가 강조하는 것은, 교회 카페를 오로지 성경 공부와 말씀을 나누는 공간으로 사용하자는 것이다. 교회의 식당은 꼭 필요한 사람 외에는 이용하지 말고 식당 공간을 줄여 교육할 수 있는 공간으로 만들자는 것이다. 주일에는 교회 주변의 식당을 이용하자. 그들에게 풍성하게 팁을 주고 늘 밝은 얼굴로 그들을 축복하자. 제발 갑자기 다가가 불쑥 '예수 믿으라'는 예의 없는 소리는 절제하자. 그저 구별된 예수쟁이의 모습만 보이자.

오늘날 조국 교회나 그리스도인들은 성경과 교리 얘기를 하면 정색하고 싫어한다. 이제는 좀 쉬자고 하면서 마치 성경 말씀을 나누는 일을 고

단한 것으로 치부해 버리곤 한다. 그리스도인에게 말씀보다 더 위로와 힘이 되는 것이 무엇이랴! 스트레스가 쌓이면 휴식이나 잡담으로 풀 것이 아니다. 말씀으로 풀지 않으면 진정한 시원함은 없다. 교인들 가운데에는 말씀을 사모하는 이들이 많다. 문제는 말씀을 집중적으로 양육할 수 있는 이가 적거나 정작 사역자들은 다른 것들로 너무 바쁘다.

그리스도인의 이런 행태를 눈여겨보던 '21세기의 이단들'이 하나둘 나타나기 시작하였다. 일반적으로 예수쟁이들은 말씀이 빈약해지면 본능적으로 영적 허기를 느끼게 되어 있다. 그런데 한국 교회가 성경과 교리를 등한히 하다 보니 말씀을 사모하는 이들의 허기는 심각해졌다. 일반적으로 현대 그리스도인은 교회에서 말씀의 허기를 다 채우지 못하고 있는 듯 보인다. 이런 가운데, 성경으로 장난치는 이단 사이비들이 그들을 슬슬 유혹하고 있는 것이다. 이단들은 한국 교회 그리스도인의 맹점을 정확하게 보고 있다. 그들은 성경을 풍성하게 해석하는 척한다. 성경만을 말한다고 강조한다. 그러면서 거짓된 교리라는 이상한 틀(frame)을 만들어 엉뚱하게 해석하여 나쁜 열매를 양산하고 있는 것이다. 오늘날 이단으로 인해 너무나 많은 영혼이 미혹되고 있는 것을 볼 때 성경 교사의 한 사람으로서 분노가 치밀어 오른다. 그들은 악성종양 같은 존재다. 이제는 수많은 자칭 타칭 선지자, 심지어 자칭 재림 예수까지 우후죽순처럼 나타나 괴물들의 세상이 된 듯하다.

이런 와중에 정통 교단들의 지나친 정치화는 할 말을 잃게 한다. 그들의 윤리적 타락은 입에 담기도 힘들다. 들불처럼 번지고 있는 '미투 운동'이 지금이라도 교회 안으로 타 들어올 것만 같다.

우리 모두는 지나간 역사를 냉철하게 보아야 한다. 지금이야말로 빨리 말씀으로 돌아가야 한다. 혹시 곁길로 갔으면 돌아오면 된다. 부족한 부분이 있다면 메우면 된다.

종교개혁 500주년 등 기념일을 맞아 반드시 해야 할 일은 다시 말씀으로 돌아가는 것이다. 교회 밖에서는 성경 공부를 하지 말라는 이상한(?) 권면이 아니라 교회 안에서 성경 공부의 열풍이 불어 닥쳐야 한다. 지나치다 싶을 정도로 성경 공부 광풍이 불어 닥치길 간절히 소망한다. 말씀의 뜨거운 바람을 훨씬 넘어서서 말씀에 '미쳐버린'(광) 청년들의 '바람'(풍), 그 '광풍'이 그립다.

성경적 세계관의
네 기둥

창조-타락-구속-완성

성경 66권을 네 단어로 요약하라면 성경적 세계관의
네 기둥으로 요약할 수 있다. 삼위 하나님은 천지와 만
물을 창조하셨다. 그러고는 보시기에 심히 좋은, 당신
의 형상을 따라 지은 사람을 에덴동산에 두셨다. 그러
고는 창조주와 피조물과의 바른 관계 속에서 샬롬으로
살아가게 하셨다. 그러나 사람은 하나님과 같이 되려
고 하여 그 관계를 깨어버렸다. 이후 인간은 죽음 상태
에 놓이게 되었다. 에덴동산에서도 쫓겨났다. 타락한
인간의 역사가 이렇게 시작된다.

문제는 인간의 죄악이 끝이 없다는 것이다. 도무

노아방주에 들어간 후 일주일이 지나서야 비가 내렸다. 사실 방주에 들어가
자마자 보란듯이 비가 내렸다면 그동안의 놀림을 보상받았을 텐데. 결국 피
를 말리는 일주일은 밀폐된 방주 안에서 1년 17일을 거뜬히 견디게 하는 훈련
이었던 것이다.

지 희망이 보이지 않자 전 지구적 홍수를 통하여 심판과 함께 에덴의 회복을 기대하셨다. 그러나 홍수 후에도 인간의 죄는 여전하였다.

창세기 8장 20-21절에서는 "내가 전에 행한(홍수) 것같이 모든 생물을 멸하지 아니하리라"고 하시며 하나님은 향후에는 심판 방법을 다르게 하실 것을 암시하셨다. 즉 예수 그리스도의 십자가 심판을 계획하신 것이었다. 노아 홍수 때 방주에 들어갔던 노아의 식구들이 구원을 얻게 된 것처럼 세상 속에서는 방주를 의미하는 예수님의 십자가 구원을 통하여 영생을 얻게 되나, 믿지 않으면 심판받게 됨을 말한 것이다.

이 장에서는 주로 창조에 관하여 설명하고 일부 타락에 관하여 논할 것이다. 본격적인 타락과 구속의 관점에 관한 논의는 3부와 4부에서 다룰 것이다. 마지막 5부에서는 주로 완성적 관점에 대하여 논하기로 하겠다.

베레쉬트 바라 엘로힘 에트 하솨마임 브에트 하아레츠

"태초에 하나님이 천지를 창조하시니라"_창 1:1

베레쉬트(태초에, בְּרֵאשִׁית)

창세기 1장 1절의 태초[102]라는 말은 삼위 하나님의 창조에 의해 역사

---

102) 창세기 1장 1절의 태초가 베레쉬트(בְּרֵאשִׁית, in the beginning)라면 요한복음 1장 1절

와 만물이 시작된 시점을 말한다. 요한복음 1장 1절에도 '태초'가 나온다. 그런데 요한복음의 태초는 창세기와 달리 시간과 우주 공간이 시작되기 이전을 말한다. 사람의 인식으로는 언제부터인지 알 수 없는, 상상의 한계를 뛰어넘는 영역이다. 삼위 하나님은 이렇듯 우리 인식의 바깥에 존재하는 태초부터 계시면서 자신의 경륜을 이어오셨다.

창세기 1장 1절에 나오는 태초, 곧 베레쉬트는 '베'와 '레시트' 두 단어로 구성된 합성어이다. 베는 '베이트'(ב), 즉 '집'이라는 뜻의 히브리 단어이다. 그러나 단어 앞에 나올 때는 전치사로도 쓰여 '~에 의하여, ~를 통하여, ~로 말미암아'라는 의미도 나타낸다. '레시트'(ראשית)는 처음 것 혹은 첫 열매를 나타낸다(레 23:10). 고린도전서 15장 20절에 의하면 예수님은 잠자는 자들의 첫 열매라고 되어있다. 그리고 골로새서 1장 16-18절에 의하면 예수님은 만물의 머리와 으뜸 혹은 근본이라고 되어있다. 이를 연결하면 '레시트'는 명확하게 예수 그리스도를 뜻한다.

결국 태초부터 모든 역사는 예수로 말미암아 성부 하나님과 함께, 동시에 성령 하나님과 더불어 시작하였고, 장차 올 미래형 하나님 나라 역시 승리의 주님이자 재림주이신 예수로 완성될 것을 보여주는 대목이다. 결국 태초와 종말을 역사의 시작인 창세기 1장 1절을 통해 미리 말씀해주신 것이다. 에덴동산에서 아담과 하와는 창조주이신 하나님을 떠나 그 관계를 깨버리는 죄를 범한 후 죽음을 자초해

의 태초는 아르케(ἀρχή)를 말한다. 또한 '태초'를 말할 때는 시간의 처음을 의미하지만 인생에서 가장 중요한 본질적인 것을 말하기도 한다.

버렸다. 이후 영 죽게 된 인간들을 위해 예수님께서는 성육신하셔서 십자가 죽음으로 대가를 지불하시고 우리를 구속하셨다. 유월절 어린양 되신 초림의 예수님을 통해 구원받은 우리를, 재림주로 오셔서 당신께서 주인 되시는 미래형 하나님 나라로 다시 들이시겠다는 것이다. 거룩한 성 새 예루살렘, 즉 새 하늘과 새 땅을 예표하는 에덴의 완전한 회복을 말씀하신 것이다.

바라(창조하시니라. בָּרָא)

히브리서 11장 3절은 "믿음으로 모든 세계가 하나님의 말씀으로 지어진 줄을 우리가 아나니 보이는 것(현상계)은 나타난 것(현상계의 모든 것)으로 말미암아 된 것이 아니니라"라고 말씀하신다. 좀 더 쉽게 얘기하자면 물질은 물질로 말미암아 생성된 것이 아니라, 보이지 않는 것에서 나왔다는 말씀이다. 그렇다. 우리는 말씀으로 무에서 유를 창조하신 하나님의 솜씨를 진정으로 찬양하고 그분께만 영광을 돌려야 한다. 삼위 하나님만이 무에서 유를 있게 하신 진정한 창조주이시다.

엘로힘(하나님이. אֱלֹהִים)

인생의 모든 주어는 언제 어디서나 늘 하나님이시고 또 하나님이어야 한다. 역사의 주어 역시 그 역사의 주관자 되시는 하나님이어야 한다. 이러한 관점은 너무나 중요하다. 왜냐하면 누가 주어냐, 누가 주인이냐에 따라 가치와 우선순위가 달라지고 살아가는 방식이 달라지기 때문이다. 주인 되시는 예수님을 모시고 그 말씀을 따라 살아가는 것을 기독교적 세계관 혹은 기독교적 가치관이라고 한다.

천지를 창조하신 분은 삼위 하나님이다. 창세기에 나오는 창조 이야기는 제1창조와 제2창조로 구분할 수 있다. 창세기 1장 1절에서 2장 3절까지를 제1창조로 볼 때, 여기서 천지와 만물을 창조하신 후 일곱째 날에 안식하신 하나님은 엘로힘이시다. 반면에 2장 4절에서 2장 25절까지 제2창조에서 묘사하는 하나님은 야훼 하나님으로 제1창조와 제2창조는 동일한 하나님을 서로 다른 언어로 표현함으로써 하나님의 서로 다른 성품을 설명했다고 볼 수 있다. 엘로힘이 유일한 전능하신 창조주 하나님이시라면, 야훼 하나님은 신실하시고 자신의 언약을 구체적으로 이루어 가시는 구원자 하나님이시다.

창세기 2장에서는 동방의 에덴에 동산을 창설하신다. 그런 후 당신의 형상을 따라 지은 사람을 두셔서 자신과의 올바른 관계와 교제 가운데 살아가도록 하셨다. 모든 사람은 하나님과의 올바른 관계 속에서 살아가야 한다. 창조주와 피조물에 대한 명확한 인식 가운데 살아가는 것이 가장 거룩한 일이다. 온전한 샬롬 가운데 진정한 자유를 누리려면 바른 관계가 전제되어야 한다. 하나님을 떠난 독립적인 삶은 자유로움이 아니라 두려움이다. 방탕과 혼돈과 공허는 언뜻 보기엔 자유로워 보이나 실상은 평안이 없는 것이다. 무질서 속에서는 어지러움과 허무함, 쓸쓸함만이 지속될 뿐이다. 하나님의 품을 떠나면 '종의 멍에'(갈 5:1)만 주어지게 된다는 사실을 '돌아온 탕자 비유'를 통해 잘 알 수 있다.

에트(~와 함께, אֵת)

히브리어로 에트(אֵת)는 전치사로서 '-와 함께'(with)라는 뜻이다. 이 '함

예수를 믿는 사람의 특권을 요약하는 두 단어가 있다. '함께'와 '동행'이다. 삼위 하나님은 우리가 육신의 장막을 벗는 그날까지 언제 어디서나 함께하시며 동행하신다. 그 이후로도 영원히. (찬송가 430장, 주와 같이 길 가는 것, 작사·작곡 Simpson, 1897.)

께'의 주도권은 항상 하나님이어야 한다.

창세기 39장 2절에는 "여호와께서 요셉과 함께하시므로 그가 형통한 자가 되었다"고 말씀하셨다. 이어 3절과 23절에서도 "여호와께서 요셉을 범사에 형통하게 하셨더라"고 말씀하셨다. 결국 요셉은 하나님과 항상 함께함으로 형통하게 된 것이다. 그는 언제나 하나님의 주권 아래 살았다. 그것은 요셉의 형통이 자신의 성품이나 처신 때문이 아님을 말한 것이다. 오로지 하나님과 함께(את)였기 때문이다.

형통함에 대해 조금만 더 살펴보기로 하자. '형통'이라는 의미의 히브리어 단어 중 대조되는 두 개가 있다. 첫째는 세속적으로 잘나가는 것, 이른바 풍요, 승승장구, 번영을 뜻하는 '셀라우'(욥 12:6, שׁלו)가 있다. 둘째는 '하나님의 뜻과 계획이 부족한 나를 통해 이루어가고 그 결과를 완성하신다'라는 '첼리하'(צלח, 창 24:42, 39:2,3,23)가 있다. 성경에서 형통으로 첼리하가 쓰일 경우는 그 앞에 항상 '여호와께서 함께(את)하시므로'가 붙는다. 주도권이 하나님께 있다는 것이다. '함께'라는 의미의 에트(את)가 하나님의 형통(첼리하, צלח)으로 이끌어 감을 보여주는 것이다. 어디에서 무엇을 하든 간에 하나님이 함께하신다면, 비록 인간의 생각으로 납득할 수 없는 상황에 놓일지라도 반드시 하나님의 뜻과 계획이 이루진다는 것이다.

하나님의 주도권은 창세기 5장 22절과 24절, 6장 9절의 '동행'이라는 단어에서도 엿볼 수 있다. 동행의 히브리어는 '테할레크'(תהלך)인데 '좋으신 하나님이 나의 등 뒤에서 나를 받쳐 주시고 떠밀어 주신다'는 의미이다. 가스펠송의 "나의 등 뒤에서 나를 도우시는 주"라는 가사를 음미해보면 동행의 의미를 한층 더 쉽게 이해할 수 있을 것이다.

여기에서 우리는 '함께함'(אֵת), '동행'(הָלַךְ), '형통함'(הִצְלִיַח)이라는 세 단어를 서로 연결하여 깊이 묵상해보면 절로 감사가 넘치게 될 것이다. 빌립보서 2장 13절과 1장 6절에는 선한 일을 주도하시며 그 일을 시작하신 하나님은 그 일의 과정과 함께 결과도 반드시 나를 통해 이루실 것을 약속하셨다. 모든 일은 우리에게 소원을 먼저 품게 하시되 주도권은 하나님께 있으며 동행하시는 하나님께서 나를 통해 이루셔서 그 일을 기뻐하시겠다는 것이다. 할렐루야!

'함께'라는 의미의 '에트'를 조금 더 면밀하게 살펴보게 되면 태초에 삼위 하나님은 '함께' 천지를 창조하셨음을 알게 된다. 에트가 전치사로서 엘로힘에 이어 쓰였는데 이를 베레쉬트라는 단어가 함축하고 있는 예수님의 의미와 연결해보면, 태초부터 계셨던 예수님이 엘로힘과 함께 수면 위에 운행하시던 성령님과 더불어 천지를 창조하셨다는 의미로 이해할 수 있기 때문이다. 유한한 존재인 인간은 어디에서 무엇을 하건 이 '에트'를 잊지 말아야 할 것이다. 나와 함께하시겠다는 '에트'는 모든 그리스도인에게 주신 하나님의 약속이자 최고의 선물이다.

천지(하늘: 하솨마임; 땅: 하아레츠)의 아름다움

창세기 1장 1절 말씀 중에서 '태초에'라는 단어 못지않게 주목해야 할 단어가 '천지'(天地)이다. 천(天)은 복수로서 '하늘들'이며 지(地)는 단수로 쓰였다. 하늘을 복수로 표현한 이유는 눈에 보이는 하늘만을 생각해선 안 된다는 의미일 것이다. 비가시적 하나님 나라는 지금은 비록 볼 수 없지만 장차 들어갈, 예수님께서 왕이신 장소적 개념인 미래형 하나님 나라이다. 하늘나라에 대한 소망과 믿음은 기독교 신앙의 핵심이다.

창세기 1장 2절에 의하면 "땅이 혼돈하고 공허"하였는데, 삼위 하나님께서는 먼저 구조(frame)를 세우셔서 혼돈을 붙잡으셨고 그 공허함을 아름답고 조화로운 것들로 가득 채우셨다.[103] 그리고 마지막에 하나님의 형상을 따라 하나님의 모양대로, 보시기에 '심히 좋게' 사람을 창조[104]하셨다. 하나님의 형상을 일컫는 히브리어는 '쩨렘'과 '데무트'이다. 간단하게 말하자면 '쩨렘'은 신체적 형상을 뜻하며, '데무트'는 지, 정, 의 등 하나님의 성품적 형상을 말한다.

하나님의 은혜 왕국의 세 단위

저자는 하나님이 남성과 여성을 각각 창조하신 것은 하나님의 '은혜 왕국의 최소 단위'가 시작되는 '하나님의 창조 원리'라고 말하고 싶다. 다시 말하면, 우리 개개인은 하나님의 창조 원리에 따라 그분의 형상으로 지음받은 하나님 은혜 왕국의 최소 단위이다. 하나님의 창

---

103) 하늘들은 히브리어로 하솨마임(הַשָּׁמַיִם)이라고 하며 남성복수명사이다. 복수 형태이나 단수로 해석한다. 땅은 하아레츠(הָאָרֶץ)라고 하며 여성단수명사이다. 혼돈을 히브리어로 토후(without form, תֹהוּ)라고 하며 공허는 보후(בֹהוּ, emptiness)라고 한다.

104) '좋다'라는 의미의 히브리어는 토브(טוֹב)이다. 그 반대로 '좋지 못하다'라는 의미는 로 토브(창 2:18, לֹא-טוֹב)이다. '우리의 형상을 따라(in our image)'라고 말할 때에는 히브리어로 쩨렘(צֶלֶם)이라고 하며 '우리의 모양대로(according to our likeness)'라고 말할 때에는 데무트(דְּמוּת)이다.

조 원리에 따라 시작된 하나님의 은혜 왕국은 하나님의 경륜과 섭리에 의해 유지되고 확장된다.

하나님의 은혜 왕국은 첫째, 각 개인이라는 '최소 단위'가 있다. 둘째로는 결혼으로 맺어진 남성과 여성 두 사람(partnership)으로 구성된 '기본 단위'가 있고, 셋째로는 자녀를 포함한 가족(family)이라는 '확장 단위'가 있다. 물론 확장 단위에는 혈연관계 이상의 의미가 내포되어 있기도 하다. 그것은 그리스도인 가정이 번성하고 그 후손이 이어지는 것뿐만이 아니라 하나님을 주인으로 모신 가정들이 이웃과 사회 속에 점점 많아지는 것 또한 확장 단위에 포함된다.

이렇게 구분하는 이유는 우리가 누구이고 어떻게 살아가야 하며, 궁극적으로 예수님께서 다시 오실 때까지 우리를 통해 하나님의 나라가 점점 더 확장되어가야 한다는 사실을 강조하기 위함이다.

그렇기에 먼저 그리스도인은 자신의 정체성을 분명히 알아야 하며, 동시에 배우자를 가장 소중한 동역자로 여기며 '어떻게 살 것인가?'를 함께 고민하고 결단해야 한다. 육신의 장막을 벗는 그 날까지 부부는 첫 마음을 잃지 말고 함께 기도하며 예수님 안에서 살기 위해 노력해야 한다. 배우자를 단순히 보조자로 볼 것이 아니라 하늘나라의 유업을 함께 이을 배필[105]로 알고 주님께서 다시 오실 때까지 묵

---

105) '돕는 배필'이란 가장 적절한 배필(Suitable helper)이라는 의미로 '돕는'이라는 말은 하나님께만 사용되는 단어이다. 시편121편 2절에 '나의 도움'(עֶזְרִי)이 천지를 지으신 여호와에게서로다라고 분명하게 말씀하셨다. '돕는'이란 히브리어는 케네게도(כְּנֶגְדּוֹ)로서 적절한 혹은 적합한이라는 뜻이다. '배필'이란 히브리어는 에제르(עֵזֶר)로서 helper라는 의미이다.

묵히 맡은 일에 충성을 하며 하나님의 은혜 왕국을 확장하는 일에 힘써야 할 것이다.

첫째, 최소 단위

'최소 단위'란 하나님의 형상을 따라 "보시기에 심히 좋았더라"라고 말씀하실 만큼 최고로 지음받은 남성과 여성 개개인을 말한다. 각 개인은 하나님의 은혜 왕국의 기초이며 출발점이라는 의미에서 최소 단위이다. 개인은 성령님을 주인으로 모신 성전이기에 하나님의 은혜 왕국에서 가장 중요하다. 사탄은 이런 개인들을 가장 먼저 그리고 집중적으로 공격하곤 한다. 따라서 우리는 매 순간 혼자일 때에 근신하며 깨어 기도해야 할 것이다. 동시에 말씀을 간직하고 하나님의 전신갑주로 단단히 무장하여 영적 싸움에 당당히 임해야 할 것이다.

둘째, 기본 단위

'기본 단위'란 최소 단위인 각각의 남녀가 말씀으로 잘 준비되고 훈련되어 하나님의 섭리에 따라 결혼한 부부를 말한다. 그리스도인 부부는 인생에서 결혼을 포함한 모든 것이 하나님의 섭리 안에 있다는 점을 기억하며 결혼에 대한 하나님의 뜻을 깊이 생각하며 살아야 할 것이다. 결혼을 통해 부부는 평생의 동역자가 된다. 영혼의 친구가 되는 것이다. 따라서 두 사람은 서로를 먼저 기쁘게 해주는 데 최선을 다하여야 한다. 서로를 먼저 섬기고 기꺼이 책임을 다하며 몸과 마음이 진정 하나인 가정을 이룸으로써 하나님의 은혜 왕국의 기초를 튼튼하게 세워야한다.

청년 사역자이자 가정사역자인 박수웅 장로는 이런 결혼을 "영적인 하나(spiritual oneness)이자 육적인 하나(physical oneness)"라고 말했다. 결혼한 부부는 영적으로 뿐 아니라 육적으로도 반드시 하나가 되어야 한다. 일부 사람들은 '플라토닉 사랑'을 미화하며 '영적인 하나'만을 지나치게 강조한다. 그러다 보니 '영적으로 통하는 커플은 따로 있고 지금의 배우자는 육체적인 파트너에 불과하다'라고 말하기도 한다. 그런데 이것은 하나님의 결혼 원리가 아니다. 또한 다수의 배우자를 두는 결혼관계가 과거에도 현재에도 존재하지만 하나님께서 정하신 결혼 원리는 1부1처라는 사실을 분명히 알아야 할 것이다.

결혼은 하나님의 창조원리 가운데 하나이다. 창세기 2장 18절은 "사람이 혼자 사는 것이 좋지 못하니"라고 말씀한다. 혼자 사는 것은 하나님의 계획도 아니요 "아름답지도 않다"(로 토브)는 것이다. 더 나아가, 창세기 2장 19-20절에 따르면 진정한 배필은 한 남성과 한 여성이라고 말씀하셨다. 에덴동산에서 아담이 동물의 이름을 정할 때 동물에게 짝이 있음을 보고 자신의 짝을 그리워했다. 이에 하나님께서는 2장 21-22절에서 보여주신 것처럼 아담을 깊이 잠들게 하신 후 그 갈빗대로 여성을 만들어 아담에게로 이끌어오셨다. 아담은 하와를 보자마자 "이는 내 뼈 중의 뼈요 살 중의 살"이라는 말로 자신의 짝을 만난 기쁨을 노래했다. 따라서 성경이 말하는 결혼은 한 여성과 한 남성의 결합이다.

청년 사역자로서 그리스도인 청년의 이성교제에 대해 간단하게 부언하고 싶다. 우선 교회 안에서 건강한 이성교제는 적극적으로 장려해야 한다는 것이다. 나는 청년들의 이성교제야말로 '과정'(process)

을 따라 드리는 삶의 예배라고 생각한다.

　이성을 만나는 청년들은 처음1년 동안은 '단순교제'의 시간을 가졌으면 좋겠다. 이 시기 동안 서로 한 몸의 지체처럼 격려하고 세워주며 각자의 장단점을 배우고 신앙을 견고히 쌓았으면 한다. 그 다음 2년은 긴밀한 교제를 했으면 좋겠다. 이 시기는 '결혼을 전제한 교제'로서 이 기간 동안에는 일상 대화를 넘어 감정 대화까지도 할 수 있어야 한다. 상대의 아픔과 상처를 알고 보듬어 줄 수 있어야 하며 인생의 비전을 함께 세우고 결혼에 대한 피상적인 생각을 구체적으로 옮겨가는 과정이 되었으면 한다. 이렇게 3년 동안 깨끗한 교제의 시간이 채워지면 4년째에는 가급적 결혼을 하였으면 좋겠다. 청년 사역을 하며 그동안 주변의 청년들을 많이 보았는데 연애기간이 지나치게 길어지는 것은 결코 바람직하지 않았다. 물론 요즘 많은 청년들은 경제적인 문제와 더불어 여러 가지 장벽에 막혀 이 같은 제안이 쉽지 않은 것 또한 사실이다. 그럼에도 불구하고 청년 사역자로서 이상적인 가이드라인이라 생각하기에 청년들이 참고했으면 한다.

셋째, 확장 단위

'확장 단위'란 아름답고 깨끗한 과정을 따라 교제 후 하나가 된 부부가 자녀를 출산하여 믿음의 식구(family)를 늘려나가는 것을 말한다. 하나님께서 부부에게 주신 최고의 선물 중 하나는 부부관계이다. 이를 통해 자녀를 낳고 가족의 구성원을 늘려가는 일은 이 땅에서 생육하고 번성하라는 부르심에 응답하는 일이다. 동시에 당신의 창조원리인 '하나님의 가정원리'에 충성하는 일이라고 생각한다.

많은 그리스도인들이 이러한 '하나님의 가정원리'에 합당하도록 힘닿는 데까지 자녀를 많이 낳고 살 수 있었으면 좋겠다. 가능하면 네 명의 자식을 두는 부부들이 성도들 안에서 많이 나오기를 바란다. 꼭 네 명을 집어 얘기하는 이유는 사명자(使命者)가 되라는 의미이다. 사명자는 4명자(4명의 자식)라는 단어의 말장난이지만 청년 사역자의 진담이 들어 있기도 하다. 이처럼 땅에서 번성하고 편만하게 살아가는 가족을 '하나님의 가정원리'를 따라 살아가는 충성된 가정이라고 말할 수 있고 이런 가정이 많아지면 하나님의 나라인 은혜 왕국은 점점 더 수평적으로 확장될 것이다.

또한 주변의 무너져가는 가정들을 세워주며 이웃 사랑과 하나님 사랑을 실천하는 가정이 점점 많아질 수 있도록 먼저 된 가정이 세상에서 영향력을 발휘할 수 있어야 한다. 이리하여 영적 로열 패밀리(spiritual royal family)가 많아진다면 이것 또한 하나님의 은혜 왕국의 확장이다. 모든 그리스도인 가정은 분명한 정체성을 가지고 복음에 합당하게 살아갈 수 있도록 몸부림을 쳐야 한다. 빛과 소금의 역할을 감당하는 일은 열(빛)의 뜨거움도 감수해야 하고, 소금으로서 방부제 역할을 하기 위해 기꺼이 녹아 없어지는 아픔도 감수할 수 있어야 한다.

약간 주제를 벗어나는 듯하나 독신에 대해 얘기를 나누어보기로 하자. 잘 준비된 한 남성과 한 여성임에도 불구하고 합력하여 선을 이루지 않으려는 고집스런 독신에 대해 로마서 8장 28절은 '선'(토브)이 아니라며 경고하셨다. 그럼에도 불구하고 최근의 추세는 독신을 미화하는 듯하다. 점점 더 '욜로족', '혼밥', '혼술'이라는 말이 쉽게 들린다.

욜로족이란 'You Only Live Once'(YOLO)라는 '한 번뿐인 인생'의 약자로서, '인생의 기회를 놓치지 말고 현재를 즐기며 살라'는 의미다. 욜로 라이프 혹은 투데이(Today)족이라고도 한다. 결혼을 통하여 어렵고 힘들게 살 것 없이 혼자 살면서 편안한 인생을 즐기라는 것이다. 라틴어의 카르페 디엠(carpe diem)을 왜곡한 것처럼 보인다. 일면 멋져 보이고 자유로워 보이기도 한다. 그러나 저자의 눈에는 그렇게 홀로 살아가는 모습이 하나님의 창조원리에 은근히 대항하는 행위로 보일 뿐이다. 사실 홀로 산다는 것은 어떤 면에서는 이기적인 삶일 수도 있다. 물론 결혼을 하고 싶어도 할 수 없는 '특수한 경우'도 있기는 하다. 그렇더라도 그리스도인이라면 하나님의 창조원리를 먼저 생각해야 한다. 그렇기에 준비된 남녀의 결혼은 너무 중요하다. 흔히 결혼만이 인생의 전부가 아니라고 내뱉는 것은 하나님의 창조원리를 거스를 뿐 아니라 대항하는 것임을 알아야 한다.

하나님의 원리에 반하는 인간의 행동은 점점 더 거세게 나타나는 듯하다. 최근에는 남성과 여성이 결혼하는 것이 아니라, 사람이 동물과 결혼한다는 황당한 소식까지 심심찮게 들린다. 어느 여성은 돌고래 남편과 결혼하여 행복하게 산다고 하며, 어떤 이는 개와 결혼하였다고 한다. 어떤 남성은 염소 아내와 결혼하였는데, 염소 아내는 잔소리도 없고 쇼핑 가자고 조르지도 않음은 물론이요 남편 말을 너무 잘 듣기에 정말 행복하다고 하였다. 이 모든 것들은 하나님의 창조원리를 따르지 않으려는 것일 뿐이다. 창세기 3장 5절에 의하면, 그런 행동들은 탐욕에서 나온 '하나님과 같이 되려는 것'이다. 그들은 자유라고 외치지만 저자가 보기에는 자신이 하나님같이 되려는 것으로 하나님의 통치와 주권을 벗어나 자기 마음대로 살겠다는 극악한 죄를 짓는 것일 뿐이다.

조금 다른 문제일 수 있으나, 요즘 가정에서 애완용 동물을 키우는 일도 생각해 볼 문제가 제법 많다. 저자 역시 동물을 좋아한다. 특별히 개를 정말 좋아한다. 그러나 지나친 애완동물 애호의 문제점을 말해야 하는 위치에 있기에 키우고 싶은 마음을 억제해왔다. 그 결과 지금까지 개를 키우고 있지 않다. 나는 그동안 애완견을 키우는 일부 사람들의 모습에서 약간의 문제점을 보았다. 모두 그런 것은 아니지만, 일반적으로 애완견을 키우는 이들은 언뜻 그 애착이 너무 강해 보인다. 심지어 가족이나 배우자보다 애완견에게 쏟는 정성과 관심이 더 큰 것을 보며 화들짝 놀랄 때가 있다. 확실히 애완견과의 친밀감은 어느 면에서는 사람끼리보다 더할 수도 있다. 어떤 이는 노골적으로 자신의 애완견이 자식(?)이라고 힘주어 말하기까지 한다.

다시 강조하지만, 창세기 2장 19-20절에 의하면 동물은 사람의 파트너로서의 격이 아니라고 하셨다. 물론 여호와 하나님께서 각종 짐승들도 창조하셨으니, 짐승은 적당하게 대해주되 지나치게 사람처럼 대하지는 않았으면 좋겠다. 또한 배우자나 가족에게 향해야 할 노력과 관심이 줄어들지 않았으면 좋겠다. 짐승들은 잘 관리하고 다스리며(경작하다. 아바다, עָבְדָה. to cultivate) 보살피는 정도였으면 한다.

회개와 찬양의 관계

언뜻 창조의 원리와 무관하게 보이나 결코 무관하지 않은 찬양에 대하여 나눠보기로 하자. 하나님께서 인간을 창조하신 것은 찬양받기 위함이었다고 이사야 43장 21절은 분명하게 말씀하셨다.

> "이 백성은 내가 나를 위하여 지었나니 나의 찬송을 부르게 하려 함이니라" _사 43:21

    여기서 찬양이란, 하나님이 지으신 천지만물의 아름다움을 누리며 감동하는 것이기도 하지만, 사실은 삶으로 드리는 모든 것이 찬양이요 예배이다. 삶의 예배를 두 가지로 세분하면 첫째는 '복음 전파를 통한 하나님 나라의 확장'이고 둘째는 '찬양으로서의 회개'이다. 회개와 찬양은 얼핏 보기에 서로 어울리지 않는다고 생각할지도 모르겠다.

    헬라어로 '회개'를 뜻하는 단어가 메타노이아스(repentance, μετανοίας)이다. 이는 '죄의 자백과 함께 하나님 아버지께로 돌아감'을 의미한다. '회개'란 우리에게 있었던 그분의 형상(쩨렘, 데무트)이 죄로 인하여 망가진 것을 십자가 보혈로 씻음 받아, 그 결과 '하나님 형상으로 회복'되는 것이라고 정의할 수 있다. 그렇기에 회개는 '자백과 함께 돌아감'을 의미하며 히브리어로 '니하메티'(יָחַמְתִּי) 혹은 '슈브'(שׁוּב)라고 한다. 회개의 아람어(바벨론어)인 '타부'는 '하나님 형상의 회복'이라는 뜻이다. 이런 전제 하에 요한일서 1장 9절 말씀과 히브리서 13장

15절 말씀을 깊이 묵상해보면 회개와 찬양이 서로 너무나 잘 어울리는 동일한 의미의 단어임을 알 수 있다.

요한일서 1장 9절에는 자백을 통한 회개를 의미하는 헬라어로 호모로고멘(ὁμολογῶμεν)이라는 단어가 있다. 이 단어는 동사 호모로게오(ὁμολογέω, 히 13:15)에서 파생되었다. 그 동사의 의미는 두 가지인데, 바로 '찬양하다'(praise)와 '회개하다'(confess)이다. 히브리서 13장 15절 말씀에는 '찬송의 제사'와 '예수님의 이름을 증거하는 입술의 열매'라는 말씀이 나온다. 이것은 헬라어로 호모로게오이다. 종합하면, 우리가 죄를 지은 후 하나님께 철저히 회개하는 것이 하나님의 편에서는 기뻐 받으시는 찬양이라는 것이다. 그러므로 회개는 찬양이다.

Amazing! 할렐루야! 정말 놀랍지 않은가?

우리가 지은 죄를 그분의 보혈로 용서받는 것은 은혜다. 용서를 받게 되면 말할 수 없는 감사와 감격이 넘치게 된다. 그런데 우리가 지은 죄를 용서받기 위하여 부르짖은 회개가 그분이 기뻐 받으시는 찬양이라니!

그러므로 그리스도인은 그저 모든 것에 감사하지 않을 수 없다. 모든 것이 하나님의 은혜이다. 찬양은 하나님께서 받으시기 합당한 것이며 그분은 찬양받기 위하여 우리를 지으셨다고 이사야 43장 21절은 말씀하셨다. 또한 이사야 42장 8절에도 "나는 여호와이니 이는 내 이름이라 나는 내 영광을 다른 자에게, 내 찬송을 우상에게 주지 아니하리라"라고 말씀하셨다.

다시 강조하건대 회개는 곧 찬양이다. 찬양과 회개의 연결고리 외에 또 하나 자주 사용하면서도 피상적으로 이해되고 있는 단어가

샬롬이다. 샬롬(מִישָׁל, εἰρήνη)은 하나님과의 올바른 관계 안에서 그분의 지배, 통치, 질서 하에서 그분의 뜻을 따라 살아갈 때만 주어진다. 즉, 하나님과의 올바른 관계 자체가 최고의 평안이며, 그 관계가 끊어질 때 평안(샬롬)은 사라지게 된다. 삼위 하나님을 창조주 하나님으로 모시고 그분과의 올바른 관계 속에서 하나님의 형상을 유지하며 살아갈 때 평안이 주어짐을 알아야겠다.

발음은 비슷한데 뜻이 다른 두 단어가 있다. 평안과 편안(peaceful and comfortable)이다. 비록 연약한 육신을 가지고 있기에 편안한 것이 좋긴 하지만, 그럼에도 불구하고 하나님과의 올바른 관계 속에서 때로는 불편을 감수하며 말씀대로 살아갈 때 그리스도인에게 평안이 주어짐을 알아야 한다. 살다보면 제법 많은 경우 영적으로는 평안하나 육체적으로는 불편할 때가 있다. 약간은 역설적일 수 있지만, 예수님 안에서는 힘든 때라도 세상 사람은 맛볼 수 없는 진정한 기쁨이 있을 때가 많다. 불편을 감수할 때 주시는 하나님의 은혜는 비록 육체적으로는 지치고 힘든 삶이라 하더라도 영적 시원함을 주는 펑펑 솟아나는 샘물이다. 이는 하나님께서 주신 은혜를 진정으로 맛본 사람들만의 특권적 선물이기도 하다.

모든 것을 하나님의 작품으로 보라

저자는 이전에도 그러하였지만 앞으로도 대자연을 보거나 사람들을 접할 때마다 먼저는 하나님의 작품으로 인식하려고 노력한다. 그들에게서 하나님의 형상을 찾으려고 애를 쓴다. 그렇기에 사람에 대해서는 보다 친근함으로 다가가려고 한다. 자연이나 동식물을 대할 때는 창조주의 손길과 숨결을 느끼려고 집중한다. 그분을 향하여는 늘 찬양하고 감사하는 삶을 살려고 몸부림친다.

잘 알다시피 창조론의 대척점에는 진화론이 있다. 모든 사람에게 창조와 진화는 선택의 문제이다. 둘 다 증명할 수는 없다. 그럼에도 불구하고 본질을 꿰뚫어 볼 줄 알아야 한다.

그렇기에 과학을 말하는 듯한 진화는 실상은 거짓된 과학에 불과하다. 게다가 과학적으로 증명된 것이 그다지 많지도 않다. 창조는 비과학적이지만 믿음이요 진실이다. 과학을 가장하여 진화를 주장하는 그들은 결국 창조주 하나님을 부인하고 싶은 것일 뿐이다. 진화를 주장하는 그들과는 논쟁하려 할 것이 아니라 긍휼히 여기며 중보해야 할 것이다. 그들과 열어놓고 대화는 하되 그들의 주장을 받아들이는 우를 범하지 말아야겠다. 그저 진화론자들이 하루라도 빨리 창조주의 손길을 느끼게 되기를 바랄 뿐이다. 창조론에 관하여는 밴쿠버 기독교세계관 대학원장으로 있는 양승훈 교수의 저서를 참고하길 바란다.

"태초에 하나님이 천지를 창조하시니라"

다시 에덴동산으로 렌즈를 돌려보자. 삼위 하나님은 동방의 에덴에 동산을 완벽하게 창설하시고 자신의 형상으로 지은 사람들을 그곳

완벽한 에덴동산은 미래형 하나님 나라를 예표한다. 우리는 그 나라에서 삼위 하나님을 찬양하며 영생을 누리게 될 것이다.

에 두시고 자신과의 올바른 관계와 친밀한 교제 가운데 살아가도록 하셨다(창 2:8). 그러나 아담과 하와는 탐욕으로 인하여 하나님과 같이 되고자 하는 마음을 선택해버렸다. 처음에는 약간 주저하는 듯하다가 자꾸 쳐다보니 먹음직하고 보암직한 그 선악과가 갖고 싶었다. 결국 선택[106]함으로써 창조주와의 관계를 훼손시켜버렸다.

"하나님과 같이 될 수 있다"는 사탄의 말은 충분히 매력적이었을 것 같다. 오랫동안 마음에 품어오던 생각은 아니었을지도, 그 말을 듣는 순간만큼은 아마도 귀가 번쩍 뜨였을 것이다. "아! 내가 늘 경외심으로만 바라보던 그 하나님이 될 수 있다니…."

"너희가 그것을 먹는 날에는 너희 눈이 밝아 하나님과 같이 되어 선악을 알 줄을 하나님이 아심이니라"_창 3:5

그러나 그것은 사탄의 달콤하고도 교묘한 속임수였다. "하나님과 같이 된다"는 건 새빨간 거짓말이다. 그렇게 되지도 않지만 그렇게 될 수도 없다. 오직 하나님만이 창조주이시고 사람은 피조물일 뿐이다. 그것이 팩트이다.

창세기 2장 8절에서 17절까지를 찬찬히 살펴보자. 죄짓기 전에는 모든 것이 좋았고 완벽한 환경 속에서 누리며 무엇보다도 하나님과의 소중한 교제가 있었다. 그러나 선악과를 따 먹은 후 하나님과

---

106) 하나님께서 에덴동산에서 우리에게 주신 가장 큰 선물 중의 하나가 자유 의지(Free Will)였다. 이는 정확하게 표현하자면 자유 선택(Free Choice)이었다.

같이 된 것은 고사하고 두려움이 생겨 동산을 거니시는 하나님으로부터 숨게 된다. 게다가 자신들이 벌거벗은 것을 깨닫고 그 수치와 치부를 덮으려고 무화과 나뭇잎을 엮어 치마를 만들어 입었다(창 3:7). 그러나 나무 잎사귀들은 금방 시들고 부스러졌다. 이에 하나님께서는 짐승을 잡아 그 가죽옷[107]을 만들어 입혀 주심으로 그들의 수치를 덮어주셨다. 여기서 희생 짐승의 피와 가죽은 장차 오실 예수 그리스도의 십자가 죽음의 의미를 담고 있다.

히브리서 9장 22절에는 "율법을 따라 거의 모든 물건이 피로써 정결하게 되나니 피 흘림이 없은즉 사함이 없느니라"라고 말씀하셨다. 결국 아담과 하와의 수치를 덮기 위한 짐승의 피 흘림은 그리스도의 보혈을 예표한 것이다.

이렇게 입히시고 난 후 창세기 3장 22-24절에 의하면 하나님께서 그들을 에덴에서 쫓아내 버리셨다. 그러나 앞서 말했듯이 하나님의 징계는 항상 회복을 전제하고 있다.

아담 언약과 이로 인한 구원의 약속

창세기 3장 15절에 이르자 "내가 너로 여자와 원수가 되게 하고 네 후손도 여자의 후손과 원수가 되게 하리니 여자의 후손은 네 머리를

---

107) 여기서 가죽옷이란 예수님의 살과 피를 의미한다. 로마서 13장 12,14절과 갈라디아서 3장 27절에는 빛의 갑옷, 예수 그리스도로 옷 입으라고 하셨다.

상하게 할 것이요 너는 그의 발꿈치를 상하게 할 것이니라"라고 말씀하시며 우리를 죄에서 구원하실 메시아를 약속하셨다. 이처럼 하나님은 중보자 예수 그리스도를 통한 회복을 약속하신 후에야 그들을 에덴에서 내보내셨다. 따라서 아담 언약은 타락한 인간에게는 한줄기 빛과 같은 소망이었으며, 은혜와 긍휼이라는 언약의 성격을 엿볼수 있는 대목이기도 하다.

그렇게 예수님은 말씀대로 동정녀 마리아를 통해 성령의 잉태하게 하심으로(마 1:18,20) 인간으로 이 땅에 오셨다. 그 예수님은 완전한 인간이자 유일한 의인이셨다. 그렇기에 인간의 모든 죄를 대속하셨다. 또한 예수님은 다윗의 혈통[108]으로 오시마(롬 1:3)라는 성경에 말씀하신 대로 오셨다(마 1:1-16, 눅 3:23-38).

굳이 예수님이 유다의 가계를 통해 다윗의 후손으로 오신 이유가 있을까? 그것은 다윗을 살펴보면 알 수 있다. 그는 훌륭한 왕이었으나 간음도 모자라 살인까지 저질렀던 인물이다. 인간적으로는 용서받지 못할 극악무도한 죄인이었다. 처음에 다윗은 자신이 저지른 죄가 얼마나 큰 것인지 인식도 못했던 듯하다. 죄의식조차도 별로 없어보였다. 그러나 신실하신 하나님은 나단 선지자를 통해 그 죄를 고백하게 하셨다. 그제야 다윗은 자신의 큰 죄를 해결해주실 중보자 메시아의 필요성을 느끼게 된다. 그리하여 메시아이신 예수님은 다윗의 죄를 뚫고 인류에게로 오셨던 것이다.

---

108) 육적으로 아버지 요셉이나 어머니 마리아 둘 다 다윗의 혈통이다.

다시 에덴으로 렌즈를 돌려보자. 아담과 하와는 죄로 말미암아 에덴에서 쫓겨났으나, 긍휼이 많으신 하나님은 마음이 아프셨다. 타락으로 인해 실낙원한 인간은 살았으나 실상은 죽은 사람이었다. 왜냐하면 하나님과의 관계가 끊어짐으로 샬롬을 상실해버렸을 뿐 아니라 땅[109]의 흙으로 돌아가버려 생기 없는 죽은 사람인 '아담'(אָדָם)이 되어버렸기 때문이었다. 하나님과의 분명한 관계와 교제가 있던 에덴동산에서는 생기가 있는 생령 혹은 네페쉬 하야로서 진정한 산 사람이었다. 여기서 죽은 사람 아담에 대비되는 성령님을 모신 산 사람을 '네페쉬 하야'라고 한다. 그러므로 실낙원한 인간은 생기가 없는 죽은 사람이기에 땅의 흙인 먼지 혹은 티끌인 '아파르'에 불과하다. 반면에 예수님을 나의 구주 나의 하나님으로 입으로 시인하고 마음으로 믿어 구원된 그리스도인은 성령님이 내주하는 온전한 '네페쉬 하야'로 살아가게 되는 것이다.

죄의 심판과 은혜의 방주

역사의 시간이 흘러 땅 위에 사람들이 번성했으나 그들은 하나님을 잊어버리고 제멋대로 살기 시작하였다. 사람들은 하나님의 자리에

---

109) 인간의 근원인 땅(the ground)을 아다마(אֲדָמָה)라고 한다. 흙 또는 먼지를 가리켜 아파르(עָפָר)라고 하며, 생기(breath)를 루아흐(רוּחַ) 혹은 하임(חַיִּים 프뉴마)이라고 한다. 생기가 있는 진정 살아 있는 사람(a living being)을 네페쉬 하야(living חַיָּה: a being נֶפֶשׁ)라고 한다.

'네피림'110)을 세웠다(창 6:4). 영웅들이 하나님을 대신하자 죄악을 행하는 일은 점점 더 익숙해졌고 자연스럽기까지 하였다. 사람들의 모든 생각과 계획은 항상 악하였다(창 6:5). 그런 사람들을 보며 하나님이 한탄하셨다고 성경은 기록한다. 물론 하나님의 한탄은 인간의 후회와 다른 것으로, 회복을 전제한 한탄(סחנם)이다. 저자는 이것을 '부성애적 아픔의 한탄'이라고 부른다. 하나님의 한탄은 노아를 택하여 회복을 꿈꾸시는 방향으로 이어진다.

하나님의 은혜로 택함받은 노아는 120년에 걸친 거대한 토목공사를 통해 방주를 만들었다. 이 오랜 세월 동안 하나님은 노아에게 순종과 인내를 가르쳤다. 당시 방주를 건축하던 노아의 성실함은 하나님의 성실하심이요 노아의 믿음은 하나님의 열심이었다.

드디어 방주가 완성되고 노아가 들어간 지 일주일 후부터 시작된 비는 40주야를 밤낮으로 내렸다. 위로는 하늘의 창이 터지고 아래로는 땅의 깊은 샘들이 터져 솟구쳤다. 당시 방주에 들어가지 않았던 사람들은 엄청난 공포와 두려움을 느꼈을 것이다. 방주 안에 있던 노아와 그 가족들도 예외는 아니었을 것이다. 그럼에도 불구하고 노아와 그 가족들은 긴긴 120년 동안 방주를 건축하면서 체득한 기다림의 훈련과 인내, 그리고 하나님을 전적으로 신뢰하는 믿음이 큰 힘이 되었을 것이다.

---

110) '다른 사람을 넘어뜨리는 자'라는 의미로 거인종족을 말한다. 당시 사람들은 그런 네피림(נפלים, The Nephilim)을 영웅시하는 초인 사상 혹은 영웅 사상을 가졌다.

구약의 세 인물, 아브라함과 다윗, 그 가교가 된 모세

아브라함의 언약은 창세기 12장, 15장, 17장에 나온다. 그리고 22장에 이르러는 이삭을 모리아 산에 제물로 바치는 장면이 나온다. 모리아(מוריה)라는 히브리어는 두 가지 의미[111]를 지닌다. 그중 하나가 '하나님께서 이 장소를 거룩하게 지정하셨다'라는 것이다. 결국 역대하 3장 1절을 보면 바로 그 모리아 산에 솔로몬 성전이 지어지게 된 것이다. 이는 모리아라는 뜻에서 보듯 애초에 거룩한 처소가 될 것을 암시하셨던 것이다.

또한 다윗으로 연결해보자. 사무엘하 24장에는 아라우나[112](ארונה)의 타작마당이 나오고 역대상 21장에는 오르난(ארנן)의 타작마당이 나온다. 모리아와 아라우나, 오르난은 동일한 지역이며 훗날 이곳에 하나님의 현현인 성전이 지어지게 된다. 종국적으로 성전이신 예수님의 성육신을 상징하며 더 나아가 교회를 위해 피로 값주시고 사신 메시아의 도래를 예표한 것이다.

창세기 15장에서는 하나님은 아브라함에게 이스라엘 백성의 노예생활과 함께 400여 년 후에는 애굽에서 해방될 것을 말씀하셨다. 그 일에 쓰임받은 인물이 모세이다. 아브라함의 손자 야곱은 12명

---

111) 두 가지 의미는 다음과 같다. 첫째는 '여호와는 나의 스승이시다'이며 또 다른 하나는 '하나님께서 친히 지정하셨다'이다.

112) 아라우나는 A Jebusite로서 에부스인은 Jebus에 살고 있던 고대의 가나안 사람이다. 아라우나의 히브리어가 오르난이다. 창 22장, 삼하 24장, 대상 21장, 대하 3장을 읽어보라.

의 아들이 있었는데 영적 장자인 요셉을 통하여는 이스라엘이 구원을 얻게 된다. 또한 실제적 장자였던 르우벤은 서모 빌하와의 통간으로 그 지위를 박탈당하고 둘째와 셋째인 시므온과 레위는 하나님의 이름을 도용하여 거짓말과 살인, 약탈을 자행하여 장자의 지위를 박탈당하였다. 결국 유다가 실제적 장자가 되었다. 그리하여 그 유다의 후손으로 다윗이 오게 된다. 그렇기에 마태복음 1장 1절은 아브라함과 다윗의 자손 예수 그리스도의 세계라고 하였다.

안식일이냐 주일이냐가 아니라
생명 살리는 일이 중요하다

천지와 만물을 완벽한 균형과 최고의 조화로 더할 수 없이 아름답게 만드신 삼위 하나님은 7일째에 안식에 들어가셨다. 이는 완벽한 창조였음을 말하는 것이다. 더 나아가 성경은 아무 것도 안 하는 것을 안식이라고 하지 않는다. 오히려 생명 살리는 일을 하는 것이 진정한 안식의 의미이다.

창세기 2장 2절에 "하나님이 지으시던 일이 일곱째 날에 마치니 그 지으시던 일이 다하므로 일곱째 날에 안식하시니라"라고 하신 말씀과, 요한복음 5장 16-18절에 "그러므로 안식일에 이러한 일을 행하신다 하여 유대인들이 예수를 핍박하게 된지라 예수께서 저희에게 이르시되 내 아버지께서 이제까지 일하시니 나도 일한다 하시매 유대인들이 이를 인하여 더욱 예수를 죽이고자 하니 이는 안식일만 범할 뿐 아니라 하나님을 자기의 친아버지라 하여 자기를 하나님과 동등으로 삼으심이러라"라고 말씀하신 것을 연결해보면 안식의 의미는 한층 더 분명해진다. 결국 성경은 안식일에 하나님도 예수님도 생명 살리는 일은 하셨음을 보여주셨다. 그렇기에 역사의 주관자 하나님은 천지창조부터 지금까지 생명을 살리는 일을 계속하시는 것이다. 결국 안식일은 율법적으로 아무 것도 하지 않아야 하는, 단순히 쉬는 날이 아니다. 오히려 그리스도인들은 예수님이 재림하시는 그날까지 생명 살리는 일인 복음을 자랑하는 일에 더 매진하여야 할 것이다.

이처럼 구약 시대에는 안식일을 지켰지만 오늘날은 예수님께서 안식일 후 첫날에 부활하신 것을 기념하여 주일을 지킨다. 그런데 이것은 일요일만을 주의 날로 지키라는 의미가 아니다. 어떤 사람들은 일요일만을 주일이라고 생각하며 거룩하게 지켜야 한다고 주장한다. 그러나 월요일부터 토요일까지 아니 모든 날이 주의 날이다. 그러므로 우리는 모든 날 동안 예수님의 말씀으로 생명을 공급받아 살아야 함은 물론이요 더 나아가 주님 다시 오실 때까지 생명을 살리는 복음 전파에 '올인'하며 살아가야 할 것이다.

그러므로 '안식일이냐? 주일이냐? 둘 중 무엇이 옳으며 어떤 날을 지켜야 하느냐? 그날에는 무엇을 하지 말아야 하느냐?' 등등의 문제는 그리스도인이 고민할 본질은 아니다. 우리는 삼위 하나님을 본받아 예수님 재림하시는 그날까지 생명 살리는 일만 계속해야 할 뿐이다.

2부

언약의 관점으로 성경을 보자

5강 6대 언약

성경 전체를 이해하는 또 다른 방법 중 하나는 신구약
성경을 여섯 가지 언약으로 연결해 보는 것이다. 성경
이 말하는 언약(言約, My Covenant, 베리트)은 인간들이 흔
히 행하는 쌍방 간의 합의 하에 이루어지는 약속이 아
니다. 성경의 언약이란 하나님께서 직접 사람에게 약
속하시고 그것을 신실하게 이행해 가시는 것이다. 그
것은 하나님의 전적인 은혜이자 편무(片務) 언약이요 일
방적 언약이다. 성경에 나오는 하나님의 언약은 인간
의 원역사에서 시작되는데, '아담 언약', '노아 언약',
'아브라함 언약', '모세 언약', '다윗 언약', 그리고 2000
년 전 성취된 '예수 그리스도의 새 언약'이다. 여기서
새 언약이란 오신 초림의 예수님과 동시에 오실 재림

의 예수님 모두를 포함한다.

첫째, 아담 언약(창 3:15)

최초의 복음으로 '원시복음'이라고도 한다. 태초에 삼위 하나님이 천
지를 창조하시고 동방의 에덴에 동산을 창설하셨다고 창세기 2장 8
절은 말씀하고 있다. 창세기 1장과 2장을 자세히 읽으면 당신의 경륜
을 이끌어 가시는 역사의 주관자 하나님의 속성에 대한 차이를 알 수
있다. 하나님의 속성을 표현함에 있어 창세기 1장 1절에서 2장 3절까
지는 엘로힘(유일신 전능주 하나님, אֱלֹהִים)으로 기술되어 있으나 2장 4절에
서 25절까지는 야훼 하나님(יהוה אֱלֹהִים)으로 기술되어 있다.

엘로힘이나 야훼 하나님은 두 하나님을 가리키는 것이 아니다.
하나님의 이름도 아니다. 엘로힘은 유일하신 전능주 하나님의 속성
이며, 야훼 하나님은 당신의 약속을 신실하게 이행하시며 구체적이
고 세부적인 것을 주관하시는 하나님을 말한다. 즉 엘로힘이나 야훼
하나님은 그 속성을 일컫는 말이다.

하나님은 사람을 창조[113]할 때 당신의 형상을 따라 당신의 모양

---

113) 창 1:26-27을 읽어보라. 특별히 하나님의 형상을 쩨렘(in Our image, צֶלֶם)이라 하며 하
나님의 모양을 데무트(according to Our likeness, דְמוּת)라고 한다. 요약하면, 쩨렘이 신체
적 형상이라면 데무트는 하나님의 성품을 의미한다. 근본인 땅(the ground, אֲדָמָה)에서 취
한 흙(dust, עָפָר)으로 만든 사람을 아담(Man, אָדָם)이라고 하며 그 사람에게 생기(루아흐
프뉴마, 성령, Breath wind Spirit)를 불어넣으셨다(창 2:7, 불어넣다, breathed, נָפַח). 이는

대로 사람을 만들었다고 창세기 1장 26-27절에서 말씀하셨다. 그런 후 창세기 2장 7절에는 그 사람에게 생기를 불어넣으셨다고 하셨다. 그리하여 사람은 성령을 모신, 진정한 살아 있는 사람인, 생령이 되었다. 그런 후 그 사람을 가장 완벽한 장소인 에덴동산에 두시고 하나님의 다스림 가운데 바른 관계와 교제를 가지도록 하셨다. 하나님은 보기에 아름답고 먹기에 좋은 나무와 함께 동산 가운데에 생명나무와 선악을 알게 하는 나무를 두셨다.[114] 동시에 동산의 각종 나무의 실과는 먹어도 좋으나 선악을 알게 하는 나무의 실과는 금하셨다. 하나님과 사람의 계약은 그 실과를 먹는 날에는 정녕 죽으리라는 것이었다. 그것은 하나님의 공의였고 하나님의 통치와 질서 하에서 살아가라는 것이었다. 그러나 사람은 사탄[115](נָחָשׁ or שָׂטָן)에게 속아 하나님의 지배로부터 독립하려고 하였을 뿐 아니라 심지어는 '하나님과 같이'(창 3:5) 되려고 했다. 결국 인간은 탐욕으로 인하여 하나님께서 금하신 열매에 손을 댔던 것이다. 인간은 하나님과의 계약을 일방적으로 깨버리고 하나님의 권위에서 벗어나려 했다. 그 결과 하나님의 영이 사람을 떠나버린 상태인 죽음이 찾아오게 되었다. 또한 에덴도 상실해버렸다. 그렇기에 아담 이후 모든 인간은 누구나 다 영적 죽음 상태로 출생하며 죄인으로 태어난다. 그러나 좋으신 하나님께서

창 1:2의 운행하다(Moved, רָחַף)와 동일한 의미이다. 그리하여 사람은 생령(네페쉬 하야, A Being Living : 성령을 모신 진정한 살아 있는 사람)이 되었다.

114) 선악과와 생명과가 두 그루의 나무를 말하는 것인지 하나인지가 분명하지는 않다.

115) 나하쉬(נָחָשׁ)는 사탄(שָׂטָן)의 속성으로 '간교하다'라는 의미이다. 창세기 3장 1절의 뱀의 히브리어가 바로 나하쉬이다.

는 인간에 대한 구원을 위한 끈을 놓지 않으시고 아담에게 구원의 언약을 주셨다. 이것이 소위 원시복음이라고 말하는 '아담 언약'이다(창 3:15).

둘째, 노아 언약(창 9:1, 6:18, 9:9–17)

노아 언약은 하나님께서 주셨던 창세기 3장의 아담 언약을 잊지 않으시고 창세기 6장과 9장에서 아담 언약의 이행으로 주신 것이다. 이 노아 언약은 홍수 전후의 두 가지 언약을 다 포함하고 있다. 이 두 가지란 홍수 전에 주어진 창세기 6장 18절의 방주로 인한 구속에 대한 언약과, 홍수 후에 주어진 창세기 9장 9절에서 17절까지의 무지개 언약을 말한다. 또한 창세기 9장 1절에서는 아담 언약의 갱신을 허락하셨다.

역사의 주관자이신 하나님은 에덴에서 쫓겨난 인간이 점점 더 곁길로 가는 것을 보며 마음이 아프셨다. 가인은 동생 아벨을 죽인 것도 모자라 창세기 4장 16절에 이르면 하나님을 떠나버렸다. 거기에다가 가인의 후예들은 그 이름들[116]의 의미로 짐작컨대 하나님을 몰랐을 뿐 아니라 강포하였고, 하나님의 명령인 일부일처를 어겼으며, 세

---

116) 에녹의 아들 이랏은 '도망자'이며 손자인 므후야엘은 '하나님이 징계하셨다'라는 뜻이다. 그 후손인 므드세엘은 '지옥의 아들'이라는 뜻이며 일부일처를 최초로 어겼던 라멕은 '포학자'라는 뜻이다.

상의 아름다움을 추구하며 그길로 나아갔다. 그런 인간들의 배신은 아버지 하나님의 아픔을 배가시켰다. 그러나 하나님은 당신의 일방적 약속인 아담 언약을 끝까지 기억하셨다. 그렇기에 신실하신 하나님은 인간을 향한 당신의 경륜을 변함없이 이끌어가셨던 것이다.

창세기 6장에는 "사람이 땅 위에 번성"하였다고 기록되어 있는데, 이것은 지구상에 인구가 비약적으로 늘어났음을 말한다. 동시에 인간들의 죄악은 점점 더 많아져 온 세상에 가득 찼고 마음의 생각은 항상 악하였다. 이에 하나님은 홍수심판을 결심하셨다. 그리하여 지면의 모든 사람을 쓸어버리겠다고 작정하셨다. 그러나 하나님은 아담 언약을 여전히 기억하고 계셨다. 그리하여 신실하신 하나님은 당시의 세상 사람들과 별반 차이 없이 살아가던 노아를 은혜로 선택하셔서 언약을 맺어 주셨다(창 6:8). 이렇게 하여 노아 언약이 주어졌다. 아담 언약과 마찬가지로 노아 언약 또한 태초부터 일관된 하나님의 전적인 은혜를 보여주고 있는 것이다.

홍수 이후 역사의 주관자이신 하나님은 당신의 경륜[117]을 계속하여 이어가심으로 당신의 신실하심을 보여주셨다. 그리하여 신실하신 하나님은 창세기 12장부터 나오는 아브라함 언약이나 아브라함으

---

117) 경륜(經綸, οἰκονομίαν, administration, 섭리, 주권적 계획 혹은 청지기, stewardship)이란 하나님의 통치를 뜻한다. 이는 역사에서 일어나는 크고 작은 모든 일들은 이해가 되든 안 되든 하나님의 섭리와 계획으로 이루어지며 그 모든 것이 그분의 허락 하에서 이루어진다는 의미이다. 경륜에 해당하는 헬라어 '오이코노미아'에서 생태계(ecology)와 경제(economy)라는 단어가 파생되었다. 뒤집어 말한다면 하나님의 경륜을 인간들이 무시하고 무너뜨릴 때 경제는 여지없이 무너져 내려 빈부 격차가 심해지고, 생태계 또한 파괴되어 전 지구적으로 몸살을 앓게 되는 것이다.

로부터 약 500년 후의 모세 언약, 그리고 통일왕국의 2대왕 다윗 언약을 거쳐 종국적으로 예수 그리스도의 새 언약을 성취하시고야 만다. 인간들의 거듭되는 배신에도 불구하고 신실하신 하나님은 끝까지 당신의 언약을 이어가셨고 정확하게 당신의 때에 인간의 구속을 성취하셨던 것이다.

셋째, 아브라함 언약(창 12:1-3, 15:17, 17:9-11)

아브라함 언약이란 창세기 12장 1-3절에 이어 15장 17절의 횃불 언약과 17장 9-11절에 이르러 언약의 표징인 할례를 통해 하셨던 약속이다.

　　바벨탑 사건으로 언어를 혼잡케 하셔서 인류를 온 지면으로 흩어버리셨던 하나님은 당신의 언약을 기억하셨다. 이방 땅 우르에서 우상의 조각품을 만들어 적당하게 세상과 타협하며 그럭저럭 편안하게 살아가던 아브람을 부르신 것이다. 그러고는 고향과 친척 아비의 집을 떠나 "내가 네게 지시하는 땅으로 가라"고 하셨다. 히브리서 11장 8절을 보면 당시 아브람은 "갈 바를 알지 못하고 나아갔다"고 한다.

　　우르에서 떠난 그는 하란에서 머뭇거리다가 아버지 데라가 죽은 후 성령님께 이끌리어 가나안으로 들어간다. 약속의 땅에 갔더니 기근이 있었다. 그러자 곧장 애굽으로 내려갔다가 수치를 당할 뻔했지만 하나님의 적극적인 개입하심으로 면하게 된다. 가나안으로 다시 돌아왔으나 부유해진 재산 때문에 롯과 헤어지게 된다. 조카 롯에게 땅 선택의 우선권을 양보한 결과 약속의 땅 가나안에 남게 된다.

이후 북방 4개국 동맹과의 싸움에서 하나님의 개입하심으로 싸움 초반에 말도 안 되는 승리를 얻게 되었다. 이내 곧 인간적인 관점으로 상황을 분석해보자 그들의 복수가 두려워졌다. 창세기 15장에 이르자 그런 아브람에게 하나님은 방패가 되어주실 것과 함께 국민, 주권, 영토까지 약속하신다. 이 모든 일을 하나님의 경륜으로 이루어내실 것을 약속하시며 그 표시로 횃불 언약을 주셨다. 그것도 부족하여 창세기 15장 17절에는 하나님만 쪼개진 짐승 가운데로 홀로 지나가셨다. 좋으신 하나님은 그 언약을 당신만이 지키실 것을 약속하셨다. 그 횃불 언약은 하나님 편에서는 일방적이요 불평등한 약속이었다.

다시 창세기 17장에 이르면 모든 남자에게 할례를 명하였고 그 1년 후 후손을 약속하셨다(창 17:21). 동시에 아브람의 이름을 열국의 아비인 아브라함으로, 사래를 열국의 어미인 사라로 바꾸셨다. 이후 21장에 이르러 기쁨과 환희의 아들 이삭이 태어나게 된다. 이삭은 쌍둥이 아들을 두었는데, 하나님은 둘 중에 야곱을 택하셨다. 그 야곱의 11번째 아들 요셉을 통하여 애굽으로부터 이스라엘의 구원이 주어지고 예수님은 넷째 아들인 유다를 통하여 이 땅에 오시게 된다.

넷째, 모세 언약(출 19:1-6)

야곱을 위시한 70명의 가족이 이스라엘을 떠나 애굽에 이주하여 살기 시작한 곳은 고센의 라암셋이었다. 처음에는 총리였던 요셉의 영향력 아래에서 그들은 일종의 특권계급이었다. 그렇기에 애굽에서의 생활은 그럭저럭 괜찮았다. 차츰 적응한 것은 물론이요 정착도 안정적으로 이루어져 갔다. 거기에 더해 이스라엘 자손은 생육하여 번성하고 심히 강대하여 온 땅에 가득하게 되었다. 그렇게 역사의 시간은 흘러갔다. 훗날 요셉을 알지 못하는 새 왕이 일어나 애굽을 다스리게 되었는데 이스라엘을 보는 눈이 곱지 않게 되었다. 이스라엘이 오히려 근심거리가 되었던 것이다. 그리하여 이스라엘 백성에게 고된 일이 주어졌고 시간이 흐를수록 괴로움은 더해갔다. 그러나 이스라엘 백성은 학대를 받을수록 더욱 번식하고 창성해졌다. 마침내 애굽은 이스라엘 민족의 씨를 말살하려고 태어난 여아만 살리고 남아는 죽이도록 하는 정책을 시행한다. 그러나 이와 같은 민족적인 위기의 순간에 신실하신 하나님께서는 레위지파를 통해 모세를 보내주셨다.

이스라엘 백성의 430년간 애굽 생활은 내일에 대한 희망이 없던 시간이었다. 그러나 그들에게는 조상으로부터 구전되어 온 아담 언약, 노아 언약, 아브라함 언약과 같은 실낱같은 소망이 있었다. 특별히 아브라함 언약에는 애굽에서 400여 년간 압제를 받을 것과 출애굽에 대한 약속의 말씀이 창세기 15장 후반부에 포함되어 있었다. 그리고 이 약속은 모세를 통해 마침내 이루어진다.

출애굽 후 홍해를 지나 광야에 도착한 이스라엘 백성은 모세와 미리암의 노래가 채 끝나기도 전에 의식주에 대해 불평을 쏟아내었다. 가는 곳마다 불평불만투성이였다. 그들의 모든 불평을 들으셨음에도 불구하고 신실하신 하나님은 시내 산에 도착한 이스라엘 백성들에게 시내 산 언약을 주셨다.

"세계가 다 내게 속하였나니 너희가 내 말을 잘 듣고 내 언약을 지키면 너희는 모든 민족 중에서 내 소유가 되겠고 너희가 내게 대하여 제사장 나라가 되며 거룩한 백성이 되리라"_출 19:5-6

다섯째, 다윗 언약(삼하 7:4-17)

다윗 언약[118]이란 다윗의 후손을 통해 그리스도요 메시아이신 예수가 온다는 것이었다. 거슬러 올라가보면 아브라함에게 아들 이삭을 주셨고 이삭에게는 쌍둥이를 주셔서 그중 하나인 야곱으로 족보(תּוֹלְדֹת, genealogy)를 이어가게 하셨다. 야곱의 톨레도트를 깊이 상고하여 보면 하나님의 경륜을 선명하게 볼 수 있다.

야곱은 12남 1녀를 두었는데 그 아들들을 장차 나라를 이룰 이스라엘의 12지파로 삼아주셨다. 문제는 예수님이 오셔야 할 족보의 실제적 장자인 유다가 아비의 집을 가장 먼저 떠나 가나안으로 가버렸다. 그곳에 가서는 이방 여인인 가나안 사람 수아의 딸을 덜컥 아내로 삼아버렸다. 그에게는 세 아들이 있었다. 유다의 맏며느리였던 다말은 남편을 잃은 후 계대결혼의 한 방식이었던 형사취수법에 의해 매우 기구한 삶을 살게 된다. 우여곡절 끝에 결국 며느리 다말을 통해 유다의 족보가 이어지게 된다. 바로 유다와 다말 사이에서 난

---

118) 삼하 7:8-16, 왕상 8:15-16, 렘 23:5, 33:15을 읽어보라.

쌍둥이 중 장자가 베레스였던 것이다. 베레스의 7대손이 보아스이며 10대손이 바로 다윗이다. 그렇게 하나님의 언약은 인간 편에서는 아슬아슬하게 이어졌고 하나님의 편에서는 정확하게 이어졌다.

다윗 언약을 말씀하신 사무엘하 7장에는 세 가지 언약이 나온다. 9절에는 "네 이름을 존귀케 해주시마" 하셨고 11절에는 "모든 대적에게서 벗어나게 해주며 네가 나를 위하여가 아니라 나 여호와가 너를 위하여 집을 이루겠다"고 하셨다. 그리고 12절에는 "네 몸에서 날 자식을 네 뒤에 세워 그 나라를 견고케 할 것이고 그 아들이 나를 위하여 집을 건축하리라"고 하셨다. 결국 여디디야(삼하 12:25)라는 별명을 가졌던 솔로몬은 하나님의 경륜 하에 통일왕국의 3대 왕이 되어 성전 건축을 하게 된다.

또 한 분의 여디디야가 예수님이다. 예수님의 별명이 바로 마태복음 3장 17절과 마가복음 1장 11절에서 보듯 여디디야였다. 이는 여디디야(יְדִידְיָה)라는 별명을 가졌던 솔로몬을 통하여 초림의 예수님이 오심을 예표한 것인바 '하나님의 사랑하는 자'(יָהּ, God + יְדִיד, beloved)라는 의미를 지닌 별명 그대로 다윗의 후손 여디디야로 예수님이 이 땅에 오셨던 것이다. 종국적으로 예수님이 주인이신 미래형 하나님 나라가 다윗의 언약을 통하여 새 언약이 온전히 성취됨으로 이루어지게 될 것이다. 그렇기에 다윗의 자손으로 오신 예수 그리스도는 다윗 언약의 성취이다.

여섯째, 예수 그리스도의 새 언약(눅 22:7-20)

예수 그리스도의 언약이 바로 새 언약이다. 아담의 범죄 이후 모든 인간은 영적 죽음 상태로 태어난다. 다시 영적으로 부활하기 위해서는 의인이신 예수님이 제2의 아담으로 오셔서 아버지 하나님의 공의를 만족시키기 위한 대가를 지불하고 우리를 살리셔야만 했다. 그래서 온전한 인간이시고 유일한 의인이시자 완전한 신이신, 신인양성 예수님께서 구약의 약속을 이행하시기 위해 이 땅에 오셨다. 초림(first coming)의 주(主)로 오신 예수님은 언약의 성취로 오신 하나님이시다.

예수님은 성부 하나님의 유일한 '기름 부음 받은 자'(the anointed one)로서 메시아이자 그리스도(요 1:41, 4:25, 크리스토스, χριστός)이시다. 메시아는 히브리어이며 크리스토스는 헬라어로서, 뜻은 동일하게 '기름 부음 받은 자'이다. 그 예수님은 인류의 모든 죄를 지시고 처절한 십자가 수난을 당하셨다. 신명기 21장 22-23절에 의하면 저주의 상징인 십자가 나무 위에 달리심으로 자기 백성의 죄를 완전하게 해결하셨다. 요한복음 19장 30절의 '다 이루었다' 혹은 '완전하게 해결하셨다'는 것은 '모든 것을 다 이루시고 완성하셨다(It has been finished.)'라는 뜻인 '테텔레스타이'(τετέλεσται)이다.

　예수님은 십자가에서 완전히 죽으셨다가 3일 만에 부활하셨다. 십자가 달리시기 전인 공생애 때 몇 번이나 부활을 언급[119]하셨던 예수님은 그 말씀 그대로 3일 만에 부활하셨다. 사도행전 1장과 고린도

---

119) 마 16:21, 17:23, 20:19, 막10:34, 눅9:22, 18:33을 읽어보라.

전서 15장에 의하면 부활 후 40일간 이 땅에 계시다가, 500여 형제가 보는 데서 승천하시면서 다시 오시겠다고 재림(second coming)을 약속하셨다. 그러므로 예수 그리스도의 새 언약은 초림의 구속주로 오심과 함께 승리의 주이시며 심판주로 장차 오실 만왕의 왕 재림의 예수님까지를 포함한다.

언약의 성취,
복음과 십자가

복음과 말씀

복된 소식인 복음은 곧 말씀을 말한다. 말씀은 크게 세 가지로 나눈다. 말씀이 육신이 되신 '로고스'가 있는가 하면, 기록된 말씀인 '케리그마'가 있고, 선포된 말씀인 '레마'가 있다. 기독교는 말씀을 통하여 당신을 계시하셨다. 그러므로 계시 종교이자 말씀 종교인 기독교는 종교라기보다는 복음 그 자체이다. 베드로전서 1장 25절에는 "너희에게 전한 복음이 곧 이 말씀"이라고 하셨다. 요한복음 1장 1절에는 "이 말씀은 곧 하나님이시니라"고 하셨고, 요한복음 1장 14절에는 "말씀이 육신이 되신 분이 예수님"이라고 하셨다.

결국 기독교란, 말씀이 육신이 되신, 하나님이신 예수로 시작하여 예수로 끝난다. 그렇기에 예수는 복음의 핵심이며 복음의 주체는 예수이다.

일반적으로 신앙생활을 오래한 사람은 '복음'이라는 말을 정말 많이 들었을 것이다. 반면에 '그 복음의 핵심 내용(core contents)이 구체적으로 무엇인가?' 혹은 '복음의 정의가 무엇인가?'라고 물으면 대부분 듣지도 생각해보지도 않았다고 말한다. 이것은 기독교 교육의 맹점이기도 하다.

그럼에도 불구하고 감사한 것은 복음의 정의를 알든 모르든 간에 복음에 감동되어 예수를 믿은 청년들이 있다는 것이다. 이들은 더할 수 없이 귀하다. 비록 복음에 대한 명확한 자기 개념화 없이 믿었지만 귀하기는 마찬가지인 것이다. 그러나 계속 복음의 핵심 내용에 대해 무지하면 언젠가는 자신이 믿고 있는 신앙의 본질에 대하여 당황하게 될 때가 있다. 동시에 다른 사람에게 복음의 핵심을 전하기 힘들고, 정작 복음을 자랑해야 할 때나 장벽을 만나면 금방 포기하게 될 수 있음도 알아야 한다.

복음을 진리로 믿는 사람

예수를 믿는 사람을 기독교인[120]이라고 하였다. 기독교인은 복음을

---

120) 그리스도는 헬라어로 크리스토스(χριστός)라고 하며 그리스도인(Christians)은 크리

진리로 믿는다. 저자는 청년들을 만날 때마다 "복음이 무엇이기에 진리로 믿느냐?" 혹은 "네가 믿고 있는 복음의 실체가 무엇이냐?"라고 물어보곤 한다.

우리가 목숨을 거는 복음에 대해 그 핵심 내용을 정확하게 알면 믿음이 쉽사리 흔들리지 않는다. 더하여 확신하고 있는 복음을 전하지 않고는 견딜 수 없게 된다. 거기에다 복음의 '진한' 맛까지 본 사람은 그야말로 불덩어리가 된다. 복음은 본인과 상대에게 행복과 기쁨을 넘어 영생하도록 솟아나는 샘물이다. 그래서 나는 복음의 정의와 핵심 내용을 이토록 강조하는 것이다.

복음을 맛보고 복음에 대한 열정과 함께 잘 정돈된 자기 개념을 가지고 있으면 우리는 언제 어디서든 쉽게 복음을 전할 수 있다. 신실한 그리스도인이라면 예수께서 승천하실 때 우리에게 주셨던 지상대명령[121]인 복음 전파는 당연한 일이다. 또한 일생의 특권이기도 하다. 왜냐하면 아름다운 소식을 전하는 자들의 발은 참으로 귀하고 복되기 때문이다. 그렇기에 복음의 깊은 맛을 본 그리스도인이라면 복음을 전하려 할 때 닥쳐오는 환난과 궁핍, 핍박과 방해는 아무것도 아니다. 설령 그보다 더한 악조건을 만나더라도 주저하지 않을 것이다.

스티아누스(Χριστιανούς)라고 하는데, 사도행전 11장 26절에 의하면, "제자들이 안디옥에서 비로소 그리스도인"으로 불렸다고 한다.

121) 예수님이 승천하시면서 우리에게 주신 말씀이 마태복음 28장 18-20절인데 이를 예수님의 지상대명령(The Great Commission)이라고 한다.

복음의 핵심 여섯 가지

이제는 복음의 핵심 내용을 여섯 가지로 알아보기로 하자. 복음을 전할 때 핵심만큼은 반드시 전해야 한다. 그 핵심에 더하여 본인이 느꼈던 복음의 감동과 맛까지 전할 수 있다면 금상첨화(錦上添花)이다. 복음을 전할 때마다 지금 본인이 전하고자 하는 내용이 이 세상에서 최고의 복된 소식이라는 확신이 자신에게 먼저 있어야 함은 두말할 것도 없다.

일반적으로 복음을 전할 때 어려워하는 경우가 있다. 그것이 어디에서 기인한 것인지 다음의 두 가지로 점검해보자.

첫째는 복음에 대한 자기 개념화가 안 된 경우이다. 복음을 듣기는 많이 들었어도 그 핵심 내용을 잘 모르는 경우이다. 그러다 보니 상대에게 무엇을 어떻게 전해야 할지 막막한 것이다. 그럼에도 불구하고 복음의 뜨거운(?) 맛은 보았기에 열정적으로 복음을 전해보지만 스스로 생각해도 도통 장황하고 복잡하다. 한참을 전한다고 전했지만 자신조차 정리가 안 된다. 그러면서 드는 생각은 '내가 복음을 제대로, 충분하게, 바르게 전한 것일까?'라는 의문이 들게 된다. 동시에 그동안 복음의 실체를 잘 모르고 있었던 자신이 당황스럽게 된다.

둘째는 복음에 대한 자기 개념화는 되었으나 감동이나 맛은 느껴보지 못한 경우이다. 그렇기에 확신이 없다. 이런 사람은 세상의 죽어가는 영혼들에게 복음만큼은 반드시 전해야겠다는 불타는 사명감이 없다. 게다가 핍박과 고난이 있을 때나 돌발 상황이 생기면 이내 곧 복음 전파의 열정이 식어버린다.

두 경우 다 속상하고 불행하다. 나는 지난 30여 년 동안 청년 사역을 해오면서 신앙생활을 제법 알차게 했다고 자부하는 청년 가운데 위의 두 경우를 골고루 보아왔다. 개중에는 복음에 대한 맛을 제대로 느끼지 못하였거나 자기 개념화로 인한 업그레이드가 안 되어 슬럼프(slump)에 빠지거나 자주 잠수(潛水)를 탔다.

명심할 것은 복음에의 맛과 감동은 본인이 내적으로 느껴야 한다. 그러나 복음에 대한 자기 개념화는 지속적인 교육을 통한 훈련임을 알아야 한다. 여기서는 복음의 자기 개념화에 초점을 맞추겠다. 다시 강조하지만 자기 개념화는 교육과 훈련을 통한 습득이다. 그렇기에 훈련을 통한 말씀 교육이 제대로 되어 있지 않으면 자기 개념화의 부실로 인해 롤러코스터를 타는 듯한 신앙생활을 하게 된다. 그렇기에 에베소서 4장 13절은 "예수 그리스도를 믿는 것과 아는 일에 하나가 되라"고 말씀하셨다.

간혹 복음에 대하여 자기 개념화는 안 되어 있으나 신앙만큼은 얼핏 순수해 보이는 청년들도 더러 있다. 어린아이 같은 그들의 신앙은 어느 면에서는 귀하다. 그러나 그런 신앙이 지속되는 것은 곤란하다. 성장하지 않고 언제나 그 자리에 머무는 것은 '순수함'이 아니라 '자라지 않음' 혹은 '미성숙'에 불과하다. 마치 어린아이가 10년이 지나도 20년이 지나도 그대로인 것과 같다. 그들의 특징은 항상 좋은 게 좋은 것이고 '믿음 좋음'을 맹목적인 '아멘'과 동일시하기도 한다. 그동안 이런 부류의 청년들을 접할 때마다 많이 아팠다. 이는 두말할 것도 없이 교역자나 성경 교사들의 책임이요 직무유기이기도 하다.

이제 저자는 복음의 핵심을 여섯 가지로 요약해보겠다.

첫째, 예수님만이 그리스도이자 메시아이시다.[122]

성부 하나님은 유일하게 독생자 예수님에게만 기름을 부으셔서 인간으로 이 땅에 보내셨다. 다시 말하면 성부 하나님의 기름 부름 받은 자는 예수님뿐이라는 것이다. 이사야 61장 1-3절에는 "주 여호와의 신이 내게 임하셨으니 이는 여호와께서 내게 기름을 부으사"라고 하시며 예수님만 '하나님의 유일한 기름 부음 받은 자'라고 말씀하셨다. 또한 예레미야 애가 4장 20절에는 "우리의 콧김 곧 여호와의 기름 부으신 자"를 언급하시며 오실 예수님을 말씀하셨다. 그 예수님은 이 땅에 오시기 520여 년 전 스가랴 9장 9절의 말씀을 통해서도 "그는 공의로우며 구원을 베풀며 겸손하여서 나귀를 타나니 나귀의 작은 것 곧 나귀 새끼니라"고 예언되었다. 이 말씀은 마가복음 11장 7절에서 그대로 성취되었다. 스가랴 선지자[123]는 이사야 선지자 다음으로 예수님의 오심을 많이 예언하였다.

기름 부음 받은 자라는 뜻의 헬라어는 크리스토스(χριστός)이고, 히브리어는 마쉬아흐(מָשִׁיחַ)이다. 마태복음 1장 16절에는 "야곱은 마리아의 남편 요셉을 낳았으니 마리아에게서 그리스도라 칭하는 예수가 나시니라"고 말씀하시며 예수님만 그리스도라고 하셨다. 그 예수는

---

122) 사 61:1-3, 애 4:20, 슥 9:9, 마 1:16,21, 막 1:1, 눅 4:18-19, 행 4:27-28를 읽어보라.
123) 슥 3:8, 9:9,16, 11:11-13, 12:10, 13:1,6,7, 14:3-8에서 예수님의 오심을 말씀하고 있다. 이사야에는 7:14,9:6, 11:1-4, 7:15, 42:1-4, 25:8, 53장, 11:3-16, 32장에서 그리스도의 생애를 말씀해주었다.

마태복음 1장 21절에 의하면 "아들을 낳으리니 이름을 예수라 하라 이는 그가 자기 백성을 저희 죄에서 구원할 자이심이라"고 하신, 자기 백성의 죄를 온전히 해결한 구원자이시다. 그렇기에 복음의 시작은 "하나님의 아들 예수 그리스도"라고 마가복음 1장 1절은 말해주고 있다.

이 외에도 성경은 여러 곳에서 예수님만이 성부 하나님의 유일한 기름 부음 받은 자라고 반복하여 말씀해주고 있다. 누가복음 4장 18-19절에는 "주의 성령이 내게 임하셨으니 이는 가난한 자에게 복음을 전하게 하시려고 내게 기름을 부으시고"라고 말씀하셨다. 또한 사도행전 4장 27-28절에도 "하나님의 기름 부으신 거룩한 종 예수"라고 기록했다.

예수님은 성부 하나님의 독생자[124]로서 성부와 특별한 관계를 맺으신 분이다. 예수님은 성령님에 의해 동정녀 마리아에게서 탄생하셨으며 창세기 3장 15절에서 여인의 후손으로 오시마 약속하신 분이었다. 마리아의 몸은 취하되 그 피는 취하지 않으셨고 남자의 개입은 전혀 없으신 분이었다. 그러므로 역사상 유일한 의인이시다.

다시 힘 있게 강조하지만, 예수님만이 성부 하나님의 유일한 기름 부음을 받아 이 땅에 오신 그리스도요 메시아이시다. 그 예수님이 아직도 메시아인 줄 모르고 이제나저제나 손꼽아 기다리는 불쌍한 사람들이 바로 유대인이다. 예수님을 그리스도로 받아들이지 않는 사람들이 바로 비그리스도인(non-Christian)이다.

---

124) only begotten son이라고 한다. 행 13:33을 참고하라.

둘째, 예수님만 유일한 구원자이시다.

성부 하나님께서는 "예수님 외에는 천하 사람 중에 구원을 받을 만한 다른 이름을 주신 일이 없다"라고 사도행전 4장 12절에서 단정적으로 말씀하셨다. 성경의 명료성에 '아멘'과 함께 큰 박수를 보낸다. 유일한 구원자이신 예수님 외에는 결단코 성부 하나님께로 가는, 영생에의 다른 길은 없다는 것이다.

요한복음 3장 16절에는 "하나님이 세상을 이처럼 사랑하사 독생자를 주셨으니 이는 저를 믿는 자마다 멸망치 않고 영생을 얻게 하려 하심이니라"고 말씀하시며 예수님을 믿으면 멸망치 않고 영생을 얻는다고 하셨다. 요엘서 2장 32절에도 "누구든지 여호와의 이름을 부르는 자는 구원을 얻으리니"라고 말씀하셨고 이사야 43장 11절에서도 "나 곧 나는 여호와라 나 외에 구원자가 없느니라"고 하셨다. 사도행전 16장 31절에는 "가로되 주 예수를 믿으라 그리하면 너와 네 집이 구원을 얻으리라"고 말씀하셨고, 동일하게 로마서 10장 13절에도 "누구든지 주의 이름을 부르는 자는 구원을 얻으리라"는 말씀을 주시며 예수님만이 유일한 구원자임을 선포하고 있다. 할렐루야!

21세기가 되자 평화를 가장한 종교혼합주의가 나타나 구원다원주의를 말하기 시작했다. 그들은 '등산길의 비유'를 들며 구원에의 길은 다양하다고 주장한다. 산 정상을 오를 때의 길이 여럿 있다는 것이다. 그들은 등산의 경우와 마찬가지로 세상의 모든 종교들은 출발점은 다르더라도 정상에서는 다 한 곳(구원)에서 만난다고 주장한다. 즉 모든 종교에 구원이 있다는 것이다. 이는 복음이 아니다. 결단코 복음이 아니다. 갈라디아서 1장 6-9절을 통해 사도 바울이 그토록 저주를 퍼부었던 '다른 복음'이다. 복음은 '예수님만이 구원자'라는 것이다.

결론적으로 진리란 예수님만이 유일한 구원자라는 것이다. 성경은 그렇게 말씀하고 있다. 나는 성경의 권위를 믿는다. 성경은 진리이다. 진리는 절대적이다. 진리는 상대화될 수 없고 상대화되어서도 안 된다. 그러므로 진리이신 예수님을 일반화함으로 복음에 물타기를 시도하려는 그들의 속임수에 놀아나서는 안 될 것이다.

셋째, 예수님만 대속제물이 되셨고 동시에 화목제물이 되신 유일한 분이시다.

성경은 여러 곳에서 일관되게 예수님만이 화목제물이요 대속제물이심을 선포하셨다. 로마서 3장 25절에는 "이 예수를 하나님이 그의 피로 인하여 믿음으로 말미암는 화목제물로 세우셨으니"라고 하셨다. 로마서 5장 10절에도 "곧 우리가 원수 되었을 때에 그 아들의 죽으심으로 말미암아 하나님으로 더불어 화목되었다"고 하시며 예수님만이 화목제물 되셔서 우리가 하나님과 화목될 수 있었다고 말씀하셨다.

지성소와 성소 사이에 있던 두터운 휘장[125]은 그 방향이 아래에서 위로가 아니라 위로부터 아래로 둘로 갈라져 찢어졌다. 마태복음

---

125) 휘장의 정확한 두께에 대해서는 의견이 분분하지만, 그 두께는 자그마치 15센티미터 내외 정도나 되어 황소 2-4마리가 양쪽에서 잡아당겨도 결코 찢어지지 않을 정도였다고 한다.

성소와 지성소 사이에 있던 휘장은 하나님과 우리 사이의 막힌 담이었다. 죄로 인해 하나님과 우리는 단절되어있었다. 그 휘장을 예수님께서 십자가 보혈로 찢어주시고 하나님께로 나아갈 길을 열어주셨다. 이후 우리는 하나님과 화목되었고 그 예수님만이 화목제물, 대속제물이시다.

27장 51절은 "성소 휘장이 위로부터 아래까지 찢어져 둘이 되고"라고 분명하게 말씀해주셨다. 마가복음 15장 38절, 누가복음 23장 45절에서도 동일하게 말씀하셨다.[126] 하늘로부터 하나님께서 직접 찢어주셨다는 의미이다. 결국 예수님께서 십자가에서 죽어주심(대속제물, 화목제물)으로 우리는 하나님께 직접 나아가게 된 것이다.

그러므로 우리는 더 이상 인간 중보자인 대제사장은 필요 없게 되었다. 이제 우리가 예수님의 이름으로 성부 하나님께 직접 나아갈 수 있게 된 것이다. 할렐루야!

넷째, 예수님만이 우리 위해 해 받으시고 십자가에서 죽으신 후 3일 만에 다시 살아나셨다.

승천하시면서 다시 오시마 약속하셨고 종국적으로 강림하셔서 우리를 미래형 하나님 나라로 데려가실 것이다.[127] 요약하면 죽음, 부활, 승천, 재림, 하나님 나라의 주체는 예수님이시다.

예수님은 십자가에 달리시기 전 죽음과 부활을 미리 말씀해주셨다. 마태복음 26장 2절에 예수님은 우리를 위해 유월절에 "십자가에 못 박히기 위하여 팔리울" 것을 말씀하셨다. 또한 사도행전 3장 18절은 역사의 주관자 하나님께서 선지자들의 입을 빌어 "그리스도의 해 받으실 일"을 미리 말하게 하셨고 유월절 희생양으로 십자가에 달리

---

126) 이에 성소 휘장이 위로부터 아래까지 찢어져 둘이 되니라(막 15:38), 성소의 휘장이 한가운데가 찢어지더라(눅 23:45).

127) 죽음, 부활, 승천, 재림, 하나님의 나라에 관한 구절들(마 26:2, 행 3:18, 17:3, 26:23) 과 마 16:21, 17:22-23, 20:17-19을 읽어보라.

심으로 "이와 같이 이루셨느니라"는 말씀을 성취하셨다. 동일하게 사도행전 17장 3절은 "그리스도가 해를 받고 죽은 자 가운데서 다시 살 것"을 말씀하셨고 "그 예수가 그리스도"라고 말씀하셨다. 고난받으신 후 부활하실 것 또한 사도행전 26장 23절은 "죽은 자 가운데서 먼저 다시 살아날 것"이라며 선포하셨고, 심지어는 "3일 후에 살아나리라"[128]고 구체적인 날짜까지 정확하게 말씀해주셨다.

이후 예수님은 말씀하신 대로 3일 만에 부활하셨고 40일간 이 세상에 계시며(행 1:3-5) 제자들에게 하나님 나라의 일[129]을 말씀하셨다. 또한 감람 산에서 500여 형제가(고전 15:3-8) 보는 데서 부활 승천하시면서, 이 성에 머물면서 위로부터 능력으로 입혀질 때까지(눅 24:44-49), 예수의 영이신 보혜사 성령을 다시 한 번 더 약속하셨다. 또한 "장차 너희가 지금 보는 그대로(행 1:6-11) 주께서 호령과 천사장의 소리와 하나님의 나팔 소리(살전 4:16-17)로 친히 구름(단 7:13)을 타고 하늘로부터 강림[130]하겠다"고 약속하셨다.

장차 재림하실 예수님은 승리의 주, 심판주, 만왕의 왕, 영광의 왕으로 오실 것이다. 그날 예수님은 우리를 분명한 장소 개념인 미래형 하나님 나라로 데려가실 것이다.

다섯째, 예수님만이 길이요 진리요 생명이시다.

---

128) 마태복음 16장 21절과 17장 22-23절, 20장 17-19절을 참고하라.
129) 눅 24:44-49을 읽어보라.
130) 예수님의 강림에 관한 구절은 행 1:3-11, 단 7:13, 고전 15:3-8, 살전 4:16-17을 읽어보라.

요한복음 14장 6절에는 직접적이고도 명료하게 "예수께서 이르시되 내가 곧 길이요 진리요 생명이니 나로 말미암지 않고는 아버지께로 올 자가 없느니라"고 하셨다. 그렇다. 예수님 외에 성부 하나님께로 가는 다른 길은 결단코 없다. 성경이 그렇게 말하였기 때문이다. 성경이 그렇다면 그런 것이다.

예수님만이 하나님께로 가는 유일한 구원의 '길'이라는 뜻을 가진 히브리어 동사가 있다. '아솨르'(אשר)이다. '똑바른 길 혹은 올바른 길을 걸어가다'라는 의미이다. 여기에서 바른 길이란 '길이요 진리요 생명이신 예수 그리스도'를 가리킨다. 말하자면 예수님을 따라가는 것만이 올바른 길이라는 것이다. 히브리서 10장 19-20절에는 "그러므로 형제들아 우리가 예수의 피를 힘입어 성소에 들어갈 담력을 얻었나니 그 길은 우리를 위하여 휘장 가운데로 열어 놓으신 새롭고 산 길"이라고 말씀하셨다. 그렇다. 예수님만이 새롭고 산 길이다.

'아솨르'에서 파생된 복수명사가 '아쉬레이'(אשרי)이다. '진정한 복들'이라는 뜻이다. 연결해보면 바른 길이신 예수님을 믿고 따라가는 그 길만이 복된 길이라는 것이다.

이해를 더하기 위해 시편을 소개하고자 한다. 시편 1편 1절에는 "복 있는 사람"이라는 뜻의 '아쉬레이 하이쉬'[131]라는 말이 나온다. 이는 '올바른 길이신 예수 그리스도를 나의 구주 나의 하나님으로 믿고

---

131) 이와 대비되는 말로 사무엘하 12장 7절에 '아타 하이쉬'라는 말이 나온다. 나단 선지자가 죄를 지은 다윗을 향하여 했던 말이다. '아타'는 '길을 잘못 들어서다'라는 뜻으로 아타 하이쉬는 '당신은 길을 벗어났기에 죄인이다'라는 뜻이다.

그 길을 걸어가는 그리스도인은 이미 복 받은 사람'이라는 의미이다.

잠시 곁길로 나가 '복'에 관하여 알아보자. 복을 의미하는 히브리어는 '아쉐레(אֶשֶׁר)' 외에도 '바라크'(בָּרַךְ)가 있다. 이는 '하나님께 무릎 꿇고 경배하다'는 뜻으로 '이미 예수를 믿어 하나님을 찬양하고 경배하는 사람은 복을 받았다'는 의미이다. 동일하게 복을 의미하는 헬라어가 마카리오이(Μακάριοι)이다. 이는 Blessed라는 의미로 '이미 복을 받았다'는 뜻이다. 그렇기에 마태복음 5장 3-12절에는 이미 여덟 가지의 복을 가진 그리스도인의 행복에 대하여 "기뻐하고 즐거워하라 하늘에서 너희의 상이 큼이라"고 말씀해주셨던 것이다. 그러므로 그리스도인은 기도할 때마다 먼저 감사해야 한다. 이미 주신 것과 누리고 있는 것들에 대하여 감사하여야 한다. 기적이나 번영, 풍요함 혹은 가시적인 복 같은 것들을 달라고 지독하게 조르는 것만큼은 약간 절제해야겠다. 물론 에스겔 36장 37절은 "그래도 구하여야 할지니라"고 하셨으니, 기복을 위해 기도하는 것은 가하나 지나친 기복주의는 복음에서 벗어날 수 있음을 알아야 할 것이다.

예수님만이 진리이시다. 그렇기에 예수님만이 선이고 예수님이 하시는 모든 일은 항상 옳다. 비슷하나 틀린 말은, 예수님은 옳은 일만 하신다는 것이다. 또한 예수님만이 생명을 주셔서 우리를 죄에서 살리셨고 모든 사람이 죽게 되는 육적 죽음[132] 후 영생을 약속하셨다. 그렇기에 종교혼합주의(religious pluralism)도 구원다원주의도 절대

---

132) 모든 사람이 죽게 되는(히 9:27) 육적 죽음에는 두 가지가 있다. 비슷한 듯 보이나 헬라어 원어를 보면 완전히 다르다. 비그리스도인의 죽음을 네크로스라고 하는 데 반하여 그리스도인의 죽음은 다나토스라고 한다.

용납(tolerate, ἀφεῖς)할 수가 없다.

요한복음 5장 24절에는 "내 말을 듣고 또 나 보내신 이를 믿는 자는 영생을 얻었고 심판에 이르지 아니하나니 사망에서 생명으로 옮겼느니라"고 하시며 생명이신 예수님을 믿음으로써 영벌의 심판에 이르지 않고 영생에 이른다고 하셨다.

또한, 예수님만이 "양으로 생명을 얻게 하고 더 풍성히 얻게" 할 수 있다고 요한복음 10장 10절은 말씀하고 있다. 그 예수님만이 부활하셨고 영원한 생명이기에 예수님을 믿는 자는 "죽어도 살겠고 무릇 살아서 나를 믿는 자는 영원히 죽지 아니하리라"고 요한복음 11장 25-26절에 말씀하셨다.

여섯째, 그 예수님을 나의 구주 나의 하나님으로 입으로 시인하고 마음으로 믿으면 아무 대가 없이, 아무 공로 없이 은혜로 인하여 믿음으로 말미암아 구원을 얻게 된다.
그렇기에 로마서 10장 9-10절에는 "네가 만일 네 입으로 예수를 주로 시인하며 또 하나님께서 그를 죽은 자 가운데서 살리신 것을 네 마음에 믿으면 구원을 받으리라 사람이 마음으로 믿어 의에 이르고 입으로 시인하여 구원에 이르느니라"고 말씀하시며 입으로 시인하고 마음으로 믿는 그 믿음이 중요함을 말씀해주셨다.

흔히 '값없이'라는 말을 곡해하여 우리의 구원이 공짜이기에 복음은 싸구려라고 생각하는 이들이 가끔 있다. 복음에 대해 '값싸게 혹은 싸구려'라고 말하는 것은 무지몽매(無知蒙昧)의 결과다. '값없이' 구원을 받았다는 것은 인간 편에서 '구원을 위해 아무런 대가를 지불

하나님의 성품은 공의와 사랑이시다. 그 공의와 사랑의 결정체는 예수님의 십자가 보혈로 나타났다. 그렇기에 십자가에는 공의와 사랑이 내포되어있다.

하지 않았다'는 뜻이다. 반면에 인간이 공짜로 값없이 구원을 얻도록 예수님께서 지불한 대가는 이루 말로 다 할 수 없다.

청년들은 상기한 복음의 핵심 내용 여섯 가지를 잘 이해하여, 세상이 듣든지 아니 듣든지 때를 얻든지 못 얻든지 복음과 십자가만 자랑해야겠다. 복음을 부끄러워하지 말고, 마음을 다하여 이 기쁜 소식을 평생 선포함으로써 우리에게 주신 화목하게 하는 직책(고후 5:18-20)을 잘 감당했으면 좋겠다.

복음과 십자가

'예수 그리스도의 새 언약'이란 '예수는 그리스도요 메시아'라는 복음의 핵심과 하나님의 기름 부음 받은 자이신 예수님의 십자가로 성취된 새 언약을 말한다. 십자가는 복음의 역사적 실재적 사건이다. 결국, 새 언약은 초림에 더하여 반드시 오실 재림의 예수님까지를 포함한다. 그렇기에 십자가는 언약의 성취이며 십자가를 보며 우리는 죽음 이기시고 부활 승천하신 그 예수님이 반드시 다시 오실 것을 믿을 수 있다.

예수를 믿는 종교를 기독교라고 하며 예수를 믿는 사람을 기독교인이라고 한다. 얼핏 유치한 정의처럼 보이지만 매우 중요한 사실이다. 기독교인은 예수님의 십자가 대속으로 인해 영적 죽음에서 다시 살아난 사람들이다. 그 십자가 보혈이 없었다면 우리는 스스로 죄의 대가를 짊어졌어야만 했다.

나는 지난 세월 동안 청년 사역을 하며 '기독교가 무엇이냐?'라고 뜬금없이 물어보곤 하였는데, 당황하는 청년들이 제법 많았다. 또한 '예수를 누구라고 믿느냐?', '복음이 무엇이냐?', '복음과 십자가는 어떤 관계이며, 왜 떼려야 뗄 수 없는 관계냐?'라고 물으면 쉽게 대답하지 못하고 얼굴이 빨개지는 것을 많이 보았다. 어떤 이들은 복음이 '복된 소식, 기쁜 소식'이라고 할 뿐 딱 거기까지였다. 그런 청년에게 '복음이 왜 너에게 복된 소식이냐?'라고 물어보면 당황하여 어쩔 줄 몰라 하곤 하였다. 더 나아가 '예수님의 십자가가 왜 필요했냐?'라고 물으면 그렇게 묻는 나를 도리어 멍하니 쳐다보곤 하였다.

복음의 정의를 알면 십자가가 보인다

복음의 정의를 알면 십자가가 보이게 된다. 예수는 그리스도요 메시아라는 것이 복음의 요체이다. 그리스도요 메시아라는 것은 예수님만이 하나님의 유일한 기름 부음 받은 자라는 의미이다.

무엇을 위해 기름 부음 받았다는 것인가?

왜? 기름 부음 받아야했는가?

그것은 인간의 죄를 대속하기 위함이었다. 구약에서는 율법이 가르쳐준 대로 짐승 제사를 통하여 불완전한 대속을 허락받았다. 그러나 완전하지가 않았다. 수많은 짐승의 피를 흘려야만 했다. 그러고도 죄를 온전히 해결할 수가 없었다. 그렇다면 죄로 인하여 또다시 전 지구적 홍수라도 계획하여야 했나? 노아 홍수 이후 그런 유의 심판을 반복하는 것은 하나님의 뜻이 아니었다. 그렇기에 창세기 8장 21절에는 "내가 전에 행한 것 같이 모든 생물을 멸하지 아니하리니"라고 말씀하시며 홍수심판 대신에 흠 없는 예수를 십자가에 못 박는 방법으로 대속하실 것을 암시하셨던 것이다.

예수님의 십자가 보혈이 없었다면 뭔가 다른 심판이 있어야만 했다. 부정을 없애려면 정결한 짐승을 죽여야만 했다. 그렇기에 창세기 8장 20절은 노아가 방주에서 나온 후 단을 쌓고 번제를 드릴 때 정결한 짐승 중에서와 정결한 새 중에서 제물로 삼았다고 하였다. 부정한 것들은 정결한 것들의 희생으로 깨끗해질 수 있다. 의인이신 예수님이 죽으심으로 죄인 된 우리가 깨끗해진 것이다. 그렇기에 예수님의 십자가는 반드시 필요했다. 결국 구약의 율법은 완전하게 죄를 해결할 수 있는 무엇인가가 필요함을 가르쳐준 것이었다. 그러므로 갈라디아서 3장 24-25절은 율법을 가리켜 그리스도에게로 인도하는 몽학선생 즉 가정교사라고 하며 믿음이 온 이후로는 더 이상 율법에 얽매일 필요가 없다고 하였던 것이다.

십자가는 복음의 실재적 사건

십자가는 복음의 실재적 사건이며 유월절 어린양 되신 예수는 십자가에서 우리를 대속하기 위해 보혈을 흘리셨다. 복음과 십자가의 주체는 예수님이시다. 십자가와 복음의 개념을 잘 알려면 삼위일체론을 알아야 한다. 삼위일체론을 바르게 이해하려면 기능론적 종속성

과 존재론적 동질성[133]을 상기하여야 한다.

삼위일체 교리를 중심으로 한 복음의 정의(definition)는 다음과 같다. 복음은 삼위 하나님의 합력사역으로 인간의 구속 계획과 함께 그 구속의 성취, 구원된 자에 대한 인치심을 말한다. 이를 더 자세히 풀면 다음과 같다.

성부 하나님은 우리의 구속(redemption)을 계획하셨다. 성자 예수님은 성부 하나님의 유일한 기름 부음 받은 자(그리스도, 메시아)로서 신인양성을 지니시고 완전한 인간으로 동시에 역사상 유일한 의인으로 이 땅에 오셨다. 그런 예수님은 우리를 위해 십자가를 대신 지심으로 성부 하나님의 구속계획을 성취하셨다. 그렇기에 복음이신 예수님과 십자가는 떼려야 뗄 수 없다.

성령 하나님은 그 예수님이 바로 그리스도이자 메시아이심을 우

---

133) 삼위일체를 이해하려면 두 가지 핵심 교리가 중요하다. 기능론적 종속성(functional subordination)과 존재론적 동질성(essential equality)이다. 기능론적 종속성이란 삼위 하나님은 같은 분이 아니라 서로 다른 분이라는 것으로, 이는 삼위 하나님은 창조, 구속, 완성에서 구별되게 일하시며 동시에 기능적으로는 종속관계라는 것이다. 반면에 존재론적 동질성이란 삼위 하나님은 세 분이 아니고 한 분이라는 것이다. 이를 본질상(본체상, 휘포스타시스, hypostasis) 한 분 하나님(웃시야, ousia)이라는 것이다. 《그랜드 종합주석》, 제자원, 성서교재간행사, 1994.

리에게 가르쳐주시고 알게 하셨다. 그리고 믿음을 주셔서(롬 1:17, 벧후 1:1) 우리로 믿게 하셨다. 이후 그 십자가에서 우리를 위해 대속해주신 예수님을 누구든지 나의 구주 나의 하나님으로 입으로 시인하고 마음으로 믿으면 구원을 받게 된다. 아무 대가 없이, 아무 공로도 없이 말이다.

그렇게 전적인 은혜로 구원받은 자를 하나님의 자녀로 인(印)쳐주신 분 또한 성령 하나님이다. 이런 삼위 하나님의 사역으로 인한 인간의 구속 계획과 성취, 인치심을 복음, 곧 복된 소식이라 말한다. 그러므로 복음의 중심에는 십자가가 있음을 알아야 한다. 복음과 십자가는 언제나 함께 간다.

예수님께서는 우리 죄의 대가를 지불하기 위하여 저주의 상징[134] 인 십자가에서 모든 수치를 감당하셨고 보혈을 흘리셨다. 십자가에서 처절하게 죽으셨던 것이다. 역사상 유일한 의인이신 예수님은 아무런 죄가 없으셨는데도 말이다. 결국 그 예수님의 십자가 대속은 당신의 죄 때문이 아니라 우리의 죄 때문이었다. 죄로 인하여 하나님과 우리는 관계가 차단되어 있었다. 화목제물 되신 예수님은 십자가에서 죽으심으로 다 이루시자[135] 그 죄를 예표하던 휘장(담 혹은 벽)은 찢어졌다. 이후 우리는 예수님을 통하여 거침없이 하나님께로 나아갈 수 있

---

134) "나무에 달린 자는 하나님께 저주를 받았음이라"고 신명기 21장 22-23절에는 말씀하고 있다. 신명기 율법을 잘 알고 있던 유대인들은 십자가에 달린 예수를 보며 고개를 돌렸을 것이다.
135) '다 이루었다'는 헬라어는 테텔레스타이(τετελέσται)인데 이는 '완성되다'라는 τέλος 에서 파생되었다. It has been finished라는 의미이다. 요 19:30을 참고하라.

게 되었다. 그 예수님이 하나님과 우리 사이의 유일한 대속제물이자 화목제물(Peacemaker)이시다.

결국 우리는 에베소서 1장 7절과 골로새서 1장 14절의 말씀을 따라 "그리스도 안에서 그의 은혜의 풍성함을 따라 그의 피로 말미암아(그의 아들 안에서) 구속, 곧 죄 사함을 받아" 하나님과 화목하게 된 것이다. 그렇기에 십자가의 중요성은 아무리 강조해도 지나치지 않다. 에베소서 2장 16절에서는 "또 십자가로 이 둘을 한 몸으로 하나님과 화목하게 하려 하심이라 원수 된 것을 십자가로 소멸하시고"라고 말씀하셨다.

"십자가 십자가 내가 처음 볼 때에 나의 맘에 큰 고통 사라져 오늘 믿고서 내 눈 밝았네 참 내 기쁨 영원하도다"

또한 에베소서 2장 13-14절에는 "이제는 전에 멀리 있던 너희가 그리스도 예수 안에서 그리스도의 피로 가까워졌느니라 그는 우리의 화평이신지라 둘로 하나를 만드사 중간에 막힌 담을 허시고"라고 말씀하셨다. 십자가는 하나님으로부터 멀리 있던 우리를 가깝게 하였던 것이다.

이 외에도 골로새서 1장 20절은 "그의 십자가의 피로 화평을 이루사 만물 곧 땅에 있는 것들이나 하늘에 있는 것들을 그로 말미암아 자기와 화목케 되기를 기뻐하셨다"고 말씀하셨다.

2000년 전 이 땅에 완전한 인간이자 유일한 의인으로 오셨던 예수님은, 십자가에서 물과 피를 아낌없이 흘려 대속제물 되어 주심으로 하나님과 우리를 화목케 해주셨던 것이다.

그 은혜에 감사하여 이후 우리는 예수님을 본받아 살아가야 할 것이다. 머리에 가시관, 손과 발에 못 자국, 허리에 창 자국, 가슴과 등에 채찍질 등 육체적 고난과 함께 눈가림, 조롱, 침 뱉음, 뺨 맞음 등 예수의 흔적들[136]을 지니고 살아가야겠다. 내주하시는 성령님을 주인(Lordship)으로 모시고 한 번의 인생을 그분의 뜻을 따라 살아가야겠다. 그리스도의 복음에 합당한 삶을 살기 위해 몸부림치며 빛의 자녀답게 살아가자. 복음과 함께 고난을 받으라고 하셨으니 예수님으로 인하여 닥칠지도 모르는 엄청난 영적, 육적 박해도 거뜬히 감당하도록 단단히 각오하여야 할 것이다.

'테할레크'(동행) 하나님을 기억하면서.

---

136) '흔적'이라는 헬라어는 스티그마로 스티그마타(stigmata, στίγματα)는 그 복수이다.

7강 언약의 주체, 삼위일체

다른 하나님(Three Persons), 한 분 하나님(One Substance)

죽으셨다가 부활하신 후 승천하신 예수님은 보혜사 성령님을 보내주셨다(요 16:7). 그분은 예수를 믿는 모든 자를 하나님의 자녀로 인(印)쳐 주시고 성전 된 개개인 안에 들어오신다. 이를 '성령의 내주(來住)하심'이라고 한다. 여기에서 우리는 다른 하나님이시자 한 분 하나님 되시는 3위 하나님을 분별할 수 있어야 한다. 다시 말해 삼위일체 하나님을 정확하게 이해하여야 한다.

일반적으로 그리스도인은 성부 하나님, 성자 하나님, 성령 하나님에 대하여 무수히 많이 들어왔으나 정작 삼위일체에 대해선 아는 것이 별로 없다. 그렇기에 성부 하나님, 성자 하나님, 성령 하나님을 서로 다른 하나님이라고 하면 엄청 당황해 한다.

저자는 그때마다 삼위일체가 도대체 무엇을 의미하고 어떻게 이해하여야 하며 어떤 차이점이 있는지를 청년들에게 설명해왔다. 생각보다 많은 그리스도인들이 삼위일체에 대해 잘 배우지 못한 듯하다. 오래 교회 다닌 신자일수록 삼위일체 하나님이라는 말을 당연히 여기며 그냥 믿음으로만 받아들인다. 아니, 받아들여진 상태이다. 물론 그런 믿음은 어떤 면에서는 귀한 것이기도 하다. 그러나 정확한 지식이 없으므로 이단이 뱀처럼 간교한 말로 꼬드기면 금방 넘어가 버릴 위험도 안고 있다.

그렇기에 삼위일체 하나님에 대해 간략하나마 중요한 부분들을 이 장에서 언급하고자 한다. 분명히 전제할 것은, 그 누구도 인간의 얄팍한 지식이나 논리로 삼위일체에 관한 모든 것을 분명하게 깊이 이해할 수도 설명할 수도 없다는 점이다. 삼위일체는 인간 이해의 경계를 훨씬 넘어서는 부분이기 때문이다. 그렇더라도 핵심 개념은 알았으면 한다. 삼위일체론에 대해 너무 많은 논쟁이 있기에 두려운 마음이 있으나 AD 325년 니케아회의의 결과를 토대로 간단히 언급하고자 한다.

삼위 하나님에 관한 명확한 개념 없이 성경[137]을 읽으면 읽을수

---

137) 고전 13:3, 행 7:55, 요 14:16, 16:26, 16:7, 1:18, 10:30, 5:44, 막 1:11, 2:29, 행 13:2-4, 요일 2:22, 4:12, 5:20, 요이 1:7, 히 1:2, 사 6:8, 창 1:26을 읽어보면 다른 하나님이자

록 더 혼란스럽게 된다. 그럼에도 불구하고 많은 그리스도인들은 삼위일체론을 언급하는 그 자체에 대한 두려움이나 조심스러움 때문에 애써 외면하는 경향이 있다. 심지어는 언급 자체를 터부시하거나 불경으로 생각하는 듯하다. 이것은 사단의 교묘한 속임수이다. 이제 우리는 삼위일체론을 알고 성경을 깊이 읽어 인격적이신 삼위 하나님께 가까이 갈 수 있어야겠다.

대부분의 청년들은 종말(말세)의 끝으로 갈수록 말씀을 붙잡아야 한다고 생각한다. 그러나 말씀을 읽다가 삼위일체론 때문에 막힌다고 말하기도 한다.

말씀의 강력함을 잘 아는 사탄은 온갖 방법을 동원하여 말씀에서 멀어지게 한다. 때로는 진리인 말씀을 첨삭하거나 일반화시켜버린다. 때로는 과장하거나 엉뚱하게 왜곡시켜 버리기도 한다. 그렇기에 성경은 인류의 원역사를 통하여 사탄의 하는 짓을 반복하여 보여주셨다. 특히 창세기 3장에 나오는 사탄의 속삭임을 듣다 보면 등골이 오싹해지곤 한다.

"네가 하나님이 될 수 있다"

속이고 거짓말하는 사탄의 속성을 적나라하게 보여준 것이다.

사탄은 살아 있는 동물만 포획하는 뱀[138]의 속성과 유사하다. 사

한 분 하나님을 잘 알 수 있다.

138) 뱀을 나하쉬(נָחָשׁ)라고 하는데 이는 '간교하다' 혹은 '지혜롭다'는 의미이다. 에덴동산에서는 악한 영의 세력을 상징한다. 한편 그리스 신화에 나오는 치료(의술)의 신인 Asclepius는 의술의 상징인 뱀이 휘감겨 있는 지팡이를 가지고 다녔다. 민수기 21장 9절에는 "놋뱀을 쳐다본즉 살았다"는 말씀이 나온다. 그렇기에 뱀은 치료를 의미하기도 한다.

탄도 죽은 자는 건드리지 않고 살았으나 어설픈 성경 실력의 신자만 골라 미혹시킴에 유의하여야 한다. 그러므로 먼저는 성경을 적극적으로 배워서 알아야 하고 삼위일체론에 대하여도 어느 정도 뼈대는 알아야 한다.

> "우리가 다 하나님의 아들을 믿는 것과 아는 일에 하나가 되어 온전한 사람을 이루어 그리스도의 장성한 분량이 충만한 데까지 이르리니"_엡 4:13

기능론적 종속성과 존재론적 동질성

먼저 이렇게 질문해본다. "삼위일체 하나님은 같은 분일까? 다른 분일까?"

이렇게 물으면 대부분의 청년들은 몹시 당황해한다. "왜 그렇게 묻느냐?"라고 되묻기도 한다. "그렇게 물어도 되느냐?"라는 사람도 있다. '혹시 하나님 앞에서 불경한 물음은 아닌가?'라고 생각하는 청년도 있다. 많은 이들은 "당연한 답으로 알고 있었는데, 왠지 말하기는 주저 된다"라고 얘기하곤 하였다.

다시 다르게 물어본다. "삼위 하나님은 세 분일까? 한 분일까?"

두 번째 물음에는 생각보다 자신 있게 답하는 청년들이 많았다. 아마도 '삼위'(三位)에 관하여 다른 하나님이라고 하는 것은 뭔가 기존의 생각과 달라 약간 껄끄럽게 느끼는 듯하다. 반면에 '일체'(一體)에 관하여 한 분이라는 것은 약간 마음이 편한 듯해 보였다.

분명한 것은 삼위일체 하나님이 같은 분이 아니라 서로 다른 분이라는 것이다. 이를 기능론적 종속성(functional subordination)이라고 한다.

삼위 하나님은 창조, 구속, 완성에 있어서 구별되게 일하시며 동시에 기능적으로는 종속관계라는 점을 알아야 한다. 그렇기에 성부 하나님께서는 인간의 구속을 계획하셨고, 성자 하나님께서는 아버지의 계획을 성취하시기 위하여 '하나님의 기름 부음 받은 자'로서 이 땅에 인간으로 오셨다. 또한 십자가 보혈이라는 엄청난 대가를 지불하심으로써 인간의 구속을 성취하셨다. 성령 하나님께서는 그 예수님이 그리스도 메시아이심을 알게 하시고 우리에게 믿음[139]을 주셔서 우리로 하여금 믿게 하셨다. 결국 우리가 구원받은 것은 우리의 의지적 믿음 때문이 아니라 먼저 성령님께서 주신 믿음 때문에 믿게 된 것이다. 이후 우리는 하나님의 자녀가 되었다. 그런 우리들을 하나님의 자녀로 인쳐 주신 분이 성령님이시다. 그러므로 구원은 하나님의 전적인 은혜이다.

반면에 삼위 하나님은 세 분이 아니고 한 분이시다. 이를 본질[140]상 한 분 하나님(ousia, one substance)이라고 하며 존재론적 동질성(essential

---

139) 로마서 1장 17절에는 두 가지 믿음이 나온다. 성령님께서 주신, 허락하신 믿음을 객관적 믿음(고전 12:3)이라고 하며 그로 인하여 우리가 믿게 된 것을 고백한 믿음 혹은 주관적 믿음이라고 한다.
140) 삼위일체론을 공부하려면 알아야 할 인물들이 있다. 삼위일체라는 용어를 처음 사용한 터툴리안과 그 뒤를 이은 어거스틴, 칼바르트를 알아야 하고 칼빈을 공부하여야

equality)이라고 한다.

일반적으로 우리 그리스도인들에게 주신 한번 인생을 '어떻게 살 것인가?'라는 질문에 대한 기준은 십계명이다. 반면에 '누구를 믿을 것인가?'라는 질문에 대한 답은 사도신경에서 잘 볼 수 있다. 사도신경은 삼위일체 하나님을 잘 설명하고 있다. 청년들에게 조금 낯설기는 하나 니케아-콘스탄티노플 신조에는 삼위일체 하나님에 관하여 조금 더 명확하게 설명되어 있다. 종국적으로는 삼위일체 하나님에 대해 AD 362년 알렉산드리아회의에서 가장 잘 정리되었다. 삼위일체란 동일한 신성과 위엄, 권능을 지닌 하나의 본질(ousia, substance)이자 독립적이고 인격적인 각 개체로서의 하나님인 세 실체(본체, ὑπόστασις, persona)라고 하였다. 나는 이를 쉽게 개념화하여 다른 하나님(세 실체), 한 분 하나님(하나의 본질)으로 설명[141]하였던 것이다.

조금 더 설명하면 다른 하나님은 세 실체이지만 사역에서 서로 충돌하지 않고, 독자적으로 계획을 가질 수 없으며, 분리될 수 없고, 전지전능하시며, 완벽하시다. 독립적 개체이나 유기적으로 연결되어 있다. 마치 놀이동산에서 각자가 타고 있는 놀이기구가 한 꼭짓점을 중심으로 빨리 돌면 하나의 원처럼 보이듯 각 개체로서의 다른 하나님은 서로서로 유기적인 관계를 이루고 있는 것이다. 이를 윤무(페리코레시스)라고 한다.

한다. 양태론(Modalism)을 얘기하였던 사벨리우스도 알아야 한다. 종국적으로 삼위일체는 알렉산드리아회의에서 가장 잘 정리하였다.

141) 《세계개혁교회의 신앙 교백서》, 이형기, 서울: 대한예수교장로회총회출판국, 1991. 《조직신학개론》, 오주철, 한들출판사, 2016.(재인용)

삼위 하나님의 성품적 속성

이에 더하여 세 실체(ὑπόστασις)이신 삼위 하나님의 각각의 성품적 특성을 알아보자. 이렇게 설명하는 것은 약간의 위험성은 있으나 성경을 통하여 삼위 하나님의 성품[142]을 묵상하다 보면 말씀에 더 가까이 다가갈 수 있고 기능론적 종속성을 보다 더 쉽게 이해할 수 있게 된다.

성부 하나님의 성품은 공의와 사랑이라고 앞에서 언급하였다. 그 공의와 사랑의 결정체가 바로 예수님의 성육신과 십자가 사건이다.

성자 하나님이신 예수 그리스도의 성품은 요한계시록 3장 7절과 6장 10절에 의하면 거룩과 진실 혹은 참됨이다.

그러면 예수의 영으로서 또 다른 보혜사[143]이신 성령 하나님의 성품은 무엇일까? 갈라디아서 5장 22-23절과 요한복음 12장 49절, 14장 26-27절을 깊이 묵상해 보면 온유와 겸손임을 알 수 있다. 그런 성령 하나님은 인격적(omni-personal)일 뿐 아니라 자신을 드러내지 않는 하나님이시다. 예수님만 드러내신다. 그분은 결코 자의로 말씀하지 않으신다. 그 성령님은 구약에서는[144] 창조자, 지배자, 계시자, 촉

---

142) 성부 하나님의 성품은 공의(צְדָקָה, righteousness)와 사랑(חֶסֶד, 인자, 인애, 자비, 긍휼, the covenant loyalty, favour)이다. 성자 하나님의 성품은 거룩(set apart, holy, sacred, ἅγιος)과 진실 혹은 참됨이다(true, real, genuine, ἀληθινός). 성령 하나님의 성품은 온유(gentleness, mildness, πραΰτης)와 겸손(humble, lowly, ταπεινὸς)이다.

143) 성령 하나님은 예수의 영으로서 또 다른 보혜사(another Helper, ἄλλον Παράκλητον)이시다. 요 14:16, 26, 15:26, 16:7을 참고하라. 흔히 성령님이라고 할 때 파라클레토스(παράκλητος)라고 하며, 그 의미는 an advocate, comforter, helper, Paraclete이다.

144) 《성령을 아는 지식》, 제임스패커, 홍종락 옮김, 홍성사, 2002.

진자, 능하게 하는 자로 활동하시는 하나님이셨다.

성부 하나님께서는 예수님을 보내셔서 그 말할 것과 이를 것을 친히 명하셨고(요 12:49), 보혜사 성령님은 예수님의 부활 승천 후에 오셔서 우리에게 모든 것을 가르치시고 생각나게 하시는(요 14:26) 본체상 근본 하나님이시다. 동시에 기능론적 종속성을 잘 수용하시는 정말 겸손하시고 인격적이신 분이다.

이런 삼위 하나님의 성품을 인식하는 그리스도인이라면, 아바 아버지이신 성부 하나님을 생각할 때마다 막연하게 근엄함이나 두려움보다는 위대하심, 친근함, 든든함과 함께 기대고 싶음이 훨씬 많아질 것이다. 저자에게 다가오신 성부 하나님의 이미지이기도 하다. 나는 지금도 앞으로도 아버지 하나님과의 친밀감을 잃고 싶지 않다. 이런 성부 하나님의 이미지에 큰 도움과 영향을 주신 분이 바로 목사님이시자 나의 개인적 멘토셨던, 지금은 하늘나라에 계신 아버지였다.

닮고 싶은 삼위 하나님의 성품적 속성

구약을 요약하는 두 단어인 성부 하나님의 성품을 공의와 사랑이라고 하였다. '유한된 세상에서 단 한 번밖에 없는 인생을 어떻게 살아가고 싶은가?'라고 묻는다면 나는 거침없이 '그분의 성품으로 살아가고 싶다'라고 답할 것이다. 성부 하나님의 그 성품을 닮고 싶은 것이다. 그렇기 때문에 시편 117편 2절과 138편 8절의 말씀을 통해 성령님께서 더 세미하게 가르쳐주실 것을 늘 기대하곤 한다.

결국 성부 하나님의 성품으로 살아간다는 것은 인자와 진실, 즉 공의와 사랑을 실천하며 하나님을 경외하며 살아가는 것이다.

하나님의 성품인 사랑이 포용하는 따스함이라면, 공의는 판단하는 차가움이다. 그러므로 우리는 따스한 사랑도 지녀야 하지만 동시에 진리를 공격하는 사탄의 속임수를 분별하기 위해 냉철한 차가움도 지녀야 한다. 진리이신 예수님을 공격하는 적그리스도에 대해 단호하고 냉정하게 대처하는 것이 공의이다. 사랑이라는 명분 아래 공의를 도외시하는 것은 불의에 암묵적으로 동의하는 것이다. 그러므로 공의 없는 사랑은 진정한 사랑이 아니다. 또한 공의를 행한답시고 사랑을 배제하면 상대는 상처를 받게 된다. 이렇듯 공의는 사랑을 포함하며 사랑은 공의를 전제하고 있음을 알아야 한다. 그 사랑과 공의의 결정체가 바로 성육신과 예수 그리스도의 십자가이다. 그렇기에 공의와 사랑은 서로 다른 단어인 듯 보이지만 사실은 동일한 의미를 지녔다고 할 수 있다.

둘째 아담으로 예표 되는 예수님은 인류의 시조 첫 아담이 '하나님과 같이 되려다' 실낙원과 함께 깨져버린 하나님과의 관계(통치, 지배, 질서)를 회복하시기 위해 왔다. 죄인을 구원하기 위해 오신 예수님은 역사상 유일한 의인이셨다. 그 예수님은 저주의 상징인 나무 위에 달려 십자가 위에서 처절한 죽음으로 대가를 지불하셨다. 죽음을 이기시고 부활하신 예수님은 온전히 율법을 완성[145]하셨다. 이후 우리

---

145) 저주의 상징인 십자가 죽음에 관하여는 신명기 21:22-23을 참고하라. '다 이루었다'는 것은 헬라어로 테텔레스타이(Τετέλεσται, It has been finished, 롬10:4, 요19:30)라

는 아담으로부터의 연합과 대표의 원리를 따른 원죄(原罪)에서 온전히 해방되었다.

이제 우리는 예수님을 나의 구주 나의 하나님으로 입으로 시인하고 마음으로 믿기만 하면[146] 구원을 얻게 된다. 더 나아가 비록 우리가 세상을 살아가는 동안 반복적으로 자범죄를 짓는다 할지라도, 예수님께서 이미 십자가에서 흘리신 그 보혈에 의지하여 진정으로 회개하면, 그 어떤 죄도 용서를 받게 된다.

"만일 우리가 우리 죄를 자백하면 저는 미쁘시고 의로우사 우리 죄를 사하시며 모든 불의에서 우리를 깨끗하게 하실 것이요" _요일 1:9

"여호와께서 말씀하시되 오라 우리가 서로 변론하자 너희 죄가 주홍 같을지라도 눈과 같이 희어질 것이요 진홍같이 붉을지라도 양털 같이 되리라" _사 1:18

"누가 우리를 그리스도의 사랑에서 끊으리요 환난이나 곤고나 핍박이나 기근이나 적신이나 위험이나 칼이랴" _롬 8:35

"내가 확신하노니 사망이나 생명이나 천사들이나 권세자들이나 현재 일이나 장래 일이나 능력이나 높음이나 깊음이나 다른 아무 피조물

고 하는데, 이는 텔로스(τέλος, 명사)에서 파생되었다.
146) "오직 믿음" 할렐루야! 롬 1:17, 합 2:4, 엡 2:8-17, 갈 2:16을 참고하라.

이라도 우리를 우리 주 그리스도 예수 안에 있는 하나님의 사랑에서 끊을 수 없으리라"_롬 8:38-39

이런 예수님의 엄청난 대가 지불인 십자가가 복음으로 나타났음에도 불구하고 오늘날 그리스도인은 언제부터인가 복음의 감동을 잊어버렸다. 첫 구원의 감격과 첫사랑의 감동은 어느새 희미해져 버렸다. 복음의 맛을 상실한 채, '값없이' 주신 복음을 '값싸게' 여기며 살아간다. 최고의 복음을 가치 없는 것인 양 하찮게 여기며 살아가는 모습을 보아야 하는 것이 마음 아프다.

아무 죄 없으신 예수님께서 우리를 위해 져주신 그 엄청난 십자가의 대가 지불을 한 번만이라도 깊이, 곰곰이 생각해보라. 아버지 하나님의 공의를 이루기 위하여 근본 하나님의 본체(빌 2:6)이신 예수님께서 인간으로 오신 것 자체가 처절한 고통이었다. 그것도 모자라 자기를 비우시고 종의 형체를 가지실 뿐 아니라, 사람의 모양으로 오셔서 죽기까지 복종하셨다(빌 2:7-8). 예수님이 걸어가신 그 치욕의 길에는 온갖 천대와 멸시, 조롱, 눈가림, 침 뱉음, 뺨 맞음과 함께 지독한 굴욕이 널브러져 있었음을 기억하라. 거기에 더해 극악무도한 죄인만이 졌던, 저주의 상징인 나무에 달리는 형벌인 십자가 수난임에랴.

"그는 실로 우리의 질고를 지고 우리의 슬픔을 당하였거늘 우리는 생각하기를 그는 징벌을 받아서 하나님에게 맞으며 고난을 당한다 하였노라 그가 찔림은 우리의 허물을 인함이요 그가 상함은 우리의 죄악을 인함이라 그가 징계를 받음으로 우리가 평화를 누리고 그가 채찍에 맞음으로 우리가 나음을 입었도다" _사 53:4-5

"그가 곤욕과 심문을 당하고 끌려갔으니 그 세대 중에 누가 생각하기를 그가 산 자의 땅에서 끊어짐은 마땅히 형벌 받을 내 백성의 허물을 인함이라 하였으리요" _사 53:8"

"사람이 만일 죽을 죄를 범하므로 네가 그를 죽여 나무 위에 달거든 그 시체를 나무 위에 밤새도록 두지 말고 당일에 장사하여 네 하나님 여호와께서 네게 기업으로 주시는 땅을 더럽히지 말라 나무에 달린 자는 하나님께 저주를 받았음이니라" _신 21:22-23

공의를 만족하려면 대가 지불이 필요하다. 그렇기에 바로 그 십자가는 아버지 하나님의 지독한 아픔이다. 그 사랑에 감사해야 한다. 인간을 향한 당신의 일방적 언약은 아담에서 노아로, 그리고 아브라함에서 모세로 이어지며 다윗으로 연결되었다. 다윗 언약인 사무엘하 7장은 하나님의 공의와 사랑이 마침내 예수 그리스도의 새 언약으로 나타나실 것을 말씀해주신 것이다.

"네 수한이 차서 네 조상들과 함께 잘 때에 내가 네 몸에서 날 자식을 네 뒤에 세워 그 나라를 견고케 하리라 저는 내 이름을 위하여 집을 건축할 것이요 나는 그 나라 위를 영원히 견고케 하리라" _삼하 7:12-13

나의 멘토, 나의 아버지 이윤화 목사

성부 하나님을 생각할 때마다 나의 아버지에 대한 생각이 선명하게 그려진다. 그러다 보니 마치 하나님의 표정과 말소리뿐 아니라 행동거지 하나하나가 눈에 그려지는 듯하다. 그렇기에 나는 언제 어느 곳에서든지 하나님의 임재가 더 잘 느껴지기도 한다. 내게는 주인 되신 하나님을 생각만 해도 마음은 평온해지고 육신까지도 편안해짐을 느낀다. 아버지 하나님의 성품인 공의와 사랑을 생각하면 즉시로 그 이미지와 연결되곤 하는데, 그것은 귀한 성품을 소유하셨던 나의 아버지 덕분이다.

나의 아버지는 어릴 적부터 신앙교육만큼은 결코 조금의 예외도 허락하지 않으셨다. 반면에 생활하는 부분에서는 사랑과 이해를 많이 해주셨다. 나는 어려서부터 성경 암송에 제법 압박을 받았다. 그것은 체벌인 징계와 연관되었기 때문이었다. 내가 실수를 하거나 잘못을 저지르면 대, 중, 소에 따라 암송 구절이 5, 3, 1구절로 정해지곤 했다. 제법 말썽꾸러기였던 나는 암송을 하지 않으면 잘못에 대해 동일한 수만큼 회초리로 맞아야 했다. 외우는 것에 자신 있었던 나는 거의 맞지 않고 암송을 택하곤 했다. 가끔씩은 심술이 나서 회초리를 선택했는데 거의 죽을 뻔했다. 설마 했는데 엄청 세게 맞았던 것이다. 그런 경험을 한 이후부터는 무조건 암송을 했다. 그러나 문제아였던 나는 어떤 날은 외워야 할 구절이 너무 많았다. 간혹 그 다음날 새벽기도 시간까지 외워야 할 때도 있었다. 그러다 보니 가끔씩은 목사였던 아버지와 함께 밤을 꼬박 새운 후 새벽기도에 가기도 했다. 나는 지금도 그때의 아버지의 표정과 진지함을 생생하게 기억하고 있다. 동시에 평생을 말씀 중심으로 몸부림치던 아버지의 그 삶을 똑똑히 지켜보며 자랐다. 아버지의 신앙과 삶에서 공의와 사랑을 확실히 보며 자랐던 것이다.

또한 산기도에 나를 많이 데리고 다니셨다. 소나무를 흔들며 기도하다가 찬양하다가를 반복하던 아버지의 모습을 잊을 수 없다. 하산하면서 망개와 칡뿌리, 온갖 열매들을 따 주시며 창조주 하나님의 작품이라고 설명해주셨다. 우리를 위해 맛있는 것들을 주셨다고 하시며 하나님을 생생하게 자랑하시던 그 표정을 잊을 수 없다. 엄하시기도 하나 자상하기도 한 아버지는 내가 성부 하나님을 이미지화하는 데 큰 도움을 주셨던 것이다. 60년을 살아온 내게 부모가 물려준 최고의 유산을 들라면 어릴 적부터 해왔던 성경 암송과 산기도라고 거침없이 말할 수 있다.

나 역시 나의 아버지처럼 그렇게 세 아이들을 양육해왔다. 아이들이 어렸을 때 종종 그들을 업거나 목마에 태워 내가 좋아하던 두 시간 거리인 김해의 무척산 기도원으로 올라가곤 했다. 또한 아이들에게 어려서부터 성경 암송을 약간은 강제적으로 시켜왔다. 나는 아버지의 회초리 대신에 성경적 자본주의를 가르치기 위해 성경 한 구절에 1,000원, 찬송가 한 곡에 500원을 주었다. 반복과 함께 숫자가 늘어갈 때마다 인센티브를 주어 계속 기억하도록 해주었다. 그러고는 자기가 애써 번 돈으로 십일조, 감사헌금, 주일헌금, 장학헌금, 선교헌금, 친구들 돕기, 그리고 맨 마지막에 자기를 위해 쓰도록 가르쳤다.

　　저자는 현재 한 가정(Lee's family)의 가장이자 자식들에 대해선 아버지 (children's father)이다. 때로는 가장으로서의 짐이 무거워 어깨가 짓눌릴 때가 있다. 제법 아플 때도 있다. 그럼에도 불구하고 위로는 성부 하나님을 생각하고 육적으로는 나의 아버지를 생각하며 견디어나간다.

　　나의 아버지처럼 나 역시 아비로서 가장으로서 주어진 책임을 기쁨으로 감당하려고 한다. 특별히 한 알의 썩어져 가는 밀알이 되고 싶은 소망이 있다. 나 역시 자녀들에게 아버지 하나님의 이미지를 정확하게, 동시에 아름답게 남기는 그런 삶을 살고 싶다. 그래서 매사 매 순간에 최선의 몸부림을 치곤 한다.

　　지난날 나의 아버지가 그랬던 것처럼.

『사랑에 빚진 자』 출판 감사 예배

언약의 관점으로
성경의 숲 다시 훑어보기

구약을 두 단어로,
신약을 여섯 단어로 요약하면?

신약이 그리스도로 시작되는(마 1:1) 것과 대조적으로
구약은 하나님으로 시작(창 1:1)된다. 물론 기능론적 종
속성과 존재론적 동질성을 염두에 두어 이해해야 할
것이다. 성경은 하나의 이야기로서 하나님의 이야기이
며 구속의 이야기이다. 그렇기에 성경은 성경으로만
해석해야 한다.

헨리에타 미어즈[147]는, 성경을 세 부분으로 요약

147) 바이블 핸드북의 고전인 *What the Bible is All About*의 저자이며

하였다. 그는 아담에서 아브라함까지를 인류 역사의 발자취라고 하였고, 아브라함에서 그리스도까지를 택함 받은 족속의 역사라고 하였으며, 그리스도에서 오늘까지를 교회의 역사라고 하였다. 나는 이를 세분하여 앞장에서 시대와 역사의 시간을 중심으로 주요 인물, 주요 장소, 주요 사건 등을 중심으로 성경 전체의 숲을 기술하였다.

이와는 달리 성경 단어의 핵심으로 분류하는 것도 도움이 된다. 구약성경을 단 두 단어로 요약하라면 하나님의 성품인 공의와 사랑이라고 하겠다. 관점에 따라 다르게 생각할 수 있겠으나, 저자는 이 두 단어야말로 구약을 구약 되게 하는 것이라고 생각한다. 그 공의와 사랑으로 인하여 하나님이신 예수님이 인간으로(성육신) 이 땅에 오셨고, 우리의 죄를 위해 십자가 보혈이라는 엄청난 대가를 지불하셨기 때문이다.

히브리어로 공의를 쩨데크(צדק)라고 한다. 이는 공평하다(fair), 정당하다(justice), 공정하다(vindication), 옳다 혹은 정직하다(righteousness)는 뜻을 가지고 있다. 사랑의 히브리어는 헤세드(חסד)이다. 이는 인자 혹은 인애(covenant loyalty), 자비(merciful), 긍휼(compassion)을 의미한다. 이런 공의와 사랑의 결정체가 바로 성육신과 십자가인 것이다. 결국 구약은 예수님의 성육신과 십자가 대속이 하나님의 공의와 사랑의 결과임을 말하고 있는 것이다.

반면에 신약은 여섯 개의 핵심 단어로 요약된다. 복음, 십자가,

Gospel Light, Gospel Literature International을 설립했다. 저자와 동일한 성경 교사이기에 더욱 친근감을 느낀다. CCC의 창립자인 빌 브라이트를 가르치기도 하였다.

믿음, 구원, 은혜, 하나님 나라이다. 이를 연결하면 복음과 십자가의 주체이신 초림의 예수님이야말로 그리스도 메시야이시며 그 예수님을 믿음으로 구원을 얻은 것은 전적인 하나님의 은혜라는 것이다. 그리하여 구원받은 우리는 재림의 예수님이 다시 오시면 우리를 미래형 하나님 나라에 데리고 가실 것이며 그곳에서 삼위 하나님과 영생을 누리며 살게 될 것이다.

하나님의 신실하심과 정확한 기억하심, '권념'

태초에 삼위 하나님은 천지를 창조하셨다. 아담과 하와는 동방의 에덴에서 하나님과의 바른 관계 속에서 샬롬으로 지내고 있었다. 그러던 그들이 하나님과 같이 되려다가 실낙원 한 이후 창세기 4장에 이르자 가인은 하나님을 떠났다. 5장으로 가면 다시 아담의 족보가 나오는데 에덴의 회복을 원하시는 하나님의 마음이 읽혀진다. 아담의 10대손 노아에 이르러 에덴의 회복을 원하셨으나 죄인 된 인간들은 네피림 사상으로 가게 된다. 11장에 이르면 아예 바벨탑 사상으로까지 뻗쳐나간다. 그 결과 하나님은 인류를 온 지면으로 흩어버리셨다. 12장에 이르러 다시 아브람을 선택하시며 그들의 후손을 선민으로 삼으셨다. 이삭, 야곱을 거쳐 그 아들 요셉을 사용하셨고 이스라엘 백성들은 애굽으로 이주하게 된다. 선민으로서 그들의 훈련은 모세에까지 이르게 된다.

"여러 해 후에 애굽 왕은 죽었고 이스라엘 자손은 고역으로 인하여 탄식하며 부르짖으니 그 고역으로 인하여 부르짖는 소리가 하나님께 상달한지라 하나님이 그 고통 소리를 들으시고 아브라함과 이삭과 야곱에게 세운 그 언약을 기억하사 이스라엘 자손을 권념하셨더라"

_출 2:23-25

신실하신 하나님의 기억하심은 언제나 정확하였다. 상기 구절의 개역한글판에서 사용한 '권념'의 히브리어는 '제코르(זכר)'이다. 이는 창세기 8장 1절의 '권념'과 같은 의미인데 '하나님께서 기억하시고 늘 생각하시고 마음에 깊이 품으셨다'는 뜻이다. 권념을 뜻하는 하나님의 기억하심은 성경 여러 곳에 나온다. 노아를 권념하시고 모세도 권념하여 부르셨다. 그들을 각각 권념하신 이유는 이스라엘 백성을 구원하시고 세상을 구원하기 위해서였다. 권념으로 인하여 언약을 신실하게 성취하셨는데 바로 그리스도요 메시아이신 예수님을 보내셨던 것이다.

소망의 불꽃, 구름기둥과 불기둥

소명받은 모세를 향한 하나님의 강권적인 인도하심은 역사를 통하여 최고의 놀랄 만한 장관을 연출하며 출애굽의 과정을 만들어 가셨다. 바로와 애굽 사람들, 그리고 이스라엘 백성들은 역사의 주관자 되시는 살아계신 하나님께 사용된 충실한 배역이었다.

완강히 버티던 바로가 열 번째 재앙을 끝으로 맥없이 무너졌다. 그것은 당연한 결과이다. 실상 스스로 아무것도 할 수 없는 제한된 인간이 감히 하나님의 경륜을 거스를 수는 없었던 것이다. 그리하여 지도자 모세는 장정만 60여만 명이나 되는 다양하고도 개성이 제각 각인 군중을 이끌고 애굽을 떠났다. 그들은 약속의 땅 가나안을 향해 동쪽으로 나아갔다. 그렇게 역사의 시간은 흘러갔다. 그들이 광야를 지나는 동안 무엇보다도 최고의 든든함은 그들과 함께하였던 구름기 둥과 불기둥의 인도하심이었다. 그것은 소망의 불꽃이었다.

연약한 인간의 한계, 원망 또 원망

역사의 주관자이자 신실하신 하나님은 바람을 사용하셔서 홍해를 마른 땅으로 건너가게 하셨고 그 의미를 담아 집단 세례를 베푸셨다. 하나님께서 유월절 어린양의 피로 출애굽이라는 구원을 이루신 후 홍해에서 집단 세례를 베푸신 것은(고전 10:1-2) 광야 같은 거친 세상에서 나의 힘이 아닌 하나님의 힘으로 신앙생활 하라는 것이었다. 이런 측면에서 볼 때 홍해는 주어진 장벽이 아니라 실상은 하나님의 섭리이자 은혜의 장소였던 것이다.

처절한 밑바닥 생활인 애굽의 노예생활보다는 나을 것이라는 기대와 달리 광야에는 마라(출 15:23)의 쓴 물이 기다리고 있었다. 엘림과 시내 산 사이 신 광야에서는 굶주림까지 있었다. 르비딤에서는 마실 물 때문에 모세와 거친 말싸움까지 벌였다(출 17:2).

가만히 보면 이스라엘 백성들은 이미 노예근성이 몸에 배어 있었던 듯하다. 툭하면 한숨을 내쉬었고 불평과 원망은 습관처럼 터져 나왔다(출 14:11, 15:24, 16:2). 출애굽의 순간부터 하나님께서 베푸신 엄청난 기적을 경험하지 않았던가? 나는 갑자기 그들을 향하여 욱-하는 무엇이 올라왔다. 그 순간 지난날의 내 모습이 오버랩되자 금방 가라앉았다. 조용히 나의 내면을 들여다보았다. 그러고는 깊은 회개와 진정한 감사기도를 드리곤 한다.

아무튼 좋으신 하나님은 이런 그들임에도 불구하고 탓하지 않으시고 하늘에서 양식을 비같이 풍성하게 내려주셨다. 매일 먹을 수 있도록 만나를 주셨고 고기가 먹고 싶다고 하면 메추라기를 허락하셨다. 그들이 음식을 위하여 한 일이라곤 하나님께서 베푸신 양식을 거두러 가는 것뿐이었다. 하나님의 이 같은 공급하심은 가나안에 들어가기까지 40년 동안 변함없이 계속되었다.

인생의 힘든 순간마다 원망과 불평으로 일관하지 않으려면 성경 말씀을 통해 하나님의 뜻을 잘 알아야 한다. 우리는 어떤 상황 속에서도 무릎 꿇는 훈련이 필요하다. 그것이 습관으로 자리잡혀야 한다. 위기의 순간이야말로 하나님과 독대할 수 있는 더없이 좋은 기회다. 그때가 바로 하나님과의 관계를 점검하고 지은 죄를 철저히 회개하며, 하나님과 친밀한 교제로 돌아갈 수 있을 때임을 알아야 할 것이다.

광야 - 시험과 다툼, 그리고 옛사람의 희미한 그림자

르비딤 반석에서 물을 허락하신 후 그곳의 이름을 '맛사' 혹은 '므리바'(출 17:7, 시 95:8)라 하여 부끄러운 이름을 남기셨다. 가만히 살펴보면 아버지 하나님의 자녀를 향한 가르침은 정말 세미하시다. 히브리어로 '맛사'는 '시험'이라는 뜻이며 '므리바'는 '다툼'이라는 뜻으로, 이스라엘 백성이 자신의 필요를 위해서라면 하나님을 시험하고 심지어 하나님과 다투는 것도 서슴지 않았던 것을 기억하게 하신 것이다. 이런 인간의 모습을 가리켜 시편 기자(시95:8)는 "강퍅함"이라고 질타하였다.

물을 얻은 기쁨도 잠시, 이번에는 아말렉이 쳐들어왔다(출 17:8). 당시 청동기 문명에다 오합지졸이었던 이스라엘과 약탈꾼이자 비열한 불량배였던 철기문화를 가진 그들과의 싸움은 보나마나였다. 그러나 신실하신 하나님은 아말렉을 여호와닛시(출 17:15)로 물리쳐주셨다. 게다가 "아말렉과 더불어 대대로 싸우리라"(출 17:16)고 말씀하셨는데, 이는 아말렉을 당장 진멸하지 않으시고 그 후손들을 남겨두어 이들을 통해 이스라엘 백성을 훈련하시겠지만 결국에는 이스라엘을 통해 아말렉을 멸하시겠다는 의미로 해석할 수 있다. 동시에 이 말씀은 아말렉이야말로 그리스도인이 구원 이후에도 지속적으로 싸워야 할 옛사람의 희미한 그림자임을 명심하라는 것이다.

대부분의 사람들은 예수 믿고 구원받으면 모든 일이 다 잘되고 만사형통할 것이라고 생각한다. 그러나 이것은 이 땅에서의 삶의 목적을 잘못 이해한 것이며 성경의 초점을 벗어난 것이다. 이미 우리는 이스라엘 백성이 출애굽 한 후 홍해를 건너 도착한 광야에서 목마름, 추위, 배고픔, 그리고 아말렉이라는 약탈꾼의 공격에 이르기까지 만만치 않은 고난과 어려움을 겪은 사실을 살펴보았다. 이런 기록을 통해 성경이 우리에게 가르치는 것이 있다. 그리스도인의 삶이란 아말렉과 같은 옛사람의 그림자와 끊임없이 싸우는 것이며, 매 순간 육신의 정욕, 안목의 정욕, 이생의 자랑과 맞서야 하는 치열한 영적 싸움이라는 것이다.

따라서 그리스도인의 삶을 보다 더 잘 이해하려면 구원의 3시제를 대입해보면 도움이 된다. 곧 그리스도의 보혈로 인해 이미 의롭다 함을 받은 칭의(justification)를 과거시제라고 한다면, 거룩함으로 몸부림치는 성화(sanctification)는 현재시제, 그리고 종국적으로 완성될 영화(glorification)는 미래시제라고 말할 수 있겠다. 언뜻 보기에 복잡한 것 같지만 구원을 이렇게 설명하는 이유는 이 땅에서의 그리스도인의 삶이 '이미'(already) 이루어진 구원(칭의)과 '아직'(not yet) 완성되지 않는 구원(영화) 사이의 여정(성화)이기 때문이다. 그렇기에 성화의 과정은 인내와 소망을 가지고 살아가야 한다.

이런 측면에서 이스라엘 백성의 출애굽에서 가나안에 이르는 여정을 다시 구성해 보면, 성경이 가르치는 그리스도인의 삶을 한층 더 잘 이해할 수 있다. 애굽은 우리들의 옛 모습이자 죄에 예속된 세속적인 삶을 의미한다. 이스라엘 백성은 유월절[148] 어린양의 핏값으로

---

148) 10번째 재앙을 내리시기 전 하나님은 문설주의 인방에 예수님의 피를 예표하는 어린양 피를 바르게 하셔서 그 재앙을 면하게 혹은 넘어가게(pass over) 하셨다.

노예 된 삶에서 해방되는데, 이 부분을 칭의(justifiction)라고 볼 수 있다. 이후 홍해를 건너는 사건은 한편으로는 죽음을, 다른 한편으로는 다시 태어나는 새로운 삶을 의미하는 것으로 우리의 옛 자아가 죽고 이후 예수로만 사는 세례(baptism)의 순간을 의미한다.

홍해를 건너 광야에 도착한 이스라엘 백성에게 하나님은 율법을 주시는데, 이를 통해 백성들은 죄를 깨닫고 제사를 통해 성결함을 얻는다. 소위 율법을 기준과 원칙으로 삼고 살아가는 몸부림을 성화(sanctification)의 과정이라고 할 수 있다. 율법은 하나님의 말씀이며 광야는 우리가 살아가는 세상이다. 광야의 훈련 기간이 끝나면 요단 강을 건너 약속의 땅인 가나안으로 들어가는데, 여기서 요단은 죽음을 의미하며, 가나안은 미래형 하나님의 나라를 뜻한다. 바로 예수님이 주인 되시는 거룩한 성 새 예루살렘을 말한다. 그곳에서 우리는 변화된 몸인 부활체로 영원히 영화(glorification)를 누리며 살아가게 된다.

여기서 가나안은 중의적 의미를 가지는데 앞서 언급한 미래형 하나님 나라를 의미하기도 하지만 동시에 홍해 후의 광야 생활처럼 요단 강 후의 광야 생활을 의미하기도 한다.

하나님의 기대와 사람의 탐욕

이스라엘 백성은 하나님의 인도하심을 따라 출애굽 후 광야에서의 특별 훈련 과정을 거쳐 마침내 가나안에 입성했다. 지도자 여호수아를 중심으로 가나안 여러 족속들과 서른한 번의 정복 전쟁을 하며 땅 분배까지 마치게 되었다. 이 모든 과정은 여호와 닛시였다. 그러나 불행하게도 전쟁 이후의 세대들은 하나님이 행하신 일을 잊고 자신의 삶에서 하나님을 배제하고야 만다. 그 결과 땅 분배 후 약 300여 년 동안의 사사 시대는 이스라엘 역사상 영적으로 가장 어두웠던 시기이다.

이스라엘 백성들은 다시 습관적인 죄의 사이클에 빠져들었고 하나님보다 자신을 앞세웠다. 사사기 21장 25절은 이 시대를 한 마디로 잘 요약하고 있다.

> "그때에 이스라엘에 왕이 없으므로 사람이 각각 그 소견에 옳은 대로 행하였더라" _삿 21:25

이 구절은 자기 마음대로 살았다는 의미이며 동시에 자기의 유익만을 추구하며 살았다는 뜻이다. 결국 그들은 하나님을 경홀히 여기며 실컷 죄를 짓다가 징계로 인한 고통이 오면 기도하며 회개하였다. 그 후 하나님께서 용서하셔서 회복이 되면 언제 그랬느냐는 듯이 또 반복하여 죄를 짓곤 하였던 것이다. 더 나아가 사사들의 통치가 끝날 즈음에는 주변 국가들을 쳐다보며 왕이신 하나님을 외면하고 인간 왕을 구하는 배은망덕을 범하였다. 여러모로 오늘을 살아가는 우리의 모습과 흡사하다.

한편, 이런 사사 시대와 왕국 시대를 잇는 인물이 바로 마지막 사사이자 첫 선지자인 사무엘이다. 그런 사무엘을 통하여 왕정 시대를 여는 사울 왕이 세워지고 동시에 자녀교육에 대한 부재의 결과인

커다란 아픔까지 보여주셨다.

왜냐하면 사무엘상 8장 3-5절을 찬찬히 읽어 보면 사무엘의 아들들에 대한 평가가 나오기 때문이다. 그 아들들은 아비 사무엘과 같지 않았던 것 같다. 결국 이스라엘 백성은 그 아비 사무엘과 같지 않은 아들들을 배척하고 "모든 나라와 같이 우리에게 왕을 세워 우리를 다스리게 하소서"(삼상 8:5)라고 요구했던 것이다. 그리하여 사울이 이스라엘 통일 왕국의 초대 왕이 되기는 하였으나 하나님께 버림받아 비참하게 최후를 마쳤다(삼상 31:4-6). 사무엘상 13장 14절을 읽으면 사울 왕에 대한 뭔가 애잔한 마음이 들고 손에 땀이 날 정도로 두려움의 전율도 느껴진다.

> "지금은 왕의 나라가 길지 못할 것이라 여호와께서 왕에게 명하신 바를 왕이 지키지 아니하였으므로 여호와께서 그 마음에 맞는 사람을 구하여 그 백성의 지도자를 삼으셨느니라 하고" _삼상 13:14

참고 견디며 달려갈 길을 달려가라

하나님의 부르심과 사명을 받고 청년 사역자요 성경 교사요 의료 선교사로서 살아온 지 30여 년이 되었다. 고린도전서 7장 17, 20, 24절의 말씀에 따라 "부르심을 받은 그 부르심 그대로" 살아보려고 '페리파테이토'(περιπατείτω)라는 헬라어를 품고 열심히 달려왔다. '참고 견디며 그렇게 살아가라, 그렇게 걸어가라'라는 그 의미를 잊지 않으려고 몸부림쳤다. 사도행전 20장 24절의 말씀대로 "나의 달려갈 길과 주 예수께 받은 사명 곧 하나님의 은혜의 복음 증거하는 일을 마치려 함에는 나의 생명을 조금도 귀한 것으로 여기지 아니하노라"라고 선포하며 살아왔다. 그날에 주실 의의 면류관(딤후4:7-8)을 그리며 달려왔다. 동시에 나는 사도행전 13절 22절을 의식하며 살아왔다. "폐하시고 다윗을 왕으로 세우시고 증언하여 이르시되 내가 이새의 아들 다윗을 만나니 내 마음에 맞는 사람이라 내 뜻을 다 이루리라"라는 말씀은 한편으로는 감사요 다른 한편으로는 각성이었다. 역사의 주관자이신 하나님은 폐하시기도 하며 세우시기도 하심을 알아야 한다.

그렇기에 사명자는 그 자리에 있게 하신 하나님께 먼저 감사해야 한다. 우리는 부족한 자에게 왜 사명을 주셨는지 그 이유는 다 알 수 없다. 분명한 것은 하나님께서 당신의 마음에 합한 나를 지금의 현장에 있게 하셨다는 것이다. 그렇기에 그저 하나님의 은혜에 감사하며 충성할 뿐이다.

그러므로 우리는 부르신 소명대로 각자에게 주신 사명을 다하되, 순간순간 하나님과 '함께'(에트) '동행'(테할레크)해야 함을 잊지 말아야 한다. 이와 함께 하나님께서 주시는 '형통함'이 첼리하(מַצְלִיחַ 창 39:2-3)로 열리면 그저 감사하면 되는 것이다. 왜냐하면 성경의 형통함(첼리하)이란 하나님의 계획이 나를 통하여 그 과정이 이루어지고 그 결과가 완성되는 것을 의미하기 때문이다.

통일 왕국의 분열과 남북 왕들의 적나라한 모습

안타까운 일이 다윗의 아들인 3대 왕 솔로몬 때 일어났다. 다윗은 하나님의 마음에 합한 사람이었다. 반면 솔로몬은 용두사미의 대표적인 인물이다. 처음에는 잘하는 듯했으나 점점 더 하나님으로부터 듣는(שמע) 마음(לב)인 지혜를 멀리하였다. 솔로몬의 일천번제나 그의 지혜로 인한 생모 판결 사건은 유명하나 오해된 부분[149]이 많은 것도 사실이다. 말년에 이르러서는 인간적인 잔머리를 통해 얻은 많은 아내들로부터 우상이 들어와 첫 마음을 완전히 잃어버리고 말았다. 그 결과 통일 왕국이었던 이스라엘이 솔로몬의 아들이자 제4대 왕인 르호보암 때부터는 둘로 나누어졌다. 북쪽은 10지파로 구성된 여로보암이 통치하는 이스라엘이 되었고, 남쪽은 2지파로 구성된 르호보암이 통치하는 유다가 되었다.

남유다의 왕은 초대 왕 르호보암을 포함해 스무 명이었고, 북쪽 이스라엘은 초대 왕 여로보암을 포함하여 열아홉 명의 왕이었다. 북이스라엘의 열아홉 명 왕은 BC 722년 앗수르에 멸망하기까지 하나

---

149) 솔로몬의 일천번제(왕상 3:4)는 '일천 회'가 아니라 '일천 마리'의 제물(대하1:6)이라는 의미이다. 일천 마리의 희생제물도 10×10×10=1,000으로서 10이라는 숫자는 만수인 '많다'라는 의미이며 문예적인 표현에 가깝다. 그리고 생모 판결 사건은 생모의 아픈 마음, 즉 두 번의 죽음 같은 아픔이 바로 아버지 하나님의 우리를 향한 마음임을 드러내려고 한 것이다. 다시 말하면 생모가 자신을 죽음 같은 슬픔에 내어놓음으로써 아이를 살렸는데 이는 우리를 살리기 위해 성육신과 함께 예수님을 십자가에 못 박은 것과 아버지 하나님의 마음을 나타낸다. 또한 당시 솔로몬의 판결은 하나님의 지혜인 레브 쇼메아(듣는 마음)가 아니라 이집트 신화에 나오는 마아트(Maat)라는 여신의 판결법이었다.

같이 모두 다 악한 왕이었다. 남유다는 스무 명의 왕 중 그나마 여덟 명이 말씀을 지켜보려고 노력했던 선한 왕(3대 아사, 4대 여호사밧, 8대 요아스, 9대 아마샤, 10대 웃시야, 11대 요담, 13대 히스기야, 16대 요시야)이었으며, 그중 네 명(3대 아사, 4대 여호사밧, 13대 히스기야, 16대 요시야)은 종교개혁을 위해 몸부림치기도 했다.

특별히 그중 두 명인 13대 히스기야 왕과 16대 요시야 왕은 역사의 주관자이신 하나님의 경륜 속에 제법 큰 페이지를 장식하게 된다. 이 두 왕을 기억하면 성경의 맥을 잇는 데 큰 도움이 된다. 그렇기에 역사와 문화적 배경, 지리적 배경 그리고 시대를 아우르며 성경을 읽으면 너무 재미있다. 한편 북이스라엘은 왕들이 반란을 겪거나 전쟁에서 죽으면서 왕조가 여러 번 바뀌었다. 반면에 남유다는 반란이나 전쟁에서 왕이 죽기는 했어도 왕조 자체는 단 한 번도 바뀌지 않았다는 사실은 예사롭지 않다. 이는 다윗 언약인 사무엘하 7장 16절이 미리 증언한 것이기도 하였다.

"네 집과 네 나라가 내 앞에서 영원히 보전되고 네 위가 영원히 견고하리라 하셨다 하라"_삼하 7:16

하나님의 징계, 그 아픈 사랑

결국, 하나님은 당대의 최강국인 바벨론을 징계의 막대기로 들어 쓰셔서 70년 동안(BC 609–538년) 이스라엘 백성을 그들에게 포로로 붙이셨다.

바벨론에서의 포로 생활은 징계로 포장된 아버지 하나님의 변형된 사랑이자 훈련이었다(히 12:5-13). 그것은 마치 집 나간 아들이 돌아오기만 기다리는 절절한 아비의 심정이기도 하였다(눅 15:11-32). 하나님은 행여 이스라엘 백성이 다시 자신의 품으로 돌아오기를 바라는 심정으로 포로 전에도, 포로 중에도, 포로 후에도 여러 선지자들을 지속적으로 보냈다.

북이스라엘 왕국이 BC 722년 앗수르에 망한 후, 하나님께서는 남유다 왕국에 136년이라는 역사의 시간을 더 주셨다. 그러나 유다 백성은 곧은 목을 펴려고 하지 않았다. 결국 엘리야김에서 여호야김으로 개명된 18대 왕 때부터 시작하여 세 차례에 걸쳐 바벨론에 끌려갔다. 1차 포로 때 잡혀간 유명한 인물이 다니엘과 세 친구 사드락, 메삭, 아벳느고이다(단 1:7).

2차 포로는 19대 왕 여호야긴 때 끌려갔는데 에스겔이 포로로 붙잡혀갔다. 남유다 왕국의 마지막 왕인 20대 시드기야를 끝으로 나라는 완전히 망하게 된다. 그때가 BC 586년이다. 그리하여 이스라엘 백성은 1차 포로 때로부터 시작된 70년이라는 세월 동안 바벨론에서의 혹독한 포로 생활을 하게 된다. 물론 그 기간에도 좋으신 하나님께서는 그렇게나 반역하였던 이스라엘을 변함없이 긍휼히 여기셨다. 비록 징계는 감수하여야 하나, 70년 후에는 포로에서 해방시켜 주시겠다고 말씀으로 약속하셨던 것이다.

"이 온 땅이 황폐하여 놀램이 될 것이며 이 나라들은 칠십 년 동안 바벨론 왕을 섬기리라 나 여호와가 말하노라 칠십 년이 마치면 내가 바벨론 왕과 그 나라와 갈대아인의 땅을 그 죄악으로 인하여 벌하여 영영히 황무케 하되" _렘 25:11-12

"나 여호와가 이같이 말하노라 바벨론에서 칠십 년이 차면 내가 너희를 권고하고 나의 선한 말을 너희에게 실행하여 너희를 이곳으로 돌아오게 하리라" _렘 29:10

유다의 멸망과 동시에 슬픈 역사적 사실이 하나 더 있다. 하나님의 임재의 상징이요 현현하시는 곳이었던 솔로몬 성전의 완전한 훼파가 그것이다(BC 586년). 그렇게 소중하게 여겼던 성전(성전신앙)이 적들에 의해 처절하게 파괴된 것은 영적으로나 육적으로 그들에게는 청천벽력 같고 당황스러운 경험이었을 것이다. 이른바 성전신앙을 가지고 성전 건물 자체를 우상시했던 유대인들로서는 도저히 이해 못할 상황이었다. 그때 하나님은 에스라 6장 15절을 통해 "다리오 왕(BC 522-486년) 육 년(BC 517년) 아달 월 삼 일에 전을 필역하니라"는 성전 회복(BC 516년)의 말씀을 주시며 그들을 달래셨다. 성전 훼파는 죄의 결과이고 성전 재건은 회복의 결과이다. 여기서 아달 월이라는 것은 태양력으로 그다음 해 2, 3월을 가리킨다. 결국 BC 516년에 성전이 회복되었음을 말한다. 이는 BC 586년에 성전이 훼파된 날로부터 70년 후가 된다. 곧 약속의 말씀이 성취된 것(단 9:1-2)이다. 바벨론 포로 생활(BC 609-538)과 예루살렘 성전의 파괴(BC 586)와 재건(BC 516)은 말씀하신 그대로 역사 속에서 일어났던 일이다.

바벨론 포로와 포로 귀환, 그리고 변함없는 하나님의 섭리

바벨론에서 포로 생활을 한 지도 어언 70년이 되었다. 역사의 주관자이신 하나님은 바사 왕 고레스를 통해 그 원년을 기점으로 3차에 걸친 포로 귀환의 역사를 쓰게 하셨다. 하나님은 포로로 잡혀간 세 번의 과정과 돌아오는 세 번의 귀환 과정을 대비하심으로 독특한 의도를 드러내셨다. 이런 역사적 사실로부터 우리는 하나님의 해학을 느낀다.

BC 537년부터 시작된 1차 귀환 때에는 스룹바벨이라는 정치 지도자와 예수아라는 종교 지도자를 필두로 이스라엘 백성이 예루살렘으로 돌아오게 된다(스 2:2).

오랫동안 떠났다가 고향 땅에 돌아온 그들은 황무하게 변해 버린 예루살렘을 보게 되자 울고 또 울고 지치도록 울었다. 그리고 비록 예전보다는 못하지만 드디어 성전을 짓게 된다. 그것이 바로 스룹바벨 성전이다. 그러나 모든 일이 그렇듯, 당시 이스라엘 백성 전부가 동일한 마음을 가졌던 것은 아니었다. 에스라 4장 1-6절에 의하면 유다와 베냐민의 대적이자 혼합주의자였던 사마리아인이 자신들도 성전 건축에 참여하기를 원하였으나 거절당하자, 역으로 성전 건축을 방해하였기 때문이다.

인간적으로 생각해보면 사마리아인도 함께 건축하는 일에 동참하면 도움될 것처럼 보인다. 그런데 왜 사마리아인의 동참을 거절했을까? 그들은 이스라엘이 용납할 수 없는 혼합주의자였기 때문이었다. 이스라엘 백성은 그 옛날 솔로몬 왕이 말년에 많은 이방 여인들을 아내로 두면서 종교혼합주의에 빠져서 나라가 무너진 것을 기억했던 것이다. 쓰라린 역사적 교훈은 후손들에게도 이어져 다시는 혼합주의가 발붙일 기회를 허락하고 싶지 않았던 것이다. 유일하신 여호와 하나님만을 섬기는 이스라엘 백성에게 사마리아인들은 종교적으로도 혈통적으로도 함께할 수 있는 동반자가 아니었다.

"너희는 믿지 않는 자와 멍에를 같이 하지 말라 의와 불법이 어찌 함께하며 빛과 어두움이 어찌 사귀며 그리스도와 벨리알이 어찌 조화되며 믿는 자와 믿지 않는 자가 어찌 상관하며 하나님의 성전과 우상이 어찌 일치가 되리요" _고후 6:14-16

사마리아인들의 방해는 조직적이며 집요했고, 결국 성전 건축이 중단되고 말았다. 세월이 흘러 이스라엘 백성이 거의 자포자기에 빠졌을 때 노선지자 학개가 나서서 성전 건축을 독려하고 격려함으로써 14년간 중단되었던 성전 건축을 마무리할 수 있었다(단 9:2, 스 6:15). 스룹바벨이 시작한 성전 재건이 학개에 의해 마무리되었다는 의미에서 '스룹바벨-학개 성전'이라고도 한다. BC 586년에 성전이 파괴되었는데, 그 70년 후인 BC 516년에 약속하신 대로 이루어진 것이다. 할렐루야!

2차 귀환은 한참 후인 BC 458년부터 시작되었는데, 이때 학사 에스라가 귀환하였고 예루살렘에 지어진 스룹바벨 성전에 더하여 하나님의 말씀을 견고히 세울 수 있었다. 이것 또한 세미한 하나님의 섭리이다.

BC 444년에 시작된 3차 귀환에선 정치지도자 느헤미야가 돌아와 성벽을 재건하였다. 이것은 명실상부하게 성전과 말씀 그리고 성벽까지 구비함으로 하나님 나라와 오실 하나님 나라의 회복을 위한 밑그림을 보여준 것이었다. 문제는 이때에도 성전 재건의 경우처럼 변함없이 방해꾼들이 있었다. 일명 '산도깨비'(산발랏, 암몬 사람 도비야, 아라비아 사람 게셈을 일컫는 은어. 느 4:1, 3, 6:1)였다. 그들은 조직적이면서도 집요하였으며 악랄한 방해꾼들이었다.

그리스도인이 포로기의 역사를 통해 배우고 기억해야 할 것은 다음과 같다.

첫째, 믿는 그리스도인이 포로 생활을 하게 된 것은 하나님을 떠난 죄악의 결과이거나 정금 같은 사람으로 만들기 위한 훈련의 과정이라는 것이다.

둘째, 포로 생활을 하는 동안에도 정체성을 잃지 않아야 하며 하나님을 의지하고 소망을 잃지 않아야 한다. 때가 되면 반드시 회복시켜주심을 알고 흔들리지 말아야 한다.

셋째, 하나님의 일을 할 때조차도 모든 것이 일사천리로 진행되는 소위 '세속적인 만사형통'(셀라우)을 기대해서는 안 된다는 점이다. 오히려 사역을 하다가 어려움이 닥치면 사탄의 태클로 알고, 하나님을 신뢰하며 끝까지 당당하게 싸워나가야 한다. 그러면 신실하신 하나님은 우리를 반드시 승리로 이끄실 것이다.

넷째, 모든 일에 하나님이 함께하심을 기억하여야 한다. 더하여 겉으로 보기에 좋아 보이는 일이라 할지라도 하나님의 뜻과 맞는지를 늘 점검해야 한다.

다섯째는 감사이다. 상황이 좋다면 감사가 쉽겠지만, 어려운 상황일지라도 감사를 잊지 말아야 한다. 우리가 평생 해야 할 것은 '그럼에도 불구하고, 그리 아니하실지라도' 감사하는 것이다. 이러한 '평생 감사'를 습관화하여 언제 어디서나 감사가 넘치는 삶을 사는 것이 성경적으로 복된 인생이다.

하나님의 침묵과 남은 자

긴 바벨론 포로 생활을 마치고 예루살렘으로 돌아온 유대인은 선지자와 지도자(스룹바벨과 학개)를 중심으로 성전을 건축하고 율법을 세우고(에스라) 성벽을 재건하였다(느헤미야). 이리하여 시간의 흐름과 함께 생활이 점차 안정되어 갔다. 그러자 언제 그랬느냐는 듯이 포로 생활의 아픔과 교훈을 또 잊어버리게 되었다. 여기서 우리는 다시 한 번 더 인간의 연약함과 한계를 적나라하게 보게 된다.

포로 생활에서 귀환한 그들은 언제부터인가 감사는 고사하고 매너리즘에 빠진 삶을 이어가게 되었다. 급기야 하나님께 드리던 예배와 제사까지도 싫증 내기에 이르렀다. 아! 정말 인간의 간사함과 변덕스러움의 끝은 어디까지일까? 시리도록 아픈 아버지 하나님의 마음은 점점 더 새까맣게 타들어 갔다.

말라기에는 자기 백성이 돌아서기를 기대하시는 하나님과 그럼에도 불구하고 끝까지 고집을 피우는 백성의 모습이 잘 대조되어 드러나 있다. 말라기서 1장 6-14절과 3장 7-15절을 읽으면 하나님의 서운함이 그대로 느껴진다. 결국 끝까지 백성이 돌아오려는 모습을 보이지 않자 말라기 3장 16절을 통해 당시의 남은 자, 곧 "여호와를 경외하는 자와 여호와의 이름을 존중히 생각하는 자"를 남기시고 (remnant) 이후 말씀을 닫아 버리시고는 역사를 접으시려는 듯 침묵기로 들어가 버리셨다.

언약의 성취, 초림의 예수님, 그리고 예수의 영 성령님 다시 오실 심판주, 만왕의 왕 예수님

구약을 두 단어로 요약하면 하나님의 성품인 공의와 사랑이라고 하였다. 공의와 사랑의 결정체가 성육신과 십자가 보혈이다. 창조주 하나님이시자 역사의 주관자 하나님은 때가 되매 신실하게 그 약속을 이루셨다.

태초에 하나님은 천지를 창조하셨다. 하나님과 같이 되려고 그 관계를 깨어버린 죄인, 네피림 사상으로 하나님을 배제해 버리려던 죄인, 바벨탑 사상으로 하나님을 대항하려던 죄인을 그래도 사랑하시어 품어주었고 율법을 주셨다. 그 율법으로 죄를 깨닫게 하셔서 완전한 구속을 기다리게 하셨다.

그 와중에도 하나님은 인간들이 돌아오기를 기대하시며 역사를 통하여 선지자들을 보내셨다. 때로는 아프게 징계라는 매를 들기도 하셨다. 그러나 죄인 된 인간들은 요지부동이었다. 죄로 말미암아 죽을 수밖에 없었던 인간들을 그럼에도 사랑하시어 종국적으로 그 율법을 완성하실 예수님을 보내주셨다.

　하나님이신 예수님은 이 땅에 인간으로 오셔서 가장 처절한 죽음으로 우리의 죗값을 대신하여 치르셨다. 모든 것을 다 이루신 후 승천하시면서 다시 오마 약속하시고 신실하신 예수의 영, 겸손하신 하나님을 보내주셨다.

　우리는 한 번의 삶을 살아가며 성전 된 우리 안에 주인 되신 성령님을 모시고 그분의 통치 하에 살아간다. 우리가 바로 현재형 하나님 나라이다. 그런 우리는 하나님 나라답게 거룩함으로 살아가야 한다. 그렇게 성령님께서 하실 것이다. 우리는 한 번 인생을 살아가며 예수님이 재림하시는 그날까지 하나님 나라를 적극적으로 확장하여 나가야 한다.

　종국적으로 그날이 되면 언약의 완성, 재림의 예수님이 반드시 오실 것이다.

　마라나타!
　주 예수여, 어서 오시옵소서!
　아멘!

3부

성부 하나님의 기름 부음 받은 자,
초림의 예수님

오직
말씀으로(Sola Scriptura)

말씀만 붙들고 사는 꿀 먹은 벙어리

나는 "주님 약속하신 말씀 위에서 영원토록 주를 찬송하리라. 소리 높여 주께 영광 돌리며 약속 믿고 굳게 서리라"라는 찬송가150)를 흥얼거리며 부르는 것을 무척이나 좋아한다. "약속하신 말씀"과 "굳게 서리라"라는 가사의 뜻을 음미하면서 하나님께 감사를 읊조리는

---

150) 마 24:35의 "천지는 없어지겠으나 내 말은 없어지지 아니하리라"는 말씀을 기반으로 지은 546장(구 통일찬송가 399장) 찬송이다. 저자가 특히 좋아하는 이유는 가사의 고백도 그렇지만 작사와 작곡을 한 러셀 켈소 카터(R. K. Carter, 1849-1928)의 직업이 나와 같은 의사이기 때문이다. 더구나 동일한 칼잡이(나는 정형외과, 카터는 일반외과의사)임에랴!

일은 무척이나 즐겁다. 이 찬양을 부를 때면 거의 매번 흥분할 때가 많다. 말씀을 깊이 읽으며 묵상할 때마다 이 찬양이 떠오르게 된다. 그때마다 늘 두근거림과 설렘이 있다. 말씀을 하나씩 깨우쳐주시는 성령님의 가르침에 꼬박 밤을 지새우기도 한다. "약속하신 말씀 위에서", "약속 믿고 굳게 서리라"라는 대목에서.

이 부분의 가사에 이르면 나도 모르게 톤은 올라가고 주먹에는 힘이 들어간다. 찬양을 부를 때면 매번 마치 신실하신 하나님이 다가와 조곤조곤 말씀해주시는 듯한 느낌을 받곤 한다. 포근하고 행복한 나만의 일상이다. 독자들도 이 맛을 느끼게 되어 찬양과 말씀 묵상이 일상화되길 간절히 바란다.

살았고 운동력 있는 말씀을 깊이 묵상하다가 하나님의 세미한 음성을 들을 때면 행복은 최고조에 달한다. 달고 오묘한 그 말씀에 꿀과 송이꿀보다 더 다디단 말씀이 입에 착 감기며 진정한 '꿀 먹은 벙어리'가 된다. 그래서 나는 '꿀 먹은 벙어리'이다. 벙어리처럼 말은 잘 못한다. 그러나 꿀이 맛있다는 것은 확실히 안다. 그렇기에 나는 말씀의 풍성함을 일일이 다 표현은 못 하나 그 말씀이 너무 달다는 것은 확실하게 알고 있다. 동시에 "입에는 꿀 같으나 배에는 쓰다"라는 요한계시록 10장 9-10절과 에스겔 3장 3절의 말씀을 무겁게 받곤 한다. 왜냐하면 말씀을 먹을 때는 입에서 꿀 같으나 말씀대로 살려할 때에는 배에서 쓰듯 엄청 힘들었기 때문이다.

"입에는 꿀 같으나 배에는 쓰다."

언젠가는 하나님의 말씀이 입에도 달고 배에도 달게 될 그날을 그려본다. 입에서 말씀을 더 잘게 잘게 씹고 또 씹어서 식도를 지나

위에 이르면 아예 소화가 다 되어 곧바로 살이 되고 피가 되기를.

"당신은 하나님이 약속하신 모든 말씀을 굳게 믿을 수 있는가?"
"그 말씀을 늘 앞세우며 그 말씀에 권위를 부여할 수 있는가?"
"믿음 위에 서서 말씀만을 붙잡고 끝날까지 살아가려는가?"
"말씀만이 진정한 힘이요 삶의 원동력이요 인생길의 등불인가?"

매일 아침 눈을 뜨게 되면 위 질문들을 자신에게 조용히 묻고 확신 가운데 답해보라. 그리고 '말씀의 내적 증거'를 통해 믿음으로, 또한 말씀으로 매일 매 순간의 삶을 활기차게 살아가길 바란다.

히브리서 2장 3-4절에 의하면 '하나님 말씀의 내적 증거'는 "주로 말씀하신 바요 들은 자들이 우리에게 확증"하신 것이라고 말씀해주셨다. 즉 예수님과 사도들이 내적 증거라는 말이다. 또한 "하나님도 표적들과 기사들과 여러 가지 능력과 및 자기의 뜻을 따라 성령이 나누어주신 것으로써" 예수 그리스도와 사도들과 함께 증언했다고 분명하게 가르쳐주셨다.

성경은 온전한 하나님의 말씀이다. 나는 가끔 초대교회의 사도들이 부럽다. 그 사도들은 말씀만을 부여잡고 확신 속에서 핍박을 감내하며 살았던 사람들이다. 그렇다고 하여 사도들만 쳐다보며 마냥 부러워할 필요는 없다. 왜냐하면 사도들이나 오늘날의 우리들이나 동일한 성도(하시드)이기 때문이다. 또한 초대교회 당시에는 AD 397년에 정경이 된 신약이 없었고 AD 90년에 정경이 된 구약밖에 없었다. 그러나 오늘 21세기를 살아가는 우리에게는 특별 은총인 신구약 66

권의 정경이 주어져 있다. 그렇기에 어떻게 보면 우리들이 사도들보다 더 행복한 것이기도 하다.

더하여 그 말씀을 일일이 풀어주시는 예수의 영이자 진리의 영이신 보혜사 성령님이 우리 안에 계심에야 더 무엇을 바라랴. 그분은 늘 말씀을 생각나게 하시고 가르쳐주신다. 우리는 성령님이 풀어주시는 말씀을 통해 성부 하나님을 자세히 알아가게 되고 예수님의 살아계심을 느끼게 되니 이 얼마나 행복한가! 이에 더하여 예수님의 승천 시 우리에게 주셨던 지상명령인 복음 전파의 사명을 받았으니, 이 시대의 그리스도인 또한 예수님의 확실한 제자인 것이다. 할렐루야!

그렇기에 말씀의 내적 증거를 확신한다면, 말씀만을 굳게 붙잡고 말씀만이 앞서가게 하자. 견고하며 흔들리지 않되, 진리를 가지고 장난치는 사탄에게 미혹되지 않도록 하자. 각자에게 세미하게 동시에 풍성하게 주신 하나님의 말씀인 레마(Rhema)는 복음 그 자체라고 베드로전서 1장 25절은 말씀해주셨다. 레마가 풍성해야 은혜가 더욱 더 넘치게 된다.

하나님의 말씀, 즉 복음에는 평안[151]이 들어 있다. 다시 말하면 복음을 진리로 받아들여 하나님과의 바른 관계가 형성되면 샬롬이 주어지게 된다. 이후 영적 싸움에 임할 때는 말씀이라는 검을 들고 평안의 복음의 신을 신고 당당하게 나아가야 한다. 동시에 그리스도인은 영적 전선의 최전방에 있다는 것을 항상 기억하고 언제나 전신

---

151) 평안은 히브리어로 샬롬(שלום)이라고 하며 헬라어로는 에이레네(εἰρήνη)라고 한다. 이는 하나님과의 올바른 관계 속에서만 주어진다.

갑주로 영적 무장을 단단히 하여야 한다. 영적 무장이란 종합적인 인성이나 품성까지도 겸비하는 것을 말한다.

전신갑주에는 공격용과 방어용이 있다. 공격용으로는 하나님의 말씀이라는 검이 있다. 나머지는 방어용으로 구원의 투구, 의의 흉배, 진리의 허리띠, 믿음의 방패, 평안의 복음의 신이 있다. 그중 의의 흉배를 붙이라는 것은 말씀을 특별히 마음에 깊이 간직하라는 것이다. 일반적으로 사탄은 우리에게 논리나 이성적으로 달려들지 않는다. 대부분의 경우 마음을 공격 대상으로 삼는다. 그러므로 영적 싸움에 임할 때 우리는 말씀으로 마음을 가득 채운 후 의의 흉배로 단단히 무장하고 싸움에 임해야 한다. 왜냐하면 예레미야 17장 9절은 "만물보다 거짓되고 심히 부패한 것은 마음이라"고 하셨기 때문이다. 잠언 4장 23절에는 "모든 지킬 만한 것 중에 더욱 네 마음을 지키라 생명의 근원이 이에서 남이니라"고도 하셨다. 그렇다. 우리는 마음을 잘 지켜야 한다. 취약하여 부서지기 쉬운 마음(감정)을 말씀 흉배로 잘 감싸야 한다. 사탄이 언제 어떤 방식으로 교묘하게 다가올지 모르기에 늘 근신하며 깨어 있어야 한다.

역사 이래 그리스도인들은 물론이요 악한 영의 세력들조차도 기독교의 최대 능력은 '하나님의 말씀'임을 알고 있었다. 그래서 사탄은 어떻게 해서든 그리스도인이 말씀에 접근하기 어렵도록 온갖 전략을 구사해왔다. 중세까지는 문자의 제한을 통해 일부만 성경을 독차지하게 하였다. 물론 그 이전에는 신앙의 자유를 억압하여 말씀을 차단하기도 하였다.

그럼에도 불구하고, 어느 시대를 막론하고 말씀의 중요성과 더

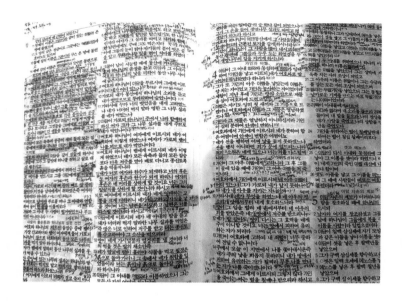

불어 그 말씀을 전하는 사명감으로 목숨을 걸었던 선지자, 목사, 교사와 선교사들이 있어 왔다. 그리하여 사탄의 작전은 지금까지 승리하지 못하였다. 그러자 최근에는 전략을 바꾸어 말씀에 접근하는 것을 막지는 않되 은근슬쩍 말씀의 권위를 떨어뜨리는 데 주력하고 있다. 말씀에 편하게 접근하도록 하되 별것 아닌 것처럼 읽도록 함으로써, 마치 성경 말씀은 시시하고 가벼운 것이라는 생각을 집어넣었다. 있어도 그만 없어도 그만이라는 생각도 집어넣었다. 그 결과 말씀의 권위와 성경의 가치가 떨어지게 되었다. 사탄의 교묘한 속임수에 일부 걸려든 것이다. 그것은 상당히 교묘하면서도 아킬레스건을 잘라버리는 무서운 전략이다. 그 효과 또한 일찍이 복음이 전해져 기독교 국가가 되었던 유럽이 보여주고 있다.

특히 영국의 경우 진리인 말씀을 상대화시키고 구원다원주의를 표방하며 기독교를 하나의 종교로 만들어버리자 말씀의 권위가 사라져 버렸다. 말씀의 권위가 사라지니 이번에는 살아 있는 하나님의 말씀을 하나의 격언 대하듯 하였다. 동시에 말씀을 전하는 강단에서는 강해 설교가 조금씩 사라지기 시작하였다. 어느 순간부터는 듣기에 부드럽고 재미가 있는 도덕적이고 문학적이며 철학적인 주제 설교만 난무하게 되었다. 그리하여 복음보다 윤리적 삶이나 도덕적 교훈이 설교의 핵심을 차지해버렸다. 그럴수록 성도들은 점점 더 성경의 핵심과 교리에서 멀어져갔다. 복음은 시시한 것으로 치부되었다. 게다가 기독교의 주류로 자리잡게 된 번영신학이 말씀보다는 가시적인 축복과 은사와 기적에 더 집중하게 만들었다. 눈에 보이는 것들에 더 매력을 느끼는 연약한 인간들에게 형통과 번영, 풍요와 기복은 언제나 관심의 대상일 수밖에 없다. 그렇다고 고난신학의 흐름만 좇아야 한다는 말은 아니다.

오직 말씀

기독교는 말씀의 종교이다. 그러므로 기독교는 오직 '말씀 중심'이어야 한다. 그 무엇도 말씀보다 앞세우는 것은 곤란하다.

하나님의 말씀은 살았고 운동력이 있다. 좌우에 날 선 어떤 검보다도 예리하다(히 4:12). 그렇기에 디모데후서 3장 16-17절을 자세히 묵상해보면 말씀을 통해 뒤틀어진 부위를 바로잡고 말씀의 검을 통해 잘라낼 부분은 잘라내고 깎아야 할 부분은 깎아야 한다고 기록되어 있다. 즉 삐죽이 튀어나와 있는 모난 곳은 말씀의 검으로 잘라내라는 것이다. 정형외과 의사로서 칼잡이인 저자는 검(수술 칼)의 위력을 너무도 잘 이해하고 있다. 그렇기에 말씀의 검 앞에서 누구보다도 긴장감을 느끼곤 한다. 검(칼)은 때로는 나쁜 사람의 손에서 상해를 입히는 도구가 되기도 한다. 그러나 저자처럼 외과의사의 손에 잡힌 검(칼)은 암 덩어리를 도려내고 환부를 정상 부위와 분리시켜 회복을 돕게 만든다. 말씀의 검은 우리의 영육을 강건하게 한다.

하나님의 말씀은 능치 못하심이 없다(눅 1:37). 우리에게 허락하셨던 최고의 선물 중 하나인 천지창조 또한 "하나님이 가라사대~"라는 말씀으로 이루셨다(히 11:3). 그것도 삼위 하나님의 함께 일하심으로.

"태초에 하나님이 천지를 창조하시니라"_창 1:1

그 말씀이 육신이 되어 이 땅에 인간으로 오신 예수님이 바로 하나님이시다(요 1:1-4, 14). 그렇기에 하나님께 속한 자는 반드시 하나님의 말씀을 듣는다(요 8:47). 하나님의 말씀을 들음으로 믿음은 더욱 굳건해진다. 그렇기에 로마서 10장 17절은 "믿음은 들음에서 나며 들음은 그리스도의 말씀으로 말미암았느니라"고 하셨다.

그리스도의 말씀이 우리 안에 풍성히 거하게 되면 믿음의 견고함과 더불어 우리는 그분께서 주시는 지혜로 말미암아 더욱 슬기롭게 된다(골 3:16). 또한 사람은 하나님의 입에서 나오는 모든 말씀으로 살아갈 수 있을 뿐 아니라 말씀으로 살아가야 한다(마 4:4). 그 말씀은 우리를 언제 어디에서나 든든하게 세워줌은 물론이요(행 20:32), 항상 우리보다 앞서가셔서 죄인인 우리를 거룩함으로 살아가도록(딤전 4:5) 도와주신다.

우리는 하나님을 지극히 사랑하는 사람들이다. 그렇기에 매일 매일 사랑을 고백하며 살아간다. 문제는 보이지 않는 하나님을 어떻게 사랑하느냐이다. 또한 사랑에는 진정성이 있어야 한다. 그렇다면 보이지 않는 하나님을 어떻게 진정으로 사랑할 수 있을까? 이에 대하여 성경은 명확하게 밝히고 있다.

감사하게도 요한일서 2장 5절과 요한복음 14장 21절에는 "말씀을 가지고 지키는 자는 하나님을 사랑하는 자"라고 콕 집어 말씀해주셨다. 그렇기에 하나님을 사랑한다면 말씀을 따라 살아가면 된다. 말씀으로 살아가려면 먼저 말씀을 깊이 묵상하여야 한다. 그런 다음 앞서가시는 성령님을 뒤따라가며 그 말씀을 기준과 원칙으로 붙들고 살아가면 된다.

좋으신 하나님은 그 말씀을 듣고 지키는 자에게 복까지 허락하셨다. 말씀으로 살아가는 그리스도인에게 누가복음 11장 28절, 요한계시록 1장 3절, 22장 7절에서 여러 번 반복하여 복을 주시마 약속하셨다. 또한 말씀을 지키려고 몸부림치는, 진정으로 하나님을 사랑하는 자들에게는 반드시 하나님 편에서도 사랑을 주시마(잠 8:17) 약속하셨다.

종국적으로 정경의 6대 속성을 부정하거나 말씀의 권위를 무시하고 성령님의 감동으로 허락된 말씀을 버리는 자에게는 심판을 선포하셨다. 즉 하나님의 말씀에 일점일획을 더하면 계시록의 재앙을 더하실 터이요, 제하면 생명책에서 제하여버리겠다고 요한계시록 22장 18-19절은 엄히 경고하고 있는 것이다. 그러므로 우리는 '오직 말씀'이어야 한다.

계시 종교 그리고 은혜 종교

앞서 기독교는 '말씀 종교'라고 하였다. 기독교는 말씀을 통해 당신을 확실히 드러내시기에 '계시 종교'라고도 한다. 동시에 우리는 그분의 전적인 은혜로 구원을 얻었기에 기독교는 '은혜 종교'라고도 한다. 또한 다른 일반 종교나 자연 종교와는 다르게 하나님이신 예수님이 인간으로 이 땅에 오셨고 직접 인간을 찾아오셨기에 '특별 종교'라고도 한다. 그러므로 기독교는 말씀 종교, 계시 종교, 은혜 종교, 특별 종교인 것이다.

기독교의 핵심인 정경 66권 말씀은 "하나님의 감동으로" 되었다고 디모데후서는 말씀하셨다. 그렇기에 '오직 말씀'(Sola Scriptura)을 붙들고 살아가야 한다. 그 말씀만이 앞서가야 한다. 지팡이와 막대기로 작용하는 그 말씀으로 교훈과 책망을 받고 바르게 함과 의로 교육되어져야 한다. 말씀을 통하여 죄인 된 우리는 "하나님의 사람으로 온전하게 되며 모든 선한 일을 행할 능력을 갖추게" 되는 것이다. 마음의 생각과 뜻을 감찰하시는 하나님 앞에서 코람데오로 살아가는 훈련을 받는 것이다.

시편 19편 7-8절에는 "여호와의 율법은 완전하여 영혼을 소성케 하며 여호와의 증거는 확실하여 우둔한 자로 지혜롭게 하며 여호와의 교훈은 정직하여 마음을 기쁘게 하고 여호와의 계명은 순결하여 눈을 밝게" 해준다고 하셨다. 하나님의 말씀만이 완전하신 말씀, 확실하신 말씀, 정직하신 말씀, 순결하신 말씀이라고 하셨다. 그렇기에 우리는 평생 그 말씀을 세미하게 조명해주시는 진리의 성령님만을 따라가야 한다.

예수를 믿는 사람인 기독교인, 특별히 청년들은 66권 정경인 정확무오한 하나님의 말씀에만 권위를 두고 매일 매 순간 그 말씀을 묵상하며 깊이 연구하길 바란다. 그 결과 얻게 되는 풍성함이란 그 무엇과도 바꿀 수 없는 소중한 것이다. 말씀으로 인하여 내 안에서는 기쁨의 샘물이 솟아나게 될 것이다.

에베소서 4장 13절에는 "우리가 다 하나님의 아들을 믿는 것과 아는 일에 하나가 되어 온전한 사람을 이루어 그리스도의 장성한 분량이 충만한 데까지 이르리니"라고 말씀하셨다. 그렇다. 먼저 예수님을 믿었으면 그 다음에는 계시된 말씀을 통해 예수님을 알아가야 한다. 동시에 예수님에 관해서도 점점 더 많이 더 깊이 더 확실하게 알아가야 한다. 복음을 진리로 믿은 그리스도인이라면 그 말씀의 주체가 누구이며 실체를 바르게 그리고 깊이 알아가야 한다. 그런 그리스도인이 바로 '성숙한 그리스도인'이다. 그렇기에 성숙한 청년이란 삶에서 돌발 상황이 일어날 때마다 예수 그리스도의 십자가를 더욱 붙드는 훈련이 된 사람을 가리킨다. 말씀을 기준과 원칙으로 삼아 말씀대로 살아가려고 몸부림치는 청년은 너무 귀하다. 신앙생활을 오래

한 것도 중요하지만, 말씀을 깊이 알고 말씀을 믿으며 그 말씀에 기초하여 살아가는 성숙한 청년이야말로 진정한 성도로서 '구별된 거룩한 무리'인 것이다.

귀한 청년들이 있는가 하면 갈수록 점점 더 무늬만 그럴 듯해 보이는 청년도 많아지고 있다 그런 현실을 보아야 하는 것이 못내 슬프다. 점점 더 시끄럽고 유치하며 야단법석인 청년이 쉽게 눈에 뜨인다. 고요함과 깊이가 없어 보인다. 그래서 더 아프다. 그들에게서는 복음의 맛과 말씀의 깊은 감동을 찾아보기 어렵다. 그렇기에 그들을 보고 있으면 가슴이 시리다 못해 저려온다. 그들의 가벼움에 자꾸 아파진다. 그들은 최고의 권위인 성경 말씀보다 눈에 보이는 가시적인 기적을 찾아다닌다. 미래에 대한 불확실함으로 뭔가 허둥대는 것 같다. 의식주에 너무 집착하는 것 같다. 거대한 사회의 시스템 앞에서 너무 주눅들어 있는 것 같다. 온통 세상에만 관심을 보이는 것 같다.

시편 119편 105절에는 하나님의 말씀만이 내가 걸어가는 발걸음마다 등불이 되고 한 번 인생길의 빛이라고 하셨다. 그렇다. 하나님의 말씀만이 우리 인생의 기준점이다. 이 어둡고 탁한 세상의 빛이다. 말씀만이 길이요, 등불인 말씀을 통하여 진리이신 그분을 올바르게 따라갈 수 있다. 그러므로 직선 인생길의 등이요 빛이 되신 말씀만을 쫓아가자. 항상 디모데전서 4장 5절을 묵상하며 "하나님의 말씀과 기도로 거룩"하여짐을 기억하자. 유한한 인생을 살아가며 말씀에 근거하여 기도하고, 말씀을 통해 다가오시는 그분께만 찬양과 경배를 올려야 할 것이다. 늘 말씀을 묵상하며 쉬지 않고 기도하는 거룩한 청년들을 많이 보게 되길 간절히 소망한다. 특별히 젊은 시절에 예수를 알고 믿게 된 청소년과 청년들은 정말 귀하다. 그들에게 큰 박수를 보낸다. 비록 만만치는 않겠지만 험난한 세상을 살아가며 시편 119편 9-11절의 말씀을 선포하며 당당하게 살아가자.

> "청년이 무엇으로 그 행실을 깨끗케 하리이까 주의 말씀을 따라 삼갈 것이니이다 내가 전심으로 주를 찾았사오니 주의 계명에서 떠나지 말게 하소서 내가 주께 범죄하지 아니하려 하여 주의 말씀을 내 마음에 두었나이다"_시 119:9-11

우리는 예수를 믿고 영접함으로 하나님의 자녀가 되었다(요 1:12). 그런 우리 몸은 주인 되신 성령님을 모신 하나님의 성전(고전 3:16-17)이라는 사실을 꼭 기억하면 좋겠다. 그 성전을 더럽히면 하나님이 멸하시겠다고 하셨으니 주신 말씀을 거룩한 부담감으로 받아들이자. 거룩함을 유지하기 위해 연약한 육신을 가지고 살아가더라도 몸부림치자. 우리의 힘이 아닌 성령님의 능력으로 거룩함을 유지하자. 피 흘리기까지 죄와 싸우다가 넘어지면 철저한 회개를 통하여 깨끗하게 씻음 받자. 순간순간 말씀을 조명해주시는 성령님을 통해 진리이신 예수님을 더 깊이 알아가자. 그러다 보면 예수님을 통해 보이지 않는 성부 하나님이 점점 더 선명하게 보이고 우리 곁으로 다가오심을 보게 될 것이다. 그것이 말씀의 종교요 계시의 종교인 기독교이다.

요한복음 1장 1-4절에는 "태초에 말씀이 계셨다"고 선포하셨다. 바로 그 "말씀이 하나님과 함께 계셨으니 이 말씀은 곧 하나님"이라고 하셨다. 예수님은 "태초에 하나님과 함께" 계셨다. 만물은 예수로 말미암아 지은 바 되었다. 그 예수님 안에만 "생명"이 있다. 그렇기에 이제 후로는 오직 말씀에만 권위를 두고 그 말씀을 통해 들려주시는 하나님의 세미한 음성에만 귀를 기울이자. 표적이나 기적, 은사 등 가시적인 것들과 세상에 너무 치우치지 않도록 하자. 한 번 인생에서 혹 그러한 기적을 주시면 감사하고 주시지 않더라도 감사하기로 하자. 기도 응답으로 Yes를 주시든 No를 주시든 모두 하나님의 뜻임을 기억하자. 오늘을 살아가는 우리들에게는 이미 성경의 정경화 작업을 통해 베풀어주신 정확무오하고 권위 있는 하나님의 말씀이 주어 졌으니 무엇을 더 바라랴.

오늘날 우리들은 정경 66권인 특별 은총에 더하여 신앙의 자유 까지 보너스로 주셔서 성경 말씀을 자유롭고 풍성하게 접할 수 있다 는 것이 얼마나 감사한 일인가? 말할 수 없는 큰 은혜에 대해 마치 공 기의 소중함을 모르고 값싸게 여기듯 해서는 안 될 것이다. 그런 우 를 범하지 않도록 긴장하자. 행여 말씀을 홀대하고 있다는 생각이 들 면 좀 더 긴장하기로 하자. 소중한 하나님의 말씀을 만홀히 여기며 가볍게 치부해버리는 우를 범하지 않도록 깨어 근신하여야 할 것이 다. 다시 말하지만 기독교는 말씀을 통한 계시 종교이다.

아날로그 종이 성경책이 사라져가는 아픔

21세기에 들어서자 눈부신 과학의 발달로 인하여 마치 과학이 낙원을 가져다줄 것처럼 과장하기 시작했다. 실제로 과학이 생활을 편리하게 해준 것은 사실이다. 문제는 과학만능주의이다. 더 나아가 과학과 정보를 바탕으로 클라우드 컴퓨팅(cloud computing), 빅데이터(big data), 인공지능 AI(artificial intelligence), 사물인터넷 IoT(internet of things) 등 제4차 산업혁명을 통해 점점 더 편리하고 싶어진 인간의 탐욕은 그나마 과학을 통제해왔던 지금까지의 사회적 윤리나 도덕마저 무너뜨리고 있다. 급기야 과학을 통제할 방법은 사라져버린 듯하다. 오늘날 과학적 사고방식은 하나님의 말씀까지 서슴없이 재단(裁斷)하고 있다. 성경 말씀이 비과학적이라며 코웃음 치며 경멸하고 있다. 그런 와중에 과학의 산물 중 하나인 스마트폰은 성경 앱이나 오디오북을 통해, 아날로그 성경을 그리스도인 청년의 머릿속에서 시나브로 지워버렸다.

지난날에는 비록 먼지가 조금 쌓이기는 하였지만 그래도 아날로그 성경책 한 권 정도는 모두 소유하고 있었다. 게다가 주일만이라도 한 번씩은 먼지를 털며 애써 말씀을 뒤져 보기도 하였다. 그러나 최근에는 스마트폰 앱이라는 디지털 성경으로 말씀을 더 자주 보리라는 명분으로 아예 아날로그 성경책에는 관심을 꺼 버렸다. 이제는 주일에도 성경을 가지고 다닐 필요가 없게 되었다. 애써 성경을 찾아볼 필요도 없고 중요한 것을 노트에 기록할 필요도 없다. 궁금한 것은 모든 것이 저장된 스마트폰을 이용하면 된다고 생각하기에 이르렀다. 종국적으로는 예배당에도 가지 않고 본인의 입맛에 맞는 인기 있는 메신저들의 설교를 들으면서 각자가 원하는 곳에서 원하는 시간대에 스마트폰으로 예배를 드리려고도 한다. 이러한 것들이 나쁘다거나 틀렸다는 것은 아니다. 그러나 뭔가 모르게 허전한 구석이 남는다는 것이다. 게다가 디모데후서 4장 3-4절과 히브리서 10장 25절의 말씀이 왜 자꾸만 떠오르는 걸까?

"때가 이르리니 사람이 바른 교훈을 받지 아니하며 귀가 가려워서 자기의 사욕을 좇을 스승을 많이 두고 또 그 귀를 진리에서 돌이켜 허탄한 이야기를 좇으리라." _딤후 4:3-4

"모이기를 폐하는 어떤 사람들의 습관과 같이 하지 말고 오직 권하여 그날이 가까움을 볼수록 더욱 그리하자." _히 10:24

스마트폰에 깔린 성경 앱을 통해 쉽게 말씀을 접하게 된 청년들은 처음에는 약간 행복했을지도 모르겠다. 그것은 이동하기도 용이하지만 편리하기까지 하니까. 성경구절을 찾는 데 어려움을 겪었던 지난날의 시간 소모는 획기적으로 줄어들었다. 게다가 앱은 궁금한 부분이나 단어, 구절, 인물 등 무엇이든지 찾아볼 수 있게 하였다. 보고 싶을 때 언제 어디서나 마음껏 성경을 접할 수 있다는 것은 큰 기쁨이다

그러다 보니 투박할 뿐 아니라 크고 무거웠던 구식(?) 성경책은 점점 더 천덕꾸러기가 되어버렸다.

모든 것에 명암이 있듯, 이러한 성경 앱의 장점들에는 약하게 독이 묻어 있다는 생각을 떨칠 수가 없다. 왜냐하면 앱의 편리함은 청년들로 하여금 오히려 말씀에 대한 호기심을 앗아가기 시작하였기

때문이다. 성경을 매일 정기적으로 읽어야 한다는 부담감 또한 줄여 버렸다. 더 나아가 말씀에 대한 경외감이나 말씀으로 살려는 거룩한 부담감도 현저히 떨어뜨려버렸다. 또한 성경 앱을 들고 다니기만 하면 마치 성경을 더 읽은 것이라도 되는 것처럼 마음에 안도감이 들도록 착각하게 만들었다. 결국 사탄은 청년들을 말씀과 점점 더 멀어지도록 계획했던 간교한 작전에 성공하기에 이르렀다.

안타깝게도 오늘날의 그리스도인 청년들은 성경보다 스마트폰을 통한 세상의 온갖 재미있는 토픽에 더 관심이 있는 듯 보인다. 실시간 지구촌 뉴스에 온통 정신을 빼앗기고 있다. 그런데 사탄의 다음 작전은 더 무섭다. 바야흐로 세상은 말초를 자극하고 기쁨보다 재미를 향해 치닫고 있다. 세상의 멀티미디어는 온통 재미와 막장에 집중하며 경쟁하듯 달리고 있다. 그런데다 재미있고 자극적이고 원색적인 사건 사고나 가십(gossip)거리가 스마트폰을 꽉 채워버렸다. 전 세계에서 일어나는 사건 사고들이 적나라하게 보도되고 여기에 신속함에 짜릿함까지 더해져 한 번 잡은 스마트폰은 좀처럼 놓기 어렵게 만들어버렸다. 그러다 보니 말씀을 궁금해 하거나 성경을 찾을 일은 점점 더 줄어들게 된 것이다. 인생이 유한함을 잊게 하고, 마치 내일은 언제나 있다는 듯이 지금 해야 할 일을 계속 미루게 하였다. 성경 말씀은 나중에 찾아보면 된다고 속삭였다. 이리하여 한 번의 인생에서 청년들로 하여금 말씀을 떠나 버리게 한 사탄의 교묘한 속임수는 보기 좋게 성공한 것이다.

아프다, 많이 아프다, 정말 아프다

이런 가운데 청년들은 불편을 우습게 여길 뿐 아니라 점점 더 귀찮아 하고 종국적으로는 기피하기 시작했다. 그 가운데 특히 아날로그 성경을 일일이 찾아 말씀을 음미하고 확인하는 일은 현저히 줄게 된 것이다. 성경 앱을 찾으면 금방 쉽고 편리하게 접할 수 있기 때문에, 일일이 침을 묻혀 가며 책장을 넘기는 일은 구식으로 치부해버렸다.

그러나 편리함이 항상 이로운 것은 아니다. 편안이 평안을 담보하는 것도 아니다. 문명의 이기로 인한 편리함이 반드시 유익한 것이 아니라는 것이다. 때로는 불편이 힘들기는 하지만 그것이 우리를 평안(샬롬)으로 이끌어가기도 한다.

저자는 그 불편함의 행복 중 하나가 아날로그 성경책을 일일이 찾아 읽는 것이라고 생각한다. 읽으며 밑줄을 그으며 글줄 사이에 주신 생각들을 기록하고 형광펜으로 칠하기도 하며 깊이 생각에 잠겨도 보고 다시 상상의 나래를 펼쳐도 볼 것을 권하고 싶다.

동시에 하나님의 세미한 음성에 더욱 귀 기울여보라고 권하고 싶다. 그래서 저자는 강력하게 아날로그 성경책을 권한다. 종이로 된 성경을 소유하고 일부러라도 그 성경책을 찬찬히 들여다보는 습관을 들이자는 것이다. 그렇다고 스마트폰 앱 성경이나 오디오북 성경이 무조건 나쁘다거나 사용하지 말자는 이야기는 결단코 아니다. 저자도 요긴하게 사용하고 있다. 단, 그것은 보조수단이 되어야 함을 이야기하고 싶은 것이다.

말씀의 권위가 무너지면 기독교는 여지없이 쇠퇴해버림을 알아야 한다. 작금의 청년들을 보면 얼핏 말씀에 관심이 없어 보이는 것 같아 슬프다. 일부 관심이 있더라도 성경 지식은 너무 얕아 보인다. 본인의 영적 상태를 파악하고 성경을 공부하고 싶어도 진리의 말씀을 차근차근 가르쳐주는 곳도 너무 적어졌다. 그렇다 보니 성경을 가지고 장난치는 이단으로 흘러 들어가는 청년들이 더욱 많아졌음에 다급함을 느낀다. 알아야 할 것은 이단들은 성경을 엉터리로 풀지만 단순 명확하게 말하곤 한다는 것이다. 그렇기에 매력은 있을 수 있다. 그런 매력이 독일 수 있다. 성경 말씀은 분명한 방향을 제시하고 선명함은 있으나 단순하지는 않다. 성경은 방법을 얘기하는 것이 아니라 원리를 말씀하시고 있음을 알아야 한다.

어떻게 하면 청년들을 성경에 관심 가지게 할 수 있을까?
어떻게 하면 청년들이 바른 성경적 시각을 갖게 할 수 있을까?
어떻게 하면 청년들을 복음에 감동된 사람으로 만들 수 있을까?

이러한 것들은 어제나 오늘이나 앞으로도 일관된 나의 최고 관심사이다.

나의 취미 중 하나는 아날로그 성경책을 일부러 사는 것이다. 애써 시간을 내어 서점에 가서 마음에 드는 성경책을 한 권 사고 나면 그 성경책을 소중히 여기며 자를 대고 정성스럽게 줄을 긋고 형광펜으로 형형색색 칠을 한다. 좁은 글 줄 사이나 여백에 성령님이 가르쳐주시는 말씀들을 빼곡히 적어 넣으며 잘 모르는 것들에는 물음표를 달아놓곤 한다.

　　말씀을 읽고 또 읽고 깊이 폭넓게 구한다. 연관되는 구절들은 모조리 찾아 읽으며 하나님의 음성에 귀를 기울이려고 무던히 노력한다. 읽은 말씀들을 머릿속에 정리하고 그렇게 성경 전체를 한 번 연구하고 나면 너덜너덜해진 그 성경책을 서재에 고이 모셔 놓는다. 아빠로서 손때 묻히며 연구하던 바로 이 성경책이야말로 저자의 아이들에게 남길 소중한 유산이기 때문이다. 아이들 또한 그것을 서로 자기에게 달라고 요구하고 있음에 행복하다. 아무튼 성경을 다 읽고 나면 서점에 가서 다시 또 다른 성경책을 구입한다. 그래서 많을 때는 일 년에 십수 권을 구입할 때도 있다. 저자는 서점에 갈 때마다 매번 성경책을 사기 때문에 주인의 놀라는 표정과 함께 이런 말을 자주 듣는다.

"아직도 성경책을 구입하는 사람이 다 있네요."

서점에 갈 때마다 전시된 성경책의 양이 눈에 띄게 줄어드는 것을 볼 때 가슴 한편이 먹먹해오곤 한다.

구태여 이렇게 길게 얘기한 이유는 이 글을 읽는 순간 청년들 모두 서점으로 달려가 아날로그 성경책을 한 권씩 더 구입하자는 것이다. 그래야 출판사도 서점도 계속 유지될 수 있지 않겠는가? 또한 머지않아 이 땅에서 성경책이 사라지는 것을 막을 수도 있다. 만약 우리가 아날로그 성경책을 계속 외면한다면, 우리 후손들에게 아날로그 성경책은 그저 고서적으로만 접하게 되든지 아예 구경도 못 할 날을 맞게 될 것이다.

마침 2017년은 종교개혁 500주년을 기념하는 소중한 해였다. 기념을 제대로 하려면 오늘을 살아가는 우리가 첫 마음을 간직하고, 그 개혁의 정신을 업그레이드하고 업데이트하는 데 초점을 맞춰야 한다. 지난날 성령님께서는 11월 1일인 만성절[152]을 하루 앞둔 1517년 10월 31일 마틴 루터(Martin Luther)를 사용하셔서 본질에서 벗어난 것들을 개혁하게 하셨다. 나는 종교개혁 등 기념일을 맞을 때마다 본질인 진리의 말씀으로 돌아가는 것이 가장 중요하다고 생각한다. 동시에 다음 세대를 위해 아날로그 성경책과 더불어 성경 말씀을 바르게 가르치기 위한 계획 세우는 일도 중요하다고 생각한다. 이벤트를 통해

---

152) 그리스도교의 모든 성인을 기념하는 축일로 가톨릭교회에서는 '모든 성인의 축일, All Saints Day'이라고 한다. 마틴 루터는 축일을 기념하러 오는 많은 사람들이 잘 볼 수 있도록 전날에 비텐베르크 성의 만인성자 교회의 문에 아흔다섯 개의 논제를 붙였던 것이다. 《종교학 대사전》, 한국사전연구사, 1998.

여타 기념일들을 떠들썩하게 보내거나 전문인들을 위한 심포지엄, 세미나를 여는 것만으로는 곤란하다는 생각이 자꾸 든다.

차라리 교회 안에서 차분하게 삼삼오오 모여서 성경 공부를 하는 붐이 다시 일어났으면 좋겠다. 교회 안의 카페에서 소그룹 성경 공부를 하며 말씀을 나누는 소리로 가득 찼으면 좋겠다. 아울러 설교자들은 주제 설교보다는 말씀을 통전적으로 강해하는 노력을 기울였으면 좋겠다.

우리 모두 다시 말씀으로 돌아가자. 하나님의 말씀만이 진리임을 알고 제발 말씀의 본질로 돌아가자. 말씀에 권위를 다시 돌려드리자. 종말의 때에 하나님의 계명과 예수 믿음을 가지고, 인내로써 복음과 함께 고난을 거뜬히 감당하기 위해서라도 말씀을 깊이 읽고 정확하게 알아야 할 것이다(벧후 1:20-21). 말씀을 부여잡되 견고하여 흔들리지 않아야 할 것이다. 말씀으로 가득 찬 가슴을 활활 태워서 뜨거운 열정이 용솟음치면 악한 영들과의 선한 싸움에서 거뜬히 승리하게 될 것이다. 마음과 생각을 말씀으로만 가득 채워 그 말씀을 기준과 원칙으로 삼아 냉철한 판단으로 세대를 잘 분별하며 살아가자.

"너희는 이 세대를 본받지 말고 오직 마음을 새롭게 함으로 변화를 받아 하나님의 선하시고 기뻐하시고 온전하신 뜻이 무엇인지 분별하도록 하라" _롬 12:2

"이 율법책을 네 입에서 떠나지 말게 하며 주야로 그것을 묵상하여 그 가운데 기록한 대로 다 지켜 행하라 그리하면 네 길이 평탄하게 될 것이라 네가 형통하리라 내가 네게 명한 것이 아니냐 마음을 강하게 하고 담대히 하라 두려워 말며 놀라지 말라 네가 어디로 가든지 네 하나님 여호와가 너와 함께 하느니라 하시니라" _수 1:8-9

말씀을 듣지 못해 기갈을 느끼는가?

종말의 끝이 가까울수록 악한 영들이나 세상의 사람들은 말씀의 권위를 더 떨어뜨리고 진리를 상대화하고 일반화시키려 할 것이다. 심지어 그리스도인조차 하나님의 말씀을 애써 들으려 하지 않고 관심도 없을 뿐 아니라 진리의 말씀을 외면하려 할 것이다. 메신저들조차 진리의 말씀보다는 윤리적인 설교나 도덕적인 교훈, 심지어 재미(funism)를 위해 복음을 난도질하는 빈도가 늘어갈 것이다. 이미 그렇게 흘러가는 듯하다. 이것이야말로 위기이다. 엄청난 위기이다. 이러한 때일수록 성령님의 준엄한 경고에 민감하게 반응하고, 예민하게 귀를 기울여야 하며, 긴장과 두려움을 동시에 가져야 할 것이다.

끝으로 아모스서 8장 11절과 디모데후서 4장 3-4절의 말씀을 깊이 새겨 보면서, 좀 더 영적 긴장감을 가지고 오늘을 살아가도록 하자. 유한된 한 번 인생을 낭비하지 말고, 매 순간 달고 오묘한 진리의 말씀을 공급받아 더욱 풍성한 여생을 누리도록 하자.

"주 여호와께서 가라사대 보라 날이 이를지라 내가 기근을 땅에 보내리니 양식이 없어 주림이 아니며 물이 없어 갈함이 아니요 여호와의

말씀을 듣지 못한 기갈이라" _암 8:11

"때가 이르리니 사람이 바른 교훈을 받지 아니하며 귀가 가려워서 자
기의 사욕을 좇을 스승을 많이 두고 또 그 귀를 진리에서 돌이켜 허탄
한 이야기를 좇으리라" _딤후 4:3-4

10강 오직 믿음으로(Sola Fide)

믿음 3총사

신약성경에는 '믿음 3총사'라고 불리며 구원론 (soteriology)에 대하여 특별히 일목요연하게 잘 설명한 세 권의 책이 있다. 로마서, 히브리서, 갈라디아서가 그것이다. 물론 저자가 그렇게 표현한 것이다. 특히 로마서는 그 은혜를 인하여 '오직 믿음'으로만 의롭게 됨을 잘 가르쳐주고 있다. 이를 이신칭의 또는 이신득의 라고 한다. 히브리서는 구원은 오직 믿음으로 얻는다고 말하며, 믿음으로 살았던 신앙 선배들에 관해 자세히 설명한다. 갈라디아서는 그리스도인이 믿음으로 의롭다 칭함을 받은 후 의인 된 자로서 왜곡된 복음이나 다른 복음에 흔들리지 말고 살아가야 할 것을 말한다. 상기 세 권의 말씀을 통해 육신의 장막을 벗는 그날까지 견고한 믿음으로 살아가자. 인내함으로 하나님의 계명을 지키며, 예수님만이 길이요 진리요 생명이심을 알고 믿어 흔들리지 말아야 할 것이다.

"세상을 이기는 승리의 믿음"(요일 5:4)을 얘기할 때 그 믿음의 개념이 모호하며 너무 막연하다고 말하는 청년들을 많이 만났다. 그들은 믿음으로 구원 얻는다고 하면 굉장히 당황하곤 한다. 믿음으로 세상을 이길 수 있다고 하면 더 당황해 한다. "믿음이 중요한 것은 알겠는데 그렇다고 아무것도 하지 않고 구원 얻는 것은 좀…." 그렇게 말꼬리를 흐려버린다.

정말 믿음으로만 구원받게 될까?
믿음으로 세상을 어떻게 이긴다는 말인가?
나의 믿음이 참이라는 것을 무엇으로 확신하는가?
현재 나는 믿음으로 구원을 받은 것인가?

청년들은 위와 같이 자신의 믿음이 진짜인지 헷갈려한다. 더 나아가 구원의 확신에 대해 자신 없다고 말하곤 한다. 청년들이 그런 얘기를 하는 걸 들을 때마다 청년 사역자요 성경 교사인 저자는 곧바로 회개한다. 잘 가르치지 못한 부족한 실력과 게으름이 그들을 혼란스럽게 했을 것이기 때문이다. 나 때문에 그들이 믿음에 대해 자신 없어 하는 것 같아 미안하기만 하다. 이럴 때면 여지없이 말씀이 떠오르곤 한다. 누가복음 11장 52절이다. 가슴은 뜨끔거리며 발은 저려온다. 많은 찔림도 있다.

"화 있을진저 너희 율법 교사여(교사들아!) 너희가 지식의 열쇠를 가져 가서 너희도 들어가지 않고 또 들어가고자 하는 자도 막았느니라 하 시니라" _눅 11:52

믿음이란 무엇이며 무엇을 믿을 것인가?
믿음의 실체는 누구이며 그 실체를 바로 믿고 있는가?
내가 가진 믿음은 견고한가?
나는 도대체 믿음을 가지고 있기는 한가?

이런 물음에 대한 명확한 대답만큼은 개인 각자가 스스로 점검한 후에 신앙생활을 해야 할 것이다. 신앙이란 기본적으로 개인적이다. 말씀을 잘 배워서 그 말씀의 주체가 누구인지를 알고 믿어 견고한 신앙생활을 하길 바란다. 많은 경우 믿음에 대하여 조금 안다고 하는 청년들도 자세히 되물어보면 얼버무리거나 너무 장황한 대답을 한다. 저자는 다른 부분에 대한 지식도 그렇지만, 특히 믿음에 관해선 명확하게 어린아이(childlike 〉 childish) 같은 순수한 답을 가지고 있어야 한다고 강조하고 싶다.

로마서 1장 17절에는 "복음에는 하나님의 의가 나타나서 믿음으로 믿음에 이르게 하나니"라는 말씀이 나온다. 여기서 믿음은 두 가지로[153] 나누어 이해할 수 있다. 전자의 믿음은 성령님께서 우리에게 허락하신 '주신' 믿음으로 예수님만이 그리스도요 메시아이심을 가르쳐주시고 알게 해주신 것이다. 이를 '객관적' 믿음이라고 저자는 설명한다. 이에 반하여 후자의 믿음은 우리가 반응하고 '고백'한 '주관적' 믿음이다. 결국 "믿음으로 믿음에" 이르게 된 것은, 성령님께서 먼저 '주신'객관적 믿음을 통해 내가 주관적으로 '고백'할 수 있는 믿음에 이르게 되었다는 것이다. 그렇기에 믿음으로 구원을 얻은 것은 하나님의 전적인 은혜이다. 여기서 객관적인 믿음과 주관적인 믿음 사이의 간극(gap)은 신비의 영역이다.

성경은 여러 곳에서 "오직 의인은 믿음으로 말미암아 살리라"고 말씀[154]하셨다. 여기에서 '믿음으로 말미암아'에 대해 자세히 기술한 히브리서를 공부해보면 '믿음'의 헬라어가 명사[155]로 표현된 것이 대부분임을 알게 된다. 이를 가만히 묵상해보면, 예전에는 '믿음은 동사'라고 생각했지만, 이제는 오히려 동사라기보다 명사라는 확신이 든다. 믿음은 명사로서 '있고 없고의 유무'라는 것이다.

일반적으로 믿음의 반대말을 물어보면 대부분 '믿지 않음', 즉 '불신'을 얘기한다. 그럴 수 있다. 그러나 성경적으로 콕 집어 얘기하자면 믿음의 반대어는 '자기 의', '행위', '율법'이라고 할 수 있겠다. 이렇게 얘기하면 눈치 빠른 청년들은 고개를 끄덕일 것이다. 구원에 이

---

153) 전자의 믿음을 객관적 믿음 혹은 주신 믿음, 허락하신 믿음이라 하고 후자의 믿음을 주관적 믿음 혹은 고백한 믿음이라고 표현한다. 고린도전서 12장 3절을 보라

154) 로마서 1장 17절과 갈라디아서 2장 16절, 하박국 2장 4절을 읽어보라.

155) 헬라어로 믿음은 명사와 동사 두 가지로 기술되어 있다. 명사는 '피스티스'(πίστις, faith, faithfulness)로 30여 회(혹은 31회), 동사는 '피스튜오'(πιστεύω)로 단 2회 나온다.

르는 믿음에는 자기 의(롬 10:2-3)나 행위가 필요 없다는 것이다. 결국 믿음의 동의어는 하나님에 대한 '신뢰' 혹은 '은혜'이다. 그렇기에 믿음이 있다면 지금 당장 일어나고 있는 일들에 대하여 비록 하나님의 뜻을 모른다 할지라도, 그분을 신뢰함으로 그분의 은혜에 의지하여 그저 묵묵히 행하며 나아가야 한다.

결국 믿음은 '크다, 작다'의 문제가 아니요 '강하다, 약하다'의 문제도 아닌 듯하다. 믿음은 명사로서 그 믿음의 유무가 더 중요하다는 것이다. 물론 그렇다 하더라도 구원받은 백성이 동사인 '믿음으로 살아냄' 역시 중요한 것도 사실이다. 그렇기에 히브리서에는 믿음이 거의 명사로 언급되었으나 동사로서의 '믿음으로 살아냄'도 말씀하신 것이라 생각된다. 믿음이란 우리의 열심이나 노력이 아니다. 믿음은 하나님의 열심이며, 우리를 향하신 하나님의 끊임없는 설득이다.

믿음은 이성의 인식을 통해 이해된다. 타락 전 인간의 이성은 보이지 않는 것까지도 볼 수 있었다. 그러나 타락 후 사람의 이성은 믿음과 결합되어야만 비로소 성경 말씀을 통해 하나님을 보게 되고 성삼위 하나님에 대해 이해할 수 있게 되었다. 이를 '나는 믿는다. 그러므로 알게 된다'라고 표현하는 'Credo ut intelligam'이라고 한다. 그렇다고 하여 인간의 이성이 동의하여야 성경이 하나님의 말씀이 되는 것은 아니다. 오히려 믿음으로 성경이 하나님의 말씀임을 알게 된 것이다.

우리는 하나님을 믿기 때문에 말씀을 통해 성삼위 하나님을 더 깊이 알 수 있다. 즉 믿음으로 알게 되었다. 성령님께서 조명해주신 말씀을 통해(고전 12:3) 그 믿음이 성삼위 하나님을 알게 한 것이다. 그리하여 믿음으로 믿음에 이르게 되었고(롬 1:17) 삼위 하나님의 천지 창조를 믿음으로 온 천지가 하나님께서 창조하셨음을 알게 된 것이다. 그 믿음은 성령님께서 성경을 통해 우리에게 허락하신 것인데, 이를 '객관적 믿음'이라고 표현하였던 것이다. 그러므로 모든 믿는 자들은 성령의 증거하심을 따라 성경이 하나님의 말씀임을 믿게 되었다. 그리고 객관적 믿음으로 주어진 주관적 믿음에 의하여 '믿음으로 믿음에 이르게 되어' 우리가 구원을 얻게 되었다.

에베소서 2장 8-9절은 "너희가 그 은혜를 인하여 믿음으로 말미암아 구원을 얻었나니"라고 말씀하셨다. 여기서 은혜로 주신 믿음 혹은 허락하신 믿음이 바로 객관적 믿음이다. 고린도전서 12장 3절에는 성령님께서 예수가 그리스도이심을 가르쳐주시고 객관적 믿음을 주셔서 우리가 주관적으로 고백하여 믿게 되었다고 하였다.

믿음(신앙)은 전적 은혜인 'being'이지 자기 의나 공로주의인 'doing'은 아니다. 그저 하나님께 모든 것을 맡기며 그 일이 하나님의 뜻이라면 끝까지 신뢰하고 나아가는 것이다. 예수님의 십자가 공로에 감사하며, 한평생 하나님께만 영광(Soli Deo Gloria) 돌리며 살아가는 것이다. 내가 믿음이 강하다 혹은 크다고 말하는 것 자체가 자기 의(롬 10:2-3)를 죽이지 못한 'doing'이요, 아직도 인생의 주인이 하나님이 아니라 자신이라는 것을 나타낸다. 그것을 못된 자아가 버젓이 살아 움직이는 '믿음 없는' 행위라고 말한다.

"내가 증거하노니 저희가 하나님께 열심이 있으나 지식을 좇은 것이 아니라 하나님의 의를 모르고 자기 의를 세우려고 힘써 하나님의 의 결국 믿음으로 구원을 얻은 것은 믿음에 이르는 어떤 행위 때문이 아니라는 것이다. 믿음은 그저 초림의 예수님만이 그리스도요 온전한 메시아이심을 믿는 것이다. 다시 말하면 복음을 진리로 믿을 때 '믿음이 있다'라고 한다. 우리가 온전한 주인 되신 그분의 때와 뜻을 잠잠히 기다리며, 그분을 신뢰함으로 한 번뿐인 인생을 거룩하게 살아가는 것은 그분을 향한 믿음이 전제될 때 가능한 것이다.

말씀으로 믿음을 굳게 하라

요한계시록 1장 5절에 '충성된 증인으로'라는 말씀이 있다. 이 구절은 믿음과 말씀, 복음의 관계를 이해할 때 많은 도움이 된다. 도대체 무엇에 충성했기에 '충성된 증인'이라고 말씀하셨을까? 그 답을 바르게 알려면 성경의 또 다른 곳을 찾아보면 된다.

성경을 정확하게 이해하려면 문자적 이해와 함께 그 의미하는 바와 상징하는 것이 무엇인지를 균형 있게 보아야 한다. 단편적으로 어느 한 부분만을 떼어 해석하거나 토막 내어 이해하거나 한 단어에 지나치게 집중하여 아전인수격으로 해석하다 보면 또 하나의 이단이 나올 수 있으니 주의하여야 한다. 최근에는 그렇게 성경으로 장난을 치는 이단들이 많이 생겨났다. 그러므로 반드시 어떤 말씀이라도 전후의 전체 문맥 속에서 이해하고, 동시에 역사적 배경과 문화적 배경까지 염두에 두고 이해하려고 해야 한다. 또한 동일한 의미로 말씀해 주시는 성경의 여러 다른 부분들을 찾아보아야 할 것이다. 디모데후서 4장 7-8절을 살펴보자.

> "내가 선한 싸움을 싸우고 나의 달려갈 길을 마치고 믿음을 지켰으니 이제 후로는 나를 위하여 의의 면류관이 예비되었으므로 주 곧 의로우신 재판장이 그날에 내게 주실 것이니 내게만 아니라 주의 나타나심을 사모하는 모든 자에게니라"_딤후 4:7-8

"선한 싸움을 싸운 것과 달려갈 길을 마쳤다"는 것은 한 번 인생을 충성스럽게 그리고 알차게 살았다는 말이다. "믿음을 지켰다"는 것은 말씀을 붙잡았다는 의미이다. 결국 말씀으로 믿음을 굳게 하여 충성스럽게 살았다는 뜻이다. 말씀을 삶의 기준과 원칙으로 정하여 살았다는 것이다. 그렇기에 그 복음을 자랑하고, 그 복음을 주님 오실 때까지 전하는 사람을 충성된 증인이라고 한다. 결국 요한계시록 1장 5절과 디모데후서 4장 7-8절을 연결하면 충성되게 말씀을 붙잡고 살아가는 것을 믿음으로 산다고 하는 것이다.

온전한 믿음을 강조한 히브리서는 1장 1절에서 13장 25절까지 303구절로 이루어져 있는데, 많은 주석가들은 4장 14절과 11장 1-2절을 히브리서의 핵심 구절로 꼽는다. 나는 이 구절들에 1장 2-3절, 5절, 2장 11절을 추가하고 싶다. 히브리서 4장 14절에는 우리의 믿는 도리가 바로 하나님의 아들 예수라고 하셨다. 그 예수는 우리의 대제사장이시다. 여기에서 '도리'라는 단어에 유의해야 한다. 헬라어로는 호모로기아스(ὁμολογίας)[156])라고 한다. 이는 복음의 요체는 예수님이라는 것이다. 결국 '믿는 도리'라는 것은 예수님을 하나님의 아들로 믿는다는 것이다. 그 "믿음은 바라는 것들의 실상이요 보지 못하는 것들의 증거"이다(히 11:1).

하나님께서는 그 예수님을 가리켜 "이는 내 사랑하는 아들이요 내 기뻐하는 자라"고 반복하여 말씀[157])하셨을 뿐 아니라 히브리서 1장 5절에도 동일하게 예수님을 향하여 "너는 내 아들이라 오늘날 내가 너를 낳았다 하셨으며 나는 그에게 아버지가 되고 그는 내게 아들이 되리라"고 하셨다. 그런 후 히브리서 1장 2-3절에서는 기독론의 정수를 보여주며 다음과 같이 말씀해주셨다.

> "이 모든 날 마지막에 아들로 우리에게 말씀하셨으니 이 아들을 만유의 후사로 세우시고 또 저로 말미암아 모든 세계를 지으셨느니라 이는 하나님의 영광의 광채시요 그 본체의 형상이시라 그의 능력의 말씀으로 만물을 붙드시며 죄를 정결케 하는 일을 하시고 높은 곳에 계신 위엄의 우편에 앉으셨느니라" _히 1:2-3

결국 믿음은 무엇이며 무엇을 믿으라는 말일까? 그 실체는 누구

---

156) 동사 호모로게오(ὁμολογέω)에서 파생되었다. 이의 뜻은 I confess, I publicly declare, I praise이다. 나는 그렇게 고백한다. 나는 그렇게 선포한다, 혹은 나는 찬양한다는 의미이다. 결국 말씀, 하나님의 언약, 복음의 요체는 예수님이며 그분만을 고백하고 인정하며 찬양한다는 말이다.
157) 마 3:17, 막 1:11, 눅 3:22을 참고하라.

란 말인가? 대답은 명료하다. 믿는 도리(confession)의 사도시며 대제사장이신 예수를 믿으라는 것이다. 그러므로 믿음이란 예수님만이 그리스도 메시아라는 것이다. 그렇기에 우리는 복음이신 예수 그리스도를 믿고 있으며, 말씀이신 예수 그리스도를 믿고 있다. 그렇다고 하여 믿음이란 하나님의 말씀을 믿는 것이지, 하나님에 대한 개인적 신뢰를 말하는 것은 아님을 알아야 한다. 그러므로 '믿는 도리'란 예수를 믿음으로 고백하는 것이다.

우리는 정말 감사하게도 오직 믿음으로(Sola Fide), 오직 은혜로 (Sola Gratia) 구원을 받았다. 하나님이 베풀어주신 구원에 우리가 한 일은 아무것도 없다. 그저 '값없이' 받은 것이다. 일부 그리스도인은 "내가 믿었으니 구원을 받게 되었고 그렇기에 하나님의 구원 성취에 내가 한 일이 조금은 있다"라는 궤변을 늘어놓는다. 그렇게 말하는 것은 믿음을 곡해했기 때문이다. 믿음은 전적인 하나님의 은혜요 선물이다. 아무런 조건 없이, 아무런 대가 없이 믿음으로 은혜로 값없이 주신 것이다. '값없이'와 '값싸게'를 혼동하지 말아야 할 것이다.

복음에 빚진 자라고 하면서 왜 복음을 부끄러워하는가?

"복음에는 하나님의 의가 나타나서"는 말씀이 있다. 인간을 향한 하나님의 사랑은 무한하시다. 그 크신 사랑은 죄로 말미암아 영 죽을 인간을 위해 당신이 가장 아끼시는 독생자 예수님을 보내주신 것이다. 그것은 아버지 하나님의 사랑이다. 동시에 인간의 죗값을 대신하여 예수님은 저주의 상징인 나무 위 십자가에서 처절하게 죽임을 당하였다. 그것은 아버지 하나님의 공의였다. 결국 십자가에는 하나님의 사랑과 공의가 동시에 내포되어 있다.

아무리 강조해도 지나치지 않는 것은 복음의 역사적, 실재적 사건인 십자가이다. 그렇기에 십자가 보혈로 구속함을 얻은 우리는 복음에 빚진 자요 은혜에 빚진 자이다. 당연히 값없이 구원을 얻게 된 우리는 그 복음을 자랑스러워해야 한다. 부끄러워해서는 안 된다. 그러므로 우리는 복음과 십자가만을 자랑하며 살아가야 한다. 어떠한 유혹과 미혹이 있다고 하더라도 흔들리지 말아야 한다. 어떠한 환난과 핍박이 있다고 하더라도 넘어지지 말아야 한다. 그저 복음과 십자가만을 붙들고 부르시는 그날까지 묵묵히 견디어 나가야 할 것이다.

"내가 복음을 부끄러워하지 아니하노니 이 복음은 모든 믿는 자에게 구원을 주시는 하나님의 능력이 됨이라 첫째는 유대인에게요 또한 헬라인에게로다" _롬 1:16

로마서 1장 16절을 읽으면 한 가지 의문이 생긴다. 이왕이면 적극적으로 자랑한다고 말하였으면 훨씬 폼이 났을 텐데 왜 "부끄러워하지 않는다"라고 소극적으로 말하였을까? 후에 신명기 21장 22-23절을 통해 알게 된 것이지만, 당시 유대인들에게 나무 위의 십자가 죽음은 극악무도한 죄인들이 받는 것이었기에 저주의 상징이었고 수치스러운 것이었다. 바울은 이를 의식하면서 그럼에도 불구하고 나를 위해 죽어 주신 아무 죄 없으신 예수님의 나무 위 십자가 죽음을

"부끄러워하지 않겠다"라고 당당하게 선언한 것이다. 다시 말하면 신명기 율법을 누구보다도 잘 알고 있던 바울은 당시의 유대인들을 의식하여 십자가에 달리신 예수에 대해 부끄러워하지 않겠다고 말함으로 보다 더 적극적으로 자랑을 한 셈이다.

결국 복음의 역사적 사건이요 실재적 사건인 십자가는 결코 분리될 수 없다. 십자가 없는 복음이 있을 수 없고 복음의 핵심에는 십자가가 있다. 그 십자가는 '단 한 번이지만 영원한'(once for all), '영단번'(永單番)임을 알아야 한다.

오직 복음! 오직 예수! 그리스도인에게는 복음과 십자가만이 삶의 이유이고 복음과 십자가만이 삶의 전부가 되어야 한다.

복음을 진리로 믿는 기독교인에게 예수는 진정한 그리스도요 메시아이시다. 이 복음을 믿는 자들은 유대인이든 헬라인이든 종이든 자주자(自主者)든 여자든 남자든 상관없이, 누구든지 예수님 안에서 하나이며 값없이 의롭게 되었다. 할렐루야!

> "너희는 유대인이나 헬라인이나 종이나 자주자나 남자나 여자 없이 다 그리스도 예수 안에서 하나이니라"_갈 3:28

갈라디아서 3장 11절에서는 "또 하나님 앞에서 아무도 율법으로 말미암아 의롭게 되지 못할 것이 분명하니 이는 의인은 믿음으로 살리라 하였음이니라"라고 말씀하셨다. 그렇다. 율법을 행함으로 의롭다 칭함 받을 수 있는 육체는 결코 없다. 그것은 성경이 계속 반복하여 일관되게 말씀하고 있는 것이다.

"그러므로 사람이 의롭다 하심을 얻는 것은 율법의 행위에 있지 않고 믿음으로 되는 줄 우리가 인정하노라"_롬 3:28

"사람이 의롭게 되는 것은 율법의 행위에서 난 것이 아니요 오직 예수 그리스도를 믿음으로 말미암는 줄 아는고로 우리도 그리스도 예수를 믿나니 이는 우리가 율법의 행위에서 아니고 그리스도를 믿음으로써 의롭다 함을 얻으려 함이라 율법의 행위로써는 의롭다 함을 얻을 육체가 없느니라"_갈 2:16

"일을 아니할지라도 경건치 아니한 자를 의롭다 하시는 이를 믿는 자에게는 그의 믿음을 의로 여기시나니"_롬 4:5

"그런즉 믿음으로 말미암은 자들은 아브라함의 아들인 줄 알지어다 또 하나님이 이방을 믿음으로 말미암아 의로 정하실 것을 성경이 미리 알고 먼저 아브라함에게 복음을 전하되 모든 이방이 너를 인하여 복을 받으리라 하였으니 그러므로 믿음으로 말미암은 자는 믿음이 있는 아브라함과 함께 복을 받느니라"_갈 3:7-9

믿음은 너무 귀하여 말로 다 표현할 수가 없다. 그런데 가끔 믿음으로 구원이 되는 것은 맞지만 믿음만으로는 완전한 구원을 이루기에는 조금 부족하다고 얘기하는 부류가 있다. 그렇기에 구원의 완성을 위해 율법의 행위는 필요하며, 행위가 있어야만 구원이 온전히 완성된다고 생각하는 그리스도인이 의외로 많다. 이는 바울이 거짓

교사들에게 놀아난 갈라디아 교인들을 질타하였던 전형적인 '다른 복음'(갈 1:6-9)의 한 형태이다.

오늘날 극소수이기는 하지만 일부 한국 교회에서는 지나친 교회 생활이나 모범적(?)인 신앙생활을 하늘나라의 복과 상급을 쌓는 것으로 얘기하면서 봉사나 섬김을 지나치게 강조하는 것을 가끔 보게 된다. 그럴 때마다 '그것이 복음과 무슨 관계가 있을까?'를 생각하며 나 혼자 고민에 빠지기도 한다. 어떤 경우에는 천국의 상급을 행위나 섬김과 직접 연관을 짓기도 하는데 뭔가 어색하여 마음이 답답할 때가 있다. 물론 봉사나 섬김이 나쁘다는 것은 아니다. 자원하여 기쁨으로 섬기는 것은 성도로서 바람직한 일이다. 그렇지만 섬기면 복을 받는다거나 하늘나라 상급과 관계가 있다고 하는 것은 아닌 것이다(딤후 4:7-8; 계 4:10-11).

저자가 어렸을 때 한국 교회에는 새벽, 낮, 저녁 등 하루에 세 차례씩 며칠이나 하던 부흥사경회가 있었다. 좋은 추억 중의 하나이다. 그때 일부 부흥사들이 말하고 다니던 우스갯소리가 기억난다. 사는 동안 착한 일을 많이 하고 교회를 위해 많은 헌금과 함께 충성 봉사한 신자는 하늘나라에 갔을 때 금 면류관을 받게 된다고 하였다. 그렇지 못한 경우에는 겨우 개털 모자라고 하였다. 게다가 개털 모자류(類)의 신자는 하늘나라에 가서도 초가집에서 살아야 하지만, 금 면류관류의 신자는 소위 맨손으로 들어가서 살게 되는 '맨숀'에서 산다고 하였다. 수십 년 전 '맨숀'(맨션)으로 불린 아파트는 모두의 로망이었다. 착하디착한 많은 성도들이 근거 없는 그 이야기를 굳세게 믿었다. 더하여 천국의 길은 황금이요 바다는 수정이며 집은 진주 문에다

형형색색의 보석으로 장식돼 있다고 하였다. 그런 이야기를 들으며 대부분의 성도들은 그런 하늘나라를 꿈꿨다. 그중에 저자도 있었다.

세월이 흘러 말씀을 깊이 연구하면서 어린 시절을 돌이키며 많이 웃었다. 상기한 모든 것들은 이 땅에서는 귀하고 제법 갖고 싶은 것들이다. 하지만 미래형 하나님 나라에서는 아무 쓸모가 없다. 게다가 주거지는 또 왜 필요한가? 이는 부활체를 언급하고 있는 고린도전서 15장 42-44절 말씀을 모르는 무지이자 오해이다. 반드시 존재할 뿐 아니라 장소를 의미하는 미래형 하나님 나라인 천국에서의 삶을 이 땅의 삶으로 오해한 결과일 뿐이다.

영적 죽음의 상태로 태어나 소망이 없었던 우리들은 예수님을 믿어 영적 부활하게 되었고 이후 하나님의 자녀로 살아가게 되었다. 그렇기에 우리는 그저 은혜 안에 살고 복음으로 살아가는 '복음에 빚진 자'일 뿐이다. 하나님의 은혜와 사랑에 힘입어 있는 그 자리에서 감사함으로 동시에 자원함으로 사람들을 섬기며 살아가야 한다. 물론 교회공동체 예배당에서는 기쁨으로 봉사하여야 한다. 주인 되신 하나님께는 시시때때로 무릎 꿇고 찬양과 경배를 올려야 한다.

섬김과 봉사는 귀하다. 윤리적, 도덕적으로 착한 일을 하는 것도 귀하다. 그러나 그것은 구원의 완성이나 하늘나라의 상급과는 별개이다. 그리스도의 복음에 합당한 삶일 뿐이다. 율법이나 어쭙잖은 자기 의를 복음과 섞어서 복음을 훼손하지 말아야 한다. 물론 부르심과 열정적인 사명을 감당한 사람은 그날이 되면 반드시 금 면류관 받을 것이라고 디모데후서 4장 7-8절에 말씀하셨다. 그러나 그것 또한 전적으로 성령님께서 하셨기에 천상의 예배 장면을 보여주시는 요한계

시록 4장 10-11절에는 그 면류관을 벗어서 도로 돌려드리는 광경이
나온다.

모든 그리스도인은 예수를 믿어 값없이 구원받은 그 자체에 감
사하여야 한다. 또한 예수님을 믿은 그 자체가 최고의 복임을 알아야
한다. 이후 진정한 복[158]을 받은 사람답게, 이미 복 받은 사람으로서
한 번뿐인 인생을 풍성하게 살아갔으면 한다.

자기 면류관과 자기 의를 내려놓으라

다음 두 부분의 성경 구절을 여러 번 읽고 깊이 묵상해보자.

> "내가 선한 싸움을 싸우고 나의 달려갈 길을 마치고 믿음을 지켰으니
> 이제 후로는 나를 위하여 의의 면류관이 예비되었으므로 주 곧 의로
> 우신 재판장이 그날에 내게 주실 것이니 내게만 아니라 주의 나타나
> 심을 사모하는 모든 자에게니라"_딤후 4:7-8

---

158) 복을 얘기할 때 대표적인 두 개의 히브리어와 한 개의 헬라어를 소개하고자 한다.
먼저 히브리어는 바라크와 아쉬레이이다. 헬라어는 마카리오이이다. 바라크(창1:28)
는 '하나님 앞에 바짝 무릎 꿇다, 찬양하다, 경배하다'라는 의미이다. 그러므로 하나
님 앞에 무릎 꿇고 기도할 수 있고 찬양과 경배를 하는 사람은 이미 복 받은 사람이
다. 아쉬레이는 하이쉬와 붙어서(시1:1) 올바른 길(예수님)을 걸어간 사람은 이미 '복
을 받았다'라는 의미이다. 마카리오이(마5장)는 이미 복을 받은 사람이라는 의미이다.

"이십사 장로들이 보좌에 앉으신 이 앞에 엎드려 세세토록 사시는 이에게 경배하고 자기의 면류관을 보좌 앞에 던지며(돌려드리며) 가로되 우리 주 하나님이여 영광과 존귀와 능력을 받으시는 것이 합당하오니 주께서 만물을 지으신지라 만물이 주의 뜻대로 있었고 또 지으심을 받았나이다 하더라" _계 4:10-11

위의 말씀을 무심코 읽다 보면 우리는 한 번뿐인 인생을 내가 열심히 사역한 결과 의의 면류관을 받게 되었다고 착각할 수 있다. 그러나 자세히 읽어보면 '그날에 주실 그 면류관'은 나의 힘으로 얻은 것이 전혀 아님을 알 수 있다. 선한 싸움을 싸우고 달려갈 길을 마치고 믿음을 지킴으로 받게 된 그 면류관은 전적으로 하나님께서 하신 것이다. 그렇기에 그분 존전에서 더는 쓰고 있기가 부끄러워 슬그머니 벗어 하나님의 보좌 앞으로 돌려드리는 천상의 예배 장면을 보여 주신 것이다.

이 부분에서 저자는 지나온 모든 삶이 하나님의 전적인 은혜임을 절절히 깨닫게 되었다. 그렇기에 하나님의 신실하심을 찬양하지 않을 수 없다. 그럼에도 불구하고 아직도 문득문득 자기 의를 드러내려는 나 자신을 보며 탄식하곤 한다. 자기 의를 드러내려는 것은 2000년 전 예수님과 함께 십자가에서 온전히 죽지 않은 것이다. 오직 은혜! 오직 믿음! 이신칭의를 기억하고 평생 감사하며, 여생을 주님만 찬양하며 경배하며 살아갈 것이다.

예수님 안에서 주를 믿음으로 말미암아, 즉 믿음의 의로 말미암아 성령의 약속을 받은 것이라고 로마서 4장 13절과 갈라디아서 3장

14절, 26절은 말씀하셨다. 예수님으로 인하여 의롭다 칭함을 받았다는 것이다. 어떤 행위도 구원에 하등의 영향을 미치지 못한다. 더 나아가 예수를 믿은 모든 그리스도인에게는 나라와 민족의 차별이 있을 수 없다(롬 3:22).

우리는 2000년 전 십자가에서 죽으시고 3일 만에 부활하신 예수 그리스도로 인하여 늘 이기는 싸움을 하고 있다. 그러나 재림의 그날까지는 그 전쟁이 완전히 끝나지 않았음을 명심해야 할 것이다. 예수 그리스도께서 재림하실 그날까지 우리는 하나님의 전신갑주[159]를 입고 에베소서 6장 2절의 말씀대로 실존하는 악한 영적 세력들과 당당하게 맞서 싸워야 할 것이다. 비록 어둠의 영적 세력들이 이 땅에서 만큼은 약간 강하게 보인다 할지라도 우리는 조금도 두려워하거나 주눅들 필요가 없다. 비굴하게 도망칠 필요도 없다. 2000년 전 예수님께서 십자가를 통해 이미 완전히 승리하셨음을 기억하자.

예수님의 완전한 승리를 믿고 의지함으로 우리는 세상을 거뜬히 이길 수 있기에 요한일서 5장 4절에는 하나님의 자녀인 그리스도인의 믿음을 재차 강조하였다.

> "대저 하나님께로서 난 자마다 세상을 이기느니라 세상을 이긴 이김은 이것이니 우리의 믿음이니라" _요일 5:4

---

159) 엡 6:13-17을 읽어보라. 하나님의 전신갑주를 롬 13:12에는 빛의 갑옷이라고 하였고 14절에는 주 예수 그리스도로 옷 입는 것이라고 하였다.

더불어 요한계시록 14장 12절의 말씀과 함께 '하나님의 계명과 예수 믿음을 지키며' 그날까지 성도의 인내와 담대함으로 싸워야 할 것이다. 그 인내와 믿음이 세상의 혹독한 핍박을 받을 때나 그들에게 사로잡힐 때, 칼에 죽을 때조차도 배도하지 않게 지켜줄 것이다. 그리하여 육신의 장막을 벗는 그날까지 순전한 믿음을 지니고 살아가자.

칭의! 그 놀라운 은혜!

칭의[160](稱義. justification)란 그렇지 않으나 그렇다고 여겨주시는 것이다. 영 죽을 수밖에 없는 죄인이었으나 의롭다 칭함을 받게 된 것이다. 그것은 예수님께서 우리를 대신하여 죽어주심 때문이었다. 로마서 3장 24절에는 "그리스도 예수 안에 있는 구속으로 말미암아 하나님의 은혜로 값없이 의롭다 하심"을 얻게 된 것이라고 말씀하셨다. 이처럼 인간에 대한 신적 선언[161], 곧 예수를 믿는 사람을 의롭다고 선언하시는 하나님의 행위를 칭의라고 한다. 즉 의인이신 예수에게 우리의 죄가 전가되고 예수님이 죽어주심으로 우리의 옛사람이 죽고, 부

---

160) 칭의(稱義, justification)란 "하나님에 의해 의로워진 행위, 과정, 상태(the act, process, or state of being justified by God)이며 인간이 죄의 책임과 처벌로부터 의롭고 자유롭게 여겨지는 하나님의 행위이다"라고 정의(Merriam-Webster Dictionary)하였다.
161) 《교회용어사전》(생명의말씀사)을 참고하라.

활하심으로 우리가 예수님 안에서 다시 살게 된 것이다. 이후 우리는 예수님 안에서 의롭게 되었다.

루터(M. Luther, 1484–1546년)는 이런 칭의에 대해 우리의 의로움 되신(고전 1:30) 예수 그리스도를 '오직 믿음으로' 주어진 것이라고 하였다. 그것을 '낯선 의'(justitia aliena)라고 칭하기도 하였다.

칼빈(J. Calvin, 1509–1564년, 《기독교강요》)은 칭의란 "우리가 마치 의롭기나 한 것처럼 하나님께서 우리를 자기의 은혜 속에 들어오도록 받아주심"이라고 하였다.

웨슬리(J. Wesley, 1703–1791년)는 칭의란 "죄의 용서"라고 하였으며 "성부 하나님의 역사로서 예수의 보혈로 인하여 화해를 이룬 결과 당신의 의로우심을 드러내셨고 우리의 죄는 용서되고 의롭게 되었다"고 하였다.

하나님이신 예수님은 인간으로 오셨으나 아무 죄가 없으신 역사상 유일한 의인이셨다. 그 예수님은 죄인인 우리를 살리시기 위해 죄인처럼 되셔서 십자가 나무 위에 달려 희생제물이 되셨다. 하나님과 우리 사이에 죄로 인해 막힌 담을 허물어주시기 위하여 화목제물이 되신 것이다. 그 결과 우리는 다시 하나님과의 바른 관계가 회복되었다. 십자가 구속의 결과 예수님을 믿어 구원을 얻게 된 우리는 결코 의롭지 않음에도 불구하고 의롭다 칭함을 받게 된 것이다. 이것이 칭의(의화, justification)이다.

그러므로 칭의는 여전히 죄인이지만 의인으로 인정받은 것이기에 하나님의 전적 은혜이다. 예수 그리스도의 십자가 보혈로 말미암아 우리의 죄가 주님께 전가(轉嫁)되어 즉각적인 효력을 얻게 되었다.

그러므로 칭의에는 예수를 믿는 자에 대한 하나님의 선언이 내재되어 있다.

결국 칭의란, 모든 인간은 윤리적 선이나 도덕적 행위, 율법의 준수, 타 종교, 철학 등 그 무엇으로도 구원을 얻을 수 없으며 오직 은혜, 오직 믿음, 오직 예수로만 구원을 받는다는 복음의 핵심 중 하나다.

칭의에는 또 다른 깊은 함의(含意)가 내포되어 있는데 하나님의 성품인 공의(쩨다카)와 사랑(헤세드)이다. 첫 아담 인간은 죄를 지어 영벌이라는 죽음의 어둠 가운데로 빠져 나락[162]으로 떨어져 버렸다. 이후 모든 인간들은 아담으로부터 죄의 전가와 더불어 영적 죽음의 상태로 태어나게 된다. 이때 하나님의 성품인 사랑은 인간의 구속을 계획하게 된다. 동시에 하나님의 성품인 공의로 인하여 예수님의 십자가 대가 지불이 요구된 것이다. 이후 예수님은 인간으로 오셔서 십자가로 우리를 살리셨다. 예수님의 성육신은 철저한 자기 비하(humiliation)이다. 어둠인 죄를 가장 싫어하는 빛이신 성부 하나님은 예수님의 십자가를 통해 그 어둠을 몰아내셨다. 예수님은 우리와 하나님의 관계를 회복시켜주신 화목케 하는 대제사장(히 3:1, 4:14, 고후 5:18)으로 우리에게 당신의 '의'를 옷 입혀 주셨다(롬 13:12-14; 갈 3:27). 결국, 우리의 구원은 윤리적 행위나 도덕적 선에 의한 것이 결코 아님을 알아야

---

162) 나락이란 도저히 벗어날 수 없는 극한 상황을 말하는 것으로, 산스크리트어 naraka의 발음을 그대로 옮겨 쓴 것이다. 지옥을 달리 부르는 말이기도 하다. 두산백과를 참고하라.

한다. 일천번제[163] 같은 제물이나 희생 예배에 의한 것도 아니다. 교회 안팎의 봉사나 행위, 섬김 등 자기 의로 구원받은 것은 더더욱 아니다. 구원은 온전히 예수 그리스도의 구속, 즉 십자가 대가 지불에 의한 것임을 알아야 한다. 그 구속으로 말미암아 예수님을 믿는 자에게 그리스도의 의가 전가되어 칭의된 것이다.

이제 그 예수님만 철저히 의존하는 믿음으로 살아가야 한다. 사랑에 빚진 자로서 평생 감사하며 삼위일체 하나님께만 무릎 꿇고 찬양하며 경배하며 살아가야 할 것이다. 은혜에 빚진 자로서 주인 되신 성령님의 동행함(테할레크, 창 5:24, 6:9)으로 하나님의 뜻을 따라 '거룩함'으로 살아가기 위해 몸부림쳐야 할 것이다.

실낙원 이후 생기 혹은 성령(루아흐)이 떠난 인간은 죄인이 되었고 죽을 수밖에 없게 되었다(롬 3:9-11). 이를 가리켜 영적 죽음 상태라고 앞서 언급하였다. 영적으로 죽은 죄인 된 인간은 늘 죄를 짓고 항상 죄만 생각한다. 모든 인간은 죄를 지어 죄인이 아니라 죄인이기에 죄를 짓는 것임을 알아야 한다.

로마서 5장 12-21절에는 죄의 전가를 말씀하셨는데 이를 연합의 원리 혹은 대표의 원리라고 한다. 죄의 전가와 동일하게 예수님의 구속의 은혜 또한 인간에게 전가되어, 예수님을 믿기만 하면 값없이 의롭다 하심(칭의)을 얻게 되는 것이다.

---

163) 일천번제란 횟수를 가리키는 말이 아니다. 일천 마리의 (희생) 짐승을 가리키는 말이다. 그 일천 마리조차도 일천(one thousand)을 의미한다기보다 '많다'(10×10×10=1,000, 10은 만수임)'는 의미로 해석하여야 한다. 왕상 3:4, 대하 1:6를 참고하라.

특별히 로마서 3장 24, 30절의 '말미암아'라는 말에 유의하여야 한다. 그것은 '우리의' 믿음 때문이 아니고 내가 믿었기에 의롭다 칭함을 받았다는 것도 아니다. 오로지 하나님께서 택해주셔서 주신(허락하신) 믿음으로 '말미암아' 의롭다 칭해주셨다는 말이다. 이는 성령님께서 내적으로 부르신 불가항력적 은혜이다. 그러므로 믿음은 칭의의 수단이다. 자기 의나 율법적인 선을 통해 구원에 도달하려는 시도는 역사적으로 줄곧 있어왔으나 아무짝에도 쓸모없는 것이었다. 지금도, 앞으로도 그럴 것이다.

믿음으로 의롭다 칭함을 받은 후 자유함으로 유영하는 것은 하나님께서 베푸신 큰 은혜의 바다에서 자유롭게 누리는 것이다. 그 은혜의 바다에서 감사함으로 헤엄치다 보면 예수님의 품이 자연스럽게 익숙하게 될 것이다. 우리는 그분 안에서 자유할 필요가 있다. 단 주의할 것은, 그 익숙함이 가벼움으로 변하여 은혜를 당연시하면 안 된다. 자칫하면 방종과 방탕으로 갈 수도 있기 때문이다. 특별히 우리 청년들은 이런 부분에 바짝 긴장해야 한다. 율법의 저주와 죄로부터 벗어난 자유함은 하나님의 크신 선물이다. 자기 의를 쌓아 뭔가 이루려는 고된 노력으로부터 벗어나게 된 것도 하나님의 선물이다. 우리는 하나님께서 베풀어주신 선물들을 당연시하지 말고 늘 감사할 수 있어야 한다. 하나님의 은혜에 빚진 자로서 말씀 중심으로 살아가되 사랑의 책임은 마땅히 지고 가야 할 것이다. 사랑의 책임이란 복음에 빚진 자로서 육신의 장막을 벗는 그날까지 복음을 자랑하며 살아가는 것이다.

이와 달리, 믿음으로 의롭다 칭함을 받은 것과 대척점에 있는 것처럼 보이는 야고보서는 행함을 많이 강조하였다. 그러다 보니 얼핏 혼란스럽기도 하다. 더 나아가 야고보서 2장 24절은 "이로 보건대 사람이 행함으로 의롭다 하심을 받고 믿음으로만 아니니라"고 하셨다. 언뜻 보면 이 구절은 '이신칭의'라는 말과 대립되어 보이기도 한다. 그러나 살아있는 믿음이나 구원에 '합당'한 믿음은 자연스레 행위로 나타나기에 결코 대립되는 표현이 아니다.

행함이 있는 구원에 '합당'한 믿음은 아주 중요하다. 여기서 '합당'이라는 헬라어는 '엑시오스'(worthy, ἀξίως)로서 '가치가 있다'라는 뜻이다. 주님께서는 값없이 크신 구원을 베푸셨다. 크신 은혜에 합당한 믿음의 결과는 행위로 나타나야 한다. 행위로 나타나는 믿음이 가치 있다는 것이다.

결국, 야고보서를 통해 말씀하시는 것은 선한 행위가 구원의 조건이라는 말이 아니다. 하나님의 은혜로 구원받은 우리가 선한 행위로써 구원에 합당한 진실성과 사실성을 드러내야 한다는 것이다. 그러므로 야고보서 2장 22절에는 "믿음이 그의 행함과 함께 일하고 행함으로 믿음이 온전하게 되었느니라"고 말씀하셨던 것이다. 즉, 아브라함의 믿음이 행함으로 온전하게 되었다는 말이다.

창세기 15장 6절에는 "아브람이 여호와를 믿으니 여호와께서 이를 의로 여기시고"라고 말씀하셨다. 이 말은 아브람의 믿음이 아주 좋아서 하나님께서 그것을 의로 여기셨다는 뜻이 결코 아니다. 비록 아브람이 그 정도는 아니었음에도 불구하고 하나님이 '그렇게 여겨주셨다'라는 뜻이다. 아브람은 창세기 12장에서 하나님의 약속을 받았다. 그럼에도 불구하고 창세기 15장에 이르러서야 처음으로 하나님을 믿었다는 말이 나온다. 결국 아브람의 자그마한 믿음을 의로 여기신 하나님의 은혜를 강조한 것이다. 우리는 어설픈 믿음이나 행위를 하나님의 은혜 앞에 두는 우를 결단코 범해서는 안 된다.

아브람과 비슷한 맥락으로 창세기 39장에는 깔쌈한(다른 단어로 바꾸는 것이 어떨지요) 듯 보이는 요셉의 인격과 인품 이야기가 나온다. 성경의 글줄 사이를 조용히 상상해보면 분명 요셉은 부지런하고 사근사근했던 것 같다. 그러나 그 성품 때문에 하나님께서 요셉을 형통하게 하신 것은 아니었다. 다시 말하면, 요셉의 형통은 히브리어로 형통함[164]을 의미하는 두 단어 중 하나인 '첼리하'로서 하나님이 동행(테할레크)하셨고 그와 함께하심(에트)으로 요셉이 형통케 되었다는 것을 말하고 있을 뿐이다. 결국, 성경은 요셉의 사람 됨됨이를 말하고자 한 것이 아니라 하나님의 '함께하심과 베푸신 은혜'를 말씀하신 것이다.

창세기 5장 24절과 히브리서 11장 5절에는 하나님과 동행하였고 하나님을 기쁘시게 하는 자라는 증거를 받아 죽음을 보지 않았던 에녹의 이야기가 나온다. 그렇다면 에녹은 당시에 하나님의 기쁨이 될 만큼 의롭고 죄가 없어 하늘로 직행한 것일까? 그렇다면 오고 오는 후손들은 하나님과의 동행함이 없어서 죽음을 보았던 것인가? 진정

---

164) '형통함'을 의미하는 히브리어는 두 가지가 있다. 하나는 세상적 형통 즉, 번영이나 부요함, 승승장구를 뜻하는 셀라우(שׁליו, 욥12:6)와 하나님의 형통인 첼리하(צליחה, 창 24:42)가 있다. 첼리하는 하나님의 계획이 나를 통하여 진행되고 완성되는 것으로 주체는 하나님이다. 나는 오로지 그분의 받으실 영광에 그분의 뜻에 따라 긍정적으로도 혹은 부정적으로도 쓰일 수 있음을 알아야 한다.

그런 해석이 하나님의 의도였다면 그 결론은 다음과 같이 도출될 수 있다.

"그러므로 사랑하는 여러분! 에녹처럼 죽음을 보지 않고 승천하고 싶습니까? 그렇다면 한 번 인생을 하나님 앞에서 깔끔하게 살아가고 그분을 기쁘시게 하는 삶을 살아 우리 모두 승천할 수 있기를 바랍니다." 이런 유의 설교가 난무할 수 있지 않을까?

그러나 성경은 그렇게 얘기하지 않는다. 에녹의 상태를 얘기한 것이 아니라 하나님의 크신 은혜를 강조한 것이다. 앞에서 누차 언급했던 노아의 경우도 마찬가지다. 당시 노아도 의인으로 살았다기보다 크신 하나님의 은혜로 의인으로 여김을 받았을 뿐이다. 이 모든 예들은 종국적으로 하나님의 은혜를 강조하기 위한 것이다. 성경은 일관되게 모든 것이 '하나님의 은혜'임을 말하고 있음을 알아야 한다.

우리 자신을 가만히 보면 어느 날은 믿음이 있기나 한지 모호할 때가 있다. 그럼에도 불구하고 좋으신 하나님은 죄인인 우리를 의롭다 여겨주시고 구원해주셔서 지금의 자리까지 인도해주셨다. 그저 감사할 뿐이다. 그렇기에 우리에게는 소망이 있다.

"믿음의 주요 또 온전케 하시는 이인 예수를 바라보자"_히 12:2

그러므로 우리는 예수님만 붙잡자. 예수 그리스도의 십자가로 말미암아 오직 은혜로 믿음으로 의롭다 칭함 받은(롬 5:1) 자들임을 기억하자. 여생에 주님과 샬롬의 관계를 유지하며 살아가자. 예수님의 온전한 지배하에 있는 것이 최고의 샬롬 상태이기에 주인이신 성령님의 온전한 지배하에서, 즉 성령 충만함으로 그분 안에서 온전한 자유를 누리며 살아가야 할 것이다.

> "그리스도께서 우리로 자유케 하려고 자유를 주셨으니 그러므로 굳세게 서서 다시는 종의 멍에를 메지 말라" _갈 5:1

오직
은혜로(Sola Gratia)

구원은 대가 지불의 결과이며 오직 은혜이다

'구원[165]'(Salvation)의 히브리어는 '예수아트'이고 헬라어
는 '소테리안'이다(눅 1:71, 출 14:13). 이는 패전, 고통, 폭
행, 조롱, 포로, 사망, 죄로부터의 구출을 말하는 구약
개념과 예수 그리스도의 고난과 십자가 대속 죽음으로

---

165) 위키백과에는 구원이란 단어가 13세기(약 1225년)에 고대 프랑스
어 'salvationem'에서 처음 쓰였다고 하였다. 그 어원은 '구출하다'라
는 뜻의 라틴어 'salvatio'에서, 헬라어는 'soteria'에서 유래되었다고
한다. 다음(Daum) 백과사전은 구원이란 대적으로부터의 해방, 보
호, 죄로부터의 구속, 영생, 그리고 성화의 과정이며, 그 구원에는
치유, 건강, 염려로부터의 해방, 그리고 평안이라는 의미도 포함되
어 있다고 기술하였다.

인한 영적 부활을 의미하는 신약 개념을 포함한다. 바울은 구원의 개념을 미리 아심(예지)과 작정하심(예정)을 통해 부르셔서(소명) 의롭다 칭(칭의)해주시고, 거룩하게 하심(야훼 메카디쉬켐. 성화)으로 종국적으로 영화롭게 되어 하나님과 함께 영생을 누리는 것으로 말하였다.

구원과 비슷하나 조금 다른 의미인 '구속'(redemption)의 히브리어는 '가알'이며 헬라어는 '아포뤼트로시스'이다(엡 1:7. 골 1:14). 대가 지불이라는 구속의 결과 구원을 얻을 수 있었다. 예수님의 십자가 보혈을 믿음으로 우리는 그 은혜에 의하여 구원을 얻게 된 것이다.

노예의 값을 속전(贖錢)이라고 하는데, 구속이란 노예의 값을 치른 후 해방시켜 준 데서 유래한 말이다. 고린도전서 7장 23절에는 "너희는 값으로 사신 것이니 사람들의 종이 되지 말라"고 말씀하셨다. 예수는 친히 우리의 속전이 되셔서 값을 지불하신 것이다. 그러므로 우리는 예수 그리스도 안에서(ἐν Χριστῷ, in Christ) 그 은혜의 풍성함을 따라 예수의 피로 구속(속량), 곧 죄 사함을 받은 것이다.

아무 죄 없으신, 역사상 유일한 의인이신 예수님께서는 저주를 상징하는 십자가 나무 위에서 우리를 대신하여 물과 피를 아낌없이 흘려 죽어주심(속량. 대속제물 되심)으로, 그 구속의 결과 우리는 아무 조건 없이, 아무 대가 없이 구원을 얻게 되었던 것이다. 이를 가리켜 무조건적 구원 혹은 전적인 은혜로 구원을 받았다고 하는 것이다. 그러므로 기승전-예수, 기승전-그리스도, 기승전-십자가는 복음의 핵심이자 기독교의 요체이다.

성경은 아버지 하나님의 경륜 속에서 예수님의 삶과 죽음, 그리고 부활을 통해 택한 자들을 죄와 죽음에서 건지실 것을 말한다. 그렇기에 에베소서 1장 7절에는 "우리가 그리스도 안에서 그의 은혜의 풍성함을 따라 그의 피로 말미암아 구속, 곧 죄 사함을 받았다"고 말씀하셨다. 결국 구원은 더할 수 없이 값비싼 대가 지불의 결과이지만 구원을 이루는 그 일에 우리가 한 일은 하나도 없다. 그러므로 우리는 전적으로 하나님의 은혜에 의하여 구원을 얻은 것이다.

기독교의 구원은 오직 은혜의 결과이다

왜 기독교만이 '오직 은혜'라고 말할 수 있는지 구원관을 통해 여러 종교를 간단하게 비교해보자. 종교는 흔히 자력 종교와 타력 종교로 나눌 수 있다. 전자에 속하는 것이 일반 종교라고 할 수 있는 유교와 불교이다. 후자는 특별 종교인 유대교와 그리스도교, 그리고 이슬람교 등이다. 인간이 신을 찾아가는 종교를 일반 종교라고 하고 신이 인간을 찾아오는 종교를 특별 종교라 한다. 반면에 무속신앙은 두 성격을 다 가지고 있다.[166]

먼저 유대교를 예로 들어 보자.

유대교는 구원을 얘기할 때 선민인 이스라엘 백성의 집단 구원을 전제한다. 그러므로 유대교의 구원은 전적인 은혜가 아니라 조건적 은혜인 것이다. 유대인의 구원을 중시하기에 제한적 은혜이기도

---

166) 《한국민족문화대백과》, 한국학중앙연구원, http://www.aks.ac.kr을 참고하라.

하다.

시편 130편 8절에는 "저가 이스라엘을 그 모든 죄악에서 구속하시리로다"라고 말씀하신 부분이 나온다. 그렇기에 그들은 그리스도 재림의 날에 택함 받은 이스라엘이 먼저 회복되고, 그들이 제사장 나라로 세워지는 것이 구원의 절정이라고 주장한다.

또한 로마서 1장 16절과 2장 9-10절의 "먼저는 유대인에게요 또한 헬라인에게로다"라는 말씀도 제시한다. 언뜻 선민을 향한 구원처럼 느껴지기도 하고 유대인들이 중요하고 먼저인 듯 보이기도 한다. 그러나 이는 복음이 전파된 순서에 관한 말씀이다. 기독교의 구원은 예수님 안에서 믿음으로 모두가 구원이 되며 전적인 은혜일 뿐이다. 조건적이지도 제한적이지도 않다.

구원과 심판은 양면적이다. 복음을 받아들이지 않으면 영벌이요 복음을 진리로 받아들여 구원받게 된 우리는 영생이다. 그렇기에 예수님을 믿는 모든 사람은 동일하게 구원을 얻으며 그 효력에는 차별이 없다. 다시 말하면 구원은 전적인 은혜라는 것이다.

성경은 여러 곳[167]에서 일관되게 "예수 그리스도 안에서는 유대인이나 헬라인의 차이가 없다"고 말씀하셨다. 성경은 서로 충돌되면 안 된다. 유대인이 먼저가 아니며 헬라인이 나중도 아니라는 것이다. 예수님 안에서는 누구나 차별 없이 모두가 다 하나이다. 할례나 무할례는 아무것도 아니다. 심지어는 "유대인이나 헬라인이나 종이나 자

---

167) 갈라디아서 3장 28절과 6장 15절, 로마서 10장 12절, 고린도전서 12장 13절, 골로새서 3장 11절을 읽어보라.

주자나 남자나 여자의 구별 없이 다 그리스도 예수 안에서 하나"라고 구체적으로 당시의 유대 배경을 통해 말씀해주시기도 하셨다. 유대인으로 태어난 것과 자주인인 것, 그리고 남자로 태어난 것 등 세 가지는 유대인의 자랑이었다. 비록 그것이 자랑스러운 것이라 할지라도 예수님 안에서는 아무 것도 아닌 것이다.

이슬람교 혹은 모슬렘의 구원관[168]은 어떨까?

무슬림은 모슬렘 신도를 말한다. 행위 종교인 모슬렘은 초월신인 알라가 원하는 대로 행동을 하여야 한다. 종교는 초월과 내재가 함께하여야 하는데 모슬렘의 문제는 내재가 없어 보인다는 것이다. 함께하는 하나님이 안 보이며 인격적이신 하나님이 안 보인다.

꾸란은 구원 얻는 네 가지 길을 다음과 같이 말한다. 숙명론에 근거한 '알라의 일방적인 선택'과 함께 선행을 많이 하여야 한다. 또한 메카에로의 성지순례를 중시하며 지하드(성전)에 참전하여 순교할 때 구원을 얻을 수 있다고 한다. 결국 선택교리와 함께 자기 의를 드러내는 율법을 준수하여야 한다는 것처럼 보인다.

우리나라 전통 신앙의 구원관은 어떠한가?

---

168) 《크리스천투데이》 2015년 유해석 선교사의 '이슬람은 왜 테러하는가' 기사를 참조하라. 총신대학교(B.A.)와 총신대학교 신학대학원(M.Div.equiv.)에서 공부했고, 영국 웨일스대학교 신학/이슬람학부에서 철학석사(M.Phil) 학위를 받았다. 또한 동 대학원에서 철학박사(Ph.D) 과정을 수학했다. GMS 파송 선교사로 오엠선교회와 협력해 이집트에서 사역했으며, 현재 FIM국제선교회 대표로 있다. 저서로는 《우리 곁에 다가온 이슬람》(생명의말씀사) 등 다수가 있다.

전통 신앙이라 함은 제천의식(祭天儀式)을 통해 나타나는 천신신앙(天神信仰), 무당과 굿을 중심으로 하는 무속신앙(巫俗信仰), 그리고 민간신앙(民間信仰)을 말한다. 이들 모두에는 기복(祈福)과 양재(禳災)가 들어 있다. 복을 구하거나 신령이나 귀신에게 빌어서 재앙을 물리치는 것을 말한다. 그렇기에 전통 신앙의 구원이란 가난이 풍요로 바뀌고, 질병이 치유되며, 불의의 재난이 예방되고, 불행이 행복이 되어야만 한다는 것이다. 또한 내세적인 보상까지도 들어 있어야 한다.

불교의 구원관은 불전에 음식과 돈을 놓고 질병의 치유와 소원의 성취를 빌어 구원을 이룰 수 있다는 것이다. 결국 불공(佛供)이 중요한 구원의 통로라는 것이다.

유교의 구원관은 합리적 이성과 더불어 실천적 규범을 통하여 구원을 이룬다고 보는 것이다. 그러다 보니 식자(識者)층이나 치자(治者)들의 삶에 제한되는 약점이 있다.

상기하였던 여러 종교를 볼 때 기독교만이 '오직 은혜'를 말하고 있다. 일반 종교인 유교, 불교 등의 자력 종교는 생각할 것도 없고, 특별 종교라고 하는 이슬람교와 유대교도 온전한 은혜를 말하지는 않는다. 결국, 타종교 구원관의 요점은 인간의 어떤 노력이 그들의 구원을 돕는다는 것이다.

기독교는 온전한 은혜이다. 전적으로 타락한 인간이 무엇을 하여 구원에 이를 수 없고 구원에 이르는 길도 없다는 것이다. 예수님만이 길이요 진리요 생명이시기에 그 예수님을 나의 구주 나의 하나님으로 입으로 시인하고 마음으로 믿어 구원을 얻게 된다. 그러므로 우리의 구원은 전적인 하나님의 은혜이며 동시에 아무 대가도 아무 공로도 없이 믿음으로 얻은 것이다. 그렇기에 데살로니가후서 2장 13절은 구원은 "하나님이 처음부터 너희를 택하사 성령의 거룩하게 하심과 진리를 믿음으로 얻은" 것이라고 말씀하셨다. 디모데후서 3장 15절은 성경을 통하여 "그리스도 예수 안에 있는 믿음으로 말미암아 구원에 이르는 지혜"를 얻었다고 하였다. 또한 은혜로 주신 믿음으로 말미암아 구원을 얻게 된 것이라고 히브리서 10장 38-39절은 말씀하고 있다. 그 믿음으로 영혼의 구원을 받으며(벧전 1:9), 복음이 진리임을 믿음으로 구원을 얻게 되었다.

> "내가 복음을 부끄러워하지 아니하노니 이 복음은 모든 믿는 자에게 구원을 주시는 하나님의 능력이 됨이라 첫째는 유대인에게요 또한 헬라인에게로다"_롬 1:16

그러므로 "구원의 복음을 듣고 그 안에서 또한 믿어 약속의 성령으로 인치심을 받게" 된다고 에베소서 1장 13절은 말씀하시고 있다. 복음을 진리로 믿어 구원받게 된 그리스도인은 죄인 된 우리를 살리기 위해 저주의 상징인 나무, 곧 십자가에서 죽음을 당하신 그 엄청난 대가를 지불하신 예수 그리스도의 보혈의 피를 한시라도 잊어서는 안 된다. 예수의 피로 우리는 죄 사함을 받게 되었다.

> "우리가 그리스도 안에서 그의 은혜의 풍성함을 따라 그의 피로 말미암아 구속, 곧 죄 사함을 받았으니"_엡 1:7

"그가 우리를 흑암의 권세에서 건져내사 그의 사랑의 아들의 나라로 옮기셨으니 그 아들 안에서 우리가 구속, 곧 죄 사함을 얻었도다"_골 1:13-14

구원이 하나님의 사랑이라면 구속은 하나님의 공의라고 말할 수 있겠다. 공의와 사랑은 하나님의 성품이다. 그 사랑 때문에 예수님께서 인간으로 이 땅에 오셨고, 공의의 하나님이 예수 그리스도로 하여금 십자가에서 대가를 지불하게 하신 것이다. 결국 아무 죄 없으신 예수님이 저주의 상징인 십자가 나무 위에서 대속제물이 되신 구속의 결과로 우리가 구원된 것이다.

거듭 강조하지만, 이 일에 우리가 한 일은 아무것도 없다. 타 종교에서 말하는 어떤 노력이나 윤리적인 선행도 그 어떤 율법적인 행위도 심지어는 손톱만큼의 도덕적인 착한 행위도 우리에게는 없다. 우리는 한평생 오직 은혜, 오직 믿음에 의지함으로, "그 은혜를 인하여 믿음으로 말미암아" 구원받았음을 기억해야 할 것이다.

엄청난 대가 지불의 결과

'은혜'라는 단어와 비슷하게 사용되는 '은총'이란 말이 있다. 사전에는 은혜(恩惠)란 '사랑으로 베풀어주는 신세나 혜택'이라고 되어 있다. 혹자는 영어로 GRACE를 풀어 '예수님의 죽으심으로 우리에게 베풀어주신 하나님의 부요함'(God's Riches At Christ's Expense)으로 표현하기도

하였다. 말씀이 육신이 되신(요1:14) 하나님의 독생자 예수 그리스도만이 은혜와 진리(요 1:17)가 충만하시다. 은혜와 혼용되는 단어가 '은총'(恩寵)이다. 은총은 '신(神)이나 초자연적 존재의 인류에 대한 사랑'을 말한다. 일부 설교자들은 은혜는 신약 시대에, 은총은 주로 구약 시대에 쓰였다고 말한다. 나는 그 단어들이 언제 쓰였는가보다 그 주도권의 실체가 누구인가에 집중하고 싶다. 결국, 그리스도인은 하나님의 은총과 예수님의 은혜를 입은 사람들이며, 그리하여 성삼위 하나님의 은혜로 살아가는 사람임을 알아야 할 것이다.

성부 하나님께서는 우리에게 은총을 베풀어주셔서 성자 예수님에게 기름을 부으시고, 메시아이시자 그리스도인 예수님을 이 땅에 인간으로 보내주셨다. 그리고 죄로 인하여 영원히 죽을 수밖에 없는 인간들을 구하시려고 죄의 대가 지불을 위해 예수님을 십자가에 죽게 하셨다. 그 예수님의 은혜로 우리가 살아나게 된 것이다. 그러므로 예수님의 십자가 죽음은 우리를 향한 하나님의 은총이었고 우리를 향한 예수님의 은혜였다.

에베소서 2장 5절은 "허물로 죽은 우리를 그리스도와 함께 살리셨고(너희가 은혜로 구원을 얻은 것이라)"라고 말씀하신다. 우리가 구원을 얻게 된 것은 아버지 하나님 편에서는 독생자 예수님의 엄청난 대가 지불의 결과였고, 우리 편에서는 아무 대가 없이 공짜로 주어졌고 아무 공로 없이 구원을 받게 된 것이라는 말씀이다.

"너희가 그 은혜를 인하여 믿음으로 말미암아 구원을 얻었나니 이것이 너희에게서 난 것이 아니요 하나님의 선물이라" _엡 2:8

"그리스도 예수 안에 있는 구속으로 말미암아 하나님의 은혜로 값없이 의롭다 하심을 얻은 자 되었느니라" _롬 3:24

은혜라는 말이 나오면 저자는 '세겜 땅'을 자주 생각하곤 한다. 그곳은 구약의 역사에 나오는 중심 도시 중 하나로, 히브리어로 세겜(שְׁכֶם, shoulder)은 '어깨, 짐을 진'이라는 뜻이다. 실제로 세겜의 지형은 마치 양어깨에 하나씩 두 개의 산을 메고 있는 듯한 모습이다.

세겜을 중심으로 북쪽에는 '저주'를 예표하듯 바위투성이로 된 해발 940미터인 에발 산이 있고, 반면에 남쪽에는 축복을 예표하듯 삼림으로 된 해발 881미터의 그리심 산이 있다.

모세가 모압 지방에 머물렀던 5개월 동안 본인은 가나안에 들어갈 수 없음을 듣게 되었다. 그래서 이스라엘 백성이 그 땅에 들어가기 전에 마지막으로 유언과 같은 설교를 했다. 바로 신명기 27장이다.

신명기 27장 3절에는 요단을 건넌 후 에발 산에 돌비를 세우고 거기에 율법을 기록하라고 명령하였다. 또한 돌단을 쌓되 그것에 철기를 대지 말고 돌은 다듬지 말라고 했다. 그리고 번제(burnt offering)와 화목제(peace or fellowship offering)를 드리라고 하였다.

신명기 27장에 의하면, 레위인들이 축복의 말씀을 선포하면 남쪽 그리심 산 위의 여섯 지파가 '아멘'으로 화답하였고, 반면 저주를 선포하면 북쪽 에발 산 위의 여섯 지파가 '아멘'으로 화답하였다고 기록한다. 나는 에발 산의 저주를 통한 복음의 메시지에 감동이 되었다. 왜냐하면 율법을 기록한 돌비와 화목제를 드리는 돌단의 대조에서 아버지 하나님의 마음(은총)을 확실히 볼 수 있었기 때문이다. 그것은 돌비를 통해 죄를 깨달은 후 돌단에 번제와 화목제를 드림으로써 죄 사함을 받으라는 것이었기 때문이다. 다시 말하면, 에발 산에서 화목제를 통해 죄를 용서받은 후, 그리심 산으로 와서는 예수님의 '은혜 안에서' 살라는 것이었다. 이런 자유함은 하나님의 은혜와 사랑이다. 에베소서 2장 8-9절 말씀을 묵상해보라.

> "너희가 그 은혜를 인하여 믿음으로 말미암아 구원을 얻었나니 이것이 너희에게서 난 것이 아니요 하나님의 선물이라 행위에서 난 것이 아니니 이는 누구든지 자랑치 못하게 함이니라"_엡 2:8-9

그렇기에 값없이 의롭다 칭함을 받은 우리는 한평생 사랑에 빚진 자로, 동시에 복음에 빚진 자로 살아감이 마땅하다. 그 사랑을 다 갚을 길이 없어 기회가 닿는 대로 복음과 십자가를 자랑함이 마땅하다. 나는 순간순간 그리스도의 복음에 합당하게 살아가기 위해 몸부림치곤 한다.

회개가 필요 없다고?

종말은 예수님의 초림부터 재림 전까지를 의미한다. 역사적으로는 종말에 대한 것뿐 아니라 왜곡된 교리로 미혹하는 무리들이 항상 있었다. 최근에는 하나님의 크신 은혜와 사랑을 곡해하는 무리가 극성을 부리고 있다. 그들은 우리가 하나님의 은혜로 죄의 법(원죄)에서 해방되었으니, 이후로 구원받은 그리스도인은 자범죄(自犯罪)에 대한 고백만 필요하지 회개는 필요 없다고 주장한다. 한 면으로만 본다면 하나님의 크신 은혜를 찬양하는 듯하다. 그러나 그리스도인은 하나님의 공의와 사랑이라는 속성을 동시에 기억해야 한다.

하나님의 공의가 죄의 심판이라면 하나님의 사랑은 죄의 용서이다. 그렇기에 어떤 죄(자범죄)도 회개를 통해야만 용서받을 수 있다. 또 용서받기 위해 반드시 회개해야만 한다. 회개란 죄에 대한 자백과 함께 아버지 하나님께로 돌아가는 것까지를 의미한다.

구원과 회개를 바르게 이해하기 위해 죄(원죄와 자범죄)에 대해 살펴보자. 먼저, 원죄란 하나님과의 올바른 관계 속에서 그분의 지배, 통치, 질서 하에 살아가야 함에도 그 '관계'를 일방적으로 깨어 버린 죄를 말한다. 이로 인해 인간은 하나님과의 관계가 깨어졌다. "하나님과 같이"(창 3:5) 되려고 했던 인간은 낙원에서 쫓겨났다. 이후 루아흐가 떠나 버린 인간은 죄인이 되었고 영원히 죽을 수밖에 없는 소위 '죽은(영적으로 죽은)' 사람이 되어 버렸다. 그런 우리를 불쌍히 여기셔서 당신의 공의와 사랑의 결정체인 십자가로 원죄를 단번에 해결해주셨다. 그 주체가 바로 하나님의 기름 부음 받으신 메시아이자 그리스도이신 예수님이다.

예수님의 십자가 죽음으로 우리는 '영단번'(영원성과 지속성, once for all)에 죄가 해결되었다. 그리하여 그리스도인은 죄의 법[169]에서 완전

---

169) 회개를 헬라어로 메타노이아스(μετανοίας)라고 한다. 원죄에 대한 회개는 단회적이

히 해방되었다. 예수님의 보혈로 원죄(죄의 법)에서 해방된 하나님의 자녀는 온전한 신분의 변화로 의롭게(칭의) 된 것이다. 물론 구원받은 그리스도인이라 할지라도 육신의 장막을 벗게 되는 그 날까지는 여전히 육신 아래 있어 죄의 굴레에서 벗어나기 힘들다. 그렇기에 원하는 선보다 원치 않는 악을 행하게 되는데, 그것이 바로 자범죄이다.

육신의 정욕, 안목의 정욕, 이생의 자랑으로 반복하여 짓게 되는 자범죄들은 성령님의 인도하심을 따라 지속적으로 회개하면 된다. 유한된 한 번 인생을 살아가며 계속하여 자범죄를 지을 때마다 2000년 전에 이미 이루어놓으신 예수님의 보혈로 씻음을 받아야 한다. 비록 우리가 연약하여 죄를 짓는다 하더라도 초림의 예수님께서 십자가에서 완전히 이루어놓으신 구원(칭의)에 따라 우리는 이미 하나님의 자녀가 되었다. 이제 우리들은 하나님의 형상을 회복하기 위해 지속적인 회개를 통한 죄 씻음(니프토)만 필요할 뿐이다. 원죄와 자범죄를 좀 더 쉽게 이해하려면 그 주체가 예수님과 성령님이라는 것과 신분의 변화와 상태의 변화, 그리고 단회적인 것과 지속적인 회개를 곰곰이 생각해보라.

며 헬라어로는 '루오'라고 한다. 반면에 자범죄에 대한 지속적인 회개는 헬라어로 '니프토'라고 한다(요 13:8-10). 《그랜드 종합주석》을 참고하라.

구원의 3시제

구원에는 과거, 현재, 미래의 3시제가 있다. 2000년 전 초림의 예수님은 저주의 상징인 나무 위에 달리셔서(갈 3:13, 신 21:22-23) 처절한 십자가 수난을 통해 인류의 죄를 몽땅 뒤집어쓰심으로 구원[170]을 온전히 이루셨다(요19:30, τετέλεσται, It is finished). 그리고 지금도 구원을 이루어가시며(성화) 장차 재림의 그날에 만왕의 왕으로 오셔서 구원을 완성하실(영화) 것이다. 이를 한마디로 요약하면 'already-not yet'이다.

이렇듯 말로 다 할 수 없는 크신 은혜로 구원을 받게 된 우리는 "한 번 구원은 결코 취소되지 않는다"(성도의 견인)는 확신을 가져야 한다. 반면에 이것을 잘못 적용하여 "그렇기 때문에 이제 후로는 죄를 지어도 회개할 필요가 없다"라고 하는 것은 본질을 호도한 것이다.

최근에는 "회개하는 사람은 구원과 무관하며 구원되지 않은 것이다"라는 해괴한 생각을 하는 사람도 제법 있는 것 같다. 그런 허튼 생각은 품지 말아야 한다. 육신이 연약하여 어찌할 수 없이 지은 죄는 겸손히 회개하자. 육신의 정욕이 약하디약한 나를 또다시 넘어뜨리려 할 때마다 히브리서 12장 4절의 "죄와 싸우되 피 흘리기까지" 싸우라는 말씀을 기억하며 몸부림치도록 하자. 그리하여 육신의 장막을 벗는 그날까지는 하나님이 그토록 싫어하시는 죄에 대해선 철저히 회개하며 긴장을 늦추지 말아야 할 것이다.

---

170) 2000년 전 예수님의 보혈로 의롭다 칭함 받은 것은 칭의(justification, 과거), 이후로 거룩함으로 살아가려는 몸부림을 성화(sanctification, 현재), 그날에 완성될 구원을 영화(glorification, 미래)라고 한다.

12강

오직
하나님께만 영광

Soli Deo Gloria(오직 하나님께만 영광)

우리는 살아가며 가끔씩은 '왜 사는 것인가?'라는 명제를 자신의 내면에 정직하게 질문해볼 필요가 있다. 《웨스터 민스터 소요리문답》 제 1문은 사람의 목적을 가리켜 "하나님을 영화롭게 하며 하나님을 영원토록 즐거워하는 것"이라고 하였다. 그렇기에 고린도전서 10장 31절에도 "너희는 먹든지 마시든지 무엇을 하든지 다 하나님의 영광을 위하여 하라"고 하셨던 것이다.

동일한 질문을 저자에게 한다면 나 역시 거침없이 하나님의 영광을 위해 사는 것이라고 말할 것이다. 물론 그렇게 살았다는 의미는 아니다. 그렇게 살아가려고 몸부림을 치고 있다는 것이다. 여생도 오직 하나님의 영광[171]을 위해 살고 싶은 마음만이 간절하다는 뜻이다.

그렇다면 어떻게 살아가는 것이 하나님의 영광 위하여 사는 것일까?

나는 이 부분을 많이 고민하며 살아간다. 언제 어디에서든지 무슨 일을 할 때마다 고민하는 부분이 '이것은 하나님께 영광이 될까?'라는 것이다. 그러다 보니 얼핏 보면 지나치게 자유가 없는 듯 보이기도 한다. 세상 사람들이 보면 그럴 수도 있다. 그러나 저자는 이를 가리켜 '구속 속의 진정한 자유'라고 말하고 싶다. 나는 세상에서 하고 싶은 모든 것을 자유라고 생각지 않는다. 오히려 말씀 안에서 하지 않을 것을 안 하는 자유를 진정한 자유라고 말하고 싶다.

하나님의 영광을 생각하는 그리스도인은 자기의 소욕대로 살지 않는다. 오히려 매사 매 순간에 하나님을 의식하며 하나님만 자랑한다. 고린도전서 15장 10절의 고백에서처럼 "나의 나 된 것은 하나님의 은혜"라고 하며 매 순간을 감사하곤 한다.

오늘을 살아가는 우리는 길지 않은 한 번 인생을 바람직하게, 하나님 보시기에 아름답게 살아가려면 어떻게 살아야 할까? 먼저는 하나님의 영광을 가리는 것이 무엇인지를 살펴볼 필요가 있다. 둘째는 보다 더 하나님의 영광을 위하는 삶이 구체적으로 무엇인지를 살펴볼 필요가 있다.

---

171) 《오직 하나님께 영광》, 박순용 지음, 지평서원, 2014.

하나님의 영광을 가리는 삶

하나님의 영광을 가리는 삶의 중심에는 교만이 있다. 하나님은 교만을 싫어하며 거만을 역겨워한다고 하셨다. 그렇기에 '바늘로 찌르는 말'이라는 의미의 잠언(箴言, The Proverbs)에는 교만(기와, pride)이라는 단어가 14회, 거만(기와, arrogance)이라는 단어가 17회나 언급되어 있다. 교만과 거만을 합하여 오만(傲慢)이라고 한다. 일반적으로 교만한 사람은 늘 가르치려 하고 배우려 하지 않는다. 교만을 신학적으로 정의하면 하나님의 은혜를 구하지 않는 것, 하나님의 지혜를 구하지 않는 것, 하나님의 구원을 바라지 않는 것, 하나님의 영광을 가로채는 것이다. 그렇기에 "교만은 패망의 선봉이요 거만한 마음은 넘어짐의 앞잡이"라고 잠언 16장 18절은 말씀하고 있다.

하나님의 영광을 가리는 또 하나는 음란함이다. 음란에는 영적음란과 육적 음란이 있다. 영적 음란은 우상숭배를 말한다. 우상숭배란 하나님보다 더 가치를 두고 우선순위를 두는 것을 말한다. 육적음란은 하나님의 창조 원리에 반하는 모든 것이다. 일부일처를 어기는 것, 한 남성과 한 여성이 만나 결혼하여 가정을 이루지 않는 것, 부부 이외의 섹스 관계 등등을 말한다. 예수님은 마음에 품는 것까지도 포함하셨다. 이를 우리는 무겁게 받아들여야 할 것이다. 결국 음란은 하나님의 영광이 안 될 뿐 아니라 하나님의 진노를 초래하는 것임을 알아야 한다.

하나님이 기뻐하시는 거룩한 산 예배를 드리지 않는 것 또한 하나님의 영광을 가리는 것이라고 로마서 12장 1절은 말씀하고 있다.

그러므로 우리는 삶으로 드리는 모든 예배를 거룩함[172]으로 드려야 한다. 더 나아가 가식(假飾)이나 외식(外飾)된 삶은 과감하게 벗어나야 한다. 매너리즘으로 일관된 삶을 하나님은 너무 싫어하신다. 매일 매일은 결코 똑같지 않다. 비슷한 듯 보이나 '오늘'이라는 날은 우리 인생에서 처음이자 마지막인 늘 새로운 날임을 알아야 한다. 하나님의 영광을 가리는 것 중 21세기에 들어서서 조심하여야 할 것이 있는데 바로 혼합주의 신앙이다. 구원다원주의로 포장된 이것은 이단 사이비에 불과하다. 가짜 복음이다.

하나님의 영광을 드러내는 삶

반면에 하나님의 영광을 드러내는 삶이 있다. 그것은 하나님의 뜻을 따라 사는 삶이다. 우리를 향한 하나님의 뜻은 거룩함이다. 거룩함에로의 몸부림 하나하나는 하나님의 영광으로 직결된다. 그렇기에 매 순간의 언행심사를 행함에 있어서 코람데오(Coram Deo)의식 하에서 살아감이 필요하다. 그저 삼위 하나님 앞에서 그분의 통치하에 살아가고 그분의 기쁨으로 살아가기를 결단하여야 한다. 하나님은 우리의 겸손을 원하시며 그런 우리를 존중해 주신다. 그렇기에 잠언 15장 33절은 "여호와를 경외하는 것은 지혜의 훈계라 겸손은 존귀의 앞잡이니라"고 말씀하셨다.

---

172) 4부의 '거룩함의 강의' 부분을 참조하라

잠언에는 겸손(ענוה, humility)이라는 단어가 8회 나온다. 겸손한 자는 가르치려 하기보다는 먼저 배우려고 하며 잘 듣는다. 그러므로 겸손한 자를 가리켜 지혜로운 자라고 하셨다. 지혜는 듣는 마음 혹은 듣는 귀라는 뜻으로 히브리어로 레브 쇼메아(왕상 3:9, an understanding heart, לב שמע)라고 한다. 로마서 10장 17절은 "믿음은 들음에서" 난다고 하였다. 그런 하나님의 음성에 민감하게 반응하는 자를 지혜로운 자라고 하는데 하나님은 그런 겸손한 자에게 은혜를 베푸시겠다(잠 3:34)고 말씀하셨다. 또한 잠언 22장 4절에는 겸손의 보응은 재물과 영광과 생명이라고 하셨다. 더 나아가 겸손한 자는 영예를 얻고(잠 29:23) 기쁨이 더하여질 뿐(사 29:19) 아니라 영이 소성케 될(사 57:15) 것이라고도 말씀해주셨다.

또 하나, 하나님의 영광을 드러내는 삶 중에는 복음과 십자가 자랑이 있다. 자기를 부인하고 자기 몫에 주어진 십자가를 묵묵히 짊어지고 주님을 따르는 삶을 살아가며 그리스도의 향기를 드러낼 때 하나님은 기뻐하시며 그런 삶으로의 예배로 영광을 받으신다. 장차 주어질 (미래형) 하나님 나라를 기대하며 지금 (현재형) 하나님 나라를 확장해 갈 때 그런 우리를 하나님은 기뻐하신다. 그분은 결과를 기대하시는 것보다는 우리가 과정을 통하여 당신의 마음에 맞추는 것을 기뻐하신다. 그러므로 우리가 한 번의 삶에서 사명을 감당하여 크고 아름다운 열매를 드려야 한다는 강박감이나 조급증은 버려도 된다. 그저 결과는 하나님께 맡기고 골고다 십자가 증인으로서의 삶에 초점을 맞추고 세상 사람들이 이해할 수 없는 방식으로 살아가는 그 몸부림이 중요하다는 것이다. 하나님의 사랑과 은혜에 빚진 자 되었으니 나 또한 주변에 그 사랑을 전할 뿐 아니라 동일하게 하나님의 형상된, 그러나 왜곡되어버린 그들에게 복음을 전하는 것이다. 더 나아가 그들을 잘 섬기고 높여줌으로 세상 속에서 빛과 소금의 역할을 감사함으로 감당하자.

4부

예수의 영,
주인 되신 신실하신 성령님

나를 향한
하나님의 뜻

하나님의 뜻이라면 묻지 말고 신뢰함으로 가라

성경에는 우리를 향한 하나님의 뜻을 말하는 부분[173] 이 명확하게 나온다. 물론 구체적인 현장에서의 적용점은 명료하게 밝히지 않으셨다. 이 강의에서는 먼저 우리를 향한, 아니 나를 향한 하나님의 뜻(델레마, θελημα) 이 무엇인지 살펴보자.

데살로니가전서 4장 3절에는 "하나님의 뜻은 이 것이니 너희의 거룩함이라"고 하시며 우리를 향한 당

___

173) 살전 4:3, 살전 5:16-18, 롬 12:2을 읽어보라.

신의 뜻은 '거룩함에의 몸부림'이라고 명료하게 말씀하셨다. 계속하여 5장 16-18절에는 "항상 기뻐하라 쉬지 말고 기도하라 범사에 감사하라 이는 그리스도 예수 안에서 너희를 향하신 하나님의 뜻"이라고 하시며 하나님을 기쁨의 근원으로 삼으라고 하셨다. 동시에 기도를 습관화하며 범사에 그리 아니하실지라도 감사하는 것이 우리를 향한 당신의 뜻이라고 밝혀주셨다. 또한 로마서 12장 2절에는 "이 세대를 본받지 말고 오직 마음을 새롭게 함으로 변화를 받으라"고 하셨다. 그것이야말로 하나님의 우리를 향한 선하시고 기뻐하시고 온전하신 뜻이라고 하셨다.

위의 구절들을 종합해보면 우리를 향한 당신의 뜻을 명확하게 밝히셨음을 알 수 있다. 바로 '거룩함'에의 몸부림이다. 그것은 매사 매 순간 주인 되신 성령님의 인도 하에 코람데오로 거룩하게 살아가라는 우리를 향하신 아버지의 마음이다.

성경은 적용점에서 일일이 디테일하지는 않다. 그렇기에 앞서가시는 신실하신 성령님을 따라가는 것이 중요하다. 주인 되신 그분께 전적으로 순종함이 마땅하다. 매번 말씀을 통하여 깨닫게 하시고 생각나게 하는 것에 민감하게 반응하는 훈련이 필요하다. 길지 않은 유한된 인생을 살아가며 우리는 모든 일에 대해 하나님의 뜻을 다 알 수도 없고 알지도 못한다. 그렇기에 하나님의 뜻을 알고 난 후에 행하겠다는 것보다 먼저 하나님을 신뢰함이 중요하다. 때때로 그분의 뜻을 잘 모른다 할지라도 그분을 믿고 기도하는 마음으로 뚜벅뚜벅 앞으로 나아가라는 것이다.

감사한 것은 하나님께서 허락하신 에베소서 1장 9-10절의 말씀이다. "그 뜻의 비밀을 우리에게 알리셨으니 곧 그 기쁘심을 따라 그리스도 안에서 때가 찬 경륜을 위하여 예정하신 것이니 하늘에 있는 것이나 땅에 있는 것이 다 그리스도 안에서 통일되게 하려 하심이라" 할렐루야! 우리가 비록 하나님의 뜻을 자세하게 모른다 할지라도 주님을 신뢰함으로 우직하게 나아가면 모든 것을 그리스도 안에서 통일되게 하시겠다고 말씀하신 것이다.

그 예수님이 우리가 믿고 있는 하나님이며 그분은 우리를 목숨 같이 사랑하신다. 그분은 우리의 중보자이시다. 예수님은 우리를 무한히 자랑스러워하신다. 우리가 잘 되는 것을 우리보다 더 좋아하시며, 우리가 아픈 것에 우리보다 더 아파하는 분이시다. 그렇기에 매번 하나님의 뜻을 알고 행하는 것도 중요하지만, 비록 그 당시에는 하나님의 뜻을 잘 모른다 할지라도 묵묵히 주님을 신뢰함으로 앞으로 나아가는 것이 훨씬 더 중요하다. 그럼에도 불구하고 하나님의 뜻을 구할 때 참고할 수 있는 저자의 팁(Tip) 몇 가지를 소개하고자 한다.

첫째, 그 일이 인간적 관점에서 성공이나 실패에 관계없이 먼저는 '하나님께 영광이 되는가?'를 살펴보라. 진정 하나님의 영광이 된다면 그것은 나를 그 일에 쓰고자 하시는 하나님의 뜻이다.

둘째, '반드시 해야 할 일인지?'를 먼저 기도해보고 말씀을 통하여 반드시 확인한 후 한 발짝 늦게 시작하라. 제발 서두르지 말라는 것이다. 당신이 결정한 그 일에 성령님의 자연스러운 인도하심이 있다면 그때 시작해도 결코 늦지 않다. 또한 늦게 시작하더라도 하나님의 뜻이라면 그 열정은 식지도 않을뿐더러 기다리다가 지치지도 않을 것이다. 주의할 것은, 자신이 세운 계획이기에 조금이라도 자기 생각에 치우치다 보면 상황이 자연스럽게 진행되는 듯하므로 하나님의 뜻이라고 착각할 우려가 있음도 알아야 한다.

셋째, 당신 주변에서 모든 것에 앞서가고 있는 동시에 평소에 당신을 잘 알고 있는 영적 지도자나 멘토를 찾아가라. 그들에게 허심탄회하게 당신의 계획을 말하고 조언을 구하라. 그들이 흔쾌히 축복하는지 혹은 염려하는지가 매우 중요하다.

넷째, 여러 가지 상황을 고려하여 단독 사역을 할 것인지 합력 사역을 할 것인지를 살펴본 후 양단간에 어느 것이 하나님의 뜻인지를 살펴보라. 하나님은 반드시 나를 통해서 하시기를 원하실 때가 있다. 반면에 어떤 일에는 내가 아닌 다른 사람이 하되 그와 동역하기를 원하실 때가 있음도 알아야 한다.

결국 유한된 한 번 인생을 살아가며 어떤 일을 할 때 그것이 하나님의 뜻이라고 한다면 과감하게 뛰어들자. 만약 조금이라도 하나님이 원하시지 않는다면 눈을 질끈 감고 아무리 큰 이익이 예상된다고 하더라도 관심을 꺼 버리자.

거룩함이란?

하나님의 뜻, '거룩함'으로 살아가라

지난날 저자에게 말씀해주신 하나님의 뜻은 '거룩함'[174]이었다. 그래서 이 '거룩함'에 대해 조금 더 나누어보려고 한다.

본래 '거룩'이란 하나님의 성품으로서 하나님께만 사용되는 말이다. 우리는 그 '거룩'을 본받아 육신의 장

---

174) '거룩'은 히브리어로 '카도쉬(קָדוֹשׁ)'라고 하는데, '거룩'(I am holy, 레 11:45)은 하나님의 성품이다. 그렇기에 우리는 거룩할 수 없다. 우리는 '하나님의 도우심'(야훼 메카디쉬켐, יְהוָה מְקַדִּשְׁכֶם, 레 20:7-8)으로 '거룩함'(카데쉬, קָדֵשׁ, 레 11:45)으로 살아가려고 몸부림칠 뿐이다.

막을 벗는 그날까지 '거룩함'으로 살아가는 것일 뿐이다. 또한 우리의 힘과 노력이 아니라 오직 우리를 거룩하게 해주시는 성령님에 의해 육신의 정욕과 안목의 정욕과 이생의 자랑과 싸우면서 거룩함으로 살아갈 수 있다. 고린도전서 3장 16-17절에 의하면 하나님의 성령은 "우리 안에 거하신다"고 하셨다. 이를 내주 성령이라고 한다. 또한 성령님을 주인으로 모신 우리가 바로 '하나님의 성전'이라고 하셨다. 우리가 거룩함으로 살아가려고 몸부림치는 것은 "누구든지 하나님의 성전을 더럽히면 하나님이 그 사람을 멸하시리라"고 말씀하셨기 때문이다.

그렇다. 성령님을 주인으로 모신 성전 된 우리는 죄와 싸우되 피 흘리기까지 싸우며 구별되게 '거룩함'으로 살아가야 한다. "성전을 더럽히면 하나님이 멸하시리라"는 말씀을 무겁게 받아들여야 한다. 우리는 매일의 삶 속에서 주인 되신 성령님과 동행하며 그분이 주시는 힘으로 거룩하게 살아간다. 그분과의 올바른 관계와 질서 속에서만 기쁨과 샬롬이 있음을 알아야 한다. 삼위일체 되신 하나님 한 분만을 기쁨의 근원으로 삼아야 한다. 매일의 삶에서 기도가 특권임을 알고 그 특권을 마음껏 누리자. 범사에 '그리 아니하실지라도' 감사하고 '그럼에도 불구하고' 감사하며 살아가자. 그렇게 감사하는 모든 삶이 우리를 향하신 하나님의 뜻인 '거룩함'이다.

단순히 교회생활을 열심히 하거나 윤리적이고 도덕적으로 착하게 살아가는 것이 거룩함은 아니다. 또한 이웃을 섬기며 사회봉사를 열심히 하는 것을 의미하지도 않는다. 근엄하게 무게를 잡고 느릿느릿 걸으며 낮은 톤으로 말하는 것은 아예 거룩함이 아니다. 그렇다면 어떻게 사는 것이 거룩함으로 사는 것일까?

거룩함으로 사는 것이 무엇인지 이해하려면 그 반대로 살아간 사람을 떠올려보면 도움이 된다. 구약에 나오는 아비가일의 남편 나발을 예로 들어보겠다. 사무엘상 25장 17절에 의하면 나발은 '불량한 사람'이었다. '불량하다'의 히브리어는 '벨리아알'인데 이는 두 단어가 합쳐진 것이다. '벨리'란 '~없이'(without)라는 뜻이며 '아알'이란 '가치'(value), '유익'(profit), '사용'(calling)이라는 의미이다. 연결해보면 하나님 앞에서 유한된 한 번 인생을 가치(거룩함의 몸부림) 없이 살아가는 것, 그리스도의 복음에 합당(유익)하게 살아가지 않는 것, 하나님의 부르심(사용)에 응답하지 않고 살아가는 것이 '벨리아알'의 삶이라는 것이다. 다시 말하면 하나님의 뜻인 거룩함과 정반대의 삶이라는 것이다.

그렇다면 '거룩함'으로 살아간다는 것은 구체적으로 무엇일까?

첫째, 거룩함으로 살아간다는 것은 '구별됨'을 말한다.

거룩함[175]이란 구별됨, 다름 혹은 차이 남을 말한다. 우리가 세상 속에서 거룩함으로 살아간다는 것은 그들과 다른 가치관을 소유하며 말이나 행동에서 차이가 나고 마음 씀씀이나 생각하는 것이 다른 것이다. 뭔가 모든 것에서 구별되고 차이 나게 살아가는 것이다. 결국 세상과 언행심사(言行心事)에 차이가 나야 거룩함으로 사는 것이라는 말이다.

그러자면 무엇보다 먼저 자신의 정체성을 바르게 확립하여

---

175) 거룩함의 첫째 의미 중 구별됨, 다름 혹은 차이남의 헬라어는 하기우스(ἁγίους, 골 1:22) 혹은 하기안(ἁγίαν, 롬 12:1)이라고 한다. 영어로는 set apart이다.

야 한다. 그런 다음 그 정체성에 따라 세상을 바라보는 관점이 새롭게 정립되어야 한다. 특별히 그리스도인은 기독교적 세계관(Christian Worldview) 혹은 성경적 세계관(Biblical Worldview)을 재정립해야 한다. 세상을 바라보는 관점인 세계관은 한 번 인생에서 무엇에 가치를 둘 것인가라는 가치관과 늘 붙어 다닌다. 우리 인생은 관점과 가치에 따라 모든 일의 우선순위가 정해진다. 결국 거룩하게 살아가려고 몸부림치는 청년들은 먼저 자신의 정체성을 점검한 후, 각각 그 정체성대로 살아가고 있는지부터 점검하는 것이 좋다. 이때 구체적인 점검을 위하여 거룩함의 첫 번째 의미인 '구별됨, 다름, 차이 남'에 합당한 삶을 살아내고 있는지를 점검하라. 그 범위는 나로부터 시작하여야 한다. 그 후 가정과 직장, 학교를 포함한 이웃으로, 더 나아가 사회, 민족과 열방에 이르기까지 하나씩 찬찬히 들여다보자. 가정을 점검할 때는 자녀로서, 부모로서, 부부로서 거룩하게 살아가고 있는지 점검하고, 직장이나 학교, 이웃과의 관계에서 문제가 있는지 면밀히 살펴보아야 한다. 그리하여 하나님이 부르신 부르심(고전 7장) 그대로 살아가고 있는지 점검하길 바란다.

둘째, 하나님과 사람 앞에서 '순수하고 정직'하게 살아가는 것이다.

'거룩함'의 두 번째 의미는 하나님 앞(코람데오, Coram Deo)에서 동시에 사람 앞에서도 순수하고 정직하게[176] 살아가는 것이다. 골로새서

---

176) '거룩함'의 두 번째 의미는 순수함(purity)과 정직함(honesty)을 말한다. 고후 7:1에는 거룩함(holiness, ἁγιωσύνην)을 영과 육의 온갖 더러운 것에서 깨끗이 씻는 것이

1장 22절은 이런 삶을 가리켜 '흠 없는' 혹은 '책망할 것이 없는' 삶이라고 말씀하셨다. 빌립보서 2장 15절에서는 '순전함'과 함께 '정결 혹은 성결함'이라고 말씀하셨다. 종합해보면 거룩함의 두 번째 의미는 흠 없고 책망할 것이 없으며 순전하고 정결함으로 몸부림치며 살아가는 것을 말한다. 물론 성령님의 도우심으로만 거룩하게 살아갈 수 있음을 알아야 할 것이다.

셋째, 우리에게 허락하신 한 번뿐인 인생을 '알차게' 살아가는 것이다.

사람에게 정한 인생은 유한되고 제한되며[177] 두 번 다시 돌아오지 않는다. 그렇기에 직선적이고 단회적이다. 이런 유한된 인생을 거룩함으로 살려면 매 순간을 '알차게'[178] 살아가야 한다. 에베소서 5장 14-17절에는 시간 선용은 물론 자투리 시간까지도 잘 활용하라고 말씀하셨다. 그렇게 세월을 아끼며 살아야 하는 이유는 작금의 때가 악하기 때문이라고 하셨다. 세월이 악한 이때에 성도는 느슨하게(A

라 하였다. 벧전 1:22에서는 진리를 순종하여 깨끗하게 되는 것을 순수함(purified, ἡ γνικότες-ἀγνός)이라고 하였다. 골로새서 1장 22절은 '흠 없는'(아모모스, without blemish, ἀμώμους) 혹은 '책망할 것이 없는'(아넹클레토스, unreprovable, ἀνεγκλή τους)이라고 하였고 빌립보서 2장 15절에서는 '순전함'(아멤프토이, blameless, ἄμεμπ τοι)과 '정결 혹은 성결함'(아켈라이오이, innocent, ἀκέραιοι)이라고 하였다.

177) 성경은 여러 곳(시 90:5, 10, 사 40:6, 벧전 1:24)에서 육체 혹은 인생을 다양하게 표현하였다. '잠깐 자는 것', '아침에 돋는 풀', '연수가 칠십이요 강건하면 팔십', '모든 육체는 풀'이라고 하며 그 유한됨과 제한됨을 말씀해주셨다.

178) 거룩함의 세 번째 의미는 fulfill로서 한 번 인생을 알차게 살아가는(making the most of your time) 것을 말한다. 헬라어로 엑사고라조메노이(ἐξαγοραζόμενοι)라고 한다. 엡 5:16, 딛 2:12을 참고하라.

Loose Life) 살아서는 안 된다는 것이다. 흐트러진 일상생활(A Wanton Life)에서 벗어날 것을 말씀하셨다. 무감각하고 무책임한 삶을 살지 말 것을 명하셨다. 적극적인 삶을 살되 근신하며, 신중함과 의로움, 경건함으로 알차게 살아가라고 하셨다. 하나님과 사람 앞에서 뭔가 조금 있다고 까불지 말아야 한다. 요란하거나 시끄러운 삶을 피하여야 한다. 육신적인 것에 지나치게 집중함으로 영적인 것에 소홀하지 말아야 한다.

넷째, '그리스도의 향기'로 살아가는 것이다.

'거룩함'의 네 번째 의미는 그리스도의 향기[179]로 살아감을 의미한다. 예수님의 향기를 발하며 살아가는 성도들은 얼굴빛과 표정에서 그리스도의 광채가 드러낸다. 세상 속에서 살아가는 그들의 삶은 진정 어둠을 밝혀주는 빛이요 썩어져 가는 곳의 방부를 위한 소금이다. 그런 우리들의 삶을 세상 사람들이 이상하다는 듯 바라보게 해야 한다. 동시에 세상 속에서 살아가되 세상에 동화되지도 타협하지도 않고 살아가야 한다.

그렇게 거룩함으로 살아가는 우리들의 얼굴에서 예수님의 얼굴이 떠오르며, 주님의 얼굴과 일부분이라도 자연스럽게 겹쳐질 수 있기를….

---

179) 냄새에는 두 가지가 있다. 고후 2:16에는 "사망에 이르는 냄새와 생명에 이르는 냄새"를 말씀하셨다. 생명에 이르는 냄새가 바로 그리스도의 향기(a sweet perfume, εὐωδία, 고후 2:15)이다. 확장하면 향기는 그리스도의 광채(sheen, φαίνει, shining, 계 1:16)이자 빛(You are the light, φῶς)과 소금(You are the salt, ἅλας)이기도 하다.

우리가 지나간 흔적 어디에서나 예수님의 진한 향기가 배어 있기를….

그리하여 칠흑같이 어두운 세상에서 기준과 원칙 없이 깊음과 혼돈 속에서 살아가는 사람들에게 진리의 빛을 발하는 등대로 살아갈 수 있기를….

온 세상이 썩은 냄새로 진동하고 성한 것마저 썩어져 갈 때, 그곳에 분연히 뛰어들어 부패를 방지하는 소금의 역할을 감당할 수 있기를….

그렇게 '거룩함'(향기, 광채, 소금과 빛)으로 몸부림치며 살아가기를 간절히 원한다.

다섯째, '고상함'으로 살아감을 말한다(벧전 3:15).

'거룩함'의 다섯 번째 의미는 '고상함'[180]이다. '고상함'에는 세 가지 의미가 동시에 내포되어 있다. 첫째는 예수님의 성품, 즉 온유와 겸손함이며, 둘째는 경건함이고, 셋째는 선한 양심으로 살아가는 것을 말한다.

첫째, 마태복음 11장 29절과 에베소서 4장 2절에는 예수님의 성품을 온유 겸손함으로 말씀하고 있다. 온유함이란 헬라어로 프라우테토스로 '자기를 낮춤', '괴롭힘을 당함'이라는 뜻이다. 갈라디아서 6

---

180) 고상함을 헬라어로 휘펠레콘(ὑπερέχον, 빌 3:8)이라고 한다. 그 의미는 loftiness 인데 예수님의 성품(데이아스 퓌세우스, θείας φύσεως, 벧후 1:4) 즉 온유(溫柔, gentleness, 프라우테토스, πραΰς- πραΰτητος)와 겸손(謙遜, humbleness or humility, 타페이노프로쉬네스, ταπεινὸς- ταπεινοφροσύνης)을 말한다. 동시에 경건함(유세베이아, εὐσέβεια, 딤전 4:8)과 선한 양심(아가덴 쉬네이데신, ἀγαθήν συνείδησιν, 벧전 3:16)으로 사는 것을 뜻한다.

장 1절에서는 거칠고 힘센 야생의 짐승을 조련사가 훈련시켜 순하게 만든 상태를 말하였다.

그러나 무엇보다 예수님의 온유하신 성품은 우리를 위해 감당하셨던 십자가 수난[181]에서 잘 볼 수 있다. 특별히 이사야 선지자는 예수님의 온유하신 성품을 "그가 곤욕을 당하며 괴로울 때도 그 입을 열지 아니하였음이며 마치 도수장으로 끌려가는 어린 양과 털 깎는 자 앞에 잠잠한 양같이 그 입을 열지 아니하였도다"라며 구체적으로 잘 설명해주고 있다. 저자는 이런 온유하신 예수님의 당시 상황을 가끔씩 상상해보곤 한다. 그럴 때마다 매번 가슴이 먹먹해지기에 한참 동안 숨을 쉴 수 없게 되곤 하였다.

많은 경우 온유와 연이어 사용되는 겸손함이란 '남을 존중하고 자기를 낮추는 태도'를 말한다. 그러나 인간의 겸손과 예수님의 겸손은 근본적으로 다르다. 왜냐하면 예수님의 겸손함은 "하나님의 본체이심에도 하나님과 동등 됨을 취할 것으로 여기지 아니하시고 오히려 자기를 비우시고 종의 형체를 가져 사람들과 같이 되었고 사람의 모양으로 나타나셨으매 자기를 낮추시고 죽기까지 복종하신"(빌 2:5-8) '성육신'으로 오셨기 때문이다.

둘째, 디모데전서 4장 8절과 디모데후서 3장 12절은 '경건함'(godliness)이 바로 고상함이라고 말씀하셨다. 언뜻 생각하면 경건함이란 말 속에는 상당히 근엄하고 뭔가 점잖은 모습이 느껴진다. 성경은 경건함을 '유세베이아'(εὐσέβεια, 딤전 4:8)라는 헬라어를 사용하였다.

---

181) 마 27:27-31, 막 15:16-20, 요 19:2-3, 사 53:7을 읽어보라.

이는 '좋은'(Good, Well, εὐ), '열납의'라는 뜻의 '유'(εὐ)와, '바른 예배를 드리다'라는 뜻인 '세보마이'(σέβομαι)라는 두 단어가 합쳐진 것이다. 이를 연결하면 경건이란 하나님이 기뻐하시는 열납의 예배를 드리는 것이다. 그러므로 우리가 하나님을 마음껏 찬양하고 그분만을 경배하며 알차게 살아가는 일상의 모습, 즉 삶으로 드리는 모든 예배가 다 경건함이라는 것이다. 그렇기에 말씀보다 앞서지 않으며 주인 되신 성령님의 통치하심을 따라 살아간다면 그 몸부림 하나하나는 거룩함으로 살아가는 경건의 삶, 즉 고상함인 것이다.

셋째, '고상함'의 세 번째 의미를 베드로전서 3장 16절에서는 '선한 양심'(아가덴 쉬네이데신)을 가지고 살아가는 것이라고 하였다. 뒤에서 곧 설명하겠지만 '선한'이라는 말에 유의하여야 한다.

우리는 주변에서 '양심대로' 살라는 말을 흔히 들었을 것이다. 아마도 양심은 가치중립적이라는 판단 하에 양심대로 살면 정직하고 깨끗하게 사는 것으로 생각하는 듯하다. 저자도 어렴풋이 그렇게 생각하여 제법 '양심대로' 살아보려고 애써왔다. 그러나 많은 경우 양심이 비정상적으로 작동하는 듯한 느낌을 지울 수가 없었다.

양심(良心)이란 "어떤 행위에 대하여 옳고 그름, 선과 악을 구별하는 도덕적 의식이나 마음씨"라고 정의한다. 그제야 왜 인간의 의식 하에서 양심적으로 살면 문제가 되는지 알게 되었다. 그것은 누구라고 할 것도 없이 모든 인간은 태어나면서부터 영적 죽음 상태이며 죄인이기 때문이다. 죄인인 인간은 악한 본성을 가졌기에 우리에게 있는 양심은 결코 가치중립적이지 않다. 그렇기에 히브리서 10장 22절에는 "양심의 악을 깨달아"야 한다고 말씀하셨다.

우리는 영적 죽음 상태로 태어나 죽을 수밖에 없었다. 그런 우리가 예수 그리스도로 인하여 살아났다. 이것을 거듭남[182], 영적 부활이라고 한다. 이후 우리의 주인은 성령님으로 바뀌게 된다. 그러면 그때부터 양심은 성령님의 지배하에 들어가게 된다. 헬라어로 선한 양심을 '아가덴 쉬네이데신'이라고 한다. '아가덴'(ἀγαθήν)은 '성령님께 지배된'이라는 뜻이며 '쉬네이데신'(συνείδησιν)은 양심이라는 뜻이다. 결국 그리스도인은 성령님께 지배된 선한 양심으로 살아간다. 그러므로 거룩함으로 살아간다는 것은 성령님께 지배된 선한 양심을 가지고 살아가는 것으로 고상함이라고 한다.

여섯째, '복음 전파'에 올인하며 살아감을 말한다.

'거룩함'의 여섯 번째 의미인 복음 전파(preaching)는 마태복음 28장 18-20절에서 우리를 향한 예수님의 지상대명령이라고 말씀하셨다. 거룩함을 한자어로 '성(聖)'으로 표기한다. 이를 풀이해보면 왕(王)이신 예수님의 말씀을 잘 듣고(耳) 그것을 입으로(口) 자랑하고 전하는 것이다. 다시 말하면 거룩함으로 살아간다는 것은 복음을 자랑하며 살아가는 것을 말한다.

사도 요한은 요한복음 6장 38-40절의 말씀을 통해 복음의 실체이자 구속주이신 초림의 예수님과, 심판주이자 승리의 주님이신 재림의 예수님을 소개하였다. 특별히 38-39절에서는 예수님께서 이 땅에 오신 것은 "아버지의 뜻을 행하러" 오셨다고 하셨고, 아버지의 뜻

---

182) '거듭남(ἀναγεννάω, again+be born)'이란 두 번의 출생을 말하는 것으로, 육신의 부모로부터의 육적 출생과 예수님을 믿은 후 영적 출생의 두 번을 말한다.

은 "내게 주신 자 중에 내가 하나도 잃어버리지 아니하고 마지막 날에 다시 살리는" 것이라고 하셨다. 그렇기에 우리는 이 땅에 오신 예수님의 뜻을 따라 복음에 올인하여야 한다.

복음 전파란 복음의 주체이신 예수님을 자랑하고 선포하는 것[183]이다. 복음을 전파함에는 단순하게 복음을 선포하는 것과 그리스도의 복음에 합당한 삶을 살아내는 증인으로서의 삶이라는 두 트랙(two track)이 있다.

첫째, 복음 전파란 단순하게 복음을 선포[184]하며 외치는 것이다. "예수 천당! 불신 지옥!"이다. 그들이 듣든지 아니 듣든지, 때를 얻든지 못 얻든지 외치는 것이다. 틈만 나면 복음을 자랑하는 것이다. 물론 단순하게 선포하는 것은 일면 비효율적으로 보일 수도 있다. 그러나 자라게 하시고 열매 맺게 하시는 분은 하나님이심을 알아야 한다.

더 나아가 우리는 로마서 15장 16절처럼 '그리스도 예수의 일꾼이 되어 하나님 앞에서 복음의 제사장'으로 살아가는 것을 자랑스러워해야 한다. 동시에 복음 선포는 하나님이 기쁘게 받으시는 열납의 제사이자 삶으로 드리는 예배이다. 더하여 우리는 "하나님과 세상을 화목하게 하는 직책"을 부여받은 제사장이라고 고린도후서 5장 18절은 말씀하신다. 그렇기에 아직도 예수님을 모르는 자들에게 복음을 전함으로 그들을 제물로 하나님께 드려야 한다. 왜냐하면 우리가 바

---

183) 마 28:18-20, 막 16:15, 행 5:42; 20:24, 롬 1:16-17; 8:1-2, 고전 4:1-2, 9:16, 23-27, 빌 3:7-8; 12-14, 딤후 4:7-8, 히 10:36-39을 참조하라.
184) 선언 혹은 선포라는 의미의 헬라어는 케뤼손(κήρυξον)이라고 하는데, 이는 proclaim(분명히 보여주다) 혹은 preach로 번역된다.

로 '복음의 제사장'이기 때문이다.

우리가 복음을 전할 때 종종 '과연 저 사람이 복음을 받아들일까?'라고 지레 걱정할 때가 있다. 그러나 우리는 결과에 관계없이 그냥 전하기만 하면 되는 것이다. 전도할 대상을 위해 간절히 기도한 후 복음을 전하되, 성령님의 역사를 간절히 사모하며 예수님을 자랑하기만 하면 되는 것이다. 구원의 주권은 오로지 하나님께만 있음을 알아야겠다. 그러므로 기도한 후 그냥 선포만 하라.

지난날 복음을 전하던 중 겪었던 예상 밖의 경험들이 있을 것이다. 저자도 그런 경우가 있었다. 수년 전의 일이다. 따스한 봄날, 어떤 사람이 벤치에 앉아 뭔가를 생각하며 평화스럽게 앉아 있었다. 다가가 말을 걸기가 애매하였다. 게다가 저자의 판단에는 전혀 전도가 될 것 같지 않은 빤질빤질 윤이 나는 사람이었다. 그럼에도 불구하고 기도한 후 가볍게 인사를 하며 정중하게 "대화할 수 있냐?"라고 물었다. 의외로 쉽게 받아주었다. 나는 '이게 뭔가?' 싶기도 하여 약간 헷갈렸다. 다음 순간 그 사람은 순순히 복음을 받아들였다. 그것이 더 헷갈리게 했다. 결국 하나님이 하셨던 것이다. 놀렐루야!('하나님의 놀라우신 은혜를 찬양'이라는 말이다.)

이와 반대의 경우도 있었다. 잘 받아들일 듯하면서도 좀처럼 받아들이지 않는 사람도 있다. 결국 성령님이 앞서가셔야만[185] 복음이 받아들여지는 것을 전도를 해본 사람이라면 누구나 다 안다. 복음은 확

---

185) 저자는 선택과 유기교리를 믿는다. 하나님은 택하실 자를 택하시고 버릴 자를 버리신다. 그렇기에 로마서 9장 13절은 "내가 야곱은 사랑하고 에서는 미워하였다"고 하셨던 것이다.

실히 힘이 있다. 그러나 구원은 하나님의 주권 영역임을 알아야 한다.

"나는 심었고 아볼로는 물을 주었으되 오직 하나님은 자라나게 하셨
나니 그런즉 심는 이나 물 주는 이는 아무것도 아니로되 오직 자라나
게 하시는 하나님뿐이니라"_고전 3:6-7

둘째, 복음 전파의 두 번째 트랙은 그리스도의 복음에 합당한 증
인[186]으로 살아가는 것이다. 복음에 합당하게 살아가려면 순교까지
각오하여야 한다. 우리는 대부분 현장 선교사(marketplace missionary)로
살아간다. 그렇기에 오지를 찾아다니며 복음을 전할 기회는 상대적
으로 적다. 그러나 삶의 현장에서 그리스도의 복음에 합당하게 살아
가며 그리스도의 향기를 드러내는 것도 복음 전파의 한 축이다. 어떻
게 생각하면 평소 익숙한 사람들 틈에서 그리스도의 복음에 합당하
게 살아간다는 것도 오지에 나가 선교하는 것만큼이나 엄청난 몸부
림이 필요하다. 물론 몸부림을 지나 순교까지 결단한다면 증인으로
서 삶이 가능하게 된다.

하나님께서 기뻐하시는 복음 전파의 사명을 감당함에 있어서 복
음을 선포하는 삶과 복음의 증인으로서의 삶이라는 이 두 트랙을 잘
기억하자. 우리 각자를 향한 부르심이 어떠한지 살펴보고 그 부르심

---

186) 우리는 증인으로서의 삶을 진지하게(to testify solemnly, 행 20:24) 살아내야 한다.
증인이라는 헬라어는 '디아마르튀라스다이'(διαμαρτύρασθαι)인데 그 속에는 '마르튀
르'(μαρτύρ)라는 단어가 있다. 이 단어에서 파생된 영단어가 martyr(순교자)이다

에 합당한 삶을 살아가도록 하자. "맡은 자에게 구할 것은 충성이니라"(고전 4:2)라고 하셨으니, 한 조각 심장만 남거들랑 깨어지고 부서지고라도 맡겨진 사명에 충성하며 최선을 다하자. 부르시면 즉각적으로, 기쁨으로 그분께 나아가게 되기를.

특별히 복음을 전파하다가 힘들고 지칠 때, 낙망하고 쓰러지려 할 때 예수님이 승천하시며 우리에게 하신 마지막 대명령(Great Commandment)인 마태복음 28장 18-20절의 말씀을 기억하도록 하자. 복음 전파는 그분의 명령이기도 하지만 실상은 우리에게 엄청난 행복과 기쁨을 가져다준다. 우리가 복음을 전하는 것 같으나, 실상은 성령님께서 앞서가서서 먼저 행하심도 알아야 한다. 성령님은 우리에게 능력을 주서서 그 일을 행하게 하신다. 우리는 그 이끄심을 따라가기만 하면 된다. 마치 사도행전의 초대교회에 나오는 제자들과 그 주변의 소중한 동역자들처럼.

15강 복음을 알면 삶이 단순해진다

허물 많고 부족한 사람

나는 특별히 부족하고 허물이 많은 사람이다. 실수와 허물에는 둘째가라면 서러울 정도이다. 지식의 일천함과 낮은 수준으로 인하여 자주 넘어지기도 한다. 원하는 선보다 원치 않는 악으로 빨리 달려간다. 깔쌈하게 살아보려다 자빠지게 되면 혼자 엉엉 울어버리는 바보이다. 그러다 보니 나를 향한 하나님의 뜻인 거룩함의 모습과는 상당히 멀리 있는 듯하여 괴로울 때가 많다. 나는 그다지 세상과 구별되게 사는 것 같지도 않다. 하나님 앞에서 동시에 사람 앞에서 정직하지도 순수하지도 않은 듯하다. 하루하루를 알차게 살아가는 것 같

지도 않다. 얼굴에서 그리스도의 광채는 희미해져버렸고 그리스도의 향기는 고사하고 악취를 자주 걱정하는 나 자신을 보곤 한다. 하나님의 온유 겸손하신 성품은 고사하고 공격적이고 자주 분노를 발한다. 많은 경우 듣기보다는 가르치려고 하는 교만한 성격이 있다. 복음 전파에 목숨 걸지 않는 때도 있다. 이런 나를 너무나 잘 알기에 매일 매 순간을 거룩함에로의 몸부림에 발버둥을 치며 살아간다.

힘든 현실과 삶의 무게로 버거울 때

육십이 된 저자는 최근 들어 종종 가장으로서 삶의 무게를 더 느끼곤 한다. 지난 세월 동안 치열하게 열정적으로 살아왔다. 실수와 허물이 너무 많아 괴로울 때면 매번 말씀을 의지하여 살고자 애써왔다. 그럼 에도 인간적으로는 버거워 헐떡거릴 때가 더 많았다. 숨기고픈 허물이나 내면의 고민은 차치하고라도 외부적으로도 제법 많은 짐들이 어깨를 누르고 있다.

　한 가정의 가장으로서, 한 아내의 남편으로서, 세 자녀의 아비로서, 병원의 원장으로서, 소중한 멘티들의 멘토로서, 청년들과 전문인

들에게 말씀과 교리를 가르치는 성경 교사로서, 전문인 선교사로서, 초교파 청년들의 공동체 HRC 창립자로서, 청년 사역자들의 모임인 YAM의 대표로서, 정형외과 한스 초음파연구회의 일원으로서, 그동안 결혼을 주례하였던 소중한 멘티 부부들의 A/S(After Service)를 담당하는 상담자로서의 짐 등이다.

이외에도 언급하지 못한 훨씬 더 무겁고 버거운 일이 많다는 현실이 약간 고통스럽다. 그렇기에 마음이 약해질 때면 나도 모르게 슬그머니 이런 굴레들로부터 도망가고픈 욕구가 올라오곤 한다.

이럴 때마다 저자가 꼭 반복하는 패턴이 있다. 그런 날 저녁에는 아내에게 양해를 구한 후 서재에 들어가 조용히 눈을 감고 의자에 기대어버린다. 그리고 긴 한숨을 쉰다. 때로는 그대로 책상에 엎드려버린다. 그러면서 저자가 가장 좋아하는 성경구절들을 하나씩 떠올리며 하나님의 음성에 조용히 귀를 기울인다. 젊은 시절과 달리 산에 올라가 통성기도나 울부짖는 토설은 거의 사라져버렸다. 힘껏 찬양을 부르는 것도 이제는 힘에 부쳐 별로 선호하지 않는다. 나에게 가장 어울리는 것은 조용히 말씀을 묵상하고 암송하며 하나님의 음성을 듣는 것이다. 나는 말씀으로 위로받을 때가 가장 행복하다. 나는 이것을 'Dr. Araw의 거룩함에의 몸부림'이라고 칭한다.

그런 밤에는 성경 전체를 회상하는데, 말씀에 말씀이 꼬리를 물면서 연결이 되면 너무나 신이 난다. 그 순간이 가장 기쁘다. 그렇게 행복할 수가 없다. 그때 하나님께서 주시는 말씀들은 항상 기록해두곤 한다. 그러다 보면 시간 가는 줄 모르고 밤을 새우기도 한다. 인생의 많은 날 동안 성경을 읽고 연구하다가 자주 밤을 새우곤 하였다. 말씀의 맛이 그렇게나 좋을 수가 없다. 풍성한 은혜 속에서 매번 진리의 말씀을 가르쳐주시고 깨닫게 하시고 생각나게 하시는 성령님의 통치하심은 내겐 최고의 행복 가운데 하나이다.

돈과의 몸부림

병원을 운영하는 저자의 경우 지금은 제법 자유해졌지만 지난날 이 부분에서 많이 걸렸다. 세금 문제다. 정직하게 내자니 마음이 무너졌고 경영이 걱정되었다. 속이자니 코람데오가 거슬렸다. 그래도 슬쩍

⑺ 했었다. 문제는 그 다음날부터 계속되었다. 성령님은 집요하게 그것을 생각나게 하셨고 깨닫게 하셨다.

돈, 돈, 돈 놈! 도둑놈!

죽을 지경이었다.

결국 자진하여 소급하였다. 이 일 후에 나는 많은 것을 아프게 깊게 깨달았다. 그동안 자주 사용하였던 거룩함에의 몸부림이라는 말은 근사해보이지만 그렇게 살려고 할 때에는 큰 고통이 따른다는 것을. 그 일은 두고두고 아팠기에 주변에서 종종 세금 문제로 힘들어하는 지인들을 볼 때마다 난 아무 말도 하지 않았다. 그저 속으로 그들을 위해 기도만 하곤 했다. 그 이후로 나는 다른 사람에게 그 어떤 잣대도 들이대지 않으려고 무척이나 애를 쓴다. 타인을 향하여 거룩함을 요구하지 않는다. 그저 나 자신에게만 적용할 뿐이다. 게다가 무슨 일이든지 성령님과 독대 후 그저 무릎을 꿇고 그분의 도우심을 구할 뿐이다. 성령님의 주인 되심을 바라며 나 스스로만 몸부림을 친다. 그것은 거룩함에의 몸부림이다.

거듭 강조하지만 우리의 노력과 힘만으로는 거룩함으로 살아갈 수가 없다. 오직 성령님의 도우심으로만 거룩하게 살아갈 수 있다. 이런 말씀 하나하나가 무겁게 다가온다면, 그런 사람을 가리켜 저자는 거침없이 성도라 부른다. 성도는 일정 수준 이상의 사람이라기보다 그렇게 살아가려고 몸부림치는 사람이다.

요셉의 고난 같았던 나의 고난기

저자에게 아픈 기억이 있다. 긴 이야기지만 간단히 소개해본다. 때는 1997년 11월! IMF 경제 위기가 한국에 덮쳐왔다. 당시 저자의 병원은 너무나 잘되었다. 병원이 잘된다(?)는 말이 약간 이상하게 들릴 수도 있겠다. 그것은 이런 경우이다. 똑같은 약을 써도 우리 병원을 찾는 환자는 예후가 좋았고, 특별히 외상에 대한 수술을 많이 하였는데 대부분 결과가 정말 좋았다. 그것은 하나님의 강권적인 역사하심이었다. 저자는 지금도 그렇게 믿어 의심치 않는다.

당시 나는 하나님과 사람 앞에서 정직하게 경영하고자 몸부림쳤다. 또한 정말 열심히 밤과 낮으로 수고하여 제법 돈을 만질 때였다. 그러다 보니 소문을 내지 않아도 확실히 돈이 있는 곳에는 사람이 몰려들었다. 돈을 빌리러 오는 사람들이 너무 많았던 것이다. 심지어 생면부지의 사람들도 구제받기를 원해 찾아왔다. 하나님의 음성을 들었노라며 당당하게 선교헌금을 받으러 오는 사람들은 아예 부지기수였다. 학비가 없다며 등록금을 부탁하러 오는 청년들도 있었다. 그중에는 보증을 원했던 오랜 친구들도 있었다.

당시만 하더라도 저자는 젊었을 뿐 아니라 자신감으로 충만하였다. 삶에 거만과 교만이 가득했던 듯하다. 자신만만하던 저자는 덜컥 친구들의 보증을 아내 몰래, 그것도 무려 세 명에게 수십억을 사인해버렸다. 성경을 너무나 잘 알고 있었음에도 불구하고 교만은 판단의 눈을 가렸을 뿐 아니라 성경의 권위 또한 가볍게 물리쳐버렸다. 바늘로 찌르는 말씀인 잠언은 보증을 서지 말라고 여러 번 반복하여 분명히 말하였는데….

세상을 몰랐던 나는 그나마 연대보증이라는 말에 안심했다. 나는 제 3보증인이었기 때문이다. 그 친구들은 1, 2보증인이 든든하니까 제 3보증인은 안심해도 된다고 하였다. 물론 나중에 알게 된 사실이지만, 1, 2, 3보증인이라는 숫자의 순서는 아무짝에도 쓸모가 없었다. IMF가 터진 후 그 다음해부터 나에게 순차적으로 덮쳐왔다. 돈과 건물, 토지 등 모든 것이 한순간에 썰물같이 빠져나갔다. 순식간에 알거지가 되어버렸다.

저자는 예전부터 친구들에게 의리를 지킨답시고 너무 쉽게 많은 돈을 빌려주곤 하였다. 어쩌면 의리라기보다는 잘난 척이라고 하는 것이 정직할 듯하다. 암튼 빌려준 돈을 되돌려 받은 기억이 별로 없다. 친구들의 문제에는 상대가 부담을 안 느끼도록 극도로 배려하면서 닥치는 대로 많은 일을 해결해주곤 하였다. 진정한 오지랖이었던 나는 정의의 사도였다. 나 스스로 착각에 빠졌던 듯하다. 시간이 흘러 알게 된 사실이지만 그렇게 성심성의껏 해결해주었음에도 그들은 진정으로 나에게 고마워하지 않았다. 도리어 당연하게 여기는 사람들이 많았다. 이로 인한 속상함은 지금까지 두고두고 나를 괴롭혀왔다.

당시 누구였는지 정확하게 기억은 나지 않지만 그런 나를 가리켜 '자기 의가 충만하다'고 비꼬기도 했다. 물론 가볍게 무시하였다. 정직하게는 그런 유의 말이 귀에 들어오지도 않았다. 당연히 그가 나를 진정으로 잘 모르면서 시기심으로 삐쭉거린다고 생각했기 때문이다.

믿어주기를 바라는 마음이지만, 저자의 경우 대부분의 일들을 순수한 마음으로 했던 것은 사실이다. 그러나 교만의 문제만큼은 잘못된 방향으로 간 것 같다. 암튼 나를 아프게 지적했던 말들은 시간이 지나면서 점점 더 또렷이 떠오르곤 하였다. 지금도 떠오르곤 한다. 그러나 아직도 이해가 안 되는 것은 그렇게 바른말을 했던 그 사람도 나의 돈을 빌려 갔으나 왜 아직도 갚지 않고 있는지 모르겠다. 언제 원금과 이자를 가져올는지 기다려볼 것이다. 백번 양보하여 내가 교만했을 수도 있다. 나도 모르게 우쭐거렸을 것이다. 그러나 솔직하게 말하자면, 아직도 내가 그런 교만한 마음을 품었는지 정확히는 잘 모르겠다.

아무튼 친구라고 생각한 사람들에 대하며 매사에 그런 식으로 의리를 지키며 살아오다 보니, 내가 어려울 때가 되면 그들이 자발적으로 나서서 나를 도우러 올 줄 알았다. 그러나 현실은 정반대였다. 보증이 터진 후 지난날 나에게 특별히 도움을 크게 받았던 몇 명에게 전화를 걸어, 지금 내가 어려우니 만나자고 하였다. 놀라운 것은 전화기를 통해 들려오는 그들의 목소리가 밝지 않았다는 것이다. 더구나 시간이 흐를수록 친구라는 이들로부터 이런 이유와 저런 핑계를 듣는 횟수가 늘어만 갔다. 심지어 전화를 아예 받지 않는 친구도 있었다.

시간이 흐르자 실망과 분노로 인하여 나는 거의 자포자기 상태가 되어버렸다. 돈이 썰물처럼 빠져나갈 때 '하늘이 노랗다'는 말을 실제로 경험하기도 했다. '진정한 친구가 존재하기는 할까?' 하는 생각에 자괴감이 자주 들었다. 한쪽은 친구라는 사람이 부도를 내었고 다른 한쪽은 친구라고 하면서도 나의 도움을 받을 때와 달리 내가 어려울 때 외면하는 것이 너무 아팠다.

당시 신앙 속의 몇몇 친구는 전화를 걸어와 위로를 한답시고 "하나님이 살아계신다. 하나님이 너를 훈련시켜 더 크게 쓰시려는 것이다. 하나님만 바라라. 힘내라" 등등과 같은 말을 하곤 했다. 분명 진정성 있는 말이었겠으나, 이상하게도 전혀 위로가 되지 않았다. 그런 말은 들으면 들을수록 더 깊은 상처가 되어 아프기만 했다.

그때의 일을 뼈저리게 경험했던 저자는 지금까지도 그런 유의 위로는 결단코 하지 않는다. 오히려 곁에 다가가거나 함께 있어 주려고 한다. 그리고 나의 영역에서 할 수 있다면, 아니 정확하게 표현하여 도와줄 가치가 있는 친구라면 최선을 다하곤 한다. 물론 돈을 되돌려 받겠다는 생각은 아예 없다. 앞으로도 그럴 것이다.

당시 정말 힘들고 어려웠을 때 감사하게도 저자는 본능적으로 하나님 앞에 바짝 무릎을 꿇었다. 철퍼덕 땅바닥에 납작 엎드렸다. 일생에서 가장 잘한 일 중 하나라고 생각한다.

세월이 꽤 흐른 오늘, 아직도 빚은 남아 있으나 이제는 남에게 아쉬운 소리는 안 해도 될 정도가 되었다. 그 옛날만큼은 아니나 전 세계에서 찾아오는 많은 방문자들을 포용할 마음의 여유가 생겼기 때문이다. 더하여 보증은 물론이고 뭔가 의도를 가지고 접근하는 사람들은 두 번 이상은 만나지 않고 있다. 지난날을 돌이킬 때마다 패인 상처로 인해 엄청 아프기는 하다. 그럼에도 불구하고 지금은 거의 모든 일에 대해 많이 감사할 수 있게 되었다. 이 모든 것은 오로지 하나님의 은혜이기에, 늘 그 은혜를 생각하며 하나님께 감사하고 감격해 한다.

저자가 소신하는 '6 Sola'를 소개하며 이 단락을 마치고자 한다.

오직 은혜(Sola Gratia)! 오직 말씀(Sola Scriptura)! 오직 믿음(Sola Fide)! 오직 예수(Solus Christus)! 오직 성령(Solus Spiritus)! 오직 하나님께만 영광(Soli Deo Gloria)!

지난 삶의 몸부림

인생을 되돌아보면 가끔씩은 지나온 날들이 길게 느껴질 때도 있다. 반면에 앞으로 살아갈 날을 꼽아보면 초조해질 정도로 짧게 느껴질 때도 있다. 그렇기에 정신없이 세월을 낭비하다 보면 어느새 훌쩍 앞서 걷고 있는 백발을 보게 될 것이다. 아무튼 인생은 살같이 빠른 것은 틀림없는 듯하다. 환갑을 맞은 저자에게는 목사였던 아버지를 따라 산기도를 갔던 어릴 적 기억이 마치 엊그제인 듯 새롭다.

지금까지 저자는 청년 사역자, 성경 교사, 의료 선교사라는 1인 3역으로 거의 숨 쉴 틈도 없이 바쁘게 달려왔다. 그러다 보니 어느덧 30여 년의 세월이 지나버렸다. 그동안 청년 사역의 열매로 인한 뿌듯함도 많으나 더러는 왠지도 모르게 틀어져버려 커다란 반흔(瘢痕)으로 남은 지체들도 있다. 결국 지난 세월 동안 사역자로서의 삶은 거룩함에의 몸부림 그 자체였다.

가정생활 30년은 일부를 제외한다면 그저 아내의 몫이었다. 지난 세월, 가정을 지키느라 자신의 전부를 희생하였던 소중한 아내에게 특별히 사랑한다는 말과 감사하다는 말을 전한다. 30여 년 전 둘이서 시작하였던 단순할 듯 보였던 결혼생활, 세월이 흘러가면서 하나둘씩 늘어났던 아이들과의 가정생활은 정말 다사다난(多事多難)이었다. 삶의 모든 순간이 형형색색 모자이크처럼 대부분 아름답게 기억되지만 한편으로는 너무 다양하여 어지럽기도 하다. 여러 몫을 감당하느라 어느 하나 제대로 못한 것이 후회스럽기도 하다. 그럼에도 불구하고 매 순간의 삶은 거룩함에의 몸부림이었다.

정형외과 의사로서도 알차게 치열하게 살아오다 보니 순식간에 30여 년이 흘렀다. 다양한 환자와 보호자들을 겪었다. 조각조각 부서진 뼈를 수술로 하나씩 하나씩 본래 모습대로 맞추어 복원하는 것은 너무 재미있었다. 부러진 뼈에 쇠를 덧대어 집어넣었다가 뼈가 잘 붙어 예후가 좋으면 그 쇠를 다시 빼냈다. 회복된 환자를 보는 기쁨이란! 척추가 부러져 신경이 눌려 꼼짝달싹 못하던 환자가 수술 후 신경이 회복되어 다시 걸어 다니는 것을 보았을 때의 기쁨 또한 컸다. 언젠가는 어디선가 본 듯한 환자가 외래로 찾아왔는데 20여 년 전 수술 받은 환자라고 하면서 빵을 주고 가기도 하였다. 관절염이 너무 심하여 잘 걷지 못하던 환자가 인공관절을 통해 다시 걸을 수 있게 되어 젊은 날의 삶을 회복하였다고 좋아하며 연신 감사해하던 모습도 잊을 수 없다. 유리나 칼 같은 날카로운 것들에 손목과 발목의 수많은 힘줄(건)과 신경, 동맥이 파열돼 피를 철철 흘리며 어쩔 줄 몰라하던 환자를 진정시키고 오랜 시간에 걸쳐 하나하나 연결하는 복원 수술을 한 후의 짜릿함은 아직도 생생하다. 수술 후 시간이 흘러 다시 찾아와, 잘 회복되었다면서 움직이는 손을 일부러 보여주고 악수를 청하면서 해맑게 웃던 환자들을 잊을 수 없다. 이 모든 것의 결과에 하나님께 영광이라는 것을 잊지 않았다. 그것은 거룩함에의 몸부림이었다.

개중에는 정말 뜻하지 않게 수술 후 힘줄이 재파열되어, 수술이 잘못되었다면서 고발한다고 소란을 피우던 환자도 있었다. 물론 그것은 수술의 잘못만은 아니다. 그런 상황은 환자나 주치의 모두에게 속상한 일이기는 하지만, 드물게 재파열이 일어날 수도 있음을 알아주었으면 좋겠다. 아무튼 다시는 생각하고 싶지 않은 환자도 더러는 있었다. 그래도 기억 속에는 웃음 짓게 하는 환자들이 훨씬 많음에 그저 감사할 뿐이다.

특별히 기억나는 40대 중반의 여자 환자가 있다. 20여 년 전 어느 목사님이 너무 불쌍하다며 병원으로 데려왔다. 나쁜 남편을 만나 불행하게 살았으나 정말 착한 여인이라고 하였다. 시골에서 그럭저럭 살던 그 여인은 남편의 상습 폭력 때문에 기다시피 도망쳐 나와 폭력당한 여성들의 안식처에 숨어 있었다고 한다. 놀라운 것은 그 여인이 앉은뱅이처럼 병원을 방문했는데 예전에는 걸어서 다녔다고 말하는 것이었다. 전혀 믿기지 않았다. 얼핏 그 여인은 선천적인 것처럼 보였기 때문이다. 사진을 촬영해보니 대퇴골의 중간 부위가 부러져 완전히 어긋나 전위(轉位)되어 있었고, 심하게 단축된 상태로 부정유합을[187] 보이고 있었다. 그제야 예전에 걸어 다녔을 수도 있었겠다

---

187) 전위(displacement)라는 의미는 완전히 어긋나서 틀어져 있다는 것이고 단축

는 생각이 들었다. 자세히 물어보니 못된 남편은 습관적으로 몽둥이로 때리고 나면 오랫동안 방에 가두어두곤 하였다. 그 여인은 애잔한 눈빛으로 만약 신이 있어서 자신에게 소원을 묻는다면 다시 걷는 것이라고 하였다. "이렇게 된 지 얼마나 지났느냐?"고 물으니, 확실치는 않으나 10여 년 정도라고 하였다. 잘못 붙은 뼈를 다시 부러뜨린 후 쇠막대를 집어넣고 뼈 이식을 하면 회생할 가능성은 조금 있어 보였다. 문제는 오랜 시간이 지났기에 연부조직의 수축과 함께 혈관, 신경들이 이미 적응되어 있을 것 같았다. 특히 신경이 얼마나 늘어날지도 걱정되었다.

며칠을 기도하며 고민한 끝에 전신마취를 하고 수술에 들어갔다. 생각보다도 시간이 오래 걸렸다. 정말 대공사였다. 수술 후 환자도 나도 녹초가 되었다. 환자는 정말 아팠을 텐데 눈물만 흘릴 뿐, 그 와중에도 감사하다는 말은 잊지 않았다. 그렇게 몇 달이 흘러 그 환자는 다시 걷게 되었다. 할렐루야! 그때 그 환자의 표정은 지금도 잊을 수가 없다.

그렇게 의사로서도 열심히 앞만 보고 달려왔고 매 순간마다 하나님을 의식하며 솔리 데오 글로리아(Soli Deo Gloria)를 외친 것은 '거룩함'에의 몸부림이었다. 정말 열심히 알차게 살아왔다. 남은 날도 그렇게 살아가고 싶다.

(shortening)이라는 말은 짧아졌다는 의미이다. 부정유합(malunion)은 붙기는 하였으나 잘못 붙어 있다는 뜻이다.

의료 선교사로서의 몸부림

저자는 의사이기에 오랫동안 매년 여름과 겨울 한두 차례 동남아에 정기적으로 의료 선교를 겸하여 복음을 전하러 가곤 하였다.

한 번은 필리핀의 어느 외진 섬으로 들어갔다. 그곳에 도착하자마자 아침부터 저녁 늦게까지 힘에 겨울 정도로 진료하고 수술도 많이 하였다. 그럼에도 그날의 진료가 끝나면 밤마다 어김없이 그 섬마을 사람들을 모아놓고 선교사님의 통역으로 열정적으로 복음을 전하곤 하였다. 그 마을 사람들은 의사였던 내가 설교를 하였기에 밤에 열리는 초청 예배에 차마 안 올 수 없었던지 거의 다 참석하곤 하였다. 콘크리트 바닥으로 된 허름한 건물의 교회는 매일 밤 마을 사람들로 가득 찼다. 문제는 그다음에 일어났다. 내 딴에는 열심히 복음을 전함에도 불구하고 그들은 거의 인사치레로 내 말을 듣는 것 같았다. 나는 그들이 내 말을 듣지도 믿지도 않는다는 것을 금방 알 수 있었다. 절망이 밀물처럼 몰려왔다. 안 그래도 낮에 힘에 부치도록 진료하고 수술하느라 거의 쓰러지기 일보 직전인데…. 그럼에도 내게 주신 복음이 너무 좋고 귀하기에 '복음의 빚진 자'라는 마음으로 늦은 밤까지 막무가내로 전하였다. 그러나 정작 그들은 귓등으로 듣는 척만 하니 힘이 두 배로 들었다. 그래도 열정 하나로 끝까지 버텼다. 한층 더 목소리를 높여 그리스도의 복음을 자랑하였다. 지금 생각해 보면 그때의 나는 '복음의 빚진 자'가 아니라, 악(?)에 받친 미친 사람이었던 듯하다. 다시 강조하지만, 복음을 전하는 사람은 그저 예수님을 자랑하고 전하기만 하면 된다. 마치 자기가 메시아라도 된 듯[188],

내가 저 사람을 반드시 구원하고야 말겠다는 의욕을 너무 앞세우면 곤란하다. 아무튼 섬마을 사람들을 향한 하나님의 구원은 전혀 엉뚱한 방향으로 주어졌다.

한 번은 그 섬마을의 족장 아들을 수술해야 할 일이 있었다. 나로서는 위기의 순간이었다. 아이의 한쪽 다리가 염증으로 곪아 다른 다리의 세 배 가까이 부어 있었던 것이다. 며칠간 지속된 고열은 떨어지지 않았다. 그냥 두자니 위태로워보였다. 수술을 하자니 환경이 너무 열악했다. 만약 수술 후 열이 떨어지지 않으면 난감한 상황이 벌어질 게 뻔하였다. 간절히 기도한 후 선교사님과 의논하였고, 위험을 감수하기로 결정하고 결국 수술을 하였다. 그런데 수술 전 기도를 통해 받았던 확신과 달리 수술 후 아이의 상황은 자꾸 원하지 않는 쪽으로 흘러갔다. 당시 우리 의료팀은 하나님을 신뢰하고 수술을 하였기에 수술 후에는 열이 떨어지고 아이가 잘 회복될 줄 알았다. 그런데 웬걸, 수술 후에도 아이의 고열은 전혀 떨어지지 않았고 오히려 상태가 더 심각해지는 것 같았다. 외딴섬이어서 약을 구하기가 어려웠고 환경이 열악하다 보니 나로서도 딱히 할 일이 없었다. 우리 팀은 밤새도록 그 아이를 지켜보며 찬송하며 기도를 드렸다. 수술은 끝났으니 이제 인간이 할 수 있는 일은 아무것도 없었다.

새벽녘이 되어서야 그토록 힘들어하던 아이가 잠이 들었다. 동시에 열도 내렸다. 열이 떨어진 것이 확인되자 곁에 있던 우리들도

---

188) 이를 우스갯소리로 메시아 콤플렉스(messiah complex)라고 하며 이에 반하는 말로 메뚜기 콤플렉스가 있다. 가데스바네아 사건(민 13장)을 떠올려보라.

일제히 기절해버렸다. 저자는 그날 점심때가 되어서야 겨우 눈을 떴다. 우리가 그 섬을 떠날 때쯤 그 아이는 거의 회복되었다.

'하나님의 느린 응답!' 그리고 '우리의 조급함!', 이 둘은 묘하게도 늘 붙어 다니는 희한한 쌍둥이 같다.

그 다음해에도 예의 그 섬마을에 의료 선교를 갔다. 놀랍게도 그 마을 사람들 대부분이 복음을 받아들인 상태였다. 지친 몸으로 늦은 밤에 복음을 전할 때는 귓등으로 듣던 사람들이 말이다. 제법 신실한 그리스도인으로 바뀐 사람들도 만날 수 있었다. 이해할 수가 없었다. 나중에 듣고 보니 하나님의 하신 일이 놀라웠다. 알고 보니 하나님은 섬의 족장과 그 아들을 쓰신 것이었다. 수술 받고 나았던 아이의 아버지가 족장이었다. 혈연관계로 맺어진 씨족사회였던 그 섬에서 아이가 살아나자 족장이 "이제 후로 우리 마을은 예수를 믿을 것"이라고 선포했다는 것이다. 나는 너무나 기뻤다. 그 후 그 섬에 예쁜 예배처소를 지어주었는데, 우리 병원 이름인 소망병원을 본떠 '키나북산 소망교회'라고 지었다. 복음은 확실히 힘이 있다. 그러나 구원은 하나님의 주권 영역임을 알아야 한다.

> "나는 심었고 아볼로는 물을 주었으되 오직 하나님은 자라나게 하셨나니 그런즉 심는 이나 물 주는 이는 아무것도 아니로되 오직 자라나게 하시는 하나님뿐이니라" _고전 3:6-7

이때의 일로 나는 별명을 하나 얻었다. 그것이 이 책의 표지에 사용한 '괴짜의사, 닥터 아라우'(Dr. Araw)이다. 아라우란 그 섬의 지도자인 족장을 부르는 호칭으로서 '태양'을 뜻한다. 족장의 아들이 자기를 치료해준 나를 존경하는 마음으로 붙여준 것이다. 다리를 수술 받은 족장 아들은 종종 동네 아이들과 함께 나를 따라다녔다. 그러면서 아이들에게 나를 '더블 아라우'라고 소개했다. 왜냐하면 나의 이름을 선일이라고 말해주었기 때문이다. 선은 영어로 태양(Sun)이며 일은 한자로 태양(日)이라고 말해주었더니 그 아이가 "더블 아라우! 두 개의 태양!"이라며 나를 그렇게 소개하곤 했다. 나는 아이의 말이 재미있었다. 그러나 "내가 무슨 짜장면 곱빼기냐? 더블이게? 그냥 아라우로만 불러다오"라고 부탁했다. 그래서 얻은 별명이 아라우다. 이때부터 나는 본명보다 이 별명으로 불러주는 것을 더 좋아하게 되었다.

16강 성령행전과 교회의 시작

사도행전이 아니라 성령행전

예수님의 십자가 보혈 위에 교회가 시작된 것은 하나님의 섭리였다. 그렇게 시작된 초대교회는 성령님에 의해 사도들을 중심으로 확장되어갔다. 성령 강림 후 본격적으로 시작된 복음 전파로 인하여 교회는 확장되었고 사도행전은 기록되어 나갔다. 우리는 사도행전을 읽을 때 복음과 복음 전파에 대한 사도들의 열정, 그에 따르는 고난과 순교에만 초점을 맞추기 쉽다. 그러나 분명히 기억해야 할 것은, 사도행전의 주도권은 사도들이 아니라 성령님이며 실은 성령님이 행하신 일을 기록한 '성령행전'이라는 사실이다. 누가복음을 기록했던 누가는 사도행전을 시작하며 "예수의 행하시며 가르치기를 시작하신 때부터 택하신 사도들에게 성령으로 명하심과 죽음, 부활, 승천하신 날까지의 일을 기록"(행 1:1-2)하였음을 밝혔다. 성령님의 명하심으로 기록했다는 것이다. 그 예수님은 3일 만에 부활하셨고 40일간 이 땅에 계시면서, 친히 당신의 사심을 나타내시고 보이시며 하나님 나라의 일을 말씀하셨다. 승천하실 때 예루살렘을 떠나지 말고 보혜사 성령님을 기다리라고 하셨다. 10일이 지나 오순절 날이 이르자 약속대로 성령님이 오셨다. 할렐루야!

성령강림절인 오순절 이후로 사도들은 성령님의 능력을 받아 복음을 전하고 기적을 베풀며, 예수님만이 그리스도 메시아요 유일한 구원자이심을 전하였다. 예수님을 믿음으로만 구원 얻게 됨을 선포했던 것이다. 그렇다. 선교는 성령님의 인도하심으로 진행된다. 그 일에 우리가 쓰임을 받는 것이다. 물론 그것을 감당함에는 땀과 눈물이 필요하다. 심지어 죽음까지도 불사하여야 할 때도 있다.

예수님의 십자가 죽음 이후 당시 예루살렘의 분위기는 엄청 살벌한 상황이었다. 그럼에도 불구하고 성령의 인도하심 가운데 예수를 믿는 사람들은 점점 늘어만 갔다. 드디어 전 우주적 교회(universal church)의 시초인 초대교회가 시작되었다. 예루살렘에 있는 제자의 수는 하나님의 말씀이 왕성해짐에 따라 더 많아졌다. 그러다 보니 호사다마(好事多魔)일까? 교인들의 수가 늘어나자 초대교회 공동체 안에는 이런저런 일들이 복잡하게 얽히기 시작했다. 그중에 유독 돈과 관련된 구제 봉사의 일에 분란이 많았다. 히브리파 과부와 헬라파 과부를 돕는 일에서 지속적으로 한쪽으로 치우치게 되자 다른 한편에서 불평이 터져 나오기 시작한 것이다. 이에 사도들은 기도하며 하나님께 지혜를 구한 후, 말씀 전하는 것과 기도하는 것 외에 모든 지도력을 이양할 일곱 집사를 택하였다. 그중 주목해야 할 두 인물이 빌립과 그 친구인 스데반이다. 특히 스데반은 은혜와 권능이 충만하였고 성령으로 말하던 귀한 사람이었다.

정곡을 찌른 스데반의 한 번 설교와 순교

야무지게 한 번 설교한 후 순교하였던 유명한 스데반의 설교가 사도행전 7장에 나온다. 스데반의 설교 주제를 가만히 상고해보면 크게 세 가지로 압축된다. 모든 주제는 당시 유대인들의 자랑거리와 깊은 관계가 있다. 문제는 설교의 골자가 유대인들의 자존심을 건드리는 것이었다. 당시 유대인들은 세 가지를 항상 자랑스러워했다. 첫째는 그들이 믿음의 조상 아브라함을 통해 택함 받은 선민이라는 것이었다. 둘째는 하나님으로부터의 율법이라는 신탁을 받았던 자신들의 선조인 모세에 대한 자랑이었다. 셋째는 할례로 인한 그들만의 긍지와 자부심이었다. 그런 유대인들을 향해 스데반은 올곧게 아주 '센' 설교를 해버렸던 것이다.

첫째, 아브라함은 믿음이 좋아서 믿음의 조상이 된 것이 아니라고 하였다. 하나님께서는 아브라함이 "여호와를 믿으니 그것을 의로 여기셨을 뿐"이라고 하셨다는 것이다. 즉 믿음이 있어서가 아니라 하나님의 '여겨주심' 때문이라고 말했던 것이다. 실상 믿음의 조상이 될 정도의 믿음은 없었으나, 그렇게 믿음의 조상으로 불러주신 하나님의 은혜와 사랑을 강조하였던 것이다. 그런 스데반의 설교를 들었으니 유대인들은 당연히 주먹에 힘이 들어갈 수밖에 없었을 것이다. 끓어오르는 분노로 말미암아 손바닥에서 땀방울이 뚝뚝 떨어졌을지도 모르겠다.

둘째, 모세가 받았던 하나님으로부터의 신탁인 율법은 죄를 깨닫기 위한 것일 뿐 그 율법이 죄를 온전히 해결하지 못하며 인간이 그 율법을 행함으로 구원 얻는 것은 불가능하다고 하였다. 그렇기에 그 불완전한 율법은 완전하신 메시아요 그리스도이신 예수님께서 필연적으로 이 세상에 오셔야 할 당위성을 설명하는 초등교사(몽학선생)일 뿐이라고 지적하였다. 그러자 유대인들의 분노는 더욱 뜨겁게 끓어올라 머리를 달구고 또 달구어 머리 뚜껑이 들썩거렸을 것이다.

셋째, 스데반은 육신의 할례가 중요한 것이 아니라 예수 그리스도를 주인으로 모시는 마음의 할례가 중요하다고 강조하였다. 그러자 유대인들은 자존심에 심한 상처까지 받게 되었다. 그토록 자랑스러워하던 이 세 가지가 땅바닥에 떨어질 때 마치 자신들이 땅바닥에 내팽개쳐지는 듯하였을 것이다. 북받치는 감정에 손을 부르르 떨며 어쩔 줄 몰라 하던 유대인들은 화가 머리끝까지 치솟자 양손에 어른 주먹만 한 돌을 쥐어들었을 것이다.

그들이 당시 스데반의 설교에 마음이 찔려 회개하였더라면 얼마나 좋았을까?

뿌드득 이를 갈던 그들은 큰소리를 지르며 더 이상 듣기 싫다는 듯 귀를 막았다. 그리고 일심으로 달려들어 그를 성 밖으로 내친 후 돌을 퍼부었다. 성경의 그다음 장면은 오랫동안 저자의 뇌리에 선명한 기억으로 자리잡혀 있다. 그것은 핍박을 가하는 자들의 얼굴 표정과 핍박받은 스데반의 대조적인 얼굴 표정이다. 아이러니이지만 당시 핍박을 가하는 자들의 얼굴에는 평화가 없었고 악의와 살의만 가득하였다. 반면에 돌을 맞아 고통스러울 법한 스데반의 얼굴에는 평안이 가득 찬 것이다. 스데반은 돌을 맞으면서도 성령이 충만하여 하늘을 우러러 주목하며, 하나님의 영광과 예수님께서 하나님의 우편에 서신 것을 보면서 끝까지 하나님께 자신의 영혼을 맡겼다. 더 나아가 그들의 죄를 사하여 달라고까지 기도한 후 분연히 하늘나라로 갔다. 스데반은 정확하게 그리스도인의 죽음인 다나토스의 죽음을 맞은 것이다. 여기까지만 보면 스데반이 너무 부럽다. 그러나 돌 맞을 때의 통증을 생각하면 멈칫 생각이 흔들리기도 한다.

　　의사인 저자의 경우 아직도 궁금한 것은 '스데반이 돌에 맞았을 때 성령이 충만한 상태였기에 통증이 덜 느껴졌을까?'라는 것이다. 물론 천국에 가서 물어볼 것이다. 나의 할아버지는 죽창에 찔려 순교하셨다. 순교자의 집안에서 태어났기에 나는 알게 모르게 순교의 부담이 있다. 그렇기에 순교 시 상황이나 고난 등 디테일에 관심이 많다. 그러다 보니 스데반의 순교 시 상황이나 인간적인 공포 속의 두려움, 통증에 자꾸 관심이 간다. 그때의 상황을 조금만이라도 알 수 있다면 순교를 감당하는 것에 마음이 놓일 텐데….

　　이왕 농담 반 진담 반으로 순교에 대해 얘기하였으니 마무리는 지어야겠다. 먼저 순교는 아무나 하는 것이 아님을 알아야 한다. 본인이 하고 싶다고 해서 할 수 있는 것이 아니란 말이다. 순교는 하나님께서 허락하셔야만 가능하다. 그렇기에 하나님께서 허락하신 순교라면 그 과정도 잘 지나가게 하실 것이다. 그러므로 순교 시 맞게 될 고통에 대해서는 실상 걱정할 필요가 없다. 또한 순교 후에도 하나님께서 알아서 세상 나라에서 하나님의 나라로 인도하여 가실 것이기에 염려는 기우일 뿐이다. 저자는 그렇게 확실히 믿고 있다. 그래도 '통증'(pain or suffering)에 대해서만큼은 꼭 알고 싶은 것이 통증에 예민한 의사로서 순교에 부담을 안고 있는 저자의 마음이다. 혹시나 저자에게 순교를 허락하신다면 주님께서 그전에 꼭 알려주시기를 소망하면서….

순교 현장의 괴짜 인물

다시 스데반의 순교 현장으로 렌즈를 돌려보자. 그 자리에는 별난 인물이 하나 있었다. 알 수 없는 적개심으로 분을 삭이지 못하던 인물이었다. 그가 바로 스데반의 죽음에 주동자 역할을 하였던 사울이라는 청년이다. 그는 AD 5년에 출생한 길리기아 다소 출신으로 당시 바리새파 중의 힐렐 학파인 랍비 힐렐의 손자 가말리엘 문하의 수제자였다. 보수를 지향하던 샴마이 학파와 달리 이들은 진보개혁을 표방하던 열혈분자들이었다. 그러다 보니 그들은 자기 딴에는 하나님에 대한 열심이 특심이었다. 물론 그들의 열심은 그릇된 것이었다. 올바른 지식을 좇은 것도 아니요 자기 의를 드러내는 데 힘을 쏟았을 뿐이었다. [189)

일반적으로 그릇된 종교적 열심은 마지막에는 종교적 광기를 불러일으킨다. 그로 인하여 우민화, 획일화, 맹신과 맹목적 신앙이 되어 또 다른 해괴한 광기를 발하게 만든다. 결국 신앙의 본질에서는 점점 더 멀리 벗어나게 된다. 그런 광기에 사로잡혀 있던 사울은 당시 예루살렘 교회에 불었던 엄청난 핍박이라는 광풍의 중심에 서 있었다. 당시 그런 사울은 살았으나 진정 죽은(영적 죽음) 자였다. 반면에 사울의 주동으로 죽었던(다나토스의 죽음) 스데반은 영적으로 부활되어 영생을 누리게 된 진정한 산 사람이었다. 물론 은혜로 바울이 된 사울도 훗날 예수님을 만나 진정 산 사람이 되기는 하였지만.

사도행전 8장은 그날에 예루살렘 교회에 큰 핍박이 불어닥치자 사도 외에는 다 유대와 사마리아 모든 땅으로 뿔뿔이 흩어졌다고 기록한다. 당시 박해를 피하여 흩어진 것 또한 선교 명령을 위한 하나님의 경륜이었음을 아무도 몰랐을 것이다. 사도행전 1장 8절에는 "오직 성령이 너희에게 임하시면 너희가 권능을 받고 예루살렘과 온 유대와 사마리아와 땅끝까지 내 증인이 되리라"라고 하셨기 때문이다. 그렇다. 하나님은 그리스도인에게 신앙의 핍박을 허용하시면서까지 당신의 선교 명령을 이어가시는 것을 알 수 있다. 그런 하나님의 경륜에 사울은 자신도 모르는 사이에 악역으로 쓰임 받고 있었던 것이다. 처음엔 그런 사실을 꿈엔들 알았을까? 예루살렘에서의 핍박도 모자라 그는 먼 이방 땅인 다메섹까지 쫓아감으로, 땅끝까지 가라는 하

---

189) 행 22:3-4; 롬 10:2-3; 갈 1:14; 빌 3:6을 참고하라.

나님의 선교 명령에 계속하여 악역으로 쓰임을 받게 된다. 그런 다음에는 아예 역할이 바뀌어 복음 전하는 일에 제대로 부름을 받게 된다. 바로 그 유명한 다메섹에서였다.

사울은 예루살렘에서 그렇게 못된 짓을 한 것도 부족하여 유대와 사마리아까지 쫓아갔다가 그것도 부족했던 모양이다. 이미 그는 예루살렘에서보다 훨씬 더 위협과 살기가 등등해져 있었다. 그것은 사울의 편에서는 오로지 하나님에 대한 그릇된 열심이었다. 그렇기에 얄미운 예수쟁이들을 모조리 박멸하려는 일념으로 다시 대제사장에게 공문을 받아 다메섹까지 올라갔던 것이다. 당시 상황을 고려해 보면 그곳까지 이동하는 시간이나 상황은 만만치 않았을 것이다. 결국 하나님께 대한 그릇된 열심은 엄청난 광기를 초래함을 볼 수 있다. 가만히 보면 사울은 독이 아니면 진정한 보약이 될 수 있는 유의 인간이었음을 알 수 있다.

그는 오랜 시간이 걸려 엄청난 고생 끝에 다메섹 가까이에 이르렀다. 이제야말로 하나님을 조롱하는 무리들을 모조리 척결한다는 생각에 가슴은 뛰었을 것이다. 자신이 하고 있는 일을 하나님께서 칭찬하실 거라 믿었기에 큰 자부심을 가졌을 것이다. 뛰는 가슴을 부여잡고 다메섹에 이르자, 바로 그때 하늘에서 '빛'이 자신을 둘러 비추었다. 구약에 정통하였던 사울은 그 빛이 구약에서 현현하시던 하나님임을 곧장 알아차리고 얼른 땅에 납작 엎드렸다. 연이어 하나님의 현현[190]인 '소리'도 들렸다. 숨죽이고 엎드려 있던 사울은 자신의 열

---

190) 구약에서는 하나님의 임재나 현현으로 종종 자연계를 사용하셨다. 사울에게 나타났

심을 칭찬하는 하나님의 음성을 기대했을 것이다. 그런데 하나님께서는 전혀 예상 밖의 말씀을 하셨다.

"사울아, 사울아, 네가 어찌하여 나를 박해하느냐?"(행 9:4)

사울은 깜짝 놀랐다.

"어떻게 나더러 당신을 박해하였다고 말씀하시나요?"

"아니, 내가 하나님을 박해하였다고요?"

그러면서 사울은 즉각 물었다. "주여, 어떻게 그렇게 말씀하시나이까? 도대체 그렇게 말하시는 당신은 전능하신 하나님이 맞기는 한 것입니까?"

뒤이어 하나님께서 말씀하셨다.

"나는 네가 박해하는 예수라."

청천벽력이었다. 동시에, 태초부터 계셨던 그 하나님이 곧 예수님이었다는 사실을 비로소 명확히 알게 되었다. 동시에 부활의 예수님도 목격하게 되었다. 자신이 그토록 핍박하던 예수가 하나님임을 확실히 알게 되자 정신이 아득해지며 시력까지 잃어버렸다. 이때가 AD 35년, 그의 나이 30세 때였다.

눈은 떴으나 아무것도 볼 수 없었던 사울은 사람들의 손에 이끌려 다메섹으로 들어갔다. 처음 예루살렘을 출발할 때만 해도 한 손에는 공문서를, 다른 손에는 칼을 빼어 들고 예수 믿는 사람들을 모조리 죽이겠다고 기세등등하게 다메섹으로 향했는데 말이다. 이제는

던 빛은 진리의 빛, 계시의 빛이었다(사 9:2; 호 6:3). 동시에 사울에게 들렸던 소리는 하나님의 소리였다(행 2:2; 왕상 19:12; 계 8:5; 시 77:18).

아무것도 할 수 없는 상태로, 아니 자신조차 돌볼 수 없는 상태로 다른 사람의 손에 끌려가게 된 것이다. 그런 후 하나님의 경륜은 아나니아 선지자를 준비시켜 사울의 눈을 뜨게 하셨고, 그를 통해 예수님께서 사울을 이방인에게로 파송하실 것이라는 사실을 전해 듣게 되었다. 이리하여 사울은 명실상부하게 사도로서의 부르심과 사명을 받게 되었다. 이후 1차 선교여행이 시작된 수리아 안디옥 교회의 소위 전도사로 부임한 때가 AD 45년, 그의 나이 40세였으니 약간은 늦은 나이에 사역을 본격적으로 시작한 셈이다.

사도의 조건

일반적으로 사도권을 인정받으려면 다음의 세 가지 조건이 충족되어야 한다. 첫째, 예수님의 부르심과 파송이라는 보내심이 있어야 한다. 둘째, 예수님의 직접적 가르침이 있어야 한다. 셋째, 예수님의 부활을 목격해야만 한다. 사울은 정확하게 이 세 가지 조건을 충족했던 사도였다. 다메섹에서 예수님으로부터 부르심과 파송을 받았고 개인지도까지 받았으며 예수님의 부활을 오롯이 목격하였다. 바울의 서신서를 보면 때로는 장황하게 때로는 강조하듯 자신의 사도권을 방어하는 장면이 나온다. 그 이유는 바울이 복음을 전할 때마다 거짓교사나 거짓 선지자들로부터 사도권에 대한 공격을 받았기 때문이다. 이는 단순히 자신을 변호하고자 함이 아니었다. 바울은 자신으로인해 복음의 신뢰성이 무너질까 늘 고심하였던 것이다.

아무튼 아나니아 선지자에 의해(행 9:10, 13) 안수를 받은 후 다시 눈을 뜨게 되고 시력을 회복하게 된 사울은, 세례를 받고 음식을 먹어 기력을 회복하자마자 그 즉시로(행 9:19-20) 다메섹의 각 회당에서 복음을 전하기 시작하였다. '즉시'라는 말에서 하나님의 급한 마음이 읽혀진다. 사울을 부르신 하나님은 그에게 즉시 복음을 전하게 하셨다. 예수께서 하나님의 아들이심과 예수님만이 그리스도 메시아이심을 전파하게 하셨던 것이다. 반대하는 유대인들에게는 예수가 그리스도라는 것을 증명하며 굴복시켜 나갔다. 유대인들은 급작스럽게 돌변한 사울을 보며 처음에는 황당해하다가 점차 당황하기에 이르렀다. 그러다 보니 전에는 사울을 중심으로 예수 믿는 자들을 핍박하던 유대인들이 이제는 도리어 사울을 먼저 죽이려고 혈안이 되었다.

잠시 열기를 낮추는 의미에서 바울에게 안수하였던 아나니아 선지자와 관계된 몇 가지를 나누고 가자. 아나니아라는 이름은 사도행전에 세 번[191] 나온다. 삽비라의 남편 아나니아와 대제사장 아나니아가 있다. 가끔 동일한 이름을 가진 사람이 전혀 다른 인생을 살아가는 모습을 보게 되면 저자는 많은 생각에 잠기곤 한다.

SNS에 '이선일'이라는 이름을 쳐보니 동명이인이 제법 많았다. 다들 너무나 다르게 살아가고 있었는데 세상 기준으로 보기에 번듯한 인물도 있고 그렇지 못한 듯한 인물도 있었다.

---

191) 바울을 안수했던 아나니아 선지자 외에도 사도행전 5장 1절의 삽비라의 남편 아나니아와 사도행전 23장 2절과 24장 1절에서 보듯 대제사장 아나니아도 있다.

같은 이름, 다른 인생!

나는 한 번 인생을 어떻게 살다가 죽을 것인가?
잘하는 일을 할 것인가, 원하는 일을 할 것인가?

이 두 질문은 욕망이나 탐욕과 결부될 위험이 있으니 주의할 필요가 있다. 저자에게 물으면 거침없이 이렇게 대답할 것이다.

'하나님이 원하시고 바라시는(소명. 부르심) 그 일을 하다가(사명. 보내심) 죽을 것이다.'

이 글을 읽는 독자도 책을 잠시 덮고 지금 당장 자신과 같은 이름의 사람들이 무엇을 하며 어떻게 살아가는지 살펴보고, 당신의 삶을 하나님 앞에서 결단해보라.

한편 당시 욥바에 있었던 사도들의 수장인 베드로에게도 하나님의 강권적인 역사가 있었다. 그것은 이방인 고넬료의 구원 사건이었다. 이 일은 하늘로부터의 환상까지 더해진 것으로 훗날 사울의 이방인 구원 사건에 대해 당시 예루살렘 교회의 수장이었던 베드로가 증인 역할을 감당하게 한 사건이었다. 이는 사도행전이야말로 성령행전임[192]을 확인해주는 또 하나의 합당한 증거이기도 하다.

---

192) '성령행전'이라 함은 사도들은 그저 성령님의 택하심과 부르심에 따라 순종함으로 묵묵히 걸어간 도구일 뿐이라는 의미다. 모든 것의 주어나 주도권은 성령님께만 있다는 것이다. 그러므로 소위 사도들의 발자취라는 뜻의 사도행전(프락세이스 아포스톨론, Πράξεις ἀποστόλων)이 아니라 성령님의 경륜에 따라 사도들이 순종함으로 남긴 발자취(프락세이스 투 프뉴마토스, Πράξεις Πνευματικός 혹은 Πράξεις τοῦ Πνεύματος)라는 의미이다.

다메섹 사건 이후 온전한 그리스도인이 된 사울은 사도행전 13장 8-12절 이후 이름을 바울로 개명한다. 그리고 예수님의 파송하심대로 "이방인과 임금들과 이스라엘 자손들"(행 9:15)에게 복음을 전하라는 소명과 사명에 따라 일평생 복음을 전하는 일에 목숨 걸고 살았다.

성령님의 도구로 사용되었던 또 하나의 소중한 사역자 중에 바나바가 있다. 그는 예루살렘 교회에서 수리아 안디옥으로 파송되었다. 바나바는 회심 후 고향 길리기아 다소에 있던 사울을 자신이 사역하던 안디옥에 데려와 동역했던 귀한 성품의 사람이다. 안디옥에서 두 사람의 호흡은 잘 맞았고 아름다운 향기를 드러내자, 비로소 안디옥 성도들은 '그리스도인'이라는 분명한 정체성을 가진 자랑스러운 이름을 얻게 되었다.

사도행전의 분수령

28장으로 구성된 사도행전을 둘로 나눈다면 안디옥 교회로부터 선교여행이 시작되는 13장을 꼽겠다. 당시 안디옥 교회에는 많은 선지자들과 성경 교사(행 13:1)들이 있었다. 이해를 돕기 위해 오늘날 용어로 표현해보자면, 바나바는 담임목사였고 사울은 겨우(?) 교육 전도사에 불과한 위치였다. 굳이 저자가 이런 사실에 초점을 맞추는 데는 그만한 이유가 있다. 그것은 안디옥 교회에서 선교사를 파송할 때의 놀라운(amazing) 기독교적 세계관 때문이다. 당시 안디옥 교회 공동체는 선교사를 파송할 때 교역자부터 성도에 이르기까지 한뜻으로 합심하여 기도하였다. 그런 후 과감하고 파격적으로 선교사 파송을 결정하게 된다. 저자는 선교사 파송에 관한 그들의 세계관에 주목하자는 것이다. 이는 후대의 많은 교회들이 한 번쯤 깊이 고민하며 생각해볼 만한 중요한 시각이자 시도이기도 하다.

바울의 1차 전도여행으로 대표되는 안디옥에서 교회 공동체가 채택한 선교사 파송은 역사상 전무후무한 것이었다. 다름이 아니라 교회의 담임목사와 이제 갓 사역자가 된 교육 전도사 정도인 바울을 선교사로 함께 파송했던 것이다. 담임목사가 특별하다거나 전도사가 지위가 낮다는 관점이 아니다. 교회가 선교사 파송을 결정할 때 직분을 마다하고 기도한 후 진실하게 성령님의 인도하심을 따랐다는 것에 방점을 두고 싶은 것이다. 경험이 많고 노련한 사람과, 비록 경험은 적으나 열정과 패기로 가득 찬 두 사람의 동역은 멋진 조화를 이루었을 것이다. 선교사 파송 시 동역자의 조건으로 바람직한 모델이 될 수 있다는 점을 부각시키고 싶은 것이다. 더욱 놀라운 것은 담임목사였던 바나바의 순전한 믿음과 온유한 성품이다.

결국 바나바와 바울은 안디옥 교회의 파송을 받아 함께 갈라디아 지역으로 가게 된다. 그곳에서의 복음 전파는 예상 그대로 성령님의 인도하심을 따라 바짝 마른 스펀지가 거침없이 물을 흡수하듯 놀라운 속도로 전해졌다. 결국 성령님의 인도하심으로 그곳의 여러 지역에는 여러 개의 통칭 '갈라디아 교회'가 세워지게 되었다.

이후 바나바와 바울은 다시 안디옥 교회로 돌아와 재충전하는 시간을 가졌다. 몸은 안디옥에 있었으나 그들의 마음은 아직도 첫 선교지였던 갈라디아 지방에 가 있었던 듯하다. 두 사람에게는 갈라디아 교인들이 복음을 붙잡고 '오직 믿음'으로 살아가는지가 늘 관심사였다. 그러던 중 유대 예루살렘으로부터 어떤 거짓 교사들이 육로로 올라와 '다른 복음'[193]을 전하며 그들을 미혹한다는 소식이 들려왔다.

영적 첫아기였던 갈라디아 교회가 다른 복음에 휩쓸려 흔들리고 있다는 소식을 듣게 되자 복음에 목숨을 걸었던 바울로서는 분노와 함께 아픈 마음을 진정할 길이 없었다. 한걸음에 달려가고 싶었으나 그럴 수도 없었다. 그리하여 바울은 공격적이고도 논쟁적으로 강한 어조의 서신을 쓰게 되는데, 그것이 갈라디아서[194]이다.

이후 다시 시작된 소아시아에서의 2차[195] 전도여행 중, 바울은 1차 전도여행 당시 말씀을 잘 받아들이던 아시아에서 계속 복음을 전하고 싶었다. 하지만 웬일인지 성령님은 아시아에서 말씀을 전하지 못하게 하셨다. 살아가다 보면 우리가 하나님의 뜻을 매번 다 알기는 어렵다. 아무리 생각해도 하나님의 뜻같이 보임에도 불구하고 막으

---

193) 다른 복음이란 왜곡된 복음 혹은 거짓 복음으로서, 믿음으로 구원을 얻는 것은 맞지만 2% 부족하다는 것이다. 믿음에 할례를 포함하여야 한다는 것으로, 율법을 준수하여야만 구원이 완성된다는 주장이었다.

194) 그렇기에 갈라디아서가 '율법주의적 유대주의자들에 대한 선전포고문'이라는 별명이 붙었던 것이다. 이외에도 다른 별명이 있는데 '종교개혁의 선언문', '기독교 신앙의 대헌장'이라고도 한다.

195) 2차 선교여행에 앞서 바울은 바나바와 심하게 다투게 된다(행 15:37-39). 1차 전도여행에서 도중하차하였던 마가 요한 때문이었다. 성품이 너그러운 바나바는 요한에게 한 번 더 기회를 주어 2차에 합류시키자고 하였고 당시만 하더라도 불을 뿜었던 바울은 1차 때 실패한 마가 요한을 향해 시선을 깔고 보았다. 한 번 실패한 놈(?)은 두 번 실패할 수 있다는 것이었다.

실 때가 있고, 때로는 전혀 아닌 듯 보임에도 그렇게 몰아가실 때도 있다. 그렇기에 주인 되신 성령님을 진정 신뢰한다면 우리의 상식에 관계없이 그냥 묵묵히 나아가야 한다.

아무튼 바울은 성령님의 만류에도 불구하고 무시아 앞에 이르러 동북쪽 비두니아로 가고자 애썼다. 성령님은 그런 바울에게 드로아 항구에 도착한 그날 밤에 마게도냐 환상을 보여주심으로 헬라(서양) 세계에 복음의 문이 열리게 된다. 바울은 개인적인 생각으로는 처음엔 아시아에서 복음이 잘 전해지자 계속 아시아에 머무는 것이 '하나님의 뜻'이라고 생각했을 것이다. 그리하여 에게 해를 바라보는 드로아 항구에 도달하게 되면 우회하여 비두니아로 갈 생각이었던 것이다. 그러나 확실히 "하나님의 생각과 길은 우리의 생각과 길과 다르고 우리보다 높음"(사 55:8, 14:24, 27)을 알아야 한다. 그러므로 주인 되신 성령님보다 앞서지 말아야 하며 진정한 그리스도인은 한평생 말씀과 성령님보다 앞서지 않는 연습을 하며 살아가야 한다. 이내 자신이 성령님보다 앞섰음을 인식한(행 16:10) 바울은, 곧장 성령님의 말씀에 순종하여 지체하지 않고 드로아 항에서 이틀 만에 마게도냐의 첫 성 빌립보에 이르게 된다. 그 길은 통상 5일이 걸리는 길임에도 불구하고 2일 만에 서둘러갔던 것이다(행 16:11, 20:6). 그만큼 바울의 즉각적인 순종과 함께 복음에 대한 열정은 뜨거웠다.

이리하여 유럽의 관문인 마게도냐 지역(동부 유럽)에서 바울의 2차 선교가 본격적으로 시작되었다. 그곳에서 두아디라 성의 자주(紫紬) 장사 루디아(루디아는 이름이 아니라 리디아에서 온 여자라는 의미이다)를 만나게 된다. 성령님의 예비하심 속에 이 여인의 집이 빌립보 교회의 처소가 된다. 바울은 그곳 빌립보에서 점을 치는 귀신 들린 여종을 고쳐주었다가 투옥되기도 하였으나 성령님의 강권적 개입하심으로 풀려났다. 이후 데살로니가로 내려가 복음을 전하였는데 핍박은 거기에서도 마찬가지였다. 깡패들을 동원한 유대인들로 인하여 다시 베뢰아로 내려갔다. 그곳에서 만났던 베뢰아 사람들은 "데살로니가에 있는 사람보다 신사적이어서 간절한 마음으로 말씀을 받고 이것이 그러한가 하여 날마다 성경을 상고"(행 17:11)하던 사람들이었다.

복음 전파에 순풍이 부는가 싶었는데, 데살로니가 깡패들이 베뢰아까지 쫓아와 소동을 일으켰다. 그리하여 다시 아덴으로 내려갔는데, 이번에는 그 성에 우상이 가득한 것을 목도하게 되었다. 심지어 '알지 못하는 신에게'(행 17:23)라고 쓰인 우상 단(壇)도 있었다. 온 성에 우상이 가득한 것과 심지어 알지도 못하는 신을 경배하는 그들에게 바울은 "우주와 그 가운데 있는 만유를 지으신 천지의 주재 되시고, 생명과 호흡과 만물을 친히 주셨고 인류의 모든 족속을 한 혈통으로 만드셔서 온 땅에 거하게 하시고, 저희의 연대와 거주의 경계를 정하신 하나님, 곧 예수 그리스도"(행 17:24-26)를 명확하게 전했다. 예수님이 바로 창조주 하나님이요 역사의 주관자 하나님이심을 전한 것이다.

이후 아덴을 떠나 고린도에 이르렀다. 예상치도 못한 핍박으로 인하여 거주지를 자주 옮겨야 했던 바울의 육신은 정말 피곤했을 것이다. 그러나 성령님의 크신 경륜은 역사의 모든 사건을 사용해서라도 당신의 계획을 이끌어가셨다. 성령께서는 로마의 황제와 당대의 역사를 움직여 고린도에서 향후 바울의 귀한 동역자가 될 아굴라와

브리스길라 부부(롬 16:3-4)를 만나게 하셨다.

　사도 바울이 고린도에 도착할 즈음 당시 로마의 황제는 4대인 글라우디오스였다. 그는 칙령[196]을 통해 로마에서 유대인과 그리스도인들을 추방하였던 인물이었다. 전해오는 말에 의하면 당시 약 25,000명가량이나 재산이 몰수된 채로 추방되었다고 한다. 이들 중 많은 난민들이 고린도로 흘러들어왔다. 그중에 아굴라 부부가 있었던 것이다. 이 부부는 천막기술자(tentmaker)였다. 때마침 고린도 항구에 난민이 많이 들어왔기에 급하게 피난 온 이들은 거처할 텐트가 필요하였을 것이다. 이 일을 업으로 하던 아굴라 부부는 손이 모자랄 정도로 사업이 잘되고 바빴을 것이다.

　마침 그때 바울도 아덴에서 무일푼으로 고린도에 막 들어왔을 때였다. 끼니조차 불투명한 시기였다. 이러한 때에 역사의 주관자이신 성령님께서 바울로 하여금 이 부부를 만나게 하심으로 훗날 로마 선교에 소중한 정보를 얻게 하시고 3차 선교여행 등 향후 복음 전파에 귀한 동역자를 주신 것이다. 의식주 또한 해결해주셨다. 성령님이 이끄시는 절묘한 타이밍과 세미하게 인도하시는 손길을 보여주신 것이다. 아무튼 바울은 고린도 항구 근처에 갔다가 많은 사람들이 운집해 있는 것과 천막 만드는 일로 바빠하는 그 부부를 보고 그들에게 다가갔다. 바울은 의식주만 해결해주면 자신이 천막 만드는 일을 도울 수 있다고 하였다. 아굴라 부부 또한 뜻밖의 기술자이자 사도인 바울을 만나 큰 힘이 되었을 것이다.

---

196)《요세푸스》(1-4권), 요세푸스, 김지찬 역, 생명의말씀사, 1987.

연약한 육신을 가진 우리가 성령님의 발자취를 그대로 따라갈 때 피곤하고, 때로는 핍박과 환란, 고난이 있을 수 있다. 그러나 인격적이신 성령님은 그때마다 능히 감당하게 하시고 반드시 피할 길도 주신다. 그리하므로 매번 그분의 손길을 흠뻑 느끼며 살아가게 하신다. 그렇기에 그리스도인은 세상이 알 수도 줄 수도 없는 기쁨 속에서 살아가게 되는 것이다. 그런 그리스도인을 가리켜 '세상이 감당하지 못하는 사람'이라고 말한다. 그러므로 인생에서 순식간에 닥치는 돌발 상황에 대한 하나님의 뜻이 이해되지 않더라도, 우리는 하나님을 신뢰함으로 묵묵히 나아가야 한다. 성령님의 발자취를 따라 한 발자국씩 차근차근 밟아가노라면, 크신 은혜는 물론 세상이 결코 맛볼 수 없는 진귀한 맛도 느끼게 될 것이다. 이 기쁨은 경험한 사람만이 알 수 있는 최고의 즐거움이기도 하다.

바울의 일관된 순종과 믿음

성령님의 절묘한 타이밍은 그 후에도 계속 이어졌다. 바울의 바람은 오매불망 로마에 가서 복음을 전하는 것이었다. 그런 소망을 품고 있던 바울에게 브리스길라와 아굴라 부부[197]를 만나게 하셨던 것이다. 더 나아가 함께 일하는 동안 로마에 관한 정보까지 듣게 해주셨다.

---

[197] 브리스길라는 로마의 귀족 출신이었다고 하며 그 집에 들어와 하인으로 있던 디아스포라 유대인 아굴라가 만나 훗날 부부가 되었다고 한다.

그 부부 역시 바울로부터 복음에 대해 가장 정확하고 확실하게 배울 수 있었다.

브리스길라와 아굴라 부부는 훗날 바울에게 더할 수 없는 좋은 동역자가 된다. 바울이 3차 전도여행을 위해 에게 해를 건너 에베소로 갈 때 아굴라 부부가 동행하였던 것이다. 나중에 이 부부는 당대의 유명한 학자이자 에베소 교회의 감독이었던 아볼로를 만나게 된다. 회당에서 하나님의 도를 가르치던 아볼로의 얘기를 자세히 듣던 아굴라 부부는 사도 바울로부터 배웠던 복음에 관하여 아볼로에게 더 자세히 풀어주었다. 당시 에베소 교회의 감독이었던 아볼로가 보여주었던 태도 역시 멋진 귀감이 된다. 그때까지 자신이 몰랐던 복음에 더하여 아굴라 부부로부터 확실히 알게 된 아볼로는 훗날 아가야 지방으로 건너가 그곳에서 하나님 나라의 복음의 일꾼으로서 계속 사역하게 된다. 한편 아굴라 부부 또한 바울이 가장 혹독하게 어려움을 겪었던 3차 전도여행지 에베소에서 바울의 든든한 동역자로 쓰임 받았다(롬 16:3-4). 역사의 주관자이신 성령님은 당신의 주도 아래 사람도 상황도 세미하게 이끌어가시는 것을 보여주셨다. 사도행전이 아니라 성령행전임을 보여주는 것이다. 그리스도인은 말씀을 통하여 상황과 환경 속에 세미하게 역사하시는 성령님을 확신할 수 있기에 저자 또한 여생에 대한 기대감이 크다.

한편 바울은 3차 선교여행지 에베소에서도 데메드리오라는 은 장색 때문에 핍박을 받게 된다. 선교를 하는 데도 불구하고 계속 어려움이 있는 것을 보며 의아해 할 독자가 있을 줄 안다. 그러나 저자의 눈에는 성령님의 이끄심에 따른 사역이기에 오히려 고난조차도 훨씬 자연스러워 보인다. 얼핏 생각하면 이해가 안 될 수도 있다. 그러나 그런 환난 속에서도 바울의 일관된 태도를 보면 뭔가(?) 있어 보이지 않는가? 복음을 전하는 데 지속적인 정면승부와 당당함은 결코 인간적인 용기가 아님을 명심해야 한다. 그렇기에 성령행전은 다이나믹하다.

에베소에서 고별 설교를 한 후 로마에 대한 마음을 간직한 채 만류하는 동역자들의 간청을 뒤로하고, 죽음을 불사하며 예루살렘으로 향한다. 당시 바울의 제자들과 선지자인 아가보, 빌립의 네 딸 등 성령의 감동을 입은 지체들은 한사코 예루살렘행을 만류하였다. 예루살렘 성에는 결박과 환난이 기다리고 있음을 보여주셨다고 하였다. 오히려 하나님은 그리스도인 지체들에게 미리 알려주셔서 바울이 전해 듣게 하셨던 것이다. 지체들의 만류에 대해 바울의 반응은 귀감이 된다. 왜냐하면 비록 그것이 사실일지라도 하나님의 또 다른 뜻이 있음을 확신하기에 예루살렘으로 들어가겠다는 것이 바울의 일관된 믿음이자 삶이었기 때문이다. 지체들을 통하여 그 모든 사실을 묵묵히 전해 듣자 바울은 다음과 같이 분연히 외쳤다.

> "나의 달려갈 길과 주 예수께 받은 사명, 곧 하나님의 은혜의 복음 증거하는 일을 마치려 함에는 나의 생명을 조금도 귀한 것으로 여기지 아니하노라"_행 20:24

이 바울의 고백은 2000년을 넘어 지금까지도 모든 사역자들의 마음을 뒤흔들며 가슴을 쿵쾅거리게 만드는 것이다. 사도 바울을 생각할 때마다 '복음에 대한 그 고백과 복음에 대한 정확한 지식이 지금 나의 것과 동일한가?'를 되돌아보곤 한다. 더하여 믿음의 유무를 점검할 때마다 내가 알고 또 믿고 있는 복음을 되돌아보며 깊은 생각에 잠기곤 한다. 동시에 죽음과 삶을 진지하게 생각하게 된다.

그리하여 바울은 예루살렘으로 갔다. 예루살렘에 들어가기 전 가이사랴 항구에 들러 근처에 살고 있던 빌립의 집에 잠시 머물게 된다. 우리가 잘 알다시피 빌립은 초대교회 일곱 집사 중 하나이자 귀한 전도자였다. 또한 설교 한 편을 마치고 순교하였던 스데반의 친구였다. 그렇기에 당시 바울이 가이사랴에 있던 빌립의 집에 머문 것은 전혀 어울리지 않는 그림이다. 왜냐하면 바울은 지난날 스데반의 죽음에 주동이었다. 그 스데반의 친구가 빌립이다. 친구를 죽인 원수가 제 발로 찾아가다니, 아무리 그 후에 예수를 믿었기로서니 말이다.

이로 미루어 볼 때 아마도 성령님은 그들의 화해를 원하셨던 것 같다. 성령님의 인도하심을 따라 빌립의 집을 방문한 바울도 멋있어 보이고 바울을 맞이하는 빌립의 모습도 멋져 보인다. 주인 되신 성령님의 뜻을 따라 당시 두 사람은 개인적으로 화해한 것으로 보인다. 천국에 가면 물어볼 궁금한 일 중 하나이다. 이렇듯 저자는 천국에 가면 물어볼 것들이 너무 많다. 천국에 반드시 들어가야 할 당위성이 많아서 행복하다.

이후 바울은 가이사랴에서 예루살렘에 들어가게 되고 당시 대제사장이었던 아나니아의 괴롭힘에 시달리게 된다. 앞서 아나니아라는 동명이인 세 명을 언급하였다. '아나니아'라는 이름의 뜻은 '하나님은 은혜로우시다'이다. 앞서 언급하였지만 우리는 한 번 인생을 이름에 걸맞게 살다가 죽자. 또 다른 동명이인으로는 둘 다 베냐민 지파였던 왕 사울과 힐렐 학파였던 바리새인 사울이 있다. 왕 사울은 용두사미 (龍頭蛇尾)의 대표다. 바리새파였던 사울은 훗날 바울로 개명하여 예수님을 만난 후 시종일관 복음을 위해 살다가 복음을 위해 죽었다.

한 번 인생, 어떻게 살다가 죽을 것인가?

아무튼 제대로 이름값도 못하던 대제사장 아나니아는 바울을 죽이는 일에 앞장서게 된다. 바울은 대제사장에게 선동된 유대인들에게 죽을 뻔하지만, 그 일에도 성령님은 세미하게 개입하셔서 당시 가이사랴에 있던 유대의 총독 벨릭스에게 넘겨지게 하셨다.

　　역사에 등장하였던 벨릭스라는 인물도 독특한 사람 중의 하나이다. 요세푸스에 의하면, 벨릭스는 천민노예로서 그는 형이 하나 있었는데 팔라스였다. 그들 형제는 당시 로마의 4대 황제였던 글라우디오 황제 어머니의 종이었다. 그들은 황궁에 살면서 사이코이며 기괴한 성질의 소유자였던 글라우디오 황제의 비위를 잘 맞추어 자유인이 되었다. 나중에는 최측근이 되어 온갖 못 할 짓을 하며 돈을 벌어들였다. 그런 후 그 돈으로 동생 벨릭스를 유대 총독으로 보냈던 것이다.

　　한편 천부장은 '아나니아 대제사장에게 선동된 유대인들이 바울을 살해하려고 한다'는 소식을 전해 듣고, 백부장 둘과 함께 호위병 470명(보병 200명, 마병 70명, 창군 200명)을 동원하여 벨릭스 총독에게 갈 때까지 바울을 보호해준다. 가만히 살펴보면 바울은 가는 곳마다 성령님이 동행하셔서 개입하시고 인도해주시고 특별히 상황과 환경, 사람을 동원하면서까지 보호해주심을 알 수가 있다. 게다가 어느 때는 바울이 처한 상황만을 가지고 볼 때 죄수인지 귀빈(VIP)인지 헷갈릴 때도 있다. 저자의 눈에는 호위병 470명이 아니라 보디가드로 보인다. 이렇듯 성령행전은 교회가 태동되는 사도행전의 처음 시작부터 바울이 압송되어 로마에 들어가는 순간까지, 아니 전 생애가 그분의 세미한 인도하심을 자세히 보여주고 있다.

로마 시민권자였던 바울은 베스도 앞에 이르러 가이사 황제에게 가서 재판을 받겠다고 하여 드디어 꿈에 그리던 로마로 가게 되었다. 당시 예루살렘에서 로마까지는 엄청나게 먼 길이었고 특별히 바울을 죽이려는 유대인들이 많았음을 볼 때 정말 위험한 길이기도 하였다. 사도행전 23장 11절에 의하면 성령님께서는 밤중에 바울에게 나타나셔서 "담대하라! 네가 예루살렘에서 나의 일을 증거한 것 같이 로마에서도 증거하여야 하리라"고 하시며 용기를 북돋워주셨다. 그리고 바울의 소원대로 로마에 가게 하시되 군인들의 안전한 호위까지 받으며 가게 하셨다. 그뿐 아니라 그 먼 곳 로마까지 돈 한 푼 들이지 않고 매일 먹고 자고 하는 일체의 경비를 나랏돈으로 부담하게 하셨다.

멋진 성령님의 해학은 계속된다. 그것은 지중해를 통한 로마까지의 뱃길 등 모든 여정에서 일어났다. 그 항해의 초기에 바울의 신분은 죄수였다. 그러나 항해가 길어질수록 그 지위는 격상되기 시작하더니, 종국적으로 지중해의 배 위에서는 예배(성찬)의 집례자가 되고(행 27:35) 배에 탔던 276명 모두를 그의 권위에 복종하게끔 만드셨다. 그것으로 끝낼 성령님이 아니셨다. 유라굴로[198] 광풍을 사용하셔서 바울이 탔던 배를 남쪽으로 밀어버리셨고, 결국 멜리데 섬[199]으로 가게 하셨다. 그 섬에 머무는 3개월 동안에도 역사의 주관자이신 하나님은 바울을 통해 당신의 하나님 되심을 더욱 드러내셨다. 독사 뱀 구이 사건(행 28:5, 마 16:15-18), 추장 보블리오의 아버지의 열병과 이질 치유 사건, 그 섬의 많은 병자 치유 사건 등을 통해서 말이다.

사도 바울 흉내내기

저자는 사도행전을 공부하며 성령님의 자상하신 인도하심과 세미하신 간섭하심을 보며 그 오묘함과 가슴 벅참을 정말 많이 느꼈다. 가만히 되돌아보니 저자의 인생에서도 그렇게 동일하게 역사하셨음을 알게 되었다. 비록 모든 인생을 많은 부분에서 바울처럼 살아오지는 못하였으나 복음에 합당하게 살기 위해 매순간 몸부림쳐 왔다. 한동안 일천한 성경 지식 때문에 괴로워하였고 어느 때는 올바로 가르쳐주는 사람이 없어 힘들 때도 있었다. 그러다가 하나님께서 허락하신 소중한 분을 만나게 되면 교제하면서 복음의 진수를 하나씩 습득

---

198) 헬라어 유로스(동풍)와 라틴어 아퀼로(aquillo, 북풍 혹은 거친 물결)의 합성어로, 폭풍의 한 명칭이다. 유라퀼론(Εὑρακύλων, Euraquillo, northeaster, 북동풍, 행 27:14)이라고 한다.
199) 멜리데(Μελίτη)는 피난처라는 뜻으로 지금의 몰타(Malta) 섬을 말한다.

해 나갔다. 그리고 그 순수한 복음만을 청년들에게 전하기 위해 안간힘을 썼다. 청년 사역자로서, 성경 교사로서, 의료 선교사로서 최선을 다해 살려고 몸부림쳤던 그 많은 순간들은 그저 그냥 된 것이 아니다. 이 모든 것들은 전적으로 성령님의 포용하심과 세미하신 인도하심이었다. 이쯤에서 저자도 사도 바울의 고백을 한 번 흉내내고 싶다.

> "내가 선한 싸움을 싸우고 나의 달려갈 길을 마치고 믿음을 지켰으니 이제 후로는 나를 위하여 의의 면류관이 예비되었으므로 주, 곧 의로우신 재판장이 그날에 내게 주실 것이니 내게만 아니라 주의 나타나심을 사모하는 모든 자에게니라" _딤후 4:7-8

> "사람이 마땅히 우리를 그리스도의 일군이요 하나님의 비밀을 맡은 자로 여길찌어다 그리고 맡은 자들에게 구할 것은 충성이니라" _고전 4:1-2

상기한 구절을 깊이 묵상하다 보니 성령 하나님께서 특별히 저자에게 베푸신 놀라운 은혜를 더 많이 알게 되었다. 길다면 길었던 30여 년의 세월을 파트타임 사역자로서 한 번의 외도 없이 청년 사역자요 성경 교사로 살아오게 하신 하나님이셨다. 때로는 방향을 잃어버리기도 하였으나 이내 곧 되돌아왔다. 많게는 성경과 교리에 무식하여 청년들을 엉터리로 인도하며 함께 구덩이에서 뒹굴던 때도 있었다. 어느 시기에는 너무 답답하여 울부짖을 때도 있었다. 그럼에도 불구하고 늘 함께하셨던 신실하신 성령님은 매 순간마다 저자에게 말씀을 가르쳐주시고 생각나게 하셨고 깨우쳐주셨다. 주인 되신 성령님은 매순간마다 저자를 신실하게 붙들어주셨다. 할렐루야!

주님은 나의 보잘것없고 어설픈 청년 사역을 시마다 때마다 격려해주셨다. 때로는 무지막지하게 달려가며 땀과 눈물을 자랑하려 할 때에도 자기 의라고 야단치지 않으셨다. 오히려 히브리서 4장 말씀을 통해, 동시에 창세기 2장 2-3절과 요한복음 5장 17절을 통해 "네가 지금껏 해왔던 그 일이야말로 생명 살리는 일"이라며 늘 저자를 인정해주셨다.

정말 가끔은 말씀을 전하고 가르치며 나 스스로 우쭐거리며 까불던 순간이 있었다. 물론 그때마다 그것이 탐욕과 욕심으로부터 나온 자기 의라고 깨닫게 해주셨다. 아울러 헛된 땀이라고 깨우쳐주셨다. 부족하고 연약한 저자에게 그렇게 다가오셨던 성령님은 어설픈 나의 모든 것들을 포용해주셨다. 저자는 하나님의 은혜에 빚진 자이다. 하나님의 사랑에 빚진 자이다. 그저 감사할 것밖에 없다. 그렇기에 이 글을 쓰며 지난날의 율법적인 행동이나 자기 의를 회개하고 또 회개한다. 수많은 실수와 허물을 회개하고 또 회개한다. 지금까지 기다려주시고 인내하셨던 좋으신 하나님을 찬양하고 또 찬양한다. 남은 인생 동안 진정 삼위 하나님 한 분만으로 만족하며 그분께만 영광 돌리며 살아가련다.

오직 하나님께만 영광(Soli Deo Gloria)!

5부

다시 오실 만왕의 왕,
심판주이신 예수님

예수님의 재림(ὁ ἐρχόμενος)

다시 오신다는 약속

하나님은 당신의 언약에 신실한 분이시다. 동시에 그 약속을 가장 소중하게 여기는 분이시다. 구약의 언약[200]을 통해 성부 하나님은 당신의 유일한 기름 부음 받은 자이신 그리스도(크리스토스, χριστός)요 메시아(마쉬아흐, מָשִׁיחַ)이신 예수님을 보내주셨다. 예수님은 자기 백성의

---

200) 성경 전체를 관통하는 하나님의 6대 언약이 있다. 이를 아담 언약, 노아 언약, 아브라함 언약, 모세 언약, 다윗 언약, 예수 그리스도 언약 혹은 새 언약이라고 한다. 《최신 구약개론》(제2판)(트렘퍼롱맨, 레이몬드 딜러드, 박철현 옮김, 크리스챤다이제스트, 2009.)와 《구약탐험》(찰스 H. 다이어 & 유진 H. 메릴, 마영례 옮김, 디모데, 2001.)를 참고하라.

죄를 완전히 해결하시고 율법을 완성하기 위해 반드시 의인으로 오셔야만 했다. 그리하여 때가 되매 예수님은 동정녀 마리아인 여인의 후손[201]으로 오셨던 것이다.

초림으로 오신 구속주(Savior) 예수님은 아무런 죄가 없으심에도 저주를 상징하는[202] 나무 위에 달리셔서 처절한 십자가 죽음으로 대가를 지불하셨다. 그렇게 하심으로 모든 것을 이루셨던 것이다. 그리고 부활 승천하시며 다시 오마('오실', ὁ ἐρχόμενος, 계 1:7) 약속하셨다. 이후 예수의 영인 보혜사 성령님을 보내주셨다(행 1:4, 2:2-4). 이제 성전 된 우리 안에는 성령님이 내주하시며 우리는 그 성령님을 주인(Lordship)으로 모시고 살아간다.[203] 진리의 영이신 성령님은 로고스(Logos)이신 말씀을 조명해주시며 순간순간 풍성한 말씀(Rhema)으로 채워주신다. 그 말씀은 단순한 금과옥조가 아니라 복음(벧전 1:25) 그 자체이다. 우리는 말씀을 기준과 원칙으로 '거룩'하신 하나님을 본받아 '거룩함'으로 살아간다. 거룩함으로 살아가는 것은 나의 노력이 아니다. 그것은 전적으로 '성령님의 도우심'이다.[204] 그러므로 우리는 반드시 오실 주님을 기다리며 그날까지 성령의 도우심으로 말씀을

---

201) 마 1:16, 18, 20, 22-23, 사 7:14을 읽어보라.

202) 신명기 율법에 의하면, 나무 위에 달린 자는 저주를 받은 자라고 하였다. 신 21:22-23; 갈 3:13을 참고하라.

203) 그리스도인은 십자가 보혈을 통하여 우리를 구속(Savior)하신 예수를 믿어 구원을 얻게 되었다. 이후 성령님을 주인(Lordship)으로 모시고 그분의 통치하에서 살아가야 한다. 그리하여 장차 재림주로 오실 예수님과 함께 미래형 하나님 나라에서 영생을 누리며 살게 될 것이다. 그러므로 우리는 한 번 인생에서 예수님을 고백하되 Savior에서 Lordship에까지 나아가야 한다.

204) 거룩이라고 말할 때 그 '거룩'(I am holy, קָדֹשׁ, 레 11:45)은 하나님의 성품이다. 그렇

붙들고 살아가야 한다.

성경에는 여러 곳에서 예수님의 재림을 거듭 말씀하셨다. 다니엘서 7장 13절에는 "인자 같은 이가 하늘 구름을 타고 와서"라고 하셨다. 요한계시록 1장 7절에는 "볼지어다 구름을 타고 오시리라 각인의 눈이 그를 보겠고 그를 찌른 자들도 볼 터이요"라고 말씀하시며 예수님의 재림을 강조하셨다. 또한, 요한계시록 22장 20절에서도 "내가 진실로 속히 오리라"고 하셨다. 재림서신이라고 일컫는 데살로니가전서 4장 16~17절에는 "주께서 호령과 천사장의 소리와 하나님의 나팔로 친히 하늘로 좇아 강림하시리니"라고 말씀하셨다.

다시 오실 재림의 예수님을 논하기 전에 초림으로 오신 예수님의 역사성과 사실성에 대한 치밀한 조명도 필요하다. 4복음서는 초림의 예수님에 관하여 좀 더 소상히 증거하고 있다. 마태복음은 왕으로 오신 예수님을 보여주셨고, 마가복음은 종으로 오셔서 낮은 자로서 섬김과 희생을 보여주셨다. 누가복음은 가장 지혜로우신 사람으로 오셔서 우리의 모든 것을 겪으시고 체휼하신 인성의 예수님을, 요한복음은 하나님의 아들로 오신 신성의 예수님을 보여주고 있다.

예수님의 공생애를 함께하며 예수님으로부터 직접 가르침을 받았던 제자(사도)들은 예수님의 죽음과 부활을 목격하였고 예수님으로부터 부르심과 파송을 받은 자들이었다. 그들이야말로 이 세상에서 가장 행복한 사람들이다. 예수님의 승천 이후 사도들은 예수님께서

기에 우리는 거룩할 수 없다. 우리는 '하나님의 도우심'(야훼 메카디쉬켐, יהוה מקדשכם :, 레 20:7-8)으로 '거룩함'(카데쉬, קדש, 레 11:45)으로 살아갈 뿐이다.

이 땅에 보내주신 보혜사 성령님께 이끌려 교회의 시작과 더불어 땅 끝까지 가라는 선교 명령에 순종하였다. 그리하여 그리스도의 복음인 하나님의 은혜의 복음이 전파되었다. 이후 초대교회는 보편적인 교회[205)를 통하여 전 세계로 확장되었다.

예수님의 핏값으로 사신 우리는 몸 된 성전으로서 재림의 그 날까지 거룩함으로 잘 준비하여야 한다. 그렇기에 고린도전서 3장 16-17절은 "너희는 '하나님의 성전'이며 우리 안에는 '하나님의 성령'이 거한다"고 말씀하셨던 것이다. 그렇기에 성전 된 우리는 "하나님의 성전을 더럽히면 하나님이 그 사람을 멸하시리라"고 하신 말씀에 유의하여야 한다. 혹시 원치 않게 더럽혀진 부분이 있다면 십자가 보혈로 깨끗이 씻어야 할 것이다. 그리하여 그날까지 신랑 되신 예수님을 묵묵히 기다리는 정결하고 슬기로운 신부로 살아가야겠다. 더하여 신랑 되신 예수님의 지상 명령[206)인 복음 전파에 올인하여야 할 것이다. 예수님의 재림에 대한 올바른 태도는 반드시 오실[207)('오실'. ὁ ἐρχόμενος) 예수님에 대한 확신과 '어서 오시옵소서'라는 재림대망 사

---

205) 공교회 혹은 보편적인 교회를 말하며 Catholic Church or Universal Church라고 한다. 우리는 머리이신 예수님을 정점으로 예수 안에서 함께 지어져가는 몸 된 교회이다. 《교회용어사전: 교리 및 신앙》(생명의말씀사)를 참고하라. 그러므로 무형 교회는 성령님을 주인으로 모신 우리 몸을 말하며, 유형 교회는 그런 우리가 모인 교회 공동체를 말한다. 현재형 하나님 나라는 성령님을 주인으로 모신 무형, 유형 교회를 모두 일컫는다.

206) 마 28:18-20을 읽어보라.

207) 요한계시록의 두 사상은 재림 사상인 '오실'(ὁ ἐρχόμενος, 계1:4, 4:8)이란 미래의 영광 가운데 오실 예수 그리스도의 오심이다. 파루시아는 아니다. 그리고 재림대망 사상(아람어 μαρὰν ἀθά - 'Maranatha', 'Our Lord has come')이다. 《요한계시록 신학》, 리차드 보쿰, 이필찬 옮김, 한들출판사, 2000.

상(마라나타)이다. 우리는 한 번 인생을 살면서 "마라나타!"(Marana tha)라고 외쳐야 하건만, 말과 달리 매번 '아직은 안 됩니다'라고 반응하곤한다. 빨리 오시라고 하기에는 지금 우리가 세상에서 너무나 많은 것을 누리기에 아쉬운 듯하다. 아니라면 아예 준비되어 있지 않은 것이다. 반드시 오실 예수님을 생각하며 이왕이면 '어서 오시옵소서!'라고말할 수 있도록 잘 준비하자.

'언제 오실까? 오시기는 할까? 오신다면 어디로 오실까?' 이런부류의 이슈들에는 아예 관심을 끄자. 재림의 날(때와 시기)과 장소가대부분 그리스도인의 최대 호기심인 것은 사실이다. 관심을 가진다고 해서 나쁘다고 할 수도 없다. 그러나 지나치다 보면 온갖 억측에귀를 기울이게 된다. 여기저기서 꿈을 꾸었다든지[208] 하나님의 음성을 들었노라며 몇 날 며칠 몇 시에 재림하신다는 소문에 마음을 빼앗길 수 있다. 심지어 어느 특정 장소로 재림하신다는 이단에 제 발로걸어 들어갈 수도 있다. 특별히 최근에는 이런 부류의 이단들이 떠드는 소리가 한층 시끄러워졌다.

사도행전 1장 7절에서는 예수님도 "때와 시기는 아버지께서 자기의 권한에 두셨으니 너희가 알 바 아니요"(행 1:7)라고 말씀하시며비록 그 시기는 알고 계셨지만 함구하셨다. 심지어 마태복음 24장 36절에는 "그날과 그때는 아무도 모르나니 하늘의 천사들도 모르고 아

---

208) 우리는 꿈 얘기를 청종하거나 꿈에 집중해서는 안 된다. 왜냐하면 신 13:1-5의 신명기 율법을 통하여 하나님은 이미 경고해주셨다. 특별히 5절에는 "그들은 꿈으로 우리를 꾀려는 것이거나 심지어는 하나님을 배반하게 하려는 것"이라고 말씀하셨기 때문이다.

들도 모르고 오직 아버지만" 아신다고까지 하시며 아들인 나도 모르는데 하물며 인간들이 안다고 하는 것은 극한 교만이라고 하셨다. 물론 예수님은 아시기는 하나 그 권한을 아버지께 두셨다는 의미이다. 그 예수님은 정하신 때에 반드시 오실(ὁ ἐρχόμενος) 것이다. 그렇기에 마태복음 26장 64절은 "인자가 권능의 우편에 앉은 것과 하늘 구름을 타고 오는 것을 너희가 보리라"고 분명하게 말씀하셨다. 우리는 오실 예수님을 잠잠히 기다리기만 하면 된다.

말씀대로 반드시 오실 예수님의 재림을 기다리며 그날까지 성령님의 온전한 통치하에서 하나님의 기쁨만으로 살아가야 할 것이다. 우리를 이 땅에 보내신 하나님의 뜻을 깊이 생각하고 올바르게 분별하도록 하자. "맡은 자에게 구할 것은 충성"(고전 4:1-2)이라고 하셨으니 주님 오실 때까지 하나님 나라의 비밀을 맡은 자로서 있는 자리에서 순종하고 충성하며 감사하며 살아가야 할 것이다.

여섯 가지로 설명하는 예수님의 재림

예수님은 반드시 재림('오실', ὁ ἐρχόμενος, 계1:4, 4:8)하신다. 죽음 이기시고 부활 승천하신 예수님은 아버지 하나님 우편에 계시다가 만왕의 왕으로, 심판 주로 오셔서 우리를 미래형 하나님 나라[209]로 데려가신

---

209) 미래형 하나님 나라란 장소적 개념으로 지금은 비가시적이지만 향후 우리가 들어갈 반드시 존재하는(요14:2-4) 하늘나라이다. 반면에 현재형 하나님 나라는 장소개념이

다. 우리가 예수님을 믿는 이유는 미래형 하나님 나라에 들어가기 위함이다. 한편, 예수님의 재림은 여섯 가지로 설명된다. '전 우주적 재림'(또는 가견적 재림), '돌발적 재림', '인격적 재림', '승리적 재림', '완성적 재림', '신체적 재림'이다. 사도행전 1장 11절에 의하면 재림하실 때의 모습은 예수님께서 승천하실 때의 모습 그대로라고 한다.

> "가로되 갈릴리 사람들아 어찌하여 서서 하늘을 쳐다보느냐 너희 가운데서 하늘로 올리우신 이 예수는 하늘로 가심을 본 그대로 오시리라 하였느니라" _행 1:11

가견적(전 우주적) 재림

가견적 재림이란 예수님께서 이 땅에 오실 때 장소에 관계없이 전 우주적으로 오시며 모든 사람이 한꺼번에 그리고 동시에 볼 수 있다는 것이다. 따라서 언제 어느 특정 장소로 재림하신다든지, 그렇기에 '그때 그곳'으로 가야 한다고 얘기하는 것은 말씀의 본질과 다르다.

마태복음 24장 30절에 의하면 "그때 인자의 징조가 하늘에서 보이겠고 그때 땅의 모든 족속이 통곡하며 그들이 인자가 구름을 타고 능력과 큰 영광으로 오는 것을 보리라"고 말씀하셨다. 또한 요한계시록 1장 7절은 "볼찌어다 구름을 타고 오시리라 각인(각 사람)의 눈이 그를 보겠고 그를 찌른 자들도 볼 터이요 땅에 있는 모든 족속이 그를

아닌 통치, 질서, 지배의 개념으로 예수님을 주인으로 모신 곳은 그 어디나 하늘나라 (눅 17:20-21)이다.

인하여 애곡하리니 그러하리라 아멘"이라고 말씀하셨다.

돌발적 재림

돌발적 재림이란 예수님의 재림은 생각지도 않은 때에 도적같이 오신다는 것이다. 더 나아가 그때와 시기는 하나님의 권한에 두셨다고 하셨다. 그러므로 우리는 정신 차리고 근신하여 늘 깨어 있어야 함을 성경은 여러 번 말씀해주셨다. 마태복음 24장 42-44절에서는 "그러므로 깨어 있으라 어느 날에 너희 주가 임할는지 너희가 알지 못함이니라 너희도 아는 바니 만일 집 주인이 도둑이 어느 시각에 올 줄을 알았더라면 깨어 있어 그 집을 뚫지 못하게 하였으리라 이러므로 너희도 준비하고 있으라 생각하지 않은 때에 인자가 오리라"고 말씀하셨다. 데살로니가전서 5장 1-2절에서는 "형제들아 때와 시기에 관하여는 너희에게 쓸 것이 없음은 주의 날이 밤에 도둑같이 이를 줄을 너희 자신이 자세히 알기 때문이라"고 말씀하시며 돌발적 재림을 거듭 강조하셨다. 요한계시록 16장 15절에서도 "보라 내가 도둑같이 오리니 누구든지 깨어 자기 옷을 지켜 벌거벗고 다니지 아니하며 자기의 부끄러움을 보이지 아니하는 자는 복이 있도다"라고 말씀하시며 늘 깨어 있어 돌발적 재림을 준비하라고 하였다.

인격적 재림

인격적 재림이란 죽으시고 부활하신 예수님께서 승천하신 뒤 하나님의 보좌 우편에 계시다가, 그 예수님이 직접 다시 재림 주로 오신다는 것이다. 예수님은 승천하신 후 '장소'를 의미하는 미래형 하나님

나라에 들어가셨다. 그날이 오면 예수님은 우리를 그 나라에 데려가
실 것이다. 그렇기에 히브리서 9장 28절에서는 "이와 같이 그리스도
도 많은 사람의 죄를 담당하시려고 단번에 드리신 바 되셨고 구원에
이르게 하기 위하여 죄와 상관없이 자기를 바라는 자들에게 두 번째
(second coming) 나타나시리라"고 말씀하셨다.

승리적 재림

승리적 재림이란 초림의 예수님이 우리 죄를 대신 지시기 위해 스스
로 자신을 낮추시고 죽기까지 복종하신 구속 주인 반면, 재림 주로
오실 그분은 능력의 천사들과 함께 호령과 천사장의 소리와 하나님
의 나팔소리로 친히 하늘로 좇아 강림하실(살전 4:16) 것이다. 그분은
심판 주로서 영벌의 심판과 영생의 심판을 하실 것이라는 말이다.

그렇기에 데살로니가후서 1장 7-10절에서는 "환난 받는 너희에
게는 우리와 함께 안식으로 갚으시는 것이 하나님의 공의시니 주 예
수께서 저의 능력의 천사들과 함께 하늘로부터 불꽃 중에 나타나실
때 하나님을 모르는 자들과 우리 주 예수의 복음을 복종치 않는 자들
에게 형벌을 주시리니 이런 자들은 주의 얼굴과 그의 힘의 영광을 떠
나 영원한 멸망의 형벌을 받으리로다 그날에 강림하사 그의 성도들
에게서 영광을 얻으시고 모든 믿는 자에게서 기이히 여김을 얻으시
리라"(우리의 증거가 너희에게 믿어졌음이라)고 말씀하셨다.

완성적 재림

완성적 재림이란 심판 주이자 승리의 주님이신 재림 주 예수님께서

이 땅에 오셔서 미래형 하나님 나라에 우리를 데리고 들어가신다는 것이다. 우리를 데리러 오실 마지막 날에 그리스도인들에게는 처음에 예수님을 믿어 얻은 칭의(justification) 후에 성화(sanctification)를 거쳐 구원의 최종적 완성인 영화(glorification)가 주어지게 될 것이다. 동시에 불신자들은 예수님의 백 보좌 심판대(계 20:11)에서 실제로는 죽지 않으나 죽음 상태인 '영원한 죽음'의 벌을 받으며 불과 유황으로 타는 불 못에 던져지게 된다(계 20:12-15, 21:8).

신체적 재림

신체적 재림이란, 심판 주로 오실 재림의 영광스러운 예수님은 영체(靈體)로 오시지 않는다는 것이다. 예수님은 온전한 육체를 가지고 오시되 부활체(復活體)로 오신다. 그 예수님은 하나님이 정하신 때에 반드시 '오실'(ὁ ἐρχόμενος, 계1:4, 4:8) 것이다. 이것을 '호 에르코메노스'라고 한다. 이는 요한계시록의 종말을 요약하는 두 가지 중심 사상 중 하나로 '예수님은 반드시 오신다'는 것과 다른 하나는 '마라나타'이다. 앞서 돌발적 재림에서 언급하였듯이 예수님이 언제 어느 때에 오실지 그때와 시기는 알 수 없다. 다만 우리는 반드시 '오실' 그 예수님을 기다리되, 언제 오시든지 상관하지 않고 "아멘 주 예수여 어서 오시옵소서"라는 의미인 '마라나타'(아람어 μαρὰν ἀθά, I am coming(ἔρχομαι), quickly(ταχύ))를 외치며 잘 준비함으로 주님을 기다리면 된다. 그저 주님 오실 때까지 그분의 때(카이로스, καιρός)를 잠잠히 기다리며 그분의 뜻(델레마, θέλημα)을 따라 몸부림치며 살아가야 할 것이다.

종말(D-day)과 말일(V-day)

18강

종말이란

그리스도의 재림에 있어서 흔히 혼용되어 잘못 사용하고 있는 단어를 정리해보자. 오랫동안 신앙생활을 했던 그리스도인조차 종말과 말일[210]을 혼동하는 경향이 있다. 종말과 말일은 어떻게 다를까? 종말은 언제부터 언제까지일까?

---

210) 우리가 말하는 종말은 말세라고 하며 전쟁 용어로, D-day 혹은 Decision(결정)의 날이라고 한다. 승리를 이루어 전쟁은 끝이 났으나 잔당이 남아 있어 완전한 승리는 아니다. 반면에 말일이란 마지막 날, 심판의 날, 승리의 날, 재림의 날을 말하며, 종말의 끝인 말세지말(末世之末)이라고 한다. 전쟁 용어로 상기 D-Day와 대조되어 V-day 혹은 Victory(승리)의 날로 쓰인다.

말일 혹은 마지막 날이라고 하는 V-day는 종말의 끝 날을 말한다. 다시 오실 재림의 예수님이 만왕의 왕으로 오셔서 모든 것을 심판하실 그날이다. 흔히 전쟁에 있어서 작전을 성공시킨 후 모든 것이 끝나는 완전한 승리의 날을 뜻한다.

반면에 우리가 흔히 얘기하고 있는 종말 혹은 말세의 의미는 전쟁 용어를 빌리자면 D-day를 말한다. 종말이란 예수님의 십자가 수난 후부터 혹은 초림의 그날부터 재림 전까지의 전 기간을 의미한다. 2000년 전, 예수님께서 오셔서 사탄의 머리를 온전히 깨부수었다. 그때 예수님을 통하여 우리는 사탄과의 전쟁에서 이미 승리하였다. 이후 종말의 끝인 마지막 날이 되면 마귀는 영원히 유황불 못에 던져짐(계20:10)으로 모든 것이 완전히 끝날 것이다.

그렇기에 오늘을 살아가는 우리는 종말의 때를 살아가고 있는 것이다. 지금은 예수님이 십자가로 승리하신 초림으로부터 다시 오실 재림 전까지를 살아가는 '종말 시대'인 것이다. 예수님의 재림 편에서 언급하였지만 예수님이 오신다는 말일 혹은 마지막 날은 종말의 끝 날로서 그날이 언제일지 우리는 알 수 없다. 그러므로 우리는 예수님의 재림에 있어서는 언제 오실 것인지에 집중할 것이 아니다. 도리어 반드시 오실 예수님을 기다리며 지금 철저히 예수님 맞을 준비를 하며 살아가야 한다. 엉뚱한 얘기로 긴장감을 고조시키거나 미혹하는 이단이나 사이비의 모임에는 절대 가지 말라. 그들은 자기의 이익을 위하여 영혼들을 낚아채기 위해 그럴싸한 말로 시한부 종말론을 이야기한다. '예수님이 곧 오시니 잘 준비해야 한다'라며 하던 일을 모두 접게 만든다. 직장을 그만두게 하거나 공부를 포기하게 하고, 심지어 가정까지도 포기하게 한다. 결국, 그들은 자신의 탐욕을 위하여 연약한 영혼을 속이는 것이다.

성경은 여러 곳에서 일관되게 예수님의 재림 시 취해야 할 우리의 바람직한 상황 혹은 태도에 관해 말씀해주신다.

마태복음 24장 40-41절에서는 "두 사람이 밭에 있으매 하나는 데려감을 당하고 하나는 버려둠을 당할 것이요 두 여자[211]가 매를 갈고 있으매 하나는 데려감을 당하고 하나는 버려둠을 당할 것"이라고 하였다. 이는 예수님이 언제 오시더라도 상관없이 우리는 열심히 일하던 그 상태에서 부활체로 변형되어 미래형 하나님 나라에 들어가게 된다는 말이다. 이것을 도외시한 채 산에 들어가야 한다거나 특정 단체에 들어가 오로지 흰옷 입고 주님만을 기다려야만 한다고 속이는 자들에게 넘어가서는 안 된다.

마태복음과 유사하게 누가복음 17장 34-35절에서도 "그 밤에 두 남자[212]가 한 자리에 누워 있으매 하나는 데려감을 당하고 하나는 버려둠을 당할 것"이라고 하셨다. 아버지와 아들이 함께 있다가도 둘 중에 하나만 선택될 수 있다는 것이다. 이것은 하나님의 주권인 선택과 유기로 이해할 수 있다. 그러므로 가족 중 한 사람이 잘 믿기만 하면 나는 거저 구원받을 수 있을 것처럼 착각해서는 안 된다. 신앙은 개인적이기 때문이다.

---

211) 두 여자는 헬라어로 뒤오(δύο)라고 하는데 눅 17:34-35절의 두 남자와 동일한 단어로 쓰였다. 혹시나 레즈비언(lesbian)으로 생각할까 싶어 사족을 붙인다.
212) 두 남자는 헬라어로 뒤오(δύο)라고 하는데 마24:40-41절의 두 여자와 동일한 단어로 쓰였다. 혹시나 호모(homo)로 생각할까 싶어 사족을 붙인다.

또한 '곧 오실' 예수님을 기다리며 아무것도 하지 말아야 한다는 시한부 종말론자들의 교묘한 속임수에도 놀아나지 말아야 할 것이다. 앞장에서도 재림의 그 시기는 잘 모른다고 누누이 말하였다. 심지어 마태복음 24장 36절에 그날과 그때는 "오직 아버지만" 아신다고 하셨잖은가? 그러니 '언제'라는 것에는 아예 관심을 꺼 버리자.

시기보다는 오히려 '언제 오시더라도'와 '반드시 오실'(ὁ ἐρχόμενος)에 방점을 두어야 할 것이다. 지금 내게 주신 그 일이 아버지 하나님의 소명과 사명임을 알고 언제 오시더라도 상관없이 최선을 다하며 지금을 살아가면 된다. 이것이 올바른 종말론적 신앙관이다. 요한계시록 1장 7절에 "내가 진실로 속히 오리라"고 하셨으니 그렇게 믿고 정확한 '그' 날짜를 궁금해 하지 말고 '곧 오실' 주님을 맞을 철저한 준비를 하면 된다. 그리하여 "아멘 주 예수여 어서 오시옵소서"(μαρὰν ἀθά, 계 22:20)라는 고백과 함께 반드시 오실 주님을 기다리며 그날을 대망하는 우리가 되어야겠다.

C. S. 루이스에 의하면 종말론적 신앙관에는 세 가지 전제가 있다. 예수님은 반드시 다시 오신다. 언제 오실지는 아무도 모른다. 그 시기나 장소와 관계없이 언제 오시더라도 우리는 하루하루를 거룩함으로, 우리를 향하신 하나님의 뜻을 따라, 악한 세대를 잘 분별하며 몸부림치며 살아야 할 것이다.

19강 하나님의 시간과 사람의 시간

하나님의 정한 시간, 카이로스

역사를 주관하시고 섭리하시는 하나님께서는 당신의 6대 언약에 따라 '때'(하나님의 시간 카이로스, καιρός)가 되매 메시아이자 그리스도이신 예수님을 동정녀 마리아를 통해 성령으로 나게 하셨다. 예수님 외에 세상 모든 인간은 남자의 후손으로 태어났다. 예수님만이 여자의 후손으로 오셨다. 완전한 인간으로 오신 예수님은 율법 아래 들어오셨으나 죄는 없으셨다. 역사상 유일한 의인이신 예수님께서 율법 아래 오신 것은 죄 있는 인간을 속량하시기 위함이었다.

"때가 차매 하나님이 그 아들을 보내사 여자에게서 나게 하시고 율법 아래 나게 하신 것은 율법 아래 있는 자들을 속량하시고 우리로 아들의 명분을 얻게 하려 하심이라"_갈 4:4-5

'여자에게서 나셨다'는 것은 여인의 후손으로 오시마 약속하신 말씀의 성취이다. '율법 아래 있는 자들을 속량하셨다'는 것은 성육신 하신 예수님의 구속으로 율법의 완성을 이루셨음을 말하며 그 예수님의 십자가는 우리 죄를 속량하기 위한 제물이었다는 의미이다.

그 예수님은 십자가상에서 모든 것을 이루신 후 성소와 지성소 사이의 성전 휘장을 위로부터 아래로 찢어주심으로 하나님께로 나아가는 길을 열어주셨다. 십자가에서 돌아가신 예수님은 3일 후 부활하셔서 40일간 이 땅에 계시다가 500여 형제가 보는 데서 다시 오시마 약속하시고 하나님의 나라로 승천하셨다. 이제 그리스도인은 그날까지 잘 준비함으로 승리의 주이자 심판 주이신 재림의 예수님을 기다리기만 하면 된다.

"가라사대 때와 기한은 아버지께서 자기의 권한에 두셨으니 너희의 알 바 아니요"_행 1:7

때와 기한을 정확하게 아셨던 예수님도 재림의 날을 아버지의 권한에 두셨다. 아버지 하나님의 권한에 두신 재림의 정한 그 시간을 카이로스라고 한다. 더하여 하나님의 섭리와 경륜 속에 정하신 모든 시간이 바로 카이로스의 시간임을 알아야 한다.

우리는 더 이상 마지막 날에 대해 시점을 알려고 하지 말아야 한다. 하박국 2장 3절에 "이 묵시는 정한 때가 있나니 그 종말이 속히 이르겠고 결코 거짓되지 아니하리라 비록 더딜지라도 기다리라 지체되지 않고 정녕 응하리라"고 말씀하셨으니 주님을 신뢰함으로 잠잠히 기다려야 할 것이다. 마지막 날이 거의 다 왔다고 생각될수록 말씀으로 더욱더 무장하자. 복음이 오염되지 않도록 말씀을 사수하고 동시에 늘 깨어 기도하여야 할 것이다.

때(시간, time)를 의미하는 헬라어는 두 가지가 있다. 그리스 신화에서 유래된 '카이로스'(καιρός)와 '크로노스'(χρόνος)이다. 전자가 하나님의 경륜을 따라 정하신 하나님의 시간이라면, 후자는 하나님의 섭리와 무관하게 인간이 정한 시간을 말한다. 아브라함을 예를 들어 스토리텔링으로 설명하고자 한다.

크로노스의 결과 주어진 아들, 이스마엘

아브람은 하나님의 약속을 따라 이방 땅이었던 갈대아 우르에서 하란을 거쳐 유프라테스 강을 건너 가나안으로 들어갔다. 그곳에서 기근을 만나자 얼른 애굽으로 들어갔다가 아내를 뺏기는 난리를 치른 후 다시 가나안으로 돌아오게 된다. 그런 다음 조카 롯과 헤어지면서 약속의 땅 가나안에 남게 된다.

그로부터 10년이 흘렀다. 큰 민족을 이루어주시겠다는 약속은 고사하고 아들 하나 없이, 부부가 서로를 쳐다보며 세월을 낚고 있었다. 소망의 불꽃은 점점 더 사라져 가고 부부는 노쇠해져 갔다. 그럼에도 불구하고 자손을 주시마 약속하신 하나님으로부터는 아무런 기별도 특별한 사인도 없었다. 그들은 "도대체 하나님의 계획은 무엇이란 말인가?"라며 하루에도 몇 번이나 하늘을 쳐다보며 중얼거렸을 것이다. 복의 근원이 되게 해주시마 약속하신 것은 차치하고라도, 아이 하나 없으니 그 허전함은 무엇으로도 메워지지 않았을 것이다. 이제나저제나 하나님의 때를 기다리던 노부부는 급기야 답답해지기 시작하였다. 그리하여 조급증이 발동했을 것 같다. 더 나아가 그들에게는 타당한 명분과 합리화가 늘어갔을 것이다. 일과를 마치고 어둑어둑한 저녁이 되면 노부부는 한 방에서 서로 마주 앉아 대화하곤 하였을 것이다. 예민한(?) 문제에 대한 대화는 서로의 눈치만 살폈을 것이다. 그러던 어느 날, 인간적으로 조금 더 적극적이었던 사래가 조심스럽게 말을 꺼냈다.

"여보, 제가 아예 생리가 나오지 않습니다. 게다가 최근에 당신도 늙어가는 모습이 눈에 확연히 드러납니다. 거울 한번 보시라고요. 우리가 가만히 있으면서 아무 일도 하지 않는 것은 직무유기가 아닐까요? 이러다가 하나님의 약속은 고사하고 오히려 하나님의 약속을 망치는 것은 아닐까요? 나도 그렇지만 당신이라도 더 늙기 전에 뭔가 합리적인 방법을 구하여 아이를 하나 얻읍시다. 그래서 말인데요, 제가 오랫동안 생각해보았습니다. 우리가 지난번 애굽에 내려갔을 때 데려왔던 나의 종 애굽 여인 하갈이 있잖아요? 그 애가 참해 보입니다. 내가 한 번 눈감아 줄 테니 그 아이(씨받이)를 통해 자손을 유지합시다. 그러면 우리가 애써 하나님의 약속을 도와주는 것도 되잖아요? 이거야말로 누이 좋고 매부 좋은 격이지요!"

거울이 당시에 있었는지 없었는지는 모르겠다. 아마도 자신의 모습을 볼 수 없었기에 아브람 자신은 정작 늙는지도 모르고 느긋했을지도 모르겠다. 반면에 사래는 아브람의 늙어가는 얼굴을 볼 수 있었다. 여하튼 사래의 제안은 제법 명분이 있었고 일면 타당해보였다. 또한 하나님의 계획을 돕는 것처럼 느껴졌을 것이다. 게다가 사래의 제안은 아브람 편에서도 그리 싫지 않았을 법하다. 아내 사래에게는 속마음을 드러내기가 미안해 약간 뜸을 들이는 척 했을지도 모르겠다. 마지못해 아내에게 화답하는 투로 "그러십시다"라며 흥미 없는 척 했을 것 같다.

그리하여 사람의 시간을 의미하는 그들 부부의 정한 시간인 크로노스가 진행되었다. 반면에 하나님의 시간인 카이로스는 잠시 묻혀버렸다. 그 결과 이스마엘이 역사에 나오게 된 것이다. 이스마엘 출생 후 13년간 하나님은 아브람에게 나타나지도 말씀하지도 않으셨다. 아버지 하나님의 아픔이 느껴지는 순간이다. 그러나 입장을 바꾸어 생각해보면, 적어도 당시 상황에서는 아브람에게 '하나님이 너무 심하셨던 건 아닌가?'라는 생각도 든다. 왜냐하면 이스마엘 출생 전까지 사라를 통한 자식에 대해 그 어떤 말씀도 사인도 없었기 때문이다.

카이로스의 결과 주어진 아들, 이삭

그러다 아브람이 99세 되던 때 갑작스럽게 다시 나타나신 하나님은 모든 남자에게(창 17:10) 할례를 명하셨다. 그리고 그 다음해에 약속의 자손 이삭을 주시겠다고 하셨다. 그리하여 아브라함이 100세, 사라는 90세에 하나님의 약속은 성취되었다. 요약하자면 이삭은 하나님의 때인 카이로스의 선물이지만, 이스마엘은 인간의 때인 크로노스의 산물이라는 것이다.

그리스도인은 역사의 주관자 되신 하나님의 섭리 하에 한 번의 유한된 인생을 살아간다. 길지 않는 삶이지만 카이로스를 생각하며 예민한 선택을 해야 한다. 물론 매번 하나님이 주신 진정한 카이로스를 알기가 만만치 않다. 저자의 팁(tip)을 제시하고자 한다.

첫째, 지금 선택하려고 하는 그 일이 진정 하나님의 기쁨이 되는지를 먼저 살펴보라. 만약 어색하거나 걸리는 뭔가가 있다면 그것은 카이로스가 아닐 수 있다.

둘째, 꼭 지금 선택해야 하는지를 기도해보라. 더하여 그동안 차곡차곡 준비된 것이 있는지를 점검해보라. 내가 원하는 것보다, 내가 잘하는 것보다 진정 하나님이 원하시는 것인지를 살펴보라. 결국 '지금!, 철저한 준비!, 하나님의 원하심!'에 집중하여야 한다.

셋째, 반드시 내가 해야 하는지를 냉정하게 살펴보라. 하나님께서 나를 통하여 하실 때가 바로 카이로스의 때이다.

넷째, 성령님의 자연스러운 인도하심이 있는지를 살펴보라. 만약 진정 카이로스라면 뭔가를 시작하려는 그 시점에 평안함을 주실 것이다. 동시에 거룩한 부담감도 있을 수 있음을 알아야 한다.

다섯째, 주변에 나를 알고 있는 분들이 축복하며 기도로 동참할 그때가 바로 카이로스이다.

두 번 다시 돌아오지 않는 직선 인생에서 이왕 해야 할 선택이라면 카이로스를 잘 분별하여 바르게 하여야 한다. 왜냐하면, 한번 선택한 후에는 모든 것이 달라지기 때문이다. 그러므로 선택의 순간이 다가올 때마다 반드시 하나님의 섭리와 하나님의 시간을 생각하자. 조금 늦더라도 기도하며 하나님의 표정을 충분히 살피자. 그것이 진정 하나님의 뜻인지 동시에 하나님의 때인지를 겸손히 물은 후 바른 선택을 하여야 할 것이다.

20강 하나님의 나라 (βασιλεία τοῦ Θεοῦ, Kingdom of God)

천국과 지옥

성경에는 천국과 지옥에 관하여 구체적인 내용은 없으나, 천국과 지옥의 존재는 분명히 얘기하고 있다. 그렇기에 천국이나 지옥을 얘기할 때는 약간의 상상이 필요하기는 하다. 그러나 사실(fact)에 관심을 기울였으면 좋겠다.

성경에서 천국을 의미하는 단어들로는 하늘나라, 삼층 천, 낙원, 거룩한 성 새 예루살렘, 하나님의 장막, 하늘 성소, 참 하늘, 천년왕국 등이 있다. 새 하늘과 새 땅을 뜻하는 신천신지(新天新地)라는 단어도 있는데, 이것은 이단 집단 신천지와 전혀 무관하다.

지옥[213]을 얘기하는 단어로는 음부, 무저갱, 불과 유황 못, 깊은 구덩이, 불 못, 불과 유황으로 타는 못 등이 있다. 지옥과 관련한 단어 중 음부(陰部)는 히브리어로 스올 혹은 아바돈이라고 하며 헬라어로는 하데스 혹은 아뷔손(아바돈)이라 한다.

최근 들어 천국과 관련해 가장 마음 아픈 것은 복음주의권에서 조차 천국이라는 '장소'가 실제로는 없다고 말하는 메신저들이 생겨 난다는 점이다. 더 나아가 '하나님과 함께하는 곳은 그 어디나 하늘 나라'라고 하면서, 천국의 장소적 개념을 아예 폄하해버리기도 한다. 절반은 맞는 말이나 절반은 틀린 말이기에 결국 틀린 말이다. 그런 사람들은 지옥도 하나님의 사랑의 성품상 없을 것이라고 말한다. 저 자는 하나님의 성품인 공의와 사랑을 생각해볼 때 천국과 지옥은 확 실히 있다고 믿는다. 또한, 천국은 잠시 후에 얘기할 현재형과 미래 형 하나님 나라를 잘 구분하면 교묘한 이들의 미혹에 흔들림이 없을 것이라고 확신한다.

우리가 예수님을 믿는 종국적인 이유는 구원받아 반드시 존재하 는 '미래형 하나님 나라'에 들어가기 위함이다. 단순히 구원받기 위해 예수를 믿는다고 얘기하는 것은 약간 부족하다. 물론 예수님의 십자

---

213) 지옥을 나타내는 단어는 계 20:10,14,15, 21:8을 참고하라. 히브리어로 지옥을 나타 내는 스올(שְׁאוֹל)은 underworld or hell로서 욘 2:2에 나온다. 또한 전 9:10에 의하면 지 옥은 일도 없고, 계획도 없고, 지식도 지혜도 없다고 한다. 헬라어로는 하데스 혹은 아뷔손(ᾅδου or ἄβυσσον)이라고 한다. 특별히 아뷔손 혹은 아바돈(Ἀβαδδών)은 계 20장의 무저갱을 말하는데, 창 1:2의 깊음(테홈, תְהוֹם) 혹은 바닥없는 구덩이를 의미 하기도 한다.

가 구원은 아무리 반복하여 강조해도 지나치지 않다. 그러나 십자가 보혈에만 머물러서는 안 된다는 점도 기억하여야 한다. 당연히 유월절 어린양이신 예수님 외에는 구원이 없다. 우리는 미래형 하나님 나라에 들어가기 위해 예수를 믿는 것이다.

하나님 나라(βασιλεία τοῦ θεοῦ)

이제 하나님 나라에 관해 설명하려 한다. 주석서 등을 일부 참고[214] 하였으나 이렇게 설명하는 것은 저자의 주관적 생각임을 밝혀둔다.

하나님 나라는 현재형과 미래형이 있다. 현재형은 지배, 통치, 질서, 주권의 개념이다. 반면에 미래형은 지금은 보이지 않지만, 반드시 존재하는 장차 우리가 갈 하늘나라이다.

먼저 현재형 하나님 나라를 살펴보자. 하나님을 주인으로 모시고 그분의 지배와 통치, 질서 하에서 살아가는 사람은 "이미 하나님의 나라가 네 안에 이루어졌다"는 말씀에 부합한다. 이때의 하나님 나라를 현재형이라고 한다. 성령님을 주인으로 모시고 사는 성전 된 우리가 바로 '현재형 하나님 나라'인 것이다. 그렇기에 누가복음 17장 20-21절은 "어느 때에 하나님의 나라가 임하느냐?"고 묻던 바리새인에게 "하나님의 나라는 볼 수 있게 임하는 것이 아니요 또 여기 있다 저기 있다고도 못하리니 하나님의 나라는 너희 안에 있다"고 말씀하

---

214) 《그랜드 종합주석》13권(누가복음, 요한복음편)을 참고하라.

셨던 것이다. 또한 마태복음 12장 28절에서도 "하나님의 나라가 이미 너희에게 임하였느니라"고 말씀하셨다.

　다시 강조하지만, 하나님을 주인으로 모시고 그분의 통치 아래에 살아간다면 그 어디나 하나님 나라이다. 이것을 '현재형 하나님 나라'라고 한다. 그렇기에 사도바울은 현재형 하나님 나라를 얘기하면서 고린도전서 3장 16절을 통하여 "너희가 하나님의 성전인 것과 하나님의 성령이 너희 안에 계신다"고 말하였던 것이다. 즉 하나님을 주인으로 모신 나 자신이 하나님의 성전이고 성전 된 내 안에 성령님을 주인으로 모셨다면, 이미 내 안에 하나님의 나라가 임한 것이라는 말이다. 또한 그런 그리스도인들이 모인 곳도 하나님의 나라이다. 그러므로 '너희 안에~'를 in or among 어느 것으로 해석해도 무방하다. 왜냐하면 현재형 하나님 나라는 장소가 아니라 주권, 통치, 질서, 지배개념이기 때문이다.

　그 하나님의 나라는 이미 우리 안에 이루어졌다. 나아가 그런 그리스도인의 모임인 교회 공동체 또한 하나님의 나라이다. 더 확장하면, 그리스도인의 공동체나 예수님을 주인으로 모시고 살아가는 민족과 열방도 동일하게 현재형 하나님 나라이다. 우리는 살아있는 동안 '그' 하나님의 나라를 확장해 나가야 한다. 그렇기에 적극적으로 복음을 전하는 것이다.

　반면에 '미래형 하나님 나라'는 현재에는 비가시적이기에 보이지 않지만 반드시 존재하는 장소적 개념으로, 우리가 죽음 이후에 들어가서 삼위 하나님을 주인으로 모시고 영원히 살아갈 곳이다. 요한계시록 21장 4절에 의하면, 그 나라에는 죽음도 눈물도 아픔이나 애통이나 곡하는 것도 없다고 한다. 또한, 그 나라에서는 한 번 사는 인생 동안 선한 싸움을 싸우고 달려갈 길을 마치고 믿음을 지켰기에 우리에게 주시는 의의 면류관을 하나님의 존전에 다시 돌려 드리며[215] 찬양하며 살아갈 나라이다. 하나님의 주인 되심을 기뻐하면서 그분께만 영광을 돌리며 살아갈 분명한 장소 개념인 영원한 나라가 '미래형 하나님 나라'이다.

그리스도인이 들어가게 될 '미래형 하나님 나라'가 현재 우리가 느끼는 것처럼 동일하게 시공간으로 주어질지 아니면 또 다른 어떤 형태로 주어질지는 정확하게 알 수 없다. 확실한 것이 있다면 그 나라는 지금의 몸과는 완전히 다른 변화된 몸인 부활체[216]로 살아간다는 것이다. 그렇게 삼위 하나님과 영생을 누릴 것이다. 우리는 그 나라에서 삼위 하나님을 주인으로 모시고 경배하며 영원히 살아갈 것이다. '미래형 하나님 나라'는 로마서 14장 17절에 의하면, "먹고 마시는 것이 아니라 성령 안에서 의와 평강과 희락"이라고 말씀하셨다.

'미래형 하나님 나라'가 장소 개념임을 분명하게 보여주는 구절이 요한복음 14장 2-4절이다. 이는 예수님께서 부활하신 후 승천하

---

215) 계 4:10-11은 밧모 섬에 유배되어 있던 사도 요한에게 천상의 예배 모습을 보여주는 장면이다. 일생 동안 열심히 사역하였기에 주신 것으로 생각했던 딤후 4:7-8의 '의의 면류관'이 알고 보니 전적으로 하나님의 인도하심이었음을 깨닫게 된다. 그러자 하나님의 존전으로 나아가 면류관을 돌려드리는 예배 장면이다.

216) 예수를 믿든 안 믿든 간에 모든 사람은 예수님 재림 후 다 부활한다. 성경은 그리스도인의 부활체(the resurrection of the dead, ἡ ἀνάστασις τῶν νεκρῶν)에 대해서만 고전 15:42-44절에서 네 가지로 말씀해주셨다. 우리의 몸은 썩지 아니하며 강하며 영광스러우며 신령한 몸으로 다시 산다고 하였다.

시면서 우리에게 하신 말씀으로 "내 아버지 집(house)에 거할 곳(rooms)이 많도다 그렇지 않으면 너희에게 일렀으리라 내가 너희를 위하여 처소(a place)를 예비하러 가노니 가서 너희를 위하여 처소를 예비하면 내가 다시 와서 너희를 내게로 영접하여 나 있는 곳에(where I am) 너희도 있게 하리라 내가 가는 곳에(where I am) 그 길을 너희가 알리라"고 하셨다.

여기서 '집', '곳', '처소', '나 있는 곳' 등의 헬라어[217]는 분명한 장소 개념으로 쓰여 있다. 그러므로 우리는 한 번 인생을 그 나라(미래형 하나님 나라)를 기다리며 기대하며 살아가고 그 나라(현재형 하나님 나라)를 확장하는 일에 충성되게 살아가야 할 것이다.

한 번 죽는 것은 사람에게 정하신 것이요 모든 육신은 예외 없이 한 번은 육적 죽음을 맞게 되어 있다. "한 번 죽는 것은 사람에게 정하신 것"이라고 히브리서 9장 27절은 분명하게 말씀하셨기 때문이다. 육적 죽음 이후, 언제라도 상관없이 예수님께서 재림하시면 우리는 부활하게 된다. 혹 우리가 예수님의 재림 전에 육적 죽음을 맞더라도 재림 시 부활하게 될 것이므로 전혀 상관없다. 반면 우리가 살아있는 동안 예수님의 재림을 맞으면 그저 감사이다. 결국, 이 세상에서의 정해진 시간은 인간의 편에서는 의미가 있지만, 하나님의 편에서는 아무런 의미가 없다는 것이다. 부활 후 우리는 지금과는 완전

---

217) 헬라어의 장소를 가리키는 '집', '처소', '곳', '나 있는 곳'을 의미하는 단어로는 오이키아(house, οἰκία), 모나이(room, μοναί), 토폰(place, τόπον), 호푸(where, I am ὅπου)가 있다.

히 다른 변화된 몸(고후 5:1-2)인 부활체로 백 보좌 심판을 거쳐 미래형 하나님 나라에 들어가게 된다.

'죽음'이라는 헬라어[218]는 두 가지가 있다. 다나토스와 네크로스이다. '성령님의 내주하심' 유무에 따라 두 종류의 사람[219]으로 나뉘는데 그들 각각에게 닥치는 죽음은 완전히 다르다. 그렇기에 두 종류의 사람이 있고 두 종류의 죽음이 있음을 알아야 한다. 결국, 그리스도인의 죽음과 비그리스도인의 죽음은 다르다는 것이다.

모든 그리스도인은 다나토스의 죽음을 맞이하게 된다. 다나토스란 육적 죽음이 끝이 아니라 영원으로 향하는 시작이며, 그 죽음은 영생으로 들어가는 첫 관문이라는 것이다. 그렇기에 그리스도인의 육적 죽음은 죽음이 아니라 영원을 향한 새로운 시작이며 소망이다. 세상 나라에서 하나님 나라로 옮기는 '이동'이다. 신앙 선배였던 사도 바울의 경우 그가 맞은 죽음은 진정한 다나토스의 죽음이었다. 디모데후서를 깊이 묵상해보면 이러한 사실을 잘 알 수 있다.

바울 서신의 가장 마지막에 쓰인 디모데후서는 유언적 성격이 짙다. 특별히 디모데후서 4장 6절에서 바울이 죽음을 가리켜 '떠난다'(departure)라고 얘기하고 있는 것에 유의할 필요가 있다. 그는 죽음

---

218) 인생에는 두 종류의 죽음이 있다. 죽음이 영원으로 들어가는 첫 관문인 다나토스 (thanatos θνήσκω, the root of thanatos, 요 11:26, 빌1:21-23)와 죽으면 끝장나는 네크로스(necros, νεκροὺς)가 있다. 끝장이라는 것은 더 이상 소망이 없음을 말한다. 그리스도인의 죽음을 다나토스라고 한다면 비그리스도인의 죽음을 네크로스라고 한다.
219) 땅의 흙(먼지)으로 당신의 형상을 따라 사람을 만들되 생기(성령)가 없는 사람을 아담이라고 하며 생기가 있는 사람을 네페쉬 하야라고 한다.

을 끝장났다고 하지 않고 '이동'이라고 하였다. 이로 보건대 그는 다나토스의 죽음을 맞은 것이다.

'떠난다'라는 말의 헬라어는 '아나뤼세오스'(ἀναλύσεως)이다. 결국, 다나토스의 죽음은 끝이나 종말 혹은 소멸이 아니라 나그네 된 이 세상을 떠나 본향으로 돌아가는 것이라는 말이다. 그렇기에 그 죽음은 미래형 하나님 나라에로의 옮김 혹은 이동을 말한다. 우리는 반드시 지옥으로 가게 될 불신자의 죽음인 네크로스와 하나님 나라에로의 이동을 의미하는 성도의 죽음인 다나토스는 본질에서 다름을 알아야 한다. 그러므로 우리는 바울처럼 하나님의 부르심을 따라 보내신 그곳에서 충성스럽게 사명을 감당하면서, 하나님 은혜의 복음의 비밀을 맡은 자로 살다가 부르시면 이 땅을 가볍게 떠날 수 있어야 한다. 살아서는 할 일이 있어 기쁘고, 죽어서는 갈 곳이 분명하여 기쁜 사람이 그리스도인이다.

예수를 믿든 안 믿든 모든 사람은 육적 죽음 후에 부활하여 심판을 받게 된다. 예수님의 백 보좌 심판(크고 흰 보좌, 계 20:11, λευκὸν θρόνον)을 통해 그리스도인은 영생이라는 상급의 심판을 받기에 두 번의 죽음(영적 죽음, 육적 죽음)을 맞는다. 비그리스도인은 백 보좌 심판을 통해 영벌의 심판을 받아 유황 불 못에 떨어져 죽지도 않는 영원한 죽음으로 들어가기에 세 번의 죽음을 맞게 된다고 한다(영적 죽음, 육적 죽음, 영원한 죽음). 영원한 죽음이란 실상은 죽는 것이 아니라 유황 불 못에서 영원히 죽음 같은 고통을 당하는 것을 말한다.

아담 이후로 모든 사람은 죄가 전가되어 영적으로 죽은 상태인 죄인으로 태어난다. 연합의 원리이자 대표의 원리 때문이다. 감사하게도 그리스도인은 선택과 유기교리를 따라 하나님께서 은혜로 택해 주셔서 예수를 믿게 되었다. 이후 영적으로 부활하게 되고 유한한 인생을 거룩함으로 살기 위해 몸부림치다가 모든 사람에게 미치는 육적 죽음을 맞는다. 다나토스의 죽음을 맞게 될 그리스도인은 비록 죽음이 미지의 세계이기는 하나 비그리스도인보다 훨씬 더 죽음을 쉽게 받아들일 수 있게 된다. 왜냐하면 죽음 후에는 예수님의 백 보좌 심판을 통해 주님과 함께 영생을 누리며 살아감에 대해 확신이 있기 때문이다. 반면 비그리스도인은 영적 죽음으로 태어나서 누구나 맞게 되는 육적 죽음 후 예수님의 백 보좌 심판을 통해 말로 표현하기 두려운 영원한 죽음을 맞게 된다. 그들이 육적 죽음 앞에서 벌벌 떠는 이유이다.

예수님은 2000년 전 부활 후 승천하셔서 장소 개념인 미래형 하나님 나라인 하늘 성소에 들어가셨다. 결국, 예수님은 하늘 성소에 들어가시기 위해 승천하신 것이다. 그렇기에 히브리서 9장 11-12절에는 "그리스도께서 장래 좋은 일의 대제사장으로 오사 손으로 짓지 아니한 것, 곧 이 창조에 속하지 아니한 더 크고 온전한 장막으로 말미암아 염소와 송아지의 피로 아니하고 오직 자기 피로 영원한 속죄를 이루사 단번에 성소에 들어가셨느니라"고 말씀하셨고, 이어 24절에는 "그리스도께서는 참 것의 그림자인 손으로 만든 성소에 들어가지 아니하시고 오직 참 하늘에 들어가사 이제 우리를 위하여 하나님 앞에 나타나시고"라고 말씀하셨던 것이다. 여기서 하늘 성소, 더 크고 온전한 장막, 참 하늘 등은 분명한 장소 개념인 '미래형 하나님 나라'를 말한다. 이런 신실하신 말씀에 의지하여, 이제 우리는 예수님께서 언제 오실는지 정확하게 알지 못하나 그리스도께서 주인 되실 미래형 하나님 나라를 설레는 마음으로 기대하며 기다리도록 하자. 요한계시록 1장 7절에서 "볼찌어다 구름을 타고 오시리라"고 말씀하신 것처럼, 반드시 오실(ὁ ἐρχόμενος) 예수님의 재림과 함께 완성될 '미래형 하나님 나라'에 들어갈 것을 갈망하여야 하겠다.

갈망을 통한 기다림이란 믿음의 또 다른 언어이다. 그날이 와서 미래형 하나님 나라에 들어가기까지 묵묵히 준비하며 기다리자.

그날까지 그리스도 복음의 제사장(롬 15:16)답게 살자.

그날까지 새 언약의 일꾼(고후 3:6)답게 살자.

그날까지 화목케 하는 직분자답게(고후5:18) 살자.

* 참고도서

《복음과 하나님의 의(로마서강해1)》, 존 파이퍼, 주지현 옮김, 좋은씨앗, 2013.
《복음과 하나님의 은혜(로마서강해2)》, 존 파이퍼, 주지현 옮김, 좋은씨앗, 2013.
《복음과 하나님의 구원(로마서강해3)》, 존 파이퍼, 주지현 옮김, 좋은씨앗, 2013.
《복음과 하나님의 사랑(로마서강해4)》, 존 파이퍼, 주지현 옮김, 좋은씨앗, 2013.
《복음과 하나님의 주권(로마서강해5)》, 존 파이퍼, 주지현 옮김, 좋은씨앗, 2013.
《복음과 하나님의 백성(로마서강해6)》, 존 파이퍼, 주지현 옮김, 좋은씨앗, 2013.
《복음과 하나님의 나라(로마서강해7)》, 존 파이퍼, 주지현 옮김, 좋은씨앗, 2013.
《복음과 하나님의 나라》, 그레엄 골즈워디, 김영철 옮김, 성서유니온, 1988.
《복음과 하나님의 계획》, 그레엄 골즈워디, 김영철 옮김, 성서유니온, 1994.
《내가 자랑하는 복음》, 마틴 로이드 존스, 강봉재 옮김, 복있는사람, 2008.
《기독교의 기본진리》, 존 스토트, 황을호 옮김, 생명의말씀사, 2009. 2015.
《사도행전 강해》, 존 스토트지음, 정옥배 옮김, IVP, 2012.
《바이블 키(신약의 키)》, 송영목, 생명의양식, 2015.
《바이블 키(구약의 키)》, 김성수, 생명의양식, 2015.
《최신 구약개론》(제2판), 트렘퍼 롱맨, 레이몬드 딜러드, 박철현 옮김, 크리스챤다이제스트, 2009.
《구약탐험》, 찰스 H. 다이어 & 유진 H. 메릴, 마영례 옮김, 디모데, 2001.
《성경배경주석(신약)》, 크레이그 키너, 정옥배외 옮김, IVP, 1998.
《성경배경주석(창세기-신명기)》, 존 월튼, 빅터 매튜스, 정옥배 옮김, IVP, 2000.
《한권으로 읽는 기독교》, 앨리스터 맥그래스, 황을호/전의우 옮김, 생명의말씀사, 2017.
《성경해석》, 스코트 듀발-J.다니엘 헤이즈, 류호영 옮김, 성서유니온, 2009.
《성경을 어떻게 읽을 것인가?》, 고든 D 피-더글라스 스튜어트, 오광만/박대영 옮김, 성서유니온, 2014.
《책별로 성경을 어떻게 읽을 것인가?》, 고든 D 피-더글라스 스튜어트, 길성남 옮김, 성서유니온, 2016.
《성경파노라마》, 테리 홀, 배응준 옮김, 규장, 2008.
《넬슨성경개관》, 죠이선교회, 2012.
《이 책을 먹으라》, 유진 피터슨, 양혜원 옮김, IVP, 2006.
《너희는 나를 누구라 하느냐》, 윤철호, 대한기독교서회, 2013.
《내가 알지 못했던 예수》, 필립 얀시, 김동완/이주엽 옮김, 요단출판사, 1998.
《예수님처럼》, 맥스 루카도, 윤종석 옮김, 복있는사람, 1999.

《누구를 위한 신앙인가》, 찰스 피니, 유정희 옮김, 스테스톤, 2012.

《자네, 정말 그 길을 가려나》, 김남준, 생명의말씀사, 2008.

《성경통독》, 조병호, 통독원, 2004. 2017.

《성경과 5대제국》, 조병호, 통독원, 2011.

《신구약 중간사》, 조병호, 통독원, 2012.

《성경해석학》, 권성수, 총신대학출판부, 1991.

《그랜드 종합주석》(1-16권), 성서교재간행사, 1993.

《현대신학연구》, 박아론, 기독교문서선교회, 1989.

《두란노 HOW주석》, 목회와 신학 편집부, 두란노아카데미, 2008.

《요세푸스》(1-4권), 요세푸스, 김지찬 옮김, 생명의말씀사, 1987.

《기독교강요》(상,중,하), 존 칼빈, 김종흡, 신복윤, 이종성, 한철하 공역, 생명의말씀사, 1986.

《프란시스 쉐퍼전집(1): 기독교철학 및 문화관》, 프란시스 쉐퍼, 생명의말씀사, 1994.

《프란시스 쉐퍼전집(2): 기독교 성경관》, 프란시스 쉐퍼, 생명의말씀사, 1994.

《프란시스 쉐퍼전집(3): 기독교 영성관》, 프란시스 쉐퍼, 생명의말씀사, 1994.

《프란시스 쉐퍼전집(4): 기독교 교회관》, 프란시스 쉐퍼, 생명의말씀사, 1994.

《프란시스 쉐퍼전집(5): 기독교 사회관》, 프란시스 쉐퍼, 생명의말씀사, 1994.

《바벨탑에 갇힌 복음》, 행크 해네그래프, 김성웅 옮김, 새물결플러스, 2010.

《복음의 진수》, 프란시스 쉐퍼, 조계광 옮김, 생명의말씀사, 2014.

《하나님의 도성》, 성 아우구스티누스, 조호연/김종흡 옮김, 크리스챤다이제스트, 1998.

《탕부 하나님》, 팀 켈러, 윤종석 옮김, 두란노, 2016.

《요한계시록 신학》, 라챠드보쿰, 이필찬 옮김, 한들출판사, 2000.

《첫째는 유대인에게》, 대렐보크-미치 글래이저 공동편집, 김진섭 옮김, 이스트윈드, 2009.

《이야기 교회사》, 김기홍, 두란노, 2010.

《창세기 파헤치기》, 김남국, 두란노, 2014.

《한눈에 보는 신약성경》, 홍성국, 성경말씀사관학교, 2014.

《한눈에 보는 구약성경》, 이성훈, 성경말씀사관학교, 2014.

《한눈에 보는 성경 조직신학》, 안명준, 성경말씀사관학교, 2014.

《게제니우스 히브리어 아람어사전》. 이정의 옮김, 생명의말씀사, 2007.

《스트롱코드 헬라어사전》, 로고스편찬위원회, 로고스, 2009.

《스트롱코드 히브리어 헬라어사전》(개혁개정4판), 로고스편찬위원회, 2011.

《우리 사랑할까요》, 박수웅, 두란노, 2004.

《우리 결혼했어요》, 박수웅, 두란노, 2006.

《핵심 성경히브리어》, 김진섭/황선우, 2012.

《핵심 성경히브리어》, 김진섭/황선우, 크리스챤출판사, 2013.

《직독직해를 위한 히브리어 400 단어장》, 박철현, 솔로몬, 2016.

《직독직해를 위한 헬라어 400 단어장》, 박철현, 솔로몬, 2017.

《성경 히브리어》, PAGE H. KELLEY, 류근상/허민순 옮김, 크리스챤출판사, 1998.

《신약성경 헬라어 문법, S. M. BAUGH, 김경진 옮김, 크리스챤출판사, 2003.

Oxford Learner's THESAURUS, A dictionary of synonyms, OXFORD, 2008.

《아가페 성경사전》, 아가페 성경사전 편찬위원회, 아가페출판사, 1991.

《순례자의 노래》, 스탠리 존스, 김순현 옮김, 복있는사람, 2007.

《호크마 종합주석》, 강병도 편자, 기독지혜사, 1989.

《영성을 살다》, 리처드 포스터/게일 비비, 김명희/양혜원 옮김, IVP, 2009.

《말씀관통 100일 통독》, 홍성건, 규장, 2014.

《어? 성경이 읽어지네!》, 이예실, 두란노, 2003.

《율법, 그 황홀한 은혜》, 임원택, 도서출판 수풀, 2006.

《성경속의 생활풍속 따라잡기(신약편)》, James M. Freeman, 남송현 옮김, 아가페, 1996.

《성경속의 생활풍속 따라잡기(구약편)》, James M. Freeman, 남송현 옮김, 아가페, 1996.

《주제별 성경에서 골라낸 1246가지 이야기》, 기독교문사 편집부, 기독교문사, 1998.

《성경에 비춰본 고사숙어》, 각공 조두천, 민예원, 1996.

《인물별 성경연구》, 알란 스트링펠로우, 두란노서원 편집, 두란노, 1994.

《책별 성경연구》, 알란 스트링펠로우, 두란노서원 편집, 두란노, 1995.

《교리별 성경연구》, 알란 스트링펠로우, 두란노서원 편집, 두란노, 1995.

《주제별 성경연구》, 알반 더글라스, 두란노서원 편집, 두란노, 1995.

《구원사로 접근하는 TBC성서연구(구약1-2)》, TBC 성서연구원, 2003.

《구원사로 접근하는 TBC성서연구(신약1-2)》, TBC 성서연구원, 2003.

네이버, World Population Since Creation, Lambert Dolphin, 1995.

청년을 향한 열정과
신학 지식이 어우러진 책

구자영 타워그안, 프로젝트 삼백 대표, 트리니티신학대학원 총동창회장

저자는 한평생 청년들과 차세대 사역에 열정을 바쳐온 분입니다. 저자의 열정과 신학적 지식이 어우러져 이 한 권의 멋진 저서가 완성되었습니다. 일반적인 해설서와 전혀 다른 현장감은 물론이요 청년들이 관심 있는 부분의 가려운 곳까지 잘 긁어주고 있습니다. 성경학교 교사나 교역자들이 청년과 청소년들에게 성경을 어떻게 가르쳐야 할지 모르는 경우를 많이 보았습니다. 이 책은 그런 분들에게도 좋은 지침서가 될 것으로 생각합니다. 신구약 성경 전체를 깊이 있고 체계적으로 이해하기 좋도록 엮어 무척 흥미롭습니다.

약간은 두껍고 양이 많은 듯 보이지만, 한번 읽기 시작하면 끝까지 읽고 싶어서 좀처럼 책에서 손을 떼지 못하게 합니다. 이 책을 통해 청소년, 청년들이 성경 공부에 대한 열정이 일어나게 되기를 기도 드립니다.

복음에 눈 뜨고
성경을 따라 살도록 독려할 책

김범석 시드니순복음교회 담임목사

이선일 원장님을 2010년 뉴질랜드 코스타에서 처음 만났습니다. 원장님은
환자들을 진료하느라 코스타 두 번째 날 밤 12시가 넘어서 캠프장에 도착
했습니다. 하지만 시간이 아깝다고 밤을 새우며 청년들의 고민을 들어주었
습니다. 원장님은 강대상에 서서 말씀을 전하는 것도 중요하게 생각했지
만, 청년들 한 명 한 명을 직접 만나고 그들의 고민과 아픔을 들어주고 함께
하는 것도 귀하게 여겼습니다. 왜냐하면 그렇게 하는 것이 진정 청년들을
살릴 수 있다고 믿었기 때문입니다. 이선일 원장님은 정말 청년을 사랑하
는 청년 사역자입니다. 그는 그렇게 30여 년을 한결같이 청년들과 함께 울
고 웃으며, 어떻게 하면 청년들에게 복음을 전할 수 있을까를 늘 고민하며
아파해왔습니다. 그 결과가 바로 이 책입니다. 결국 오직 말씀, 오직 믿음,
오직 은혜임을 체득했기에 복음과 성경에 대해서 쓰게 된 것입니다.

　이 책은 성경이 무엇인지, 성경 전체를 관통하는 핵심 내용과 의미는 무
엇인지, 무엇보다 성경을 어떻게 읽어야 하는지를 가르쳐줍니다. 그래서 성
경을 총괄적이면서 건강한 관점에서 읽을 수 있는 눈을 갖게 합니다.

　오늘날 수많은 청년이 말씀에 목말라 합니다. 하지만 말씀을 읽어도 폭넓
은 성경의 배경이나 핵심 내용에 대한 이해가 부족해 이해가 되지 않기 때
문에 지속해서 읽어가는 것을 힘들어 합니다. 이 책은 그러한 어려움을 시
원하게 해소시켜줄 것입니다. 그렇기에 이 책은 복음에 눈을 뜨고 그 말씀
을 좇아 살도록 독려하고 도전을 줄 것입니다. 청년을 향한 이선일 원장님
의 마음을 느끼다 보면 결국 하나님의 마음을 경험하게 될 것입니다.

'다른 시간'을 사는 젊은이에게
복음을 전하고 가르치는 책

김병삼 만나교회 담임목사

'이선일'이라는 사람의 정체성이 참 모호합니다. 처음 코스타에서 만났을 때 '의사'라는 직업을 가진 평신도 사역자이며 목회자의 아들로 태어나 '장로'로서 교회를 섬기는 사람인 줄 알았습니다. 그러나 알고 보니 그는 청년들을 향하여 뜨거운 마음을 가지고 말씀을 전하는 선교사였습니다.

선교는 다른 지역으로 떠나 복음을 전하는 공간적인 선교와 다른 세대에게 복음을 전수하는 시간적인 선교로 나뉜다고 생각합니다. 저는 '이선일'이라는 사람을 '시간 선교사'라고 부르고 싶습니다.

지금까지 기독교의 역사는 거의 대부분을 공간적인 선교에 치중하였습니다. 그러나 공간적 선교의 관점에서 북미와 유럽 교회가 훌륭한 업적을 남겼음에도 불구하고 현재 쇠락의 길을 걷고 있는 이유는 시간적 선교에 실패했기 때문입니다. 그런 의미에서 '지금'을 살며 '다른 시간'을 사는 젊은이들에게 복음을 전하고 가르치는 그의 선교를 응원합니다.

《복음은 삶을 단순하게 한다》는 젊은 청년들이 가지고 있는 성경에 대한 지적 욕구를 풀어주는 귀중한 책이며 믿음의 유산을 다음 세대에 전해주기 위한 노력의 산물입니다. 저자는 성경 66권을 하나의 숲으로 볼 수 있는 안목을 제시하고 성경의 참 의미를 밝힘으로써 신앙의 내비게이터 역할을 수행하고 있습니다. 하나님께서 주신 은사를 가지고 다음 세대를 위해 준비한 이 귀한 책을 누구보다 먼저 소개받아 감사하며, 다시 한 번 하나님께 영광을 돌립니다.

진정한 크리스천 의사이자
참다운 성경 선생님

박수웅 가정 사역자, 코스타 강사, JAMA 창립멤버, 미국 마취과 전문의

인생에서 많은 만남이 있는데 그중 이선일 원장님을 만난 것은 하나님의 큰 은혜다. 같은 의사의 입장에서 보면 그는 진정한 크리스천 의사다. 실력 있는 정형외과 전문의로서 수많은 환자들로부터 칭찬받는 명의다. 또한 코스타에서 만난 그는 열정의 복음 사역자로서 많은 청년들의 롤모델이다. 창세기로부터 요한계시록에 이르기까지 예수님 중심의 구속사를 정확하게 꿰뚫고 강의하며, 성경을 의심하는 청년들에게 복음을 분명하고 명확하게 전달해주고 청년들을 변화시키는 참다운 성경 선생님이다. 그런 그가 이 책을 출간한 것은 청년뿐만 아니라 일반 성도에게도 큰 축복이 될 것이다. 나는 모든 성도들이 이 책을 읽고 분명한 성경 중심의 신앙을 바로 세우길 바란다. 그래서 이단이 난무하는 이 세상에서 말씀으로 바로 서서 승리하는 삶을 살도록 이 책을 '강추'한다.

교회에서 청년 가정을 살리고 싶은가?
이 책을 선물하라!

송길원 가족생태학자, 목사, 행복발전소 하이패밀리 대표

이선일 원장은 말씀을 전하는 사람이다. 그를 만날 때마다 성경을 강조하는 소리를 듣지 않을 수 없다. 어떤 때는 다른 재미있는 이야기는 없냐고 할 때도 있다. 그런데 그에게는 성경 이야기가 가장 재미난 이야기다. 한번

꺼낸 이야기의 주제로 혼자서 밤을 홀딱 넘길 때도 있다. 울산에서 그 바쁜 병원 업무를 보면서도 성경을 가르치고 복음을 전파하는 일을 위해 어느 날은 서울에, 어느 날은 부산에, 그렇게 전국적으로 동에 번쩍 서에 번쩍 하며 뛰어다닌다. 성경을 가르치고 바른 복음을 전하겠다는 사명 때문이다.

이선일 원장은 청년을 위하는 사람이다. 그가 바쁘게 다니며 성경을 가르치는 대상이 주로 청년들이다. 지금까지 그가 성경을 가르친 제자의 수는 헤아리기 어렵다. 청년의 때에 하나님의 말씀을 바로 알고 깨닫지 못하면 나이 들어서 새롭게 말씀을 사모하더라도 알기가 어렵다.

이선일 원장은 가정을 위하는 사람이다. 그렇기에 내 마음에 쏙 든다. 청년들을 많이 만나고 청년들에게 말씀을 따라 살 것을 가르치다 보니, 청년들에게 그리스도 안에서 결혼할 것을 권하고 믿음의 자녀를 많이 낳아 말씀 안에서 양육하라고 강조한다. 그는 나와 같은 가정 사역자는 아니지만, 어찌 보면 그만큼 성경적인 가정과 결혼을 강조하는 이도 드물 것 같다. 그는 심지어 성경에서 본인이 중요하다고 여기는 주제들 중 성경적인 결혼과 가정에 대하여 특별히 강조하고 있다. 그는, 청년들이 성경을 바로 이해하고 제대로 배우면 올바른 결혼을 소망할 수밖에 없다고 말한다. 결국 기독교 가정 사역의 기초는 다름 아닌 말씀에 있는 것임을 새삼 느끼게 한다.

교회에서 청년들을 살리고 싶은가? 교회 안에 믿음의 가정을 이루는 청년 커플이 늘어나기를 기대하는가? 그렇다면 이 책을 선물하라. 이 책으로 성경을 공부하게 하라. 믿음의 청년 가정들이 무수히 태어날 것이다.

시대별로 역사의 관점으로 교차 정리해
성경이 선명해진다

신관식 퍼스순복음교회 담임목사

이선일 원장은 하나님의 부르심과 사명을 받고 청년 사역자요 성경 교사요 의료 선교사로서 살아온 지 30여 년이 되었습니다. 환자들을 돌보는 그 바쁜 병원 사역 가운데서도 하나님을 향한 열심과 청년 리더들을 말씀으로 양육하고자 하는 그의 열정을 통하여 이 책이 발간됨을 기쁘게 생각합니다.

이 책은 성경 전체를 보다 쉽게 이해할 수 있도록 시대별로 역사의 관점으로 교차 정리하였고, 원어에 입각한 설명으로 그 뜻을 보다 선명하게 이해하게 해줍니다. 특히 저자가 강조하는 '6 Sola'(여섯 가지 '오직')를 통하여 복음의 핵심을 기술한 부분은 백미 중에 백미입니다. 이 책을 통하여 청년 리더들과 다음 세대가 말씀을 제대로 알고 무장하며 하나님의 말씀을 기준 삼아 이 땅에 든든히 세워질 것을 확신합니다.

오직 복음으로,
복음 안에서 살려고 애쓰는 사람

신상언 낮은울타리 대표

오랫동안 저자를 곁에서 보아온 한 사람으로서 이것만은 분명히 말할 수 있을 것 같다. '오직 복음으로, 복음 안에서 살려고 애쓰는 사람.'

저자는 비저너리(visionary)이면서 메신저(messenger)이고 힐러(healer)이며 바이블 티처(Bible teacher)다.

저자의 비전은 오직 하나, 이 땅의 청년들이 복음 안에서 올바로 사는 것이다. 그 비전을 위해 자신의 모든 것을 쏟아부으며 살아왔다. 비록 몇몇은 저자의 그런 비전을 이해하지 못하기도 했지만, 실망하지 않고 오직 한 길을 가는 모습이 경이롭기까지 하다.

이 책에도 나오지만, 열악하기 짝이 없는 오지로 의료 선교를 가서 하루 종일 환자를 진료한 뒤 그들을 불러다 앉혀놓고 밤새워 복음을 전하고, 열이 내리지 않는 족장의 아들을 앞에 놓고 중보기도를 하다 기절을 할 정도의 열정은 어디서 나오는가? 나는 그에게 감탄할 때가 한두 번이 아니다. 나는 그의 열정이 오직 예수 그리스도로부터 나오는 것이라고 믿는다. 그렇지 않으면 평생을 그 비전 안에서 열정으로 살아갈 리가 없다.

오직 은혜!
오직 믿음!
오직 성경!
오직 그리스도!

종교개혁 당시 신앙의 선배들이 가졌던 그 위대한 믿음이 율법주의나 인본주의, 혹은 혼합주의로 빛이 바래가는 듯한 이 시대에, 수많은 육의 환자들을 애정으로 돌보는 중에도 사랑하는 청년들을 위해 복음을 복음으로 정리해낸 그 열정에 박수를 보낸다.

바라기는 이 책이 생명 없이 죽어가는 사람이나, 새 생명은 얻었지만 생명력을 잃고 육신의 욕정에 사로잡혀 사는 수많은 청년들의 영혼에 생수가 되어 흘러넘치기를 바란다. 오직 하나님만이 영광을 받으시기를….

청년의 신앙 기초와 뼈대가
더욱 튼튼해질 것!

윤상갑 가나안교회 담임목사

이 책의 저자는 청년 사역자입니다. 저자는 20여 년 전 본 교회에서 청년 사역자로 함께 동역을 했습니다. 저자가 매주일 청년들과 함께하면서 말씀을 심어주려고 열정을 쏟던 때가 기억이 납니다. 청년들을 맡아 사역하며 주일의 만남뿐만 아니라, 주중 낮에는 울산에 있는 병원에서 정형외과 원장으로 일과를 보내고, 수요일마다 밤에는 피곤에 지친 몸에도 불구하고 리더들을 세우기 위해 부산에 있는 교회로 달려와 3-4시간씩 정성을 쏟아부을 정도였습니다. 평소에도 복음에 열정적인 것을 알고는 있었지만 그토록 지독하게 열정적인 것을 직접 보았고 감탄했습니다.

저자는 청년 사역자로 예수 십자가 복음이 가슴에 불같이 활활 타올라 견딜 수 없는 마음으로 청년들을 위한 HRC(초교파청년연합)를 조직해 청년들을 세우고, 전국의 교회를 다니며 복음을 전하고, 그것도 모자라 코스타(국제유학생수련회) 강사로 세계를 오가며 몸이 세 개라도 모자랄 정도로 복음을 위해 헌신하고 있는 보석같이 귀한 사역자입니다. 그가 복음을 전할 때에는 십자가 사랑에 대한 뜨거운 열정과 해박한 성경 지식과 영감과 비전이 넘치는 말씀에 감동입니다. 듣는 사람들의 가슴을 금방 뜨겁게 달구곤 합니다.

이 책은 성경과 복음에 대해 쓴 책입니다. 수많은 청년들이 성경을 더 잘 알고 싶어 하고 복음의 비밀을 더 잘 깨닫고 싶어 하는데, 저자는 그들의 마음을 잘 알고 있기에 그들의 눈높이에 맞추어 지금까지 몸으로 부딪치면서 실제로 강의했던 노하우를 이 책에 고스란히 담았습니다. 성경과 복음의 핵심을 놓치지 않고 이해하기 쉬우면서도, 결코 가볍지 않은 존재감이 있는 책을 만들고자 한 저자의 노력이 엿보입니다.

숲을 보듯 성경을 전체로 보고, 구약과 신약을 구속사적 관점으로 본다는 그의 안목은 지극히 평범한 것 같으나 결코 평범하지 않습니다.

청년들과 신학생들이 이 책을 읽으면 신앙의 기초와 뼈대가 더욱 튼튼해질 것입니다. 이 책을 통해 수많은 젊은이들이 복음으로 견고히 세워질 것을 믿어 의심치 않으며, 집필에 수고한 저자에게 격려의 박수를 드립니다.

다음 세대를 다른 세대로 만들지 않게 해줄 책

이루다 멜번 레디언츠교회 목사

한국 기독교의 자랑이며 은혜 중 하나는 믿음의 선배들입니다. 나라와 민족을 사랑하고 불의를 거부했던 그들이 신앙적 결단을 한 시기는 대부분 청춘의 때였습니다. 그들이 뜨거운 가슴으로 이 땅에 하나님나라를 세워갈 때 흔들리지 않았던 까닭은 그 열정을 이끌어갈 말씀이 청년 시절의 기준이 되었기 때문입니다. 그런데 지금 많은 분들이 조국 대한민국 기독교의 앞날을 걱정하고 있습니다. 가장 큰 문제는 교회에 가슴은 뜨겁고 지성은 말씀으로 준비된 청년이 줄어들며 교회를 떠나고 있다는 현실입니다. "양식이 없어 주림이 아니요 여호와의 말씀을 듣지 못한 기갈이라"라고 선포한 아모스의 고백이 지금과 다르지 않아 가슴 아픕니다.

다음 세대를 사사기 2장의 '다른 세대'로 만들지 않기 위해서는 우리가 그들에게 말씀을 잘 가르쳐 말씀으로 살아갈 수 있도록 해줄 책이 필요하다고 기도해왔습니다. 《복음은 삶을 단순하게 한다》는 오랜 시간 청년들과 함께 지내며 그들을 말씀으로 무장한 지도자로 키워가는 일에 헌신해온 이선일 원장님의 성경 강의노트입니다. 그래서 이 책이 나왔다는 소식이 더욱 반갑습니다.

원장님을 곁에서 지켜보며 늘 도전이 되는 것은 그분이 복음을 사모할 뿐 아니라, 복음을 전하는 일을 기뻐하며 복음을 삶으로 살아내기 위해 몸 부림친다는 것입니다. 따라서 이 책은 단순한 지식만 전하지 않습니다. 한 사람의 삶과 함께한 공동체의 삶의 무게까지 실려 있는 성육신적 메시지 입니다. 청년보다 더 청년 같은 열정과 사명을 포기하지 않았던 오랜 시간 의 열매인 이 책을 통해, 하나님의 사랑과 뜻 가운데 준비하신 인생 여정에 깊은 은혜가 있기를 축복합니다.

삶으로 하나님의 말씀을 살고 싶어하는 청년에게 추천함

이민교 민족통일에스라운동협의회 대표

병원에서 뼈 깎는 소리가 행복하게 들린다는 정형외과 이선일 원장님의 말씀이 아직도 귀에 쟁쟁합니다. 이렇게 확실하게 아버지의 일을 하고 계 시는 이선일 원장님께서 코스타와 각종 청년 집회에서 강의한 내용이 한 권의 책으로 묶여져 세상에 태어나게 되었습니다.

오랫동안 청년 사역을 해왔을 뿐 아니라 지금도 활발하게 사역하고 있는 이선일 원장님이 심혈을 기울여 쓰신 성경 개관서입니다. 성경과 복음, 숲 과 나무를 볼 수 있도록 총론과 개론을 망라하였고, 청년 사역자로서 개인적인 경험과 간증을 포함하여 중요한 내용은 집중하고 반복하기도 했습니다. 성경을 알고 싶어 하는 구도자들에게 총체적인 안내서가 될 것입니다.

하나님의 말씀을 삶으로 살고 싶어 하는 청년들에게, 예수 그리스도의 제자가 되기를 소망하는 이 땅의 모든 사람들에게 마음을 모아 추천합니다.

'제2의 루터'를 고대하는
도화선에 불을 붙인다

이연원 미얀마 선교사

오늘날 우리 그리스도인에게는 넘어야 할 큰 산이 앞에 놓여있다. 빠르게 확산되는 교회와 그리스도인의 세속화다. 뭔가 하지 않으면 안 될 것 같아 진행되는 이벤트성 교회 문화가 유행처럼 번져가고 있다. 이런 풍조는 복음의 본질을 희석시킨다. 성경보다는 프로그램에 의지하게 만들고, 세상의 유혹이 '문화'라는 이름으로 포장되어 교회를 약화시키는 통로가 되고 있다. 저자는 세상과 복음이라는 이원론적인 갈등이 있을 때 주저 없이 복음이 확증한 길을 걷는 삶을 살아왔다. 카멜레온적인 그리스도인이 많아진 요즘 세상에서 그는 늘 자신에게 엄격한 잣대를 들이대곤 했다. 그것은 오직 복음, 오직 예수였다.

의료 선교사, 성경 교사, 청년 사역자의 길을 걸으며 치열하게 진리를 탐구하고, 그 깨달은 가르침을 따라 살고자 평생을 몸부림친 저자가 젊은이들에게 전하고자 하는 진리는 성경적 삶이다. 이 책이 말하려는 숨은 의도는 저자의 삶을 통해 구현된다. 복음이 확증한 길을 걷는 삶이다.

저자는 주님께 진정으로 헌신된 한 사람의 참된 그리스도인이 어떻게 세상을 바꿔가야 하는 지를 설파하며 '제2의 루터'를 고대하는 도화선에 불을 붙인다. 하나님 나라에서 쓰임 받는 제자가 되기를 원하는 그리스도인 청년들에게 이 책이 오직 복음만이 줄 수 있는 길을 발견하는데 소중한 도움이 되리라 의심치 않는다.

믿음은 의심하지 않기 위해서가 아니라 행동하기 위해 존재한다

이정일 캔버라 호주기독교대학 교수

믿음의 삶을 행동으로 살고 있는 이선일 의료 선교사님. 이분의 삶을 알고 있는 주변의 지인들은 모두 궁금해 한다. 같은 24시간을 살면서 어떻게 이렇게 많은 일을 놀랍게 해낼 수 있을까? 의사로, 청년 사역자로, 말씀 설교자로, 기독교 상담자로, 위로자로, 권면자로, 의료 선교사로…. 어느 한 역할도 만만한 것이 없는 각 영역에 '최고의'라는 수식어가 항상 붙는다. 하나님은 한 사람에게만 너무 많은 재능을 편애하고 허락하시는 분이신가?

성경은 하나뿐인 아들을 이 세상에 보내신 그 사랑은 모든 사람을 위한 것이라고 답한다. 그분의 사랑을 더 깊고 철저하게 깨달은 사람은 그분 안에서 무엇이든 가능하다. 이선일 선교사의 하나님에 대한 순전한 사랑과 열정을 이 책을 통해 아멘으로 받는다. 동시에 하나님에 대한 나의 사랑이 어디에 와 있는지 도전받으며 돌아보고 점검받는다. 각 페이지마다 그분에 대한 사랑과 열정을 감전되듯 느끼지 않을 수 없기 때문이다.

복음을 이해하고 살기 위한 신구약 성경, 근원, 맥의 흐름, 핵심적 내용과 역사적 사실들, 학문적 깊이와 수준이 있는 주제들을 쉽게 실천적으로 풀어내는 그의 재능이 부럽기만 하다.

"자기 아들을 아끼지 아니하시고 우리 모든 사람을 위하여 내주신 이가 어찌 그 아들과 함께 모든 것을 우리에게 주시지 아니하겠느냐 … 내가 확신하노니 사망이나 생명이나 천사들이나 권세자들이나 현재 일이나 장래 일이나 능력이나 높음이나 깊음이나 다른 어떤 피조물이라도 우리를 우리 주 그리스도 예수 안에 있는 하나님의 사랑에서 끊을 수 없느니라"(롬 8:32, 38~39).

이 책을 통해 내일을 바라보며 사는 인생임에도 오늘에 관심의 초점이 가 있는 우리의 모습을 돌아보게 한다. 하나님의 자녀임에도 그분을 닮아 가는 과정에서 끊임없이 갈등하는 모습을 안타까워한다. 보이지 않는 하나님보다 보이는 물질세계에 더 영향 받으며 살고 있는 우리네 삶을 부인할 수 없기 때문이다. 그래서 이 책의 의미와 파장이 크다고 생각한다.

바라기는 이 책을 읽는 분들이 동일한 하나님의 사랑을 말씀을 통해 발견하기 원한다. 이 선교사님처럼 그분에 대한 큰 사랑을 체험하며 도전받기를 기도한다.

보이지 않는 하나님을 역사 속에서 실제로 보게 하는 책

이홍남 목사, 벨 국제 아카데미 교장

성경을 통해 삶의 길을 제시받기 원하는 사람들이여, 복음을 통해 역사 속에 흐르는 하나님의 섭리를 보라! 이 책은 단순히 성경의 역사를 기록한 책이 아니다. 보이지 않는 하나님을 역사 속에서 실제로 보게 하는 능력이 있게 할 것이다.

한국 교회에 왜 어려움이 있는가? 삶의 현장에서 흐르는 하나님의 음성을 듣지 못하고 느끼지 못하고 보지 못하기 때문이다. 그렇기에 은혜는 받고 감동은 받았지만 어려운 상황에서 곧 쓰러지고 낙심한다. 이런 아픔을 어떻게 해결할까? 어떤 상황에서도 성경의 말씀대로 순종하고 복음의 능력을 발휘하여 승리할 수 없을까? 저자는 그것이 늘 삶의 숙제였다.

오늘 한국 교회의 성도가 감소하는 이유와 젊은 세대들이 교회를 떠나는 것은 바로 현실적인 문제 앞에 믿음의 능력을 상실하고 있기 때문이다. 결혼, 가정, 직업에서 벌어지는 경제적인 어려움, 인간관계의 어려움 등을 우리가 복음 안에서 해결하려는 것보다 눈에 보이는 것으로 쉽게 판단하려는 아픔이 있다. 역사를 상실한 믿음은 늘 위태롭다. 성경을 배제한 복음은 샤머니즘이 될 가능성 있다. 이 책을 읽는 독자들은 알게 될 것이다. '복음은 오늘도 우리의 삶에서 역사하고 있다'는 것을 말이다.

나는 이선일이라는 귀한 주님의 사역자를 동역자로, 또한 친구로 알고 있음에 행복하다. 언제나 따스하게 안부를 물어오는 그가 내 삶에 본이 되는 것을 느끼며 감사해한다.

그는 병원 원장이라는 직업 때문에 존경을 받는 것이 아니다. 오히려 의사라는 직업을 떠나 하나님의 부르심을 먼저 생각하는 사람이기에 존경을 받는다. 청년 사역자로, 가정 사역자로, 전문인 선교사로, 여러 기관과 단체의 대표로, 또한 한 아내의 남편과 아버지로, 어떻게 저렇게 바쁘고 어려운 상황에서도 멋지게 살아갈 수 있을까? 이제 알게 되었다. 그렇게 바쁘고 어려운 상황에서도 주님의 부르심을 따라 살 수 있었던 이유를 말이다. 그 해답이 이 책에 고스란히 담겨 있는 듯하다. 그 비밀은 복음에 대한 확실성이었다. 복음에 대한 역사성과 복음에 대한 경륜을 삶에서 분명하게 깨달고 있기 때문이었다. 그렇기에 더 감동이 된다. 그렇기에 더 은혜가 된다.

이 책이야말로 읽는 사람으로 하여금 보이지 않는 하나님을 삶에서 느끼게 될 것이라고 확신한다. 멀게만 느껴졌던 하나님이 나와 동행하시는 하나님으로 삶에서 터득하게 할 것이다.

부디 바라기는 이 책을 통해 성경의 확실성과 역사성이 우리의 삶에 충만하여, 청년 세대뿐만 아니라 가정과 교회가 복음 위에 아름답게 세워지기를 기도한다.

성경이라는 숲을
여러 각도에서 조명하는 강의
정성철 안양 중부감리교회 목사

처음 원고를 받아 전체를 속독하고 카카오톡으로 이렇게 회신했습니다.

"다루신 주제의 광범위함이 놀랍습니다. 또한 각 주제의 깊이가 놀랍습니다. 그리고 그토록 바쁘신 중에 어떻게 이 책을 쓰셨는지 그 열정과 집중력이 놀랍습니다!"

그리고 찬찬히 글을 읽기 시작했습니다.《복음은 삶을 단순하게 한다》는 30년간 파트타임 청년 사역자로, 성경 교사로 섬긴 저자가 청년들을 향해 "이 시대의 기독청년들이라면 이 정도는 성경과 복음을 알아야 하지 않겠습니까?"라고 외치는 것 같습니다.

우리는 수많은 이단들이 난무하는 이 시대에서 무엇이 이단인지 먼저 고민할 필요가 없습니다. 무엇이 진리인지를 먼저 똑바로 알면 되는 것입니다.

이 책은 무엇이 복음인가, 성경이 무엇인가, 성경이 말하는 것이 무엇인가에 대해 말하고 있습니다. 그의 강의 방식은 성경이라는 숲을 여러 각도에서 조명하는 것입니다. 그래서 같은 내용이 반복되는 것 같으나 자세히 읽어보면 성경에 대해 더 깊은 앎의 자리로 인도하는 것입니다. 이 책이 청년들의 신앙 가이드북이 되어 말씀으로 믿음을 굳게 세워가는 데 도움이 되리라 믿습니다. 이제 이 책과 더불어 말씀으로 돌아갑시다. 코람데오(하나님 앞에서)!

하나님의 공의와 사랑 안에 머물러야 할 거룩한 이유들에 대한 기록

조창인 베스트셀러 《가시고기》의 작가

"나는 굽혀 그의 신들메를 풀기도 감당치 못하겠노라"(막 1:7). 추천사를 의뢰받는 순간, 귓가에 쟁쟁하게 울리던 세례 요한의 고백입니다. 저는 30여 년 책과 더불어 살아왔습니다. 책의 품격을 가늠하는 잣대를 얼추 지닌 셈입니다. 그동안 책을 추천하는 글을 제법 써왔습니다. 하지만 이번만큼은 선뜻 동의하기 어려웠습니다. 그저 저자의 믿음과 말씀 분별을 부지런히 뒤쫓고 싶은 심정이었습니다. 단언컨대 저는 추천의 위치에 설 수 없습니다. 예수님을 사랑하나 저자만큼 사랑치 못합니다. 말씀을 궁리하나 저자의 높이까지는 아득하기만 합니다. 크리스천으로서의 삶은 감히 견줄 수조차 없습니다. 그럼에도 참람함을 무릅쓰고자 합니다. 원고를 읽으며 맛본 감격에 등이 밀린 탓이요, 독자에게도 동일한 의미로 다가가길 소망한 까닭입니다.

첫째, 저자의 진정입니다. 제 아무리 미사여구를 앞세운들 메시지에 진정이 담기지 않는다면 헛된 외침에 불과합니다. 부질없이 세상만 어지럽힌 꼴이 되고 맙니다. 저자의 진정을 느낄 때, 독자는 선한 영향력을 받습니다. 그러면 《복음은 삶을 단순하게 한다》를 관통하는 저자의 진정은 무엇일까요. 청년을 향한 사랑입니다. 성경의 숲은 보지 못한 채 나뭇가지에만 매달렸던 제자들에 대한 안타까움입니다. 그들이 '부르심 받은 그 부르심 그대로' 살기를 갈망하는 애끓는 기도입니다. 둘째, 콘텐츠의 수준입니다. 주제를 향해 올곧게 전개되는 내용, 논리의 정연함, 충실한 정보 제공을 지녀야 비로소 품격 있는 책이 됩니다. 그로 인해 독자는 인식의 지평을 확장시킬 기회를 얻습니다. 이 책은 위의 조건을 두루 갖추고 있습니다. 청년 크리스천들이 깨닫고 거듭 확인해야 될, 수준 높은 콘텐츠로 가득합니다. 성경 핵심 진리를 시대별로, 역사적 관점으로, 주제로 선명하게 파악할 수 있습니다. 말씀의 핵심은 무엇인가? 그 흐름은 어떻게 전개되는가? 어떤 기준으로 분별하고 받아들일 것인가? 믿음 안에 머물면서도 정작 풀어내지 못했던 믿음의 문제들, 그 의문에 대한 해답이 명쾌하고도 치밀합니다.

저는 《복음은 삶을 단순하게 한다》를 옷깃을 여미는 심정으로 읽었습니다. 하나님의 공의와 사랑 안에 마땅히 머물러야 할 거룩한 이유들에 대한 기록이기 때문입니다. 많은 독자들에게 읽히길 기원합니다. 특히 이 땅의 젊은 크리스천들에게!

성경을 등한시하는 세대를 위한
시의적절한 대안

주명수 변호사, 목사, 《영혼의 어두운 밤》 저자

한 교부가 제자들에게 말했습니다.

"선지자들은 하나님의 말씀을 전해주셨고 우리의 교부들은 그것들을 실천하셨습니다. 그 후에 그의 후계자들은 하나님의 말씀을 암송했으나, 현 세대는 그것을 기록하고선 사용하지 않고 그들의 진열장 안에 넣어 버렸습니다."

오래 전에 한 교부가 성경을 등한시하는 세대를 비판한 예언인데, 바로 현재의 우리 세대를 두고 정확하게 예언했다고 생각합니다. 지금 세대는 성경을 즐거워하지 않습니다. 성경을 두려워하지도 않습니다. 성경을 사랑하지도 않습니다. 성경을 실천하지도 않습니다. 오히려 이단들이 성경 연구를 더 열심히 하는 것 같습니다.

많은 사람들이 현재 한국 교회가 위기에 직면했다고 말합니다. 이 위기를 극복하는 길은 다시 성경으로 돌아가는 길이라고 저는 생각합니다. 초대교회 성도들이 성경을 즐거워하고 묵상하고 두려워하고 실천하였던 것처럼, 지금은 우리가 그렇게 해야 할 때입니다.

저자는 성경을 등한시하는 세대를 한탄하면서 시의적절하게 성경의 맥을 짚는《복음은 삶을 단순하게 한다》를 저술하였습니다.

저는 저자를 코스타 강사로서 함께 봉사하면서 오래 전부터 가까이서 보아왔습니다. 저자는 의사로서 현직에 종사하면서, 특히 청년들에게 복음을 전하는 일이라면 발 벗고 전 세계를 뛰어다니는 자비량 선교사입니다. 저는 저자의 강의를 자주 들었습니다. 저자의 강의를 들으면서 그가 얼마나

예수님을 사랑하는지, 성경을 얼마나 사랑하는지, 청년들을 얼마나 사랑하는지를 가슴 깊이 알게 되었습니다.

저자는 신학자가 아니라 평신도이지만 그의 신학 지식은 결코 평범하지 않습니다. 저자는 의료 전문인으로서 삶의 현장에서 예수님의 말씀을 실천하며 살려고 몸부림치는 평범한 신앙인입니다. 그러나 평범한 삶을 살아온 것은 아닙니다. 저자는 삶의 현실에서 꽃길만을 걸었던 사람이 아닙니다. 그도 영혼의 깊은 어두운 밤을 체험적으로 경험하였던 사람입니다. 오히려 그런 사실 때문에 저자가 외치는 성경에 대한 가르침이 더욱 우리에게 친근하게 다가옵니다.

삶의 길을 잃은 젊은이에게, 성경을 깊이 알고자 하는 사람에게, 성경에 대한 지식도 없이 신앙생활을 해왔던 명목상의 교인들에게, 특별히 예수님을 깊이 사랑하고자 하는 사람들에게 이 책을 추천합니다.

한국 교회에 꼭 필요한
강력한 무기가 될 것

탁지원 현대종교 대표, 한국기독교잡지협회 회장

내 동역의 첫 사람을 굳이 꼽자면 이 책의 저자 이선일 선교사다. 지금껏 식지 않는 열정으로, 험한 영적 전쟁의 굳건한 동지가 될 것이라고 처음엔 전혀 예상치 못했다. 이 땅의 교회들을 지키고 회복시키기 위해 몸부림치는 그의 모습을 보면, 지금은 비록 가는 길은 다르나 끝내 한 길에서 우리 모두 하나가 될 것이라는 확신이 들곤 한다.

감사한 것은 그가 그토록 바쁜 중에도 사랑하는 청년들을 위해《복음은 삶을 단순하게 한다〉라는 책을 출간한 것이다. 존경하고 사랑하는 이가 간절한 마음으로 기도하며 작업한 책이 세상에 나왔으니 어찌 기뻐하지 않을 수 있으며 또한 추천하지 않을 수 있겠는가? 이 결과물은 하나님의 온전한 간섭하심을 통한 그의 열심 있는 인생의 수고의 열매이리라.

매일같이 출간되고 있는 서적들이 많기는 하나 이 책이 한국 교회에 꼭 필요한 강력한 무기가 될 것임을 믿어 의심치 않는다. 여호와 닛시!

말씀 안에서 말씀과 함께
말씀을 통해 살도록 할 책

허철 전 카자흐스탄 중독 회복 선교사, 현 한국다림줄연구소 소장

수많은 사람들은 정체성에 결핍된 자신의 마음에 누군가로부터 무엇이든 받아 채워 넣으면서도 분별의 힘은 잃어버리며 살고 있다. 그 내용으로 인생의 기준을 세워 살아가지만 결과는 기쁨과 소망을 누리지 못하며 나누지 못하고, 더 깊은 상처와 혼돈과 생명력 없는 삶을 살아가는 것을 보게 된다. 이유가 무엇일까? 인간의 상대적인 기준과 다양한 관점들이 절대 기준인 하나님의 사랑의 언약으로부터 벗어나있기 때문이다. 저자는 이 부분에 대해 정확한 회복과 성장과 진정한 자유를 알고 있다. 그 안에서 자유를 누리고 또한 다른 사람도 누리도록 도전을 주고 있다. 그것은 절대적 기준인 성경이다.

내가 글에서 만난 작가는 삶 속에서 자신감 있고 기쁨의 삶을 실제화하고 있는 사람이며 그것을 보아왔다. 저자는 말씀 안에서 말씀과 함께 말씀을 통해서 살아가려고 몸부림치는 사람이다. 그래서 이 책을 강력 추천한다.

청년들이 진짜 주인을 만나는
감동을 줄 책

허임복 고흥 나로도중앙교회 목사

80세 되신 할머니가 바람 거센 나로도의 겨울 바다에서 따온 굴이라며 저녁 밥상 위에 굴 한 접시를 차렸습니다. 바닷바람에 부은 얼굴을 보고 한사코 받기를 거절했다는 아내의 설명이 아니더라도, 부부는 차마 젓가락으로 굴을 집어 들지 못하고 망설이다 겨우 한 개를 집었는데, 목 안으로 쉽게 넘어가지는 않았습니다. 돈으로 치면 만 원어치나 될까, 한 접시 굴에는 주고 싶고 섬기고 싶어 하는 할머니의 사랑이 담겨 있었습니다. 아니, 지난 여름 손주를 교회 수련회 보냈다가 바다에서 잃고도 묵묵히 신앙으로 이겨낸 할머니의 속 깊은 신앙이 느껴졌습니다. 이런 감동은 표현하기 어렵습니다. 이런 사랑을 만나면 저는 위로와 함께 큰 행복을 느낍니다. 저자를 보면 바로 이런 감동이 있습니다.

지천명 넘어 만난 이 소중한 그리스도의 사람은 만날 때마다 병원, 가족, 건강 이야기가 아닌 예수님과 십자가 이야기뿐이고 강의와 제자들 이야기로 늘 들떠 있습니다. 청년들을 향한 이 친구의 열정은 목사인 나를 늘 부끄럽게 하고 감동을 줍니다. 보고 싶어 전화하면 진료실이 아니라 강의실에 있거나 강의를 위해 외국에 나가 있었습니다. 그래서 나는 이 친구를 보면 쉽게 먹을 수 없던 할머니의 굴 같은 감동을 누립니다. 위장 속에 들어가야 누릴 수 있는 굴의 영양을 느끼기도 전에 나는 이미 배부릅니다. 저자는 내게 그런 친구입니다.

그가 그동안 청년들에게 쏟아낸 강의노트를 정리하여 세상에 책으로 내놓는다는 이야기를 듣고 고마웠습니다. 이 친구는 신학자가 아닙니다. 목

사도 아닙니다. 주께 입은 사랑과 은혜를 세상과 이웃들에게 자랑하고 싶어서 목말라하는 그저 순수한 청년 같은 사람입니다. 저자의 글을 읽다 보니 순간 강의실에 와 있다는 착각이 들었습니다. 각 장마다에서 사용한 정직하고 투박한 단어에서 그의 마음을 더욱 느꼈습니다. 마음은 마음을 가진 사람들이 잘 알아듣습니다. 주님에게서 받은 사랑과 은혜를 더 쉽게 전하고 싶은 저자의 마음이 독자에게 도움이 될 줄 믿습니다. 국민이 주인이라고 공공연히 부르짖는 새 시대를 시작하면서, 그가 전한 예수님, 그리스도, 생명 이야기를 통해 독자들, 그의 강의를 듣는 청년들이 진짜 주인을 만나는 감동이 있기를 기대합니다.